赵卫国 ◇ 著

《庄子》另类解读

——用世界的眼光读《庄子》

东北大学出版社

Northeastern University Press

ⓒ 赵卫国　2017

图书在版编目（CIP）数据

《庄子》另类解读：用世界的眼光读《庄子》／ 赵
卫国著. — 沈阳：东北大学出版社，2017.9
　ISBN　978-7-5517-1688-8

　　Ⅰ．①庄…　Ⅱ．①赵…　Ⅲ．①道家　②《庄子》－研究
Ⅳ．①B223.55

　中国版本图书馆 CIP 数据核字（2017）第 246679 号

───────────────────────────────

出 版 者：东北大学出版社
　　　　　地址：沈阳市和平区文化路三号巷 11 号
　　　　　邮编：110819
　　　　　电话：024-83683655（总编室）　83687331（营销部）
　　　　　传真：024-83687332（总编室）　83680180（营销部）
　　　　　网址：http://www.neupress.com
　　　　　E-mail：neuph@neupress.com
印 刷 者：沈阳航空发动机研究所印刷厂
发 行 者：东北大学出版社
幅面尺寸：170mm×230mm
印 　 张：27
字 　 数：514 千字
出版时间：2017 年 9 月第 1 版
印刷时间：2017 年 9 月第 1 次印刷
责任编辑：刘　莹　　　　　　　　　　　责任校对：孙德海
封面设计：潘正一　　　　　　　　　　　责任出版：唐敏志
───────────────────────────────
ISBN　978-7-5517-1688-8　　　　　　　定　　价：70.00 元

序　一

　　读到虞人的《〈庄子〉另类解读》时，心灵产生了少有的震惊、庄严与敬佩之感！

　　我凭着半个文化人的眼光，仿佛看到这本书的社会效应，对于当下社会人们的生存状态和价值追求，甚至对于未来人们的人生方向和道路的选择，一定会产生不同程度的影响。读过此稿，感觉可以让你内心安适、愉悦、幸福，在滚滚红尘、纷争竞斗的硝烟弥漫中，使你目光高远、超越凡俗、莞尔一笑，洒脱描绘豁然开朗的人生。

　　本书是站在学术的平台上，用世界的眼光，以现代的视角，持关爱现代人之心，在学术创新的探索过程中诞生的高水平的学术成果。

　　《〈庄子〉另类解读》，顾名思义，是针对庄子研究者们的既定结论发出不同的声音。虞人（作者笔名，谐音"愚人"，极其谦虚之意）深研精修庄子思想体系，在参考与借鉴历代注解的基础上，以渊博学识与研究经验为基础，大胆抛开一些被视作权威的注解，将《庄子》——特别是历来谬解的部分——重新予以通俗易懂、符合情理的另类诠释，得出全新的结论。萎缩在众多学派背后"苟且偷生"的《庄子》，被虞人从政治需要的压抑下救赎，还原了庄子思想的本源。被曲解为"消极无为甚至反动"的庄子形象在作者笔下也重新登台亮相，庄子及《庄子》的新形象进入了人们的视野。这是一件历史和学术界的大事件！

　　因为庄子和孔子一样，是人们心目中声名远扬的中国学术鼻祖，也是世界文化名人！五千年灿烂文化的弧光闪耀！

　　作者善于将思维触角伸向深邃之处，进行具有深刻度和重量级的思考，而且是系统思考。站在传统研究成果的相对立场，质疑开战，时而言之灼灼，时而展颜挥洒，树一己之说，立一家之言，大有冒天下之大不韪之险，此非平常人所为，所立之言也非凡俗之论。这是一场关于庄子的学术革命！

　　庄子的境界是清平世界、朗朗乾坤，庄子的胸怀是囊括四海、包寓万物，庄子的人生是随顺自然、淡利轻名，庄子的思想是清亮哲思、玄妙深远，庄子的智慧是通透天地、附着万类，庄子的作为是有为无为、安身立命，庄子的学识是儒墨道法、天文史哲，庄子的精神畅游太极鸿蒙，眼界高远宏阔、无所不及……它是完整的宇宙观、人生观、价值观，以及解决宇宙困惑、人生难题、生命痛苦的方法论。

比对历史上的纷纭论说，我更愿意接受虞人心中、笔下的庄子。因为这是一个能坚挺屹立的情理兼具的庄子和《庄子》，是给人们带来福音的千古老人。

我相信，经由《〈庄子〉另类解读》，读者可以找回被人们背弃远离的真实的庄子，并甘愿由他引领我们的人生步步轻松、沉稳向前。

感谢作者洞悉并破解了一道学术新题。

作者的人生及生活观念与庄子有重叠之处，与孔子也有神交。虞人行走在庄子与孔子之间，以于国于民有为而入世，以淡泊名利鄙权而出世。他不以有微名教授、学者为立身之符，而以至高境界的纯净内心自立。他说："进入不了庄子之境界又如何能解读出真正的庄子。"大度为人做事，虽然从商，从不计较钱财得失。对人的理解和包容，让身边的人温暖信赖，以至追随；对学术研究的沉浸很深；严谨时，一字一词锱铢必较，一话一语反复考证。他的静默，是思想在高速运行；他的灵动，是作为在兑现。他的言语，像江河般滔滔东流；他的眼光，像阳光般时而炙热时而沉静。他总是说自己渺小如沙，却每天做着大量的事情。以他的能力，做成了几许"大事"，成就了许多人，渐渐走向自己想要达到的境界。

虞人是一个"另类的人"，所以，有一系列另类（已由辽宁人民出版社出版了《三国演义的"内情内幕"》《情景论语——〈论语〉别解》）的书。

这本书之所以令我兴趣盎然，是因为作者创建了一种庄谐相融的语言形式。我国古代强调"心之精微，发而为文；文之神妙，咏而为诗"。庄子选择了寓言喻理，深邃宏阔；虞人选择了幽默诙谐，同时郑重严肃。催化了庄子的深刻玄妙，在深奥难懂、诘屈聱牙的悠长、深刻哲理后，会突然笔锋陡转，后缀几句类似本山大叔的幽默句子，阐发评价感受，促成文章内容看点迭出，令人忍俊不禁，在"呵呵""哈哈"的浅笑声中，《庄子》已经渗入心灵。这是一种大胆的创举！很少有人敢于在这种庄严肃穆的学说中尝试幽默。这不仅为了独立高标而刻意与人不同，展示一种语言成果，体现一种书面交流的睿智；更是为庄子负责，为他思想中合理的成分更多、更顺畅地被国人理解、接受，修身养性，受益人生而苦心作为，使庄子能真正驻扎在千万大众心里——就像演员为表达内心情感精心设计动作表情去感动观众。这样的努力，不禁让读者轻松、愉悦地吸取国学醍醐，形成愉快阅读的美好感受；更让我们仰观作者的智慧，敬佩他的高超素养！正如恩格斯所说："幽默是具有智慧、教养和道德上的优越感的表现。"这种语言游走在恢宏壮美的庄子思想体系中，犹如绚烂的礼花绽放在广袤的天空，那样炫目灿烂！那样吸引人心！价值无量的《庄子》定能家喻户晓，长命百岁。

这样的幽默语言比比皆是，在此俯拾一二。如："《庄子》哪是什么神秘莫测的哲学书、高深玄奥的道经书，他就是我们邻家大叔的唠嗑谈话集嘛！"的俏皮；"假如人类是一个公司，哲学家就是董事长，而庄子，是我们中国人的前董事长，可惜子孙们都跑孔子公司去了，没真正弄明白庄氏公司庄董事长的战略意图"的诙谐；"这碗面汤，虞人有点疑心不是庄子亲煮。庄子饭庄，也有别的厨师操刀的时候，庄子休息一下也是可能的。所以庄子一书，是庄子饭庄的意思，不可全部当作庄子亲自下厨"的智巧；"庄子的嘴巴真够酸的，也真够毒的，比虞人要酸上千倍毒上百倍"的调侃；"有意思，庄子作哲学论述，恰是小说笔法，比后世笔记小说都精彩，赞，赞，赞！"的时尚；等等。都让明幽默是一种高雅而可贵的情趣，是智慧和感情的结晶，是愉快的思维。虞人的幽默是情趣与哲理的统一、通俗与深奥的结合，妙趣横生而且蕴意深刻。虞人深谙语言艺术。

不得不又一次表示敬佩！

关于苦著此书的意旨，虞人如是说："我们应该醒悟了，《庄子》绝对是我们民族的内涵无穷无尽的富矿，绝不是一本《伊索寓言集》。""我只是独立思考，我在猜想或极力理解这些伟大的哲人究竟在说什么，他们要告诉我们什么，或者他们认为什么是重要的，必须告诉我们这些后人什么。然后引起你的兴趣或思考，只有你思考了，不管你接受了我的观点还是你在反驳中得出了自己的观点，你才有收获，你的人生也将有些许的不同。日积月累，你将有完全不同的人生！所以，读书要有收获，读我的书，收获的是你而不是我。我的收获是在写作过程中，在体验与揣摩、理解与感受这些伟人的过程中，我与他们的思想一同成长，他们形塑了我后半生的性格、知识、修养、眼界、胸境。所以，写作，根本不是求名求利的事，而是一种修行、一种爱好、一种完善、一种自我的成长。"

作者又说："虞人希望自己的关于孔子老庄著述的新解，这些愚蠢的努力，能化作中华文明复兴路上、亿万人中的一声呐喊，则愿足矣！"对于这些高尚的言论，我只有敬仰！可见一颗文字者的赤色责任心。

笔者感觉说得多了，有抢戏之嫌。但真是感慨颇多啊。真想再说：

利来利往、摩肩接踵的人们，打起儒家大旗，在成功的路上活力十足地进发，尽可以在炎热的壮志中奔跑。但跌跟头扑在地时，庄子仿佛大片阴凉之地，给人们减火降烧，降低生命的昏聩、悲哀之味。正像南怀瑾先生所说，儒家般进取，道家可疗伤，是人们精神寄托之所。也许对于纯净国风也会助"一指之力"。

最后一句就结束：

庄子的思想是安魂曲，虞人的解说是营养药。这两者结合，应该滋润出健康的灵魂、美好的人生。此书使命是也。

王蕴华

2016 年 4 月 3 日凌晨于上海

序 二

——庄子之阅读体验与自鉴

借拜读虞人君《〈庄子〉另类解读》初稿之机，认真、完整地感悟了一番庄子。庄子难懂，断断续续花了很久时间。以前只注意过庄子的齐万物、平生死、逍遥养生，这次格外感兴趣他对儒家的批判，以及与他一起遥想得道之人之不可名状、出神入化的境界。

庄子的聪明颖悟，让人常常抚掌大笑。他认为儒家虚伪，有追逐名利之嫌，或为追名逐利者利用，或妄图建立一套不合自然人心的秩序，费心费力实有害无益。但他对孔子和儒家似有一定程度的误解，人类的救世精神可以出于一种天然的同情和责任，也是道之所化，并非出于名利的考量，虽然人的确会受人性所限，也为肉体所累，也总是身陷迷途。不过他对儒家提倡的仁义、秩序的本能反感，符合他追求自由的自然本性；对儒家美化远古时期的政治秩序的警惕，有一种可贵的真诚。

庄子及之前时代对包括道在内的精神冥想，让人赞叹古人超常的先验感悟，但也着实让人困惑，对当下的时代来说，实在过于理想主义。不过正是在天马行空的狂想与冥想中融入一种细致入微的思考，阅读中让人深感愉悦和喜爱。但庄子所论道之无上境界，吾不得而入也！入也无知无觉，觉也无言可辩，呵呵。

这些历史经验和智慧的积淀魅力无穷，与现代意义上良好的理性教育和启蒙反倒互有一种精神上的呼应。譬如平等观，譬如对人与宇宙关系的遐想……

要做到不固守一隅之见，真诚面对已知和未知，难矣！关键是内心的真诚，真的勇气也是源于真诚。

刚愎自用，是缺乏一种对别样精神的了解和深刻感受。

对某一种精神层面由痴迷到固守，除了人性自限，也是精神上的慵懒，

1

每一样都要跳荡开去重新审视，以诚实之心待之。中国人讲融会贯通，实为以一种自由开放的心态，各取其精华也！

上帝启示给人类不同的路，至于每一条路是否能够最终走通，真的需要天才，这个也在上帝的手中。

对这个世界需要用一颗真诚、自由的心，一切堵塞人心的东西都会被未来净化。

席园春

2016 年 5 月 7 日

自　序

——珠峰之巅的冬虫夏草

一、《庄子》系普通人的人生指导读本

2016 年情人节，微信上段子满天飞。其中有一则段子虞人认为与围绕庄子的现象有点类似，兹录于此。

> 女子说："大师，我长得这么漂亮，每年情人节都被一群男人死缠着送礼物，我又很难拒绝别人，我该怎么办呢？"
>
> 大师默默地从池塘里掬起一捧水泼在女子的头上。
>
> 女子恍然大悟道："我懂了，您是要我心静如水，对待世间万物都以清澈的心态面对，是吗？"
>
> 大师答："没那么复杂，你只要把妆卸了，世界就安静了。"

虞人，尊重内心，用常识与经验作标准，在参考与借鉴历代注解的基础上，大胆地抛开一些被视作权威的注解，将庄子——特别是历来解不通的部分——重新予以通俗易懂、符合情理的另类译解，得出的结论竟与那名给漂亮女子泼水的大师如出一辙：那么多研究庄子的著作、那么多译注、那么多博士论文，虽然不乏真知灼见，但一如那名自视漂亮的女子，只要将他们的妆卸了，这个世界就安静了。

庄子之思想优处就是要人们抛开这些让人分化、分裂的无谓争辩，让人过上豁然开朗的生活。如此争论争辩，完全不是庄子的本意，甚至违背了他的思想。庄子想给后人建立一条通衢，后人却将其弄成迷宫；虞人也因此明白了为什么这些研究者只能做教授、学者，至多历史上有点微名，而永远达不到庄子的声名地位，根本原因还在于境界与庄子差太远，而庄子之思想本来就是一个境界的世界，你入不了庄子之境界，又如何能解读出真正的庄子？

有人将庄子的书读成哲学，有人将庄子的书读成心灵之说、读成知识分

子的精神家园，有人将庄子读成道家……虞人认为都有道理，但都属于盲人摸象，各得其一，不是全貌。《庄子》是人生之书、智慧之书，它是自然界生长出来的自然物，因其稀罕难得而极其珍贵罢了。如果硬要用一物喻之，那就是珠峰之巅的冬虫夏草，不过是些低贱的虫虫草草，因其结合于地球绝顶而备极珍贵。庄子是自然界产生的一个自然物、一个整体，是清平世界、朗朗乾坤。既是阳光普照，万里无云；又是月明星稀，鸦雀群飞。其形式是寓言或哲学启迪类的小故事，它是完整的宇宙观、人生观、价值观，以及绝不可分割的方法论。后代学者自己树靶子又自己射击的，那是后代不肖子孙自己的观点，不是庄子的。此虞人观点之一。

其次，过分抬高或崇拜庄子，甚至抬高到道教教宗或儒释道三分中国的"国学"地步，其实是对庄子的捧杀，这让中国人永远远离或失去真正的庄子。

周有光说："全球化时代到来，需要与过去不同的世界观。过去从国家看世界，现在要从世界看国家，这个视角一转换，一切事物都要重新认识。"虞人非常认同这种观点。虞人认为，虽然有了汗牛充栋的庄子的旧译注本，可是旧有的译注本大多囿于过去的研究成果，用的是旧式的解释或老式名词，大多是从国内传统文化的角度看庄子；而如果你站在现代人的角度、站在世界文化的角度来看，那一切可能就完全不同、有了全新的意义。

习近平总书记在 2016 年 5 月 17 日召开的哲学社会科学工作座谈会上的讲话中也提到这个问题："观察当代中国哲学社会科学，需要有一个宽广的视角，需要放到世界和我国发展大历史中去看。人类社会每一次重大跃进，人类文明每一次重大发展，都离不开哲学社会科学的知识变革和思想先导。""历史表明，社会大变革的时代，一定是哲学社会科学大发展的时代。当代中国正经历着我国历史上最为广泛而深刻的社会变革，也正在进行着人类历史上最为宏大而独特的实践创新。这种前无古人的伟大实践，必将给理论创造、学术繁荣提供强大动力和广阔空间。"

所以，我们今天从世界的眼光来平等地看待《庄子》、平静地再读《庄子》、平视地再译《庄子》也许是有价值的。

最后，庄子作为一个聪明人，与伊索、安徒生一样，认为寓言故事更适合表达思想，而不受概念之类的纠缠及局限。虞人认为，这是庄子思想成功地做到在中国家喻户晓的重要原因。而黑格尔、康德、叔本华之类构筑自己哲学概念的人，除少数人之外，是很难让人真正理解其内容的。他们让人知道的是他们本人的大名，而不是他们的内容，其哲学概念更是短命或传播有限，这是庄子思考过并且否定了的做法。庄子对名实问题有更深的哲学思考，对思想在后世的传播方面有更深的彻悟。在这点上，虞人毫不犹豫地认为，庄子远高于他们且比他们聪明与成功，理由是庄子懂得人为的一切都是没有多大价值与意义的。说到这点，虞人顺便解读一下"无为而无不为"这个人们常常挂在嘴边而理解奇错的著名语句。两千多年来，实在是没有人说清过，可能有人说清了，但传承的却不是正确的版本。

对于这句话，说的人也好，听的人也罢，大多语焉不详或不求甚解。不是支支吾吾，就是东拉西扯。成不了事说是无为，不做事说是无为，不知道怎么做也说是无为，无为成了一个布袋和尚胸前的大布袋，什么样的东西都往里面装。差不多有点类似中国文化或文学中的鬼。其实，虞人认为，这句话是老庄哲学的核心之一。所谓无为无不为，其主语是自然，不是人。本句的意思非常清晰明白，自然界如无人为的干扰，就无所不为，欣欣向荣，和谐平衡。人太自大，自己钻进去任了主语，不但扰乱了天下，也扰乱了自我认知两千年！

如果我们撇开这种种的错解及后人的罗织，因为后人自己的知识结构不足或者境界不够而对原著的各式佛头着粪，我们完全可以得到一部真正的生命性命（非养生）之书。一如郭象在《庄子》序中所写："故其长波之所荡，高风之所扇，畅乎物宜，适乎民愿。弘其鄙，解其悬，洒落之功未加，而矜夸所以散。故观其书，超然自以为已当，经昆仑，涉太虚，而游惚恍之庭矣。虽复贪婪之人，进躁之士，暂而揽其余芳，味其溢流，仿佛其音影，犹足旷然有忘形自得之怀。"我们普通人会沐浴在高风下、长波里，心旷神怡，陶醉于人生本身的美妙之中；即便是贪婪躁进之徒，虽然不能指望他们真正理解庄子思想的精髓，也可以让他们短暂地忘掉世俗的种种纷扰，《庄子》之妙，一至于此！《庄子》，就是我们普通人解决人生问题的书。读完此书，你就会明白：如果人人都按照庄子的人生处方行事，当今的社会问题也就完全不成问题了！

二、另类人说另类话

历来学者大多认为庄子是草根，是穷困潦倒的人，笔者随手取一本书——《庄子哲学及其演进》，上面作者就说庄子是社会生活中的一个失意儿，无情的现实使他感到有一种不可抗拒而又无法摆脱的力量压迫着他。虞人认为：完全错误。一个穷困潦倒为吃饱穿衣都要操碎了心的人，是很难去优哉游哉在"游道"上的，更不可能读那么多的书，写下那么多让人认不得的字的书。要知道，在古代，一本书大概要装一马车的竹简，所以孔子游历各国都要有庞大的车队，装书是一大原因。虞人认为，在古代能够读到一本书或者拥有一本书的就是富裕之家，这远比现代人拥有一部苹果手机要难得多，就像孔子这样做过鲁国司法部长的人，要到周室看书，还得去找国家图书馆馆长开后门呢！所以说庄子是穷人绝对是一个误解，是读者被山木篇中庄子以自己做主角编的寓言故事迷惑了。可观："庄子衣大布而补之，正廓系履而过魏王"中的"过"字，就说明是一篇寓言故事，而且是庄子弟子们在创作，不过是借这个寓言故事说明士子的穷不是生活上的贫困，而是精神上的萎靡，从这个寓言中庄子的自信满满及有弟子为他编书传承，也可以看出庄子绝对是一个贵族，衣食是无忧的，同样拥有众多的学生，与孔子一样，属于诸子百家中有较大影响的一家，只是当年他的影响肯定比孔子小，原因是庄子之学偏于"无用"的哲学领域，也就是今天常说的开的是冷门专业，而孔子的伦理课、文化课、礼仪课则是当时的热门专业，庄子与孔子都是当时名教授，只是孔教授热门，庄教授冷门。但能在"高大上"领域就业的庄子绝对得益于强大的经济基础，马克思主义不是强调经济基础决定上层建筑吗，我们只有明白了庄子的经济基础，才能明白他的上层建筑。

我们来探讨庄子之学说，是否苦中求乐的学问，也就是庄子认为人生有没有痛苦。与后来的释迦牟尼不同，庄子不认为人生是有痛苦的，生老病死于庄子看来都不是人生之痛苦，而是人生之美满快乐！读者必得说虞人在胡说，那庄子的文章摆在眼前呐，齐物论逍遥游大宗师，如果人生有痛苦，那庄子这样说，不就是在骗我们吗？他不就是骗子了吗？所以人生确实没有痛苦！释迦牟尼在经过漫长的苦行与艰苦的思索以后，认为为人类寻找到了超越人生困境的途径和出离人生苦难的方法，而庄子不然，庄子凭聪明与直觉颖悟就明白上天给我们的一切都是最好的，包括生老病死，都是最好的礼物！庄子凭中国人特有的直觉思维之长与聪明绝顶之悟性，将这些人生之机关一一勘破，认为这明明是一道道好菜，可我们却非要丢弃和避让，实在是呆得不行！虞人认为，庄子不是给我们一座避世的精神家园，而是给我们实实在在的生活；他不仅仅给予我们精神上的空明澄澈、肆意翱翔，而且给予我们涵藏万物、欣然领命、心无挂碍的日常生活的旷达与黯然；庄子不属于知识分子花园里精致的玫瑰，而是寻常百姓园子里迎风摇曳、欢欣鼓舞的狗尾巴草。

黎甿黔首即我们。历来的《庄子》译注强调的都是庄子的心灵超越，因为他们认定庄子穷、生活痛苦。旧的译注者们作为中国的知识分子，始终没法解决的就是人格分裂之苦。他们一方面高高在上，不能混迹黎甿等同黔首；另一方面希望自己生活得快乐，因此，他们发现了庄子，但他们不能放下自己，他们只能读懂半部《庄子》、应用半部《庄子》，他们采用了半部

《庄子》来应对自己的生活，这就是所谓庄子是精神家园的说法之由来。他们在精神上认同庄子的自由，但又不能真正彻底地放下自我，在行为上与世俗混同一体，将自己等同于黎甿黔首。和光同尘、毫无芥蒂、一无稽滞、纤尘不染的齐物世界，才是庄子倡导的世界。庄子是讲道，可这个道不是玄之又玄的道，而是我们平常人走的路、走的道。由于庄子才情高深、表达奇卓，因此虞人只能尽己所能诠释他的思想，以求尽量辞意相符、意达涵存。

三、融贯生命体验进行理解是本书特色

写一本书，一定是有目的的。或者换个说法，你为什么要出这本书，而读者为什么要读你这本书呢？关于《庄子》的书，早已汗牛充栋，注释疏通本比比皆是，《宋会要辑稿》里说："《庄子》注本，前后甚多，率皆一曲之才，妄窜奇说"，时至两千余年后的今日，还需要多你的一本书吗？

如果没有与古往今来所有译注者的不同，或者说相当程度的不同，或者只是个人没有根据的妄窜奇说，虞人的这本书也就没有意义与价值了。

想象另一种可能，从世界的眼光来重读庄子也许就很有必要，所以虞人将本书命名为"《庄子》另类解读"。虞人信从瑞士学者毕来德的"在词法与句法所允许的范围内，最终能够支持翻译的，还是经验"这一至理名言，在直觉领悟及词法许可的范围内，大胆译注，许多译注当是发古人未发的议论，至于译注与传统观点是否一致，不是虞人特别看重的，而融贯性反而是虞人认为最重要的，译文要与常识、经验、人的普遍情感、理念融贯一致，才是虞人关注的重点。当否，虞人兹举两例说明，也算是卖瓜的王婆送客户品尝的试品。

第一例：

北冥有鱼，其名为鲲。鲲之大，不知其几千里也。化而为鸟，其名为鹏。鹏之背，不知其几千里也。怒而飞，其翼若垂天之云。是鸟也，海运则将徙于南冥。南冥者，天池也。

【另类译解】

溟漠无涯的北边，有天体叫鲲，它涵盖几千里的水域，这个天体翻滚旋转，似一只叫鹏的大鸟掠过，这个巨大天体的质量非常，几千里面积仅够作它一只翅膀，它像只鸟一样，在天空飞来飞去，从北方的天空飞越太平洋迁徙到南方的天空，南方的天空出现了一条河，我们称它为银河！

【解读依据】

银河系是太阳系所在的星系，又称天河或天汉。

银河系在天空上的投影像一条流淌在天上闪闪发光的河流一样，所以古称银河或天河，一年四季都可以看到银河。

"飞流直下三千尺，疑是银河落九天。"（李白）中国古代文化视银河为天河，唐朝顾况的《宫词》中便有一句"水晶帘卷近秋河"，这里的"秋河"说的就是银河。

古希腊人如中国先人一样，把天上的这条光带描述为"河"：The night sky gave a big hint, in the form of a lovely pale band of light that cut across the heavens like a river. （仰望夜空，有一条瑰丽的光带依稀可见，它宛如一条河，将整个苍穹分割为二。）因为天上的这条河环绕整个天球，在纪元前六世纪，希腊人最初称之为"银环"。

【虞人评读】

这章的核心是，庄子认为：无论是苍茫的宇宙本身，还是宇宙中最短暂、最卑微的生命，逍遥地度过自己的一生才是生命的极致与存在的意义，既无关体量大小，也无关事功德业，更无关地位与名声！逍遥乎物外，任天而游，才是生命的本质。

对庄子的理解，一开始，可能因国人过于重视文字的表象而忽略了其整体意思。"北冥有鱼"，虞人认为，国人按照字面来理解，既是正确的，又是差之千里的。这里的"冥"，其实是宇宙时空，古代在精神上最能体会本意的是嵇康："取其溟漠无涯也"。当代学者陈鼓应也说，宇宙这个概念就是庄子提出的，人置身于无穷尽的时空，以个体生命通向宇宙生命是庄子哲学的基本支架。鱼，实际上与通常意义上理解的"鱼"也不是同一概念，它更多的可能仅是一种借代。庄子取了一个大家耳熟能详的通俗物，形象化地表述着他的思想，以后在整个作品的创作过程中，庄子会大量地使用这种随心所欲、信手拈来的字来表述，我们读他的书，切记不可拘泥于这种名字胶柱鼓瑟或干些刻舟求剑的蠢事。

法国作家 Julia Kristeva 在《诗歌语言的革命》中说，诗歌的语言除却说它外表第一层的意思外，还有许多微妙的作用：一种是 symbolic function，是象喻的作用；另一种是 semiotic function，是符示的作用。

庄子的这个"鱼"应该只是一种符示。庄子只不过需要一个符号来说明。所以他马上将这个"鱼"字用一个大家不熟悉的比较稀见的字替代了，就是"鲲"。

如果想象一下，一条鱼有几千里长，在震惊于想象的宏大瑰奇时，我们会有一种作者吹大牛、缺乏常识之感，而紧接着，这水中的东西又化作空中的东西——鸟，这个"鸟"也不是通常意义上理解的"鸟"，所以庄子迅速用一个"鹏"字替代了。水中的东西几千里变幻成空中的东西，也是几千里，飞向南冥去了，南冥的什么地方？天池！

如果仅是从字面上来理解庄子的这段文字，虞人相信：我们一定理解不了它的深意、真意，也一定会与中国哲学巨人的思想失之交臂，我们仅是做了一个文字匠，或者说用一个文字匠的狭隘抹杀了一个头脑的伟大！

假如将鱼、鸟、鲲、鹏都仅理解成一个形象符号，就会清晰地看到一个古代哲学家对浩瀚宇宙中银河系的正确描述。

虞人认为，这段文字是庄子对宇宙星空的文学表述，鱼、鸟、鲲、鹏指的是地球这样的行星，它在不断地旋转。银河系在天空上的投影像一条流淌在天上的河流，古称银河或天河。

而现在科技证明，溟漠无涯真是宇宙的实相。

第二例：

物无非彼，物无非是。自彼则不见，自知则知之。故曰：彼出于是，是亦因彼。彼是方生之说也。虽然，方生方死，方死方生；方可方不可，方不可方可；因是因非，因非因是。是以圣人不由而照之于天，亦因是也。

是亦彼也，彼亦是也；彼亦一是非，此亦一是非，果且有彼是乎哉？果且无彼是乎哉？彼是莫得其偶，谓之道枢。枢始得其环中，以应无穷。是亦一无穷，非亦一无穷也。故曰：莫若以明。

以指喻指之非指，不若以非指喻指之非指也；以马喻马之非马，不若以非马喻马之非马也。天地一指也，万物一马也。

【另类译解】

世间没有一样事物是完全没有对立面的，也没有一样事物是完全没有价值的。如果仅站在这事物的对立面看这边，你就一定会看不见这面的情况；如果站在这一面去了解这面的情况，你就完全可以做到看清楚（这面的情形）。因此可以说，事物的那一面是从这一面过去的，而事物的这一面又来自那一面；也就是说，事物的两方面是彼此依存、密不可分的。虽然是这样说，但事物还是会一会儿显示生的一面一会儿显示死的一面，一会儿显示肯定的一面一会儿又显示否定的一面，显示了否定不久又显示肯定，如果你跟着起舞，刚说的是有可能变成非，刚说的非却又变成了是，所以圣人不跟着划什么是非，而完全依照事物的天然面目，也就是永远依自然状态对待万物。（自然状态的万物就是互相依存的一个整体，你中有我，我中有你，合为一体，万境齐一。）

通过上面的分析可以知道，事物的这一面其实就是事物的那一面，事物的那一面其实就是事物的这一面；如果事物的这一面有它的是非，事物的那一面也有它的是非，果然有两个不同的是非吗？还是果实只有一个是非呢？让事物的那一面找不到对立面，让事物的这一面也找不到对立面，这就是我们称的掌握了"道"（庄子在这里已从对立谈到了统一，也就是事物的对立统一才是事物的真实状态，知道并掌握了对立统一规律，才掌握了世间万物的本质）。掌握了对立统一这个"道"，就像处于圆环的中心，可以顺应世间万物无穷无尽的变化而得心应手。"是"会变化无穷，"非"也会变化无穷，好好知道齐物论的原理，就会使你明白万物从而顺解万事。

扳着自己的十根指头数数（因为自己的十根指头俱在，而且十根指头已为全掌），不如用别人的指头来证明他的指头不是指头来得让人信服；以自己的马自己骑着从而否定别人骑的也是马（因为自己的马就在身下，而一匹就已是全马），不如用别人的马来证明他的马不是马让人来得信服（这里有一个客体问题，一个主客错位的哲学问题。主客关系是人为的定位，也是自然生命意识出现后的存在，人们在相互影响的事物环境里切入一点来描述具体的事物时，其主体与客体已经相互作用了，你只有针对同一客体论证出结论来才是有效的论证，如果你用错位的主体去论证作为他物的客体得出所谓的结论，这样的争论是毫无意义的）。

【虞人评读】

这是庄子对当时社会上诡辩者的批驳，目的是证明许多人类的论辩非但毫无意义，而且到了荒谬不堪的程度。"天地一指也，万物一马也"是承接前文的，倒不是说整个宇宙只是一根手指或一匹马的意思，庄子再诙谐幽默，也还不会到将人类生存的这个令人敬畏的地球开这样玩笑的程度？（举例完毕。）

信手拈来两例，广告就做到这里，虞人的《〈庄子〉另类解读》就是这样一本书，读者如有兴趣，欢迎扔砖指教，以利虞人开愚解惑，更深地领悟庄子的境界！

2016 年 5 月 27 日于上海

目　录

内　篇

逍遥游 ·· 3

齐物论 ·· 22

养生主 ·· 55

人间世 ·· 61

德充符 ·· 80

大宗师 ·· 91

应帝王 ·· 111

外　篇

骈　拇 ·· 123

马　蹄 ·· 130

胠　箧 ·· 135

在　宥 ·· 143

天　地 ·· 157

天　道 ·· 174

天　运 ·· 188

刻　意 ·· 203

缮　性 ·· 208

秋　水 ·· 212

至　乐 ·· 231

达　生 ·· 239

山　木 ……………………………………………… 252

田子方 ……………………………………………… 263

知北游 ……………………………………………… 274

杂　篇

庚桑楚 ……………………………………………… 291

徐无鬼 ……………………………………………… 305

则　阳 ……………………………………………… 322

外　物 ……………………………………………… 336

寓　言 ……………………………………………… 344

让　王 ……………………………………………… 351

盗　跖 ……………………………………………… 364

说　剑 ……………………………………………… 377

渔　父 ……………………………………………… 382

列御寇 ……………………………………………… 389

天　下 ……………………………………………… 398

后　记 ……………………………………………… 410

内篇

逍遥游

【1.1】

北冥有鱼，其名为鲲。鲲之大，不知其几千里也。化而为鸟，其名为鹏。鹏之背，不知其几千里也。怒而飞，其翼若垂天之云。是鸟也，海运则将徙于南冥。南冥者，天池也。

【另类译解】

溟漠无涯的北边，有天体叫鲲，它涵盖几千里的水域。这个天体翻滚旋转，似一只叫鹏的大鸟掠过。这个巨大天体的质量非常，几千里面积仅够作它一只翅膀，它像只鸟一样，在天空飞来飞去。从北方的天空飞越太平洋迁徙到南方的天空，南方的天空出现了一条河，我们称它为银河！

【解读依据】

银河系是太阳系所在的星系，又称天河或天汉，包括 1000 亿到 4000 亿颗恒星和大量的星团、星云，还有各种类型的星际气体和星际尘埃。银河系具有巨大的盘面结构，有一个银心和四条旋臂（最新研究显示银河系只有两条旋臂。其中，太阳所在的猎户座臂只是一个主旋臂的小分叉），旋臂相距 4500 光年。太阳位于银河系的一条支臂——猎户臂——上，而我们居住的地球则属于太阳系中的一颗行星。

银河系在天空上的投影像一条流淌在天上闪闪发光的河流一样，所以古称银河或天河，一年四季都可以看到银河。

"飞流直下三千尺，疑是银河落九天。"（李白）中国古代文化视银河为天河，唐朝顾况的《宫词》中便有一句"水晶帘卷近秋河"，这里的"秋河"说的就是银河。再如李商隐的《嫦娥》中有"长河渐落晓星沉"。

古希腊人如中国先人一样，把天上的这条光带描述为"河"：The night

sky gave a big hint, in the form of a lovely pale band of light that cut across the heavens like a river. （仰望夜空，有一条瑰丽的光带依稀可见，它宛如一条河，将整个苍穹分割为二。）因为天上的这条河环绕整个天球，在纪元前六世纪，希腊人最初称之为"银环"。

地球的表面被分成几个坚硬的部分，或者叫板块，它们以地质年代为周期在地球表面移动。地球表面大约71%是海洋，剩下的部分被分成洲和岛屿。

【虞人评读】

这章的核心是，庄子认为：无论是苍茫的宇宙本身，还是宇宙中最短暂、最卑微的生命，逍遥地度过自己的一生才是生命的极致与存在的意义。既无关体量大小，也无关事功德业，更无关地位与名声！逍遥乎物外，任天而游，才是生命的本质。

对庄子的理解，一开始，国人可能因过于重视文字的表象而忽略了其整体意思。"北冥有鱼"，虞人认为，国人按照字面来理解既是正确的，又是差之千里的。这里的"冥"，在精神上最能体会其本意的应是嵇康："取其溟漠无涯也。"鱼，实际上与通常意义上理解的"鱼"不是同一概念，它更多的可能仅是一种借代。庄子取了一个大家耳熟能详的通俗物，形象化地表述着他的思想。以后在整个作品的创作过程中，庄子会大量地使用这种随心所欲、信手拈来的字来表述。我们读他的书，切记不可拘泥于这种名字胶柱鼓瑟或干些刻舟求剑的蠢事。

法国作家 Julia Kristeva 在《诗歌语言的革命》中说，诗歌的语言除却说它外表第一层的意思外，还有许多微妙的作用：一种是 symbolic function，是象喻的作用；另一种是 semiotic function，是符示的作用。

庄子的这个"鱼"应该只是一种符示。庄子只不过需要一个符号来说明。所以他马上将这个"鱼"字用一个大家不熟悉的比较稀见的字替代了，就是"鲲"。

如果想象一下，一条鱼有几千里长，在震惊于想象的宏大瑰奇时，我们会有一种作者吹大牛、缺乏常识之感。而紧接着，这水中的东西又化作空中的东西——鸟，这个"鸟"也不是通常意义上理解的"鸟"，所以庄子迅速用一个"鹏"字替代了。水中的东西几千里，变幻成空中的东西，也是几千里，飞向南冥去了，南冥的什么地方？天池！

如果仅从字面上来理解庄子的这段文字，虞人相信：我们一定理解不了它的深意、真意，也一定会与中国哲学巨人的思想失之交臂。我们仅是做了一个文字匠，或者说用一个文字匠的狭隘抹杀了一个头脑的伟大！

假如将鱼、鸟、鲲、鹏都仅理解成一个形象符号，就会清晰地看到一个古代哲学家对浩瀚宇宙中银河系的正确描述。

虞人认为，这段文字是庄子对宇宙星空的文学表述——鱼、鸟、鲲、鹏指的是地球这样的行星，它在不断地旋转。银河系在天空上的投影像一条流淌在天上的河流，古称银河或天河。

而现在科技证明，溟漠无涯真是宇宙的实相。

【1.2】

《齐谐》者，志怪者也。《谐》之言曰："鹏之徙于南冥也，水击三千里，抟扶摇而上者九万里[1]，去以六月息者也。"野马也，尘埃也，生物之以息相吹也。天之苍苍，其正色邪？其远而无所至极邪？其视下也，亦若是则已矣。

【另类译解】

《齐谐》这部书是专门记载世界上一些奇谈怪论的书。它上面是这样记载这件事的："鹏星向银河移动时，在地球上激起的水花有三千里，飙起的自下而上的暴风吹上九万里，这一场风暴花了六个月的时间才渐渐止息。"野马奔驰会激起大片尘埃，尘埃飞扬经过一段时间的沉淀后会渐渐止息。苍苍茫茫的天地之间，万物互相激荡又复归平静，这就是它的本质吗？其溟漠无涯，高远处没有尽头。如果站在其他星球上向我们这边看，应该也是这样的景象吧！

【解读依据】

[1] 成玄英疏："途经九万，时隔半年，从容志满，方言憩止。"理解与虞人相合。

【虞人评读】

有不少学者将"息"译成"风"，将"去以六月息者也"译成"乘着六月风而去"。如这样译，虞人以为这句话在作品中既没有必要也没有分量，这对于刻书于简的古人来说是过于奢侈的浪费。六个月才止息的风雨才突出这件事的宏巨与震撼。

如有两个都讲得通的假设，我们当然取一个更精彩、精练、精辟的解读！

如果将"野马"与"尘埃"之间的联结切断，又将"息"作为风来理解，整段内容就变得支离破碎，不但这几个句子的句意变得莫明，而且下一句"天之苍苍，其正色邪"又怎么与之前后承接？

天地间有突然来临的巨大风暴，又莫名其妙地归于安静，一物会激起另一物（如野马扬起尘埃）的反应，但动的物体终究会归于静。世间万物互相影响，浩瀚星空无穷无极，这就是天地的本质吗？庄子发出了这样的疑问。

旧的译注都将"野马"解作浮游的云气，不知何出处？如陈鼓应《庄子今注今译》："野马"，谓空中游气，"尘埃"，谓空中游尘。虞人认为，在诗歌创作中，由于有庄子这个著名的文章在，野马或许与尘埃相代可以理解，但译解此段文字，将"野马"也作"云气"解，化作一缕青烟，虞人还是不舍的，要抱住野马死死不撒手的。

【1.3】

且夫水之积也不厚，则其负大舟也无力。覆杯水于坳堂之上，则芥为之舟。置杯焉则胶，水浅而舟大也。风之积也不厚，则其负大翼也无力。故九万里，则风斯在下矣[①]，而后乃今培风；背负青天而莫之夭阏者，而后乃今将图南。

【另类译解】

假设江河中的水不够深，则大一点的船只就没办法在里面航行；如果你倒一杯水在堂前洼地，那么小草就可以像船一样在里面浮游；可如果置一只杯子在堂前水洼中，则杯子就一定会胶在地面上。为什么会这样呢？水太少而杯子太大。如果风的聚积不够，则大天体就会因缺乏足够动力而飞不起来。因此你飞到九万里的高空，那风就在你脚下了，这时候因为背风，你就可以借着风力（也就是现在所谓的反作用力，庄子在这讲的就是火箭的发射原理）而掉不下来，这样，一路上就会没有障碍，然后整个天体就可以直飞银河系（现代卫星与火箭升空的科技，庄子已经凭借哲人的洞察力，在两千年前就预见了）。

【解读依据】

① 成玄英疏："此合喻也，夫水不深厚，则大舟不可载浮；风不崇高，大翼无由凌霄汉，是以小鸟半朝，决起榆枋之上，大鹏九万，飘风鼓扇其下也。"

【虞人评读】

净空法师在《和谐拯救危机》的序言中写道："这是一些悬浮在虚空中的细小微尘。如果有人指着其中的一粒说，这个上面有上万亿个生命，有山河大地，有飞机轮船，有亭台楼阁，有万家灯火，谁会相信呢？……这儿有一粒是蓝色的，它就是地球，这是在极为遥远的太空中拍摄的……直到今天，人类还无法知道宇宙的边际。人类和自己居住的星球如同微尘，在虚空中漂浮。"

这是现代科技证明了的事实。可两千余年前，庄子凭他过人的智慧已经感知了。尽管其用词和表述与今天的有一点差距，但其基本的思考是一致的。

【1.4】

蜩与学鸠笑之曰："我决起而飞，抢榆枋，时则不至而控于地而已矣，奚以之九万里而南为？"① 适莽苍者，三餐而反，腹犹果然；适百里者，宿舂粮；适千里者，三月聚粮。之二虫又何知！

【另类译解】

蜩与学鸠看到这个持续六个月飞腾九万里的大阵仗，两位私下偷偷笑着议论道："我使一下劲就飞起来了，那么高大的榆树、枋树我也可以飞越，有时候飞不上树顶，我就投落到地面（我非常闲适自得，没感到有什么不好的地方），为什么非要飞旋到九万里的高空而进入银河系呢？"

"哎"，庄子感叹道，"到郊外去踏青，准备好一日三餐就够了，回家时保证饿不了肚子；如果是投宿百里外的地方，就要准备隔夜的干粮；如果是到千里之外出差公干，就要预备三个月的粮食。由于每个生命体的人生目的使命不同，所以需要预备的东西就不一样。这两只虫鸟的眼界力量有限，又哪里能知道这些呢？"

【解读依据】

① 郭象注："苟足于其性，则虽大鹏无以自贵于小鸟，小鸟无羡于天地，而荣愿有余矣。故小大虽殊，逍遥一也。"

【虞人评读】

这段文字是人们认为庄子嘲笑蜩与学鸠视野狭窄、庸俗市侩的文字，虞人认为不是。

庄子将本章文字取名"逍遥游"。这个逍遥并非仅仅视鱼、鸟、鲲、鹏的宏壮伟岸为逍遥，蜩与学鸠之行为也是一种生命的逍遥。之所以出现解读经典的错误，就在于古代学者首先服膺的是儒家人生观，本身已是所谓宿儒大德了。倾向性已在，主观性已成，你吃他嘴里嚼出来的馍，当然带点孔记滋味，这原是任谁都想得到的事情。

儒家讲的是杀身成仁，讲的是修身齐家治国平天下，讲的是为生民立命、为万世开太平的功业人生，这与大鹏有同一的地方。所以认为庄子这里是在用大鹏的有志有为批判蜩与学鸠的鼠目寸光，其实误会了庄子。

庄子以哲人的清醒与智慧知道人类的大多数是处于蜩与学鸠生存状态的，但他们也是一种生存生活状态。而且这种生存生活状态本身没有好坏之分，它就是生活，也就是我们这星球上许多生命的客观存在，没有贬义。

要知道，智慧的人只知道尊重人，从来不会讥笑人。在西方，这被认为是文明；在东方，这同样被视作教养。

庄子在这里讲了人与人之间、人与物之间、人与宇宙之间的各种存在形态，都只能在自己理解或理解得了的状态下生存。一方面，由于受到种种局限，都不可能理解或完全理解别的生命体的状态；另一方面，人也好，物也好，宇宙空间也好，不管多大或多小，在自己的一亩三分地里，都可以自我感觉良好地生存，即所谓逍遥度日。

庄子揭示的这个确是人类社会或宇宙空间的一个至关重要又至今莫解的规则，这是人人感知得了并深受其惠但没有一个人总结道明的。而一个优秀的学者或作者就是揭示人们习以为常中的深奥之理的高手。对于这一点，庄子一出手就做到了。

【1.5】

小知不及大知，小年不及大年①。奚以知其然也？朝菌不知晦朔，蟪蛄不知春秋，此小年也。楚之南有冥灵者，以五百岁为春，五百岁为秋；上古有大椿者，以八千岁为春，八千岁为秋，此大年也。而彭祖乃今以久特闻，众人匹之，不亦悲乎！

【另类译解】

要知道，在宇宙这个空间，小智慧的生物理解不了大智慧的生物，寿命短的生物不能理解寿命长的生物。我怎么知道事情是这样的呢？朝生暮死的菌类不知道"月"是什么概念，因为没有到"月"这个概念出现，它们的生命就终止了；春生夏死、夏生秋死的寒蝉不知道"年"的概念，因为没有到"年"这个概念出现，它们的生命就终止了。这就是所谓的"小年"，也就是短命生物。另外，有一些相对的生物，如楚国南边有一只灵龟，以五百年为一个春天、五百年为一个秋天，上古时代有一棵大椿树，更是以八千年为一个春天、八千年为一个秋天。这就是所谓的"大年"，也就是长寿生物。如果说到人，有一个叫彭祖的，到现在还以长寿而传闻于世，如果我们这些人与他相比，不要比出悲情来吗？

【解读依据】

① 郭象注："物各有性，性各有极，皆如年知，岂跂尚之所及哉！自此已下至于列子，历举年知之大小，各信其一方，未有足以相倾者也。然后统以无待之人，遗彼忘我，冥此群异，异方同得而我无功名。是故统小大者，无小无大者也；苟有乎大小，则虽大鹏之与斥鴳，宰官之与御风，同为累物耳。齐死生者，无死无生者也；苟有乎死生，则虽大椿之与蟪蛄，彭祖之与朝菌，均于短折耳。故游于无小无大者，无穷者也；冥乎不死不生者，无极者也，若夫逍遥而系于有方，则虽放之使游而有所穷矣，未能无待也。"

【虞人评读】

虞人认为，"小年""大年"，"朝菌""蟪蛄"均是庄子杜撰的，"楚灵""大椿"也是庄子借用《列子》的内容来设比说事的，当不得实有其事。庄子要的是说清一个道理。为此，有意夸张地将时空拉伸或缩短，以便说明万事万物各有天命、各有规律、各有其乐、各有其悲，不必强求，应顺从自然。比如说，地球上有一块与我们终生在一起的石头，在石头的眼中，我们的生命就是朝菌、蟪蛄，我们生得太快死得也太快，百年的时间对石头来说算得了什么？我们就算站在它面前一动不动一辈子，在石头眼里也不过一瞬间；石头那漫长的生命，在人类看来，几乎没有尽头，漫长得人类几乎会忽略石头是有生命的这个事实！而事实上，石头也是分子原子的运动，与我们人类一样是有生命的！不过它的寿命已经长到足以使人类忘记它也有寿命这件事的程度了！

此为第一章节，庄子起笔给我们描绘了一个广大无垠的宇宙与世界，在这个世界或宇宙中，存在着各种寿命参差的生物体，大到行星，小到朝菌，他们各自生活在自己的世界，虽然彼此各异，甚至相互之间很难沟通与理解，但在大自然的庇护下，他们至少都拥有一个共同点：任性逍遥。

【1.6】

汤之问棘也是已。穷发之北，有冥海者，天池也。有鱼焉，其广数千里，未有知其修者，其名为鲲。有鸟焉，其名为鹏，背若太山，翼若垂天之云，抟扶摇羊角而上者九万里，绝云气，负青天，然后图南，且适南冥也。斥鴳笑之曰："彼且奚适也？我腾跃而上，不过数仞而下，翱翔蓬蒿之间，此亦飞之至也，而彼且奚适也？"此小大之辩也。

【另类译解】

在荒凉的不毛之地的北方再北，有个广漠无涯的叫冥海的地方，那是传说中的天池，用人类今天的话来说，就是银河系了。那儿有一种像鱼一样游动的东西。这个像鱼一样移动的东西不知道有几千里的宽度，没有人知道它究竟有多长，人们只好给这个游动的大鱼样的东西取名为鲲恒星；有一种像鸟一样飞得很快的东西，人们给这样像鸟一样飞得很快的东西取名为鹏行星。它们都背对着地球；它们的翅翼在人类眼里就是那满天的云彩；它们乘着旋风直上九万里高空，在地球的生物眼里看起来好像羊角高高地挂满了天空；它们穿透云层，背负青天，一直向南边的银河飞去……

鴳，一种小鸟，斥鴳，当是有排斥情绪的鴳鸟。它看到天上行星恒星的运动，有点不理解了：这些银河系的星球要飞向哪儿？何处是它们想要去的尽头呢？它们究竟在追求什么？为什么要不停地飞行到我们看也看不到的地方去呢？是什么力量、什么因素、什么原因使得它们无休无止地飞到不可知、莫可测的未来呢？你看看像我，也可以腾跃飞升起来，在蓬蒿这类植物丛中上上下下，有几丈高就足够了，这样飞飞也足够遍览地球上的万千生物了，翱翔之感也有了，飞行的体验也有了，像这些恒星行星，它们究竟要飞到哪里去呢？飞到谁也看不见的地方去干什么呢？

【解读依据】

本节内容见于《列子·汤问》。内容有改动，为表达自己的意思。这是庄子常用的写作技法。因为庄子要写给大儒们看，写给有文化功底的人看，为了取得他们的认同，庄子就借用《列子·汤问》来举个例。庄子说，这可不是我瞎编的，殷汤问棘时谈过这些内容，你可以在《列子·汤问》的谈话录中找到。在《庄子·天下》中，庄子将重点说明为何这样写作。

【虞人评读】

历来译注将斥鴳描述得很是猥琐可笑。试想，这是斥鴳在说话，不是我们在评判议论它。斥鴳自己说自己，不将自己说成"高大上"已属非常不易，有自知之明。斥鴳是客观地表述它的心得，表达它翱翔地球、君临万物的快感，以及对这类"彼且奚适"者的唯一疑惑。

庄子最后回应点题：鲲鹏展翅飞翔银河系与斥鴳逞雄蓬蒿间其实都是宇宙中生命的存在方式，只不过一个规模宏大、一个视野窄小而已，但本质上，它们都是宇宙的一部分。这一如我们常说的，台湾与大陆，只是体量大小不同而已，双方同属一个中华民族。庄子在这里表达的也是这个意思，在浩瀚的宇宙，我们都只是一部分，而这一部分往往由于种种原因，非常难于理解彼一部分，这是宇宙实相。

【1.7】

故夫知效一官，行比一乡，德合一君，而征一国者，其自视也亦若此矣。而宋荣子犹然笑之①。且举世而誉之而不加劝，举世而非之而不加沮，定乎内外之分，辩乎荣辱之境，斯已矣。彼其于世，未数数然也。虽然，犹有未树也。

【另类译解】

有一类人，才智只可以做个小官，执行能力至多可以覆盖一乡，谈吐也就是个把人与他投缘，却感到自己可以出来治理一个国家，这就叫自视甚高。所以，宋荣子就嘲笑他们。（其实，人类中几乎所有人都有这个先天而来的毛病，这几乎是人与生俱来的基因。庄子在这里又一次讲到了人类似乎天然的普遍性与劣根性。宋荣子，原名宋钘，《庄子·天下》介绍有他的学

说观点)

这句的主语出现在后面。如果一个人做得到：整个世界都夸赞他而不感到得意，整个世界非议他而不感到沮丧，能认定内我与外物的分际，分辨得光荣与耻辱的最细微之处，这对人来说几乎已做到极限了！可宋荣子这个人还是不禁要嗤笑他：这样一个人，还没有明白所有该明白的，虽然他已经非常明白了，但还有未明白的！

【解读依据】

① 成玄项疏："子者，有德之称，姓荣氏，宋人也。犹然，如是。荣子虽能忘有，未能遣无，故笑。宰官之徒，滞于爵禄，虚淡之人，犹怀嗤笑，见如是所以不齐。前既以小笑大，示大者不夸；今则以大笑小，小者不企；而性命不安者，理未之闻也。"

【虞人评读】

这一段话的历来翻译还有一个存在问题的地方，就是"知效一官，行比一乡，德合一君"的翻译，将"君"译成君王。将"君"当作君王是我们这一代人面对的文字。而在庄子时代，"君"也就是普通的个人，日本人继承了中国古代的这种传统，见人就什么君什么君的，你不可将他们都当作国王；而且这三个排比是缩小的，即能力与能量越来越小的排比，"官"肯定比"乡"要大（现在乡长算是行政级别上较小的官了），那么"乡"肯定比"君"大，不可能前面是缩小的排比，后面又是扩大的排比，古人做事可有章法了，完全不会像今天的我们，尤其不像虞人，哈哈！

而过高地估计自己几乎是所有人的通病，可算是人先天就有的基因！

【1.8】

夫列子御风而行，泠然善也，旬有五日而后反。彼于致福者，未数数然也①。此虽免乎行，犹有所待者也。

【另类译解】

列子这个家伙，可以借助风力出行，得到了飘逸的好处，他十五天回人间一趟。他于人与生俱来的那种极度的幸福，还没有明白所有该明白的，他虽然可以免除普通人饮食起居方面的烦恼，但好像还是有所期待的。

【解读依据】

① 成玄英疏："致，得也。彼列御寇得于风仙之福者，盖由炎凉无心，虚怀任运，非关役情取舍，汲汲求之。欲明为道之要，要在忘心，若运役智虑，去之远矣。"

【虞人评读】

列子没有期待了，他十五天回人间一趟干什么呢？

【1.9】

若夫乘天地之正，而御六气之辩，以游无穷者，彼且恶乎待哉①！故曰：至人无己，神人无功，圣人无名②。

【另类译解】

如果人可以秉承天与地之自然规律，而驾驭宇宙空间万物的细微之处（如原子能的利用就是人类御六气之辩的典型案例），然后成为永恒无穷的那种存在（如电磁波、光波），他还有什么期待的东西吗？

因此，可以得出结论：至人已经没有自己，神人根本不要功业，圣人完全没有名声。

【解读依据】

① 郭象注："天地者，万物之总名也。天地以万物为体，而万物必与自然为正，自然者，不为而自然者也。故大鹏之能高，斥鴳之能下，椿本之能长，朝菌之能短，凡此皆自然之所能，非为之所能也。不为而自能，所以为正也。故乘天地之正者，即是顺万物之性也，御六气之辩者，即是游变化之途也；如斯以往，则何往而有穷哉！"

② 成玄英疏："至言其体，神言其用，圣言其名。故就体语至，就用语神，就名语圣，其实一也。"

【虞人评读】

依庄子看来，战国诸侯也好，诸子百家也好，至圣先师也好，皆非至人神人圣人。庄子倒是推崇列子。不过，庄子更进一步，他不需要功名，甚至不需要自己的存在，至少必须进入无我之境。人间的一切"真宝贝"都需要超越自我后才能得到。因为自我让人过于渺小，而神游太极，我即宇宙，天地宇宙与我同一而无穷。庄子的这种观点对不对呢？放弃自我可以获得"真宝贝"是不是事实呢？

【1.10】

尧让天下于许由，曰："日月出矣而爝火不息，其于光也，不亦难乎！时雨降矣而犹浸灌，其于泽也，不亦劳乎！夫子立而天下治，而我犹尸之，吾自视缺然。请致天下。"

许由曰："子治天下，天下既已治也，而我犹代子，吾将为名乎？名者，实之宾也，吾将为宾乎？鹪鹩巢于深林，不过一枝；偃鼠饮河，不过满腹。归休乎君，予无所用天下为！庖人虽不治庖，尸祝不越樽俎而代之矣[①]。"

【另类译解】

尧要将自己最尊贵的君位让给隐士许由。尧采用如下理由："日月都出来了，烛火为什么还不熄灭呢？要与日月比光亮，这不是不自量力吗？大雨都降落了，为什么还要挑水灌溉呢？要与大雨比润泽，这也不是徒劳吗？现在出了您这样一位治国的天才，天下可得到良好的治理，我为什么还要占着这个位置尸位素餐呢？我自己审视自己比不过您，请容我把天下治理的尊位让给您！"

许由是这样回复尧的："您治理天下，天下现在已经安定了，而我还来替代您，我为什么呢？难道我要名吗？名只不过是实的从属，我难道是为了得到那个虚有的尊名吗（因为天下已治，许由现在上台不需要再做什么，人们会认为他只不过贪图一个尊名）？小小的鹪鹩拥有整片森林可用，可它们只不过筑巢栖身在一枝小小的丫杈上；鼹鼠面对整条大河可供饮用，可它只不过喝上一肚子水就够了。您还是回去做您的君王吧，我要天下做什么呢？厨师即使不肯下厨去料理祭品，负责祭神与执礼的人也不会越过酒樽俎案去代行他的职务啊！"

【解读依据】

① 郭象注："庖人尸祝，各安其所司，鸟兽万物，各足于所受；帝尧，

许由，各静其所遇；此乃天下之至实也，各得其实，又何所为乎哉？自得而已矣。故尧、许之行虽异，其于逍遥一也。"

【虞人评读】

庄子在这节文字中讲了一个故事，与《庄子》书中的人物一样，庄子注重的是文字所传达的内涵。至于许由是否实有、故事是否真实，并不在意，也当不得真。庄子作文，犹大师作画，贵在达意，而不拘于一笔一画的刻意。

因为日月与烛光、时雨与浸灌都是两两相对的，所以尧与许由对比，感到自己不过是烛光浸灌，许由才是日月时雨，自己比他缺得多多。不需要作"谦然"或其他什么意思的引申解读。

"予无所用天下为！"这句话实在很值得注意，庄子以后会多次表达这种思想。这不是指庄子消极避世，更不是后代令人寒心的识趣避祸，而实在是淳朴本心。天下自有规律，各安其位、各得其心、各任其命。作为隐士的许由，隐士生活已是心满意足，不需要外求任何东西！所以许由才说，连鹪鹩鼹鼠都懂这些道理，他难道会不懂吗？他是真心不要什么君主这个尊位啊！

庄子这节文字是说，知所进止、知足常乐、自知之明，是一生逍遥游的根本保证！

【1.11】

肩吾问于连叔曰："吾闻言于接舆，大而无当，往而不返。吾惊怖其言，犹河汉而无极也，大有径庭，不近人情焉。"

连叔曰："其言谓何哉？"

"曰'藐姑射之山，有神人居焉。肌肤若冰雪，淖约若处子①；不食五谷，吸风饮露；乘云气，御飞龙，而游乎四海之外；其神凝，使物不疵疠而年谷熟。'吾以是狂而不信也。"

连叔曰："然，瞽者无以与乎文章之观，聋者无以与乎钟鼓之声。岂唯形骸有聋盲哉？夫知亦有之。是其言也，犹时女也。之人也，之德也，将旁礴万物以为一，世蕲乎乱，孰弊弊焉以天下为事！之人也，物莫之伤，大浸稽天而不溺，大旱金石流土山焦而不热。是其尘垢秕糠，将犹陶铸尧舜者也，孰肯以物为事！"

【另类译解】

　　肩吾对连叔说："我听接舆谈话，气势大得无法阻挡，议论起来神龙见首不见尾。我对他的话感到惊骇，他的语言就像银河一般无边无际，与我们常理相差太远，不合世情。"

　　连叔说："他都与你说了些什么？"

　　肩吾转述接舆的话——接舆对他这样说："有神人住在藐姑射山上，这神人是怎样的人呢？他们的肌肤白得像冰雪，风姿绰约像是少女；他们不吃五谷，只吸清风饮露水，乘着云气，驾驭着飞龙，而遨游于四海之外，他们的精神凝聚，使世间万物不生灾难而保证谷物丰熟。"

　　肩吾说："我认为他是在发狂言吹大牛，所以我不相信！"

　　虞人也有点将信将疑。不过虞人倒觉得接舆讲的这个神乎其神的东西有点像我们现在洒农药的直升机，机身雪白，造型漂亮，不食五谷，吸风饮露；乘云气，御飞龙，而游乎四海之外；其神凝，使物不疵疠而年谷熟。说明这种东西还是存在的，所以接下来连叔的批判还是有理的。

　　肩吾以为他的表白会赢得连叔的同情，岂料连叔听了几乎是勃然动怒："这句话说对了！瞎子无法与他共赏飞扬的文采，聋子无法与他共赏美妙的钟鼓之乐，这指的岂止是形骸有聋有瞎的人？心智也有聋瞎的啊！这个话，说的就是像你一样的人呀！人，本就是天上的神，如果他将天下万物视同一体，世间的纷扰，只不过是茶壶内的风暴，又算得了什么事呢！这样的人，外物是伤不到他的，洪水滔天也淹不到他，因为他与天地混一了，洪水已被他包容在内；天下大旱，即便金石熔化、土山枯焦，也不会热到他，因为他就是天，大旱不过是他的体温；他身上最不经意的最不重要的东西，如果给了别人，也可以让别人达到尧舜这样的高度。这样的人又怎肯为这世上的物质俗事而劳心费神呢？"

【解读依据】

　　① 郭象注："此皆寄言耳。夫神人即今所谓圣人也。夫圣人虽在庙堂之上，然其心无异于山林之中，世岂识之哉！徒见其戴黄屋，佩玉玺，便谓足以缨绂其心矣；见其历山川，同民事，便谓足以憔悴其神矣；岂知至至者之不亏哉！今言王德之人而寄之此山，将明世所无由识，故乃托之于绝垠之外而推之于视听之表耳。处子者，不以外伤内。"

【虞人评读】

这节文字大家可能只觉得其人其事光怪陆离、神奇好玩，而不明白庄子本旨还在逍遥游上。生在地球上的任何生物，动物、植物、矿物其实都是神物；而人，本身就是神，只要精神凝聚，就会感到与天地的浑然一体，臻至与天地相往来的精神化境，则寒热不侵、俗事不累而逍遥于物外。

这是完全真实的也是可以做到的，虞人良有感矣！

【1.12】

宋人资章甫而适诸越，越人断发文身，无所用之。

尧治天下之民，平海内之政。往见四子藐姑射之山，汾水之阳，窅然丧其天下焉[1]。

【另类译解】

宋国有人到越国去叫卖帽子，可越国的人个个都是文身断发，也就是身刺花纹剪光头发，他们不需要帽子。

尧治理天下的百姓，安定海内的政事之余，到过藐姑射之山去见四位山上的神人，（我说山上不止一位，有人前文就译成一个神人，不妥不确！）据说这藐姑射之山，在汾水的北面，尧在那里与四个神人一相处，几乎忘记了自己还有个管理天下的君位这件事！自由实在让人开心，任天而游乐乃无穷啊！

【解读依据】

① 郭象注："夫尧之无用天下为，亦犹越人之无所用章甫耳。然遗天下者，固天下之所宗。天下虽宗尧，而尧未尝有天下也，故窅然丧之，而尝游心于绝冥之境，虽寄坐万物之上而未始不逍遥也。"

【虞人评读】

这节庄子承上节知所进止后再进一步，言无论是断发文身的越人，还是贵有天下的尧君，人人都可从去多余之物而获得精神自足，无我即心不累（断发无求帽），神游则已无我（尧窅然天下）。所以，虞人在前言中说，庄子引书，非道教之云云，而是关于人类生活，特别是如何美妙度过自己一生的真切指导。

【1.13】

惠子谓庄子曰:"魏王贻我大瓠之种^①，我树之成而实五石。以盛水
浆，其坚不能自举也。剖之以为瓢，则瓠落无所容。非不呺然大也，吾
为其无用而掊之。"

庄子曰:"夫子固拙于用大矣。宋人有善为不龟手之药者，世世以
洴澼絖为事。客闻之，请买其方百金。聚族而谋曰:'我世世为洴澼絖，
不过数金。今一朝而鬻技百金，请与之。'客得之，以说吴王。越有难，
吴王使之将。冬与越人水战，大败越人，裂地而封之。能不龟手，一也，
或以封，或不免于洴澼絖，则所用之异也。今子有五石之瓠，何不虑以
为大樽而浮乎江湖? 而忧其瓠落无所容? 则夫子犹有蓬之心也夫^②!"

【另类译解】

惠子对庄子说:"魏王送我一棵大葫芦种子，我种植成树结出的果实有
五石那么大，用来盛水，它的坚固程度却经不起所盛水的重量。我只好把它
掊开来做瓢，可是这个瓢又太大，没有放的地方，它不是不大只是太虚头巴
脑，我只好因为没有用处放处将它掊碎了。"

庄子的文章就是这么夸张中孕育奇妙，这棵大葫芦树是否真的存在过?
"呺然"是什么意思? 虞人认为，"呺然"指"虚大的样子"应该是比较妥
当的说法，所以译成"虚头巴脑"。至于惠子，读者难道看不出来吗? 这是
好朋友在开玩笑，惠子在吃庄子豆腐，庄子对这一玩笑一定印象深刻，所以
在书中一再提及此事并作了多轮论辩。

庄子的诙谐和机敏马上显示出来了。他立即反驳惠子:"看来你老兄真
的不善于用好东西啊! 听说宋国有个人善于制作不龟裂手的防冻伤药，他家
世世代代以漂洗丝絮为业，这药却仅作家人及工作人员防冻伤用。有一个客
人听说这种药品，愿意出百金收购他的药方，于是这人就聚集全家一起商量
说:'我家世世代代漂洗丝絮，只得到很少的钱。现在只要卖出这个药方就
可获得百金之巨，不如我们就把药方卖了吧。'这个客人得到药方，就如获
至宝地带着它去见吴王。正巧这个时候越国兴兵犯境，吴王听闻其人能保证
士兵水战不龟裂手，就派他领兵拒越。这个人拖到大冬天和越人水战，最后
因为己方士兵不龟裂手、水战战力不受影响，占有优势而大败越人。于是吴
王割地来封赏他。同样只是一个治不龟裂手的药方，有人因此得到封赏，有

人却只能用来漂洗丝絮，这就是会用和不会用的不同啊！现在你有五石容量的稀世之宝的大葫芦，为什么不用来做成大酒杯，把自己装上，泛舟于江湖，反而老是担忧它太大了会最后无处容身呢？可见你的心内还是塞满茅草忧惧不通啊！"

【解读依据】

① 成玄英疏："惠子所以起此大瓠之譬，以讥庄子之书，虽复词旨恢弘，而不切机务，故致此词而更相激发者也。"

② 成玄英疏："言大瓠浮泛江湖，可以舟船沦溺，至教兴行世境，可以济渡群迷。而惠生既有蓬心，未能直达玄理，故妄起掊击之譬，讥刺庄子之书，为用失宜，深可叹之。"

【虞人评读】

这是朋友间言笑，惠子开庄子玩笑，认为他一生虽有大才，却专注于这些虚学问，无实用价值，活得有些可惜。庄子立即机智地反驳，他认为惠子并不明白这些貌似之虚学才是人生之真谛，才是让人逍遥乎物外，任天而游无穷的真乐人生。惠子虽然表面风光，做着朝廷大官，可内心却还是忧惧不宁，怕有朝一日无处容身。不像庄子率性而为，泛舟江湖优游自在，内心宁静而踏实，惠子才是活得可怜可惜呐！

【1.14】

惠子谓庄子曰："吾有大树，人谓之樗。其大本臃肿而不中绳墨，其小枝卷曲而不中规矩。立之涂，匠者不顾。今子之言，大而无用，众所同去也。"

庄子曰："子独不见狸狌乎？卑身而伏，以候敖者；东西跳梁，不辟高下；中于机辟，死于罔罟。今夫斄牛，其大若垂天之云。此能为大矣，而不能执鼠。今子有大树，患其无用，何不树之于无何有之乡，广莫之野，彷徨乎无为其侧，逍遥乎寝卧其下①。不夭斤斧，物无害者，无所可用，安所困苦哉②！"

【另类译解】

惠子与庄子进行了第二轮较量。

惠子说：我见过一棵大树，人家都叫它作樗。它大的树干都是瘤结而不合绳墨，不能用来加工；它小的枝丫又弯弯曲曲不中规矩，不能取作方圆；它生长在人们常走过的地方（所以这棵树不是惠子家的，前文之吾有，实为吾见有），可匠人都没有停下来看它的。现在你所说的这些话都是迂远无当于事情的。众人都不会听你的，他们会像匠人对待那棵樗树一样对待你，大家最后都会离你而去的。

庄子自是有信仰有自信的人，他不会服输，也不会接受惠子的观点，因为那只是俗人常人的人生观。庄子回应惠子："你没有看见过野猫与黄鼠狼吗？它们常常低伏着身子，等候着它们捕食的猎物。为此，它们是东跳西蹿，不避高低，可往往是它们没捕到猎物自己却踩到了猎人的机关，最后身死网罟之中，皆以惑于小利不虑之故啊！你再看看那犛牛，虽然不能捉老鼠，但人们却将它养得大得不得了，远望过去，其形一如天际之云。它是如何做到让人养这么大的呢？它踏踏实实、勤勤恳恳，从不操投机之心、功利之心啊！吃饱喝足就是它的全部生活。现在你既然见到了这么一棵大树，你却还在狭隘的有用无用之间打转转。何不将这棵大树种到没有俗人的地方，没有俗念的广阔那种所在。然后任意徘徊于树旁，自在地躺在树下，精神逍遥，不为俗累，远离尘嚣，在别人认为无用的樗树怀抱呼呼大睡活个不亦乐乎呢！作为物，樗树获长生；作为人，不入红尘之争，又何来苦恼呢！"

【解读依据】

① 成玄英疏："彷徨，纵任之名，逍遥，自得之称；亦是异言一致，互其文耳，不材之木，枝叶茂盛，婆娑荫映，蔽日来风，故行李经过，徘徊憩息，徙倚顾步，寝卧其下。亦犹庄子之言，无为虚淡，可以逍遥适性。荫庇苍生也。"

② 成玄英疏："拥肿不材，拳曲无取，匠人不顾，斤斧无加。夭折之灾，何从而至？故得终其天年，尽其生理。无用之用，何所困苦哉！亦犹庄子之言，乖俗会道，可以摄卫，可以全真，既不夭枉于世途，讵肯困苦于生分也！"

【虞人评读】

"彷徨乎无为其侧，逍遥乎寝卧其下"两句是同义互文，就是任意徘徊、自在地躺，在树旁、在树下。

惠子与庄子还真是真心真意的好朋友呢！惠子对庄子说的是肺腑之言，

说的是掏心窝子的话。庄子对惠子更是拳拳之心，推心置腹。可是鸡对鸭讲，两人不在一个层面上。可作为读者，我们得渔人之利，两人所言均是金玉良言！发人深省之际可作取舍！

请注意，庄子没有认为积极有为或豪情万丈或济世安民才是有价值的人生，而是认为快乐的逍遥的无忧无虑的生活就是本真、就是极致的成功生活，这点对这个社会广大没有功业的沉默的大多数实在是天大的福音。所以，我们才要做庄子千年的拥趸！他好我们也好啊！

本篇庄子写了宇宙的无限，和包括人在内的各种生物、地球上物质存在的有限性，然后给我们指出一条"生路"：如果我们能让自己的心灵飞升于无限高远而空阔的宇宙境界，培养一种包举宇内、涵藏万物的博大胸襟，随缘自适，那么我们非但可以有肆意翱翔的精神空间，还可以拥有完美的人生。庄子，我们之所以称他是独与天地精神相往来的圣人，而且庄子之书也是我们凡人的精神寄托，原因就在于此。所以虞人认为，庄子的书不是道教用书，而是给普通百姓写的一部思想深刻、空前绝后的人生指导书！

齐物论

【2.1】

南郭子綦隐机而坐，仰天而嘘，荅焉似丧其耦。颜成子游立侍乎前，曰："何居乎？形固可使如槁木，而心固可使如死灰乎？今之隐机者，非昔之隐机者也？"

子綦曰："偃，不亦善乎，而问之也！今者吾丧我，汝知之乎^①？女闻人籁而未闻地籁，女闻地籁未闻天籁夫！"

子游曰："敢问其方。"

子綦曰："夫大块噫气，其名为风。是唯无作，作则万窍怒呺。而独不闻之翏翏乎？山林之畏佳，大木百围之窍穴，似鼻，似口，似耳，似枅，似圈，似臼，似洼者，似污者；激者、謞者、叱者、吸者、叫者、譹者、宎者，咬者，前者唱于而随者唱喁，泠风则小和，飘风则大和，厉风济则众窍为虚。而独不见之调调，之刁刁乎^②？"

子游曰："地籁则众窍是已，人籁则比竹是已，敢问天籁。"

子綦曰："夫吹万不同，而使其自己也^③，咸其自取，怒者其谁邪？"

【另类译解】

南郭子綦凭着几案而坐，仰天闭眼深呼吸，好像灵魂离开了他的躯壳已飘然而去。颜成子游侍立在他的面前，见到这奇怪的一幕也颇为吃惊。于是问道："怎么一回事啊？难道一个人的形体可以收缩成干枯的枝木，心灵寂静得可以像熄灭的灰烬吗？您今天凭几而坐的神情和从前您凭几而坐的神情完全不一样？"

子綦回答道："偃，你今天的问题问得正好！刚才我感到我的精神已完全离开了躯体，你知道吗？你听说过人籁可能没有听说过还有地籁，你听说过地籁的话一定没有听说过还有天籁吧！"

子游说："请老师详细指教三籁的详情？"

子綦说："大地会因为长长的吐气而发出气流，我们名之为风。这风要么不发出来，一旦发作则大地上千万个窍孔都跟着怒号起来。你难道没有听过长风的呼啸吗？山陵中高下盘旋的地方，百围大树上的巨大窍孔，有像鼻子的，有像嘴巴的，有像耳朵的，有像方孔的，有像圆圈的，有的像石臼，有的像深注，有的像浅窝；这些窍孔中发出的声音像湍水冲激，像羽箭发射，像呵斥声，像呼吸声。有的像人大声呼喊，有的又像人哭嚎的声音，有的像深谷回音，有的像哀切感叹。前面风声呜呜的，后面窍孔呼呼的。风小和声也小，暴风则和声也大。飓风过去了，即便所有的窍孔都空寂无声了，你不是还可以从草木摇摇曳曳的摆动而证明风的存在吗？"

子游说："我明白了，'地籁'是众窍孔发出的和风声，'人籁'则是人吹竹箫等所吹出的乐声。那么请问'天籁'又是什么呢？"

子綦说："所谓天籁，乃是风吹万种窍孔发出了各种不同的声音，这些声音之所以千差万别，乃是各个窍孔的天然而致，鼓动它们具备如此形状从而能发出声音的又是谁呢？"

【解读依据】

① 郭象注："吾丧我，我自忘矣；我自忘矣，天下有何物足识哉！故都忘外内，然后超然俱得。"

② 成玄英疏："调调刀刀（成本作刀，本书作刁），动摇之貌也。言物形既异，动亦不同，虽有调刀之殊，而终无是非之异。况盈虚聚散，生死穷通，物理自然，不得不尔，岂有是非臧否于其间哉！"

③ 郭象注："夫天籁者，岂复别有一物哉？即众窍比竹之属，接乎有生之类，会而共成一天耳。天既无矣，则不能生有；有之未生，又不能为生。然则生生者谁哉？块然而自生耳。自生耳，非我生也。我既不能生物，物亦不能生我，则我自然矣。自己而然，则谓之天然。天然耳，非为也，故以天言之。以天言之，所以明其自然也，岂苍苍之谓哉！而或者谓天籁役物使从己也。夫天且不能自有，况能有物哉！故天者，万物之总名也，莫适为天，谁主役物乎？故物各自生而无所出焉，此天道也。"

【虞人评读】

本节说明，籁虽三类，音则一也。自然之物，不过因缘际会，其本质同一，万物一体。地有窍，天用之则山呼海啸；物有窍，人用之则余音绕绕；天有窍，地用之则混然天籁。地窍天用，则地籁生；天窍人用，则人籁出；天窍地用，则天籁成；无论地籁人籁天籁，源出同宗，归自异途，实齐物也！

齐物论这第一节说明，一旦忘我，则万物同一，互相交融，追根溯源，何来真正的区分？

历来注解，知其然不知其所以然。庄子为何谈这三籁以及为何三籁这节放在第一部分，没有给读者澄清说透，往往让人读了有不知所云之感，虞人今特为之释明矣！

【2.2】

大知闲闲，小知閒閒；大言炎炎，小言詹詹。其寐也魂交，其觉也形开，与接为搆，日以心斗。缦者，窖者，密者。小恐惴惴，大恐缦缦。其发若机栝，其司是非之谓也；其留如诅盟，其守胜之谓也；其杀如秋冬，以言其日消也；其溺之所为之，不可使复之也；其厌也如缄，以言其老洫也；近死之心，莫使复阳也。喜怒哀乐，虑叹变慹，姚佚启态，乐出虚，蒸成菌。日夜相代乎前，而莫知其所萌。已乎，已乎！旦暮得此，其所由以生乎[①]！

【另类译解】

知识广博的人认为自己优越无比，知识相对少的人就显得胆小拘谨；当着众人说大话时豪情万丈，私下里谈话又猥琐絮叨；他们入睡时乱梦颠倒，醒来后又心神不宁，与尘世诸事物纠缠不清，成天勾心斗角。或者说话时吞吞吐吐，或者说话时神神秘秘，或者鬼鬼祟祟探头缩脑，碰到点危机就惴惴不安，摊上大事了就失魂落魄。他们发起言来就像射出去的利箭，专门紧盯别人容易引发是非的事项攻击；他们不说话的时候就像赌咒发过誓要保持沉默似的一语不出，这不过是他们在等待获胜反击的良机；他们的内心已颓废得像万木凋零的秋冬，这话是指他们一天天地在自我毁灭；他们沉溺于自己的可怕心机和卑鄙行为之中，再不能恢复以前纯真的生机；他们心智闭塞已像被乱麻堵满，这话是指他们越老越老朽颠顶；他们的心灵几近死亡，再也无法恢复蓬勃的生机了。他们刚才欣喜的，转眼就愤怒了，他们一会儿在悲哀中，一会儿又快乐了；他们的忧虑叹息一下子会变成深深恐惧；他们的放纵张狂（在碰到比他们更牛的人时）又会突然成了怛悢作态；这就好像声音从不同的乐器中发出，又像菌类在燥热的地气中繁衍。如此种种，日夜在心中困扰不已，却不知道为什么会这样。结束了！结束了！一旦得到了万物同一相齐的至理，就可以明白这一切为什么会产生了（从而可以治好这些病症了啊）！

【解读依据】

① 成玄英疏："已，止也。推求日夜，前后难知，起心虞度，不如止息。又重推旦暮，覆察昏明，亦莫测其所由，固不知其端绪。欲明世间万法，虚妄不真，推求生死，即体皆寂，故《老经》云，迎之不见其首，随之而不见其后。理由若此。"

【虞人评读】

感谢聪明的历代学者孜孜矻矻的努力，这段非常难懂的文字现在基本有了统一的理解。但虞人认为问题仍然没有解决。我们仅将庄子文中的现象罗列对立，而没有进一步说明。庄子的意思是齐物，也就是对立的发生，是人们自以为是、以他人为非，大家都不明白人生至理、齐物的真相，所以才过着这样的人生，结果将生活弄得痛苦不堪。要已乎！已乎！终结这种现象、解除这类痛苦，必须明白其所由以生，旦暮得此，则旦暮解脱。

【2.3】

非彼无我，非我无所取。是亦近矣，而不知其所为使。若有真宰，而特不得其眹。可行己信①，而不见其形，有情而无形。

【另类译解】

排除了对方，我也就没有了参照；排除了我，取舍的标准就没有了立足之地（可见庄子清醒地认识到，人不过是以自我为中心看待世界、对待世界的一个存在）。一个人，能这样认识人与世间万物，几乎可以认为他已接近于"道"了，但他还是不知道这一切是什么原因造成的！好像冥冥之中有一个主宰着万事万物的东西，可又寻不着它的真身显现。这一切，你可以在各种行为中通过自己的感受得到，但你看不到这些规律的形体，它能在人的感觉中存在，但你却找不到它的任何形体。

【解读依据】

① 成玄英疏："信己而用，可意而行，天机自张，率性而动，自济自足，岂假物哉！"

【虞人评读】

这节文字有两句话需要特别释明。第一句是"可行己信"，这句话比较难译，特别是"信"这个字。虞人认为，庄子前面讲了人类与生俱来的自我中心意识，下面对此议论，假若读者不认可，庄子说，你可以通过行为来验证，从而确认并信服。第二句是"有情而无形"，情形对我们来说是一个词，是指一种我们能亲眼所见有所感知感受的客观存在。有情而无形，即有所感知感受但却没有所见，人的意识中有了反应，但客观形象又无处寻找。

庄子在本段文字中讲述的是，人的自我中心意识之强，是造成人类困惑的重大原因。万物本齐，而人类偏有这种超越万物的中心情结，结果造成诸多困扰。然后又从"有情而无形"——人类有意识但看不到——这一点出发，展开更深一层的论述。

【2.4】

百骸，九窍，六藏，赅而存焉，吾谁与为亲？汝皆说之乎？其有私焉？如是皆有为臣妾乎？其臣妾不足以相治乎？其递相为君臣乎？其有真君存焉①！如求得其情与不得，无益损乎其真。

【另类译解】

人的躯干骨骼，眼鼻耳口等九窍，心肝腑肾等六藏，都是我们身体的组成部分，我与它们中间的哪一个比较亲近呢？你是对它们一视同仁地喜欢，还是有所偏好呢？如果你没有偏爱，将它们都看成自己可支配的臣妾，那么另一个问题又出现了：它们之间因为都是臣妾的关系，又是谁管理谁呢（这是以后中医研究的问题了，中医也许就在这里因庄子的好疑多思而产生了）？它们之间是轮流坐庄做君臣的吗？它们之间有一个真实的主宰吗？不管我们能找到这个真实的主宰还是找不到，有一点是肯定的：我们的身体作为管理良好的机器真实存在着，这一点都不会因此而有任何改变！

【解读依据】

① 郭象注："任之而自尔，则非伪也。"

【虞人评读】

庄子认为，我们人类各种器官之间的神奇组合告诉我们，缺一不可、彼此需要才是真相，这就是自然告知我们的答案。如果谁自大，就像增一器官或损一器官，人类能存活否？自然界是否有一个完全的真神在主宰？这一点，无论我们确认与否，有一点永不可改变，那就是万物均平等地存在才是真理。人的身体是如此，世界也是如此。不论我们人类怎么折腾，"无益损乎其真"，都改变不了这一客观现实！

【2.5】

一受其成形，不亡以待尽。与物相刃相靡，其行尽如驰，而莫之能止，不亦悲乎！终身役役而不见其成功①，苶然疲役而不知其所归，可不哀邪！人谓之不死，奚益！其形化，其心与之然，可不谓大哀乎？人之生也，固若是芒乎？其我独芒，而人亦有不芒者乎②？

【另类译解】

人一旦秉承了天地之间的什么而成人形，不能好好地保有本真而坐待形体耗尽，与外物一接触就深陷矛盾摩擦，驰骋追逐于其中不能自拔，再也没有什么办法能使之停下来，这不是很可悲的吗？终身被这种种外力役使却看不到属于自己的成功，一辈子疲惫劳碌却不知道自己的归宿，这不是太悲哀了吗？虽然人们都认为他活着，可那又有什么价值呢？坐等躯体渐渐消萎，精神世界也越来越苍白死灰，这不是人活着最大的悲哀吗？人的一生，难道都要活得这样昏昧无知吗？是只有我一个人有这样的认知和想法，还是也有别的不昏昧无知的人生活在别处呢？

【解读依据】

① 成玄英疏："夫物浮竞，知足者稀，故得此不休，复逐于彼。所以终身疲役，没命贪残，持影系风，功成何日。"
② 成玄英疏："芒，暗昧也，言凡人在生，芒昧如是，举世皆惑，岂有

27

一人不昧者！而庄子体道真人，智用明达，俯同尘俗，故云而我独芒。"

【虞人评读】

写到这儿，虞人感到心里一阵苍凉。庄子的这些话，过去学者因为机械的译注，将一个哲人对世界对人类的思考译得支离破碎，没有将庄子当时的心底荒凉与茫然无助之感、那份似真如幻的疑惑的神态精准地传达给读者，殊为可惜！

【2.6】

夫随其成心而师之，谁独且无师乎①？奚必知代而心自取者有之？愚者与有焉。未成乎心而有是非，是今日适越而昔至也②。是以无有为有。无有为有，虽有神禹，且不能知，吾独且奈何哉！

【另类译解】

如果依据自己的成见作为处世待物的师从，那么谁不能说上一大套呢！何必一定要学过自然规律并且心智开悟明达者才可让我们师从！愚蠢的人也有他"歪理十八条"啊！自己思想尚未成形却已先有了是非之分，那就像是今天要到越国去却被告知昨天已经到了那样荒唐。这样的做法就是将没有当成了有。虽然有神明般的大禹，我相信他老人家都没办法改变这样的人了，我一个人又能有什么更好的办法呢？

【解读依据】

① 成玄英疏："夫域情滞著，执一家之偏见者，谓之成心。夫随顺封执之心，师之以为准的，世皆如此，故谁独无师乎？"

② 成玄英疏："吴越路遥，必须积旬方达，今朝发途，昨日何由至哉？欲明是非彼我，生自妄心。言心必也未生，是非从何而有？故先分别而后是非，先造途而后至越。"

【虞人评读】

此节文字说执迷不悟、成见至深者，积重难返，虽神明如大禹也莫之奈何！人一有固见，则人难救矣！

【2.7】

夫言非吹也，言者有言，其所言者特未定也①。果有言邪？其未尝有言邪？其以为异于鷇音，亦有辩乎？其无辩乎？

道恶乎隐而有真伪？言恶乎隐而有是非？道恶乎往而不存？言恶乎存而不可？道隐于小成，言隐于荣华。故有儒墨之是非，以是其所非而非其所是。欲是其所非而非其所是，则莫若以明②。

【另类译解】

人说话不像大地上风之吹动，说话的人讲得头头是道，认为意义非凡，但不论他们如何自以为是，他们的话永远无法得到一致的确认，如果没有被所有人一致确认，那说话的人是不是也是白说？人的话是否有意义并不应决定于人类，而应当由自然作最后裁定。人类的话真的有意义吗？还是从来就没有任何意义？人们都认为自己的发言不同于没有意义的小鸟的叫声而具有意义，是真有区别，还是完全没有区别，不过是人类的自大再一次显露而已呢？

"道"现在好像隐藏起来了，而且社会上还常常有真"道"假"道"之争，我们衡量事物的标准现在好像也失去了，因而人们常常有是非之争，"道"难道离开了人间，现在不在人间了？衡量事物的标准难道也失传了，人们没有保存下来？唉！"道"被一些所谓成功的人的片面见识搞乱了啊！衡量事物的标准也被人们追求荣华的心污染了啊！所以，现在社会上的儒墨之士互相搬弄是非，肯定对方否定的东西而否定对方肯定的东西。如果你老是去做肯定对方否定的东西而否定对方肯定的东西的事情，那你不如好好学一下我的《齐物论》，它会使你明白你的问题所在及助你解决纠缠不清的这些问题。

【解读依据】

① 郭象注："我以为是而彼以为非，彼之所是，我又非之，故未定也。未定也者，由彼我之情偏。"

② 成玄英疏："世皆以他为非，用己为是。今欲翻非作是，翻是作非者，无过还用彼我，反覆相明。反覆相明，则所非者非非则无非，所是者非是则无是。无是则无非，故知是非皆虚妄耳。"

【虞人评读】

庄子在这里想到的是，人的语言究竟是一种什么东西？它在自然界中属于何类？是像风一样的东西，可以单方面改变万物的那种强劲的东西？还是像鸟叫一样我们认为毫无意义的东西？按照人类自己的说法，人的语言是有意义的，可意义又在哪里呢？因为任何人类之间的话题都永远不会有一个所有人都接受的定论，往往是你方唱罢我登场，那么如此说来，人类的语言实际上也没有意义，与风的吹动、鸟的鸣叫（我们认为是没有意义的）是一回事，应当享受同样的待遇。

庄子作文，紧扣主题。成玄英在《庄子序》中写道："所言《内篇》者，内以待外立名，篇以编简为义。古者杀青为简，以韦为编；编简成篇，犹今连纸成卷也。故元恺云：'大事书之于策，小事简牍而已。'《内》则谈于理本，《外》则语其事迹。事虽彰著，非理不通，理既幽微，非事莫显；欲先明妙理，故前标《内篇》。《内篇》理深，故每于文外别立篇目，郭象仍于题下即注解之，《逍遥》、《齐物》之类是也。"

据唐西华法师成玄英这篇序所言，《内篇》文字特别重要，主要在于讲述精深幽微的哲理。如："所以《逍遥》建初者，言达道之士，智德明敏，所造皆适，遇物逍遥，故以逍遥命物。夫无待圣人，照机若镜，既明权实之二智，故能大齐于万境，故以《齐物》次之。"也就是说，庄子成书之时，特别重视《内篇》，而且为了说明本章内容，特地在篇首取了篇名。这篇名是庄子亲自所起，而且与内容完全贴切一致。虞人之所以在此不厌其烦，录两段成玄英的序言，是想说明，历代注者重个字的考证细究，但对于一节一节文字、一段一段文章为何在此出现，为何庄子在这个时间、这个章节里谈论这些，都必须揣测作者良苦用心与篇内内容之关系，从而才能真正理解并明白解析出该段或该节文字之正义；否则，失之毫厘，谬以千里。读者读之心顾两茫然，丈二和尚摸不着头脑；注译者也没有将庄子的哲理与精彩的论辩过程还原呈现，殊为可惜可叹矣！

截至这节，庄子简要说明，天地人其实齐一，可是由于不知何种原因，现在的人们已近乎失道，社会的各种变乱越来越频。人们过于自大、过于看重自己的语言了，各以己是而非他人，实在已是不智之极！

【2.8】

物无非彼，物无非是①。自彼则不见，自知则知之。故曰：彼出于是，是亦因彼。彼是方生之说也。虽然，方生方死，方死方生；方可方不可，方不可方可；因是因非，因非因是。是以圣人不由，而照之于天，亦因是也。

是亦彼也，彼亦是也。彼亦一是非，此亦一是非。果且有彼是乎哉？果且无彼是乎哉？彼是莫得其偶，谓之道枢。枢始得其环中，以应无穷。是亦一无穷，非亦一无穷也②。故曰：莫若以明。

以指喻指之非指，不若以非指喻指之非指也；以马喻马之非马，不若以非马喻马之非马也。天地一指也，万物一马也③。

【另类译解】

世间没有一样事物是完全没有对立面的，也没有一样事物是完全没有价值的。如果仅站在这事物的对立面看这边，你就一定会看不见这面的情况；如果站在这一面去了解这面的情况，你就完全可以做到看清楚（这面的情形）。因此，可以说，事物的那一面是从这一面过去的，而事物的这一面又来自那一面；也就是说，事物的两方面是彼此依存、密不可分的。虽然是这样说，但事物还是会一会儿显示生的一面一会儿显示死的一面，一会儿显示肯定的一面一会儿又显示否定的一面，显示了否定不久又显示肯定。如果你跟着起舞，刚说的是有可能变成非，刚说的非却又变成了是。所以圣人不跟着划什么是非，而完全依照事物的天然面目，也就是永远依自然状态对待万物。（自然状态的万物就是互相依存的一个整体，你中有我，我中有你，合为一体，万境齐一）

通过上面的分析可以知道，事物的这一面其实就是事物的那一面，事物的那一面其实就是事物的这一面；如果事物的这一面有它的是非，事物的那一面也有它的是非。果然有两个不同的是非吗？还是果然只有一个是非呢？让事物的那一面找不到对立面，让事物的这一面也找不到对立面，这就是我们称的掌握了"道"（庄子在这里已从对立谈到了统一，也就是事物的对立统一才是事物的真实状态。知道并掌握对立统一规律，才掌握了世间万物的本质）。掌握了对立统一这个"道"，就像处于圆环的中心，可以顺应世间万物无穷无尽的变化而得心应手。"是"会变化无穷，"非"也会变化无穷，好好知道齐物论的原理，你就会明白万物从而顺解万事。

扳着自己的十根指头数数（因为自己的十根指头俱足，而且十根指头已为全数），不如用别人的指头来数数从而论证哪个不是指头来得让人信服；以自己的马自己骑着从而否定别人骑的也是马（因为自己的马就在身下，而一匹就已是全数），不如用别人的马来论证他的马不是马来得让人信服（这里有一个客体问题，一个主客错位的哲学问题。主客关系是人为的定位，也是自然生命意识出现后的存在，人们在相互影响的事物环境里切入一点来描述具体的事物时，其主体与客体已经相互作用了，你只有针对同一客体论证出结论来才是有效的论证。如果你用错位的主体去论证作为他物的客体得出所谓的结论，这样的争论是毫无意义的）。

【解读依据】

① 郭象注："物皆自是，故无非是；物皆相彼，故无非彼。无非彼则天下无是矣，无非是则天下无彼矣。无彼无是，所以玄同也。"

② 郭象注："天下莫不自是而莫不相非，故一是一非，两行无穷。唯涉空得中者，旷然无怀，乘之以游也。"

③ 郭象注："夫自是而非彼，彼我之常情也。故以我指喻彼指，则彼指于我指独为非指矣。此以指喻指之非指也。若复以彼指还喻我指，则我指于彼指复为非指矣。此以非指喻指之非指也。将明无是无非，莫若反覆相喻。反覆相喻，则彼之与我，既同于自是，又均于相非。均于相非，则天下无是；同于自是，则天下无非。何以明其然邪？是若果是，则天下不得复有非之者也。非若果非，则天下亦不得复有是之者也。今是非无主，纷然淆乱，明此区区者各信其偏见而同于一致耳。仰观俯察，莫不皆然。是以至人知天地一指也，万物一马也。故浩然大宁，而天地万物各当其分，同于自得，而无是无非也。"

【虞人评读】

这是庄子对当时社会上诡辩者的批驳，目的是证明许多人类的论辩非但毫无意义，而且到了荒谬不堪的程度。"天地一指也，万物一马也"是承接前文的，倒不是说整个宇宙只是一根手指或一匹马的意思，庄子再诙谐幽默，也还不会到对人类生存的这个令人敬畏的地球开这样玩笑的程度。

【2.9】

可乎可，不可乎不可。道行之而成，物谓之而然。恶乎然？然于然。恶乎不然？不然于不然。物固有所然，物固有所可。无物不然，无物不可。故为是举莛与楹，厉与西施，恢诡谲怪，道通为一。其分也，成也①；其成也，毁也。凡物无成与毁，复通为一。

　　唯达者知通为一，为是不用而寓诸庸。庸也者，用也；用也者，通也；通也者，得也；适得而几矣。因是已。已而不知其然，谓之道。劳神明为一而不知其同也，谓之朝三。何谓朝三？狙公赋芧，曰："朝三而暮四。"众狙皆怒。曰："然则朝四而暮三。"众狙皆悦。名实未亏而喜怒为用，亦因是也。是以圣人和之以是非而休乎天钧，是之谓两行。

【另类译解】

　　一件事情，可，一定有它可的原因；不可，也一定有它不可的原因。道路是人走出来的，事物的名称是人叫出来的，为什么叫它这个名称呢？一定有它的道理。为什么不叫它其他名称？不叫它其他名称一定有不叫的道理。一切事物都有它存在的理由，一切事物也都有它的用途；没有一样事物是完全不应存在的，也没有一样事物是完全没有用的（就是人的阑尾，一段时间人类认为它没有用处，保留不保留无关痛痒，医生常动不动就切除它。可近年来，特别是杜克大学的研究证实，阑尾有重要的免疫作用，是人体免疫系统的组成部分。此例可佐证庄子的观点）。因此，小到细微的草茎，大到朝堂的楹柱，又丑又瘸的女人与绝色的西施，以及一切千奇百怪的事物，从"道"的观点看他们都是本质相通、浑然一体的。你这边的分，可能就是他那边的合；你这边成功了，可能就是他那边毁坏了。（这种例子太好举了，本来这个人与你在一起，你与他分开了，他可能就与别人在一起了；你把戒指打成了项链，于项链是成，于戒指不是毁了嘛！）其实，在这段文字中，庄子只想说明名称的相对性，倒未必重点在聚散无常上。侧重点不同，成疏或许多学者都想多了。所以，学问太多了也不是好事，已有知识结构往往会成为负担与问题。

　　因此，庄子得出结论：从一个整体的角度来看世间万物，也许就既没有完成的概念也没有毁灭的概念，因为最终它们都还是复归在一个整体之中。

　　只有通达的人才能理解万事万物相通为一的原理，因此，他不会固执浅陋地对事物作出先入为主的界定，而是将自己的看法与众人保持一致（不去标新立异、不去争辩）。什么叫与众人保持一致？就是仅知道使用就行了。什么叫仅知道使用就行了？就是不拘执不较真。什么叫不拘执不较真？就是已知道了万物的相对性。与宇宙规律相通了，就能随适而得极尽其妙啊！既然达到了这种境界，则至人无心再也不会拘泥固执，情于臧否而系于利害了，这就叫"道"了。

许多人劳神费心地去寻求单一事物的根本，却不明白万事万物本来就是相通一体的，这就叫作朝三。什么叫朝三呢？是有这么一个故事。有个养猴人喂猴子橡子，他说："早上给你们三颗栗子，晚上喂你们四颗橡子。"猴子们听了都很生气。养猴人就说："那么，早上给你们四颗橡子，而晚上喂你们三颗橡子。"猴子们听了这话都高兴起来。名义与实际其实都没有变化，但猴子们的喜怒却不同，这也是猴子主观心理作用的结果吧！所以，真正圣明的人并不斤斤计较于是与非，而是自由自在地生活在自然均平的状态，这就叫不离是非而无是非。关于"是以圣人和之以是非而休乎天钧"，成玄英疏："天均者，自然均平之理也。夫达道圣人，虚怀不执，故能和是于无是，同非于无非，所以息智乎均平之乡，休心乎自然之境也。"译成现代文就是：一切自然，就没有执念，是也不会真的执着于是，非也并非真的认作非，这样悠然自得生活在自然而均衡的境界中，物与我就各得其所，舒适无比。成玄英这个隋唐道士还真不简单，所达到的非一般境界，古文功力也非比寻常，惜乎云台山虽近，连云港常去，可佳人难再见矣！

【解读依据】

黑格尔：凡是合理的都是存在的，凡是存在的都是合理的。

① 成玄英疏："夫物或于此为散，于彼为成，欲明聚散无恒，不可定执，此则于不二之理更举论端者也。"

【虞人评读】

庄子的这个结论与现代科技证明的完全一致，万物名称只是人们为了需要所取的、暂时相对；而万事万物的运动是绝对的，变化是绝对的。物质都由分子原子组成，分分合合，在永不停止地运动。但物质也不灭，只是各种物质形态在相互转化。庄子的探讨，我们没有完全读懂，花了两三千年，通过西方发达的科技，才最后被证实了。回过头来看，我们古人的聪明，会不会使我们有扼腕长叹之感！祖宗聪明如此，儿孙是被什么蒙住了心智呢？

【2.10】

古之人，其知有所至矣。恶乎至？有以为未始有物者，至矣，尽矣，不可以加矣。其次以为有物矣，而未始有封也。其次以为有封焉，而未始有是非也。是非之彰也，道之所以亏。道之所以亏，爱之所以成。果且有成与亏乎哉？果且无成与亏乎哉？有成与亏，故昭氏之鼓琴也；

无成与亏，故昭氏之不鼓琴也。昭文之鼓琴也，师旷之枝策也，惠子之据梧也，三子之知几乎，皆其盛者也，故载之末年。唯其好之也，以异于彼，其好之也，欲以明之。彼非所明而明之，故以坚白之昧终。而其子又以文之纶终，终身无成。若是而可谓成乎？虽我亦成也。若是而不可谓成乎？物与我无成也。是故滑疑之耀，圣人之所图也。为是不用而寓诸庸，此之谓以明。

【另类译解】【解读依据】【虞人评读】

古时候的人，智慧达到了极致。为什么说是极致呢？因为有人认为宇宙之初未曾有什么具体的事物。这种认识是十分了不起的，是尽善尽美的，是不可以再进一步发展的了（宇宙是无意识的自然存在，而且混沌为一，现在许多科学家认为，宇宙是大约137亿年前发生的一次大爆炸形成的。当时宇宙内的所在物质和能量聚集到一起，这就是所谓的混沌的一，在温度极高、密度极大的瞬间发生了大爆炸，这次大爆炸的反应原理被物理学家称为量子物理。大爆炸使物质四散出去，宇宙空间不断膨胀，温度也相应下降，后来才相继在宇宙中出现星系、恒星、行星乃至生命）。后来人们才认为有物质产生了，但还没有给物质起名称；再后来就是给各类物质起了不同的名称，虽然有了名称，但还没有出现是非之分；到人的是非观念非常强烈成为普遍了，"道"就出现了裂痕，不再完整了！"道"因为人区分了是非，所以不完整了，私爱也就随之出现了。

私爱既成，"道"就不完整了。果真"道"不完整了吗？如果没有物爱，"道"就完整了吗？果真"道"完整了吗？成玄英疏："果，决定也。夫道无增减，物有亏成。是以物爱既成，谓道为损，而道实无亏也。故假设论端以明其义。有无既不决定，亏成理非实录。"说得已经很清楚了，亏成也好，道的增损也好，都不过是人的主观产物，其实客观世界，道不会亏物不会成。

为理解庄子接下来这段难懂的文字，虞人先引用瑞士学者毕来德《庄子四讲》中的一段话："庄子说，人都误以为言语能让他们把握到事物的真实情况。他说，这一错误是因'知者不言，言者不知'，即人在知觉的时候，就不曾言说，在言说时，就不能知觉。庄子这句话描述了一种我们自己也可以观察到的关系，当我们用心关注一种外在的或内在于我们的感性现实的时候，言语便从我们的意识的中心消失了。而反过来，当我们在使用语言的时候，虽然我们并不曾停止知觉，但是我们的知觉却变成外围周边的东西，我们不能再把注意力放到上面。维根斯坦曾观察到这一点：'我在看某物的时候，就不能想象它。'反过来，他还说：'我们在想象某物的时候，便不曾观察。'瓦莱里在其《笔记》中也曾写道：'我所想的会干扰我所见的，——而反之亦然，这一关系谁都可以观察到。'庄子则认为，正是我们的精神活动本来就含有这一关系，语言才让人产生幻觉：当我们在言说的时候，我们就不再知觉，因此看不到言语与现实的差距而误以为言语是现实的准确表达。而当我们把注意力集中到一个感性的现实之上时（比如，在一个我们正在试图完成的动作之上），我们又会忘记言语，而同样察觉不到言语与现实的差距。哲学家与作家的责任，就是要克服这种天然的相互排斥关系，让言语和感性现实相对照，而当言语误导我们的时候则要纠正它。在此，庄子又一次让我们看到了一个根本的现象。"

有了这个基础，我们再往下看庄子的文章。

昭文在弹琴，我们的耳朵听到了，我们的心智就出现了堵塞，"道"的圆满就出现了缺陷；昭文不弹琴了，我们的耳朵里没有了干扰，"道"就又回来充盈了；昭文善能鼓琴，师旷妙知音律，惠施好谈名理，他们三人这方面的技艺几乎都算得上是当世之巅了，所以他们终身陷在这个圈子里不能自主了一辈子。他们执着于自己所喜好的事物，要想与其他人大不一样。因为偏爱，所以就想让大家都能明白。众人根本接受不了而偏要让他们接受，就像坚白之论一样是鸡对鸭讲，得到感觉的失去了视觉，得了视觉的失了感觉，反弄得支离破碎、一事无成而结束。坚白论，中国古代哲学家公孙龙的一道哲学命题，与海森堡测不准原理拥有某种程度的相似性。坚，感觉，通过触觉才能感知，不可见；白，颜色，通过视觉才能感知。因此，触觉视觉不能同时存在，所以判定坚白不能同时存在。海森堡测不准原理即1927年德国物理学家海森堡提出的不确定性原理，这项原理说明要精确定位一个粒子是困难的。首先，你的测量行为不可避免地会干扰这个粒子，从而改变它的状态；其次，粒子本身只是不断变动的概率事件，所以无法真的把握。

庄子其实以哲学的方式进入了量子世界，或者说现代量子科学证明了庄子哲学的解析。自然不会亏损，自然也不可把握，一切不过是人的自我意识在作祟。而且由于人本身就是自然的产物，视觉、知觉、触觉、言语不能并得，人自然的变乱其实给自己的人生以及别人的生活都只能造成困惑与困苦，而没有多少意义。即便你达到了某种领域的最高成就，其实也因沟通或人本质而言没有任何价值。有人说庄子是相对主义者、虚无主义者，其实都是望文生义、误解了哲学家的庄子。庄子讨论的是人类的既有现象，以及宇宙与人的本质问题，不存在虚无、无为或者消极，那都是人化或俗人化了的庄子理解！

"而其子又以文之纶终，终身无成。若是而可谓成乎，虽我亦成也。若是而不可谓成乎，物与我无成也。"这段文字非常难解，至今未有令人信服的确解。纶，成玄英疏："绪也。言昭文之子亦乃荷其父业，终其纶绪，卒其年命，竟无所成，况在它人，如何放哉？"虞人认为，"成"不是现在所谓的事业有成的成。否则哲学巨人庄子失之浅薄。如果这样算有成就，就是我也算有成就的了。虞人读老庄孔孟，发现他们从不开这种浅薄无修养的玩笑。这在古人来说，不是幽默风趣，而是不尊重人也不尊重己的表现。所以，将"成"直接译成人的成是错的，与前文"成亏"的意思也完全牛头对不上马嘴了。

成，应该还是在谈事物，是指事物发展到一定的形态或状况。庄子在此说，这三人的后代也继续了他们前代的领域。文，有个意思叫文化，也就是对前代劳动成果的总结。纶，经纶，治理的意思。汇总起来，这句话是什么意思呢？他们三人的后代在其父亲开创的事业中打转转，直到终老，也没有什么新的突破。家族之间、父子之间职业的继承于今天也是普遍现象，在选择性远小于现代的春秋战国当然更是必然。庄子的意思是，人类从自然之道中分化，开始操持不同的职业，然后子承父业，在不同的职业中终其一生，这样地度过生命，无论你怎么努力，自以为有所谓影响了，与自然相比，都是毫发中的毫发、微尘中的微尘，对世界丝毫没有改变，故称无成。如果像昭文师旷惠施这样的作为可以算作推动了世界的进步，那即便是我，也可以算作推动世界进步的了（庄子认为，以宇宙而言，在人间制造点动听的声音，或清谈点哲理，于宇宙无补，于永恒的空间来说，实在连大海中的水花都算不上，没有什么价值和意义！）。如果昭文师旷惠施的作为都不可称作推动世界进步，那么这个世界其实并没有因为我们人类的所谓作为而发生任何改变（个人力量微不足道，人类力量微不足道，人勿自视甚高；人，勿自我中心。虞人认为，庄子几乎是在发出如此振聋发聩的呐喊，不是虚无主义，也丝毫谈不上消极）！因此，迷乱世人的炫耀，都是圣明的人所摒弃的。不固执浅陋地对事物作出先入为主的界定，而是将自己的看法暂时与众人保持一致，这才是明智的真知！成玄英疏："夫圣人者，与天地合其德，与日月齐其明。故能晦迹同凡，韬光接物，终不眩耀群品，乱惑苍生，亦不矜己以率人，而各域限于分内，忘怀大顺于万物，为是寄用于群才。而此运心，斯可谓圣明真知也。"

这一节终于翻过去了，要去擦一把汗了。庄子读到，可能还是不满意，还要被他刮三下鼻子的！为了尽可能让读者理解，本节的另类译解与解读依据、虞人评读三者放在一起了，虞人认为唯如此才稍有可能解明此节。

【2.11】

今且有言于此，不知其与是类乎？其与是不类乎？类与不类，相与为类，则与彼无以异矣。虽然，请尝言之。有始也者，有未始有始也者，有未始有夫未始有始也者。有有也者，有无也者，有未始有无也者，有未始有夫未始有无也者。俄而有无矣，而未知有无之果孰有孰无也。今我则已有谓矣，而未知吾所谓之其果有谓乎，其果无谓乎？

【另类译解】

现在在这里暂时说上这一番话，不知道这些话别人是否也说过，或者说与别人说的话的意思完全相反。无论与别人的话相同或相反，只要是人说的话，就都是一类东西，相对于宇宙中的万物而言，这些话对它们来说没有什么区别，不过都是人类的唾沫罢了！

虽然这么说，我还是想多啰唆几句：宇宙有一个开始（可理解成产生宇宙的大爆炸），有一个未曾开始的开始（产生宇宙的大爆炸前），还有它未曾开始的未曾开始的开始（产生宇宙的大爆炸前的聚集）。宇宙之初的形态有它的"有"，有它的"无"，还有未曾有无的"无"（有"无"之前的"无"），更有未曾有过的未曾有过的"无"。突然间生出了"有"和"无"，却不知道这"有"和"无"是真的"有"呢，还是真的"无"？就像我现在说了这些话，可一下子就在宇宙空间内消失无痕了。谁又能证明我果真说了呢？还是果真没有说过？

【解读依据】

宇宙起源：宇宙是广袤空间和其中存在的各种天体以及弥漫物质的总称。宇宙起源是一个极其复杂的问题。宇宙是物质世界，它处于不断的运动和发展中。千百年来，科学家一直在探寻宇宙是什么时候、如何形成的。宏观宇宙是相对无限延伸的。"大爆炸宇宙论"关于宇宙当初仅仅是一个点，而它周围却是一片空白，即将人类至今还不能确定范围也无法计算质量的宇宙压缩在一个极小空间内的假设只是一种臆测。况且从能量与质量的正比关系考虑，一个小点无缘无故地突然爆炸成浩瀚宇宙的能量从何而来呢？

【虞人评读】

庄子时代没有录音机，野风又大，话一说出来就给风刮跑了。就像我们一生下来，宇宙已呈现现在的模样，庄子要探讨它的起源。它是什么时候有的？有之前的无是什么样的？无之前又是什么样的？这些问题现代科学家都回答不完全。虞人也没法讲清。宇宙空间原有些事是讲不清的，也不能讲清的。反正宇宙一体，肉烂在锅里，随它去吧！

【2.12】

天下莫大于秋豪之末，而大山为小；莫寿于殇子，而彭祖为夭。天地与我并生，而万物与我为一。既已为一矣，且得有言乎？既已谓之一矣，且得无言乎？一与言为二，二与一为三。自此以往，巧历不能得，而况其凡乎！故自无适有以至于三，而况自有适有乎！无适焉，因是已。

【另类译解】

天下没有比秋毫的末端更大的东西了，而泰山却是小的；没有比夭折的孩子更长寿的，但彭祖却显得短命。真实的宇宙世界的内幕是：天地和我是共生的，万物和我是一体的。既然是合为一体的，那为什么还用语言将它们分开呢？既然已经将天地我称为一体了，还能说没有区分吗（没有区分，怎么说成一体呢）？如果宇宙是一，现在又有了一个我，不就是二了吗？我是一个人，另外再来一个人，不就是三了吗？这样不断地往下计算，再聪明的能计算的智者都不知道结果，何况普通的一个凡人呢？所以，从无到有，一下子就到了三，如果再背负着许多固有的"有"的观念，人类就会被搞得无所适从，原因就是因为这个啊！

【解读依据】

虞人在互联网上看到一篇文章《人类究竟有多愚蠢》，也许有助于说明庄子的这几句话。

"在进行虚拟现实的研究时，很多人都认为，'虚拟'是最重要的，但是其实，搞清楚'现实'反而才是关键。因为事实上，我们并不是在和现实互动，而是在和我们的'感应器'——眼睛、鼻子、耳朵等——互动，它们传达信号给我们的大脑，大脑再进行编译，然后就有了我们以为的真实。别急着反驳，请看下图的魔方里，白色箭头指的方块是什么颜色？

真正的答案是：去除所有背景和周边元素之后，它们都是一样的灰色。

再看下面：

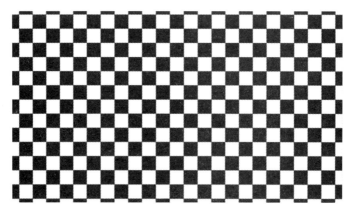

一模一样的黑白格子，只是因为加上了圆点，就让下图看上去发生了扭曲。

你看到一根吸管以不可思议的角度穿过了金属框架，事实上那不过是错觉。"

（文图皆来自互联网，仅为说明问题，有删节）

【虞人评读】

庄子的这些话就像在说反话，庄子不是喝多了酒，就是在跟人吵架赌气。由于这些话的瑰奇，人们不敢质疑或只能打哈哈地赞美。虞人认为，这些话有些夸张，它包括了让我们思考的真理，但表述上是夸张的。秋毫之末里包含了整个宇宙的信息密码，这或许是真的。因此，从这个角度讲，没有什么东西比秋毫之末更大的了。但泰山中难道不包含整个宇宙的信息密码吗？泰山怎么可能比秋毫之末小呢？当然，如果拿泰山这个我们眼中的庞然大物与整个宇宙相比，泰山又是小的。

为什么会这样？科学家研究后认为，人的眼睛可以看到很多东西，但是对于大脑重构整个世界来说，信息量还是太少了。所以，在几亿年的进化过程中，大脑开始不断地训练自己，来进行"补充""猜测"，从而用有限的信息来重构整个世界。所以，事实上，人们认为自己看到的东西，并非那个东西真实的样子。那么，问题就来了：到底什么是"真实"？怎么定义"真实"？这几乎就是庄子的问题。

科学越来越证明：我们人类，在某种程度上不过就是一个外接着很多感应器的CPU。其实，整个世界说不定都是"人们的幻觉"。从这个角度来看，夭折的孩子其实并没夭折，只是人类认为他夭折，他的寿命与天地同在，所以没有比他更长寿的；而彭祖的长寿也只不过是在人类眼中的长寿，在天地眼中，那几百年的生命只能算是夭折。

是什么原因，将人作为宇宙的对立面而不是齐一者，所以造成思想混乱、物我两分、天地你我四分五裂？天下还能太平吗？人类还能活得不累吗？庄子的立足点还是齐物、天下一体，而人不过是其中一微末，不可自居其中，更不可与万物天地对立。对立就是痛苦根源，不管是与人对立还是与物对立。

此虞人理解之庄子也！或曰：愚也！虞对曰：乐也！哈哈！

【2.13】

夫道未始有封，言未始有常，为是而有畛也，请言其畛：有左，有右，有伦，有义，有分，有辩，有竞，有争，此之谓八德。六合之外，圣人存而不论；六合之内，圣人论而不议。春秋经世先王之志，圣人议而不辩。故分也者，有不分也；辩也者，有不辩也①。曰：何也？圣人怀之，众人辩之以相示也。故曰：辩也者，有不见也。

【另类译解】

道本来是没有界线的，是非也从来没有常定，只是为了争一个"是"而人为地划出很多界线。我来说一说这些界线。有左，有右；有序列，有等级；有分别，有辨识；有竞赛，有争斗，这就已是八种界线了。天地以外的事，圣人是存而不论的；天地以内的事，圣人只是论述而不瞎评判（知道万物同一、是非暂时，故谨言慎行）。古史上善于治理的先王们的事迹，圣人是议评而不瞎争辩。因为知道万物齐一，所以圣人知道有分别的地方，就有不分别的地方相随；有争辩的，就一定存在无需争辩的。这是什么原因呢？圣明的人把一切都囊括于胸、默默体认，众人却喋喋不休地争论并竞相夸耀自己见解的高明。所以，凡是争辩的人，都没有理解齐物的道理，有他们不知道的那一面。

【解读依据】

① 成玄英疏："夫理无分别，而物有是非。故于无封无域之中，而起有分有辩之见者，此乃一曲之士，偏滞之人，亦何能剖析于精微，分辩于事物者也！"

【2.14】

夫大道不称，大辩不言，大仁不仁，大廉不嗛，大勇不忮。道昭而不道，言辩而不及，仁常而不成，廉清而不信，勇忮而不成。五者园而几向方矣，故知止其所不知，至矣。孰知不言之辩，不道之道？若有能知，此之谓天府。注焉而不满，酌焉而不竭，而不知其所由来，此之谓葆光①。

【另类译解】

大"道"是无法用普通的名称命名的，真正成功的辩论是不需要语言的，真正的仁义是不让人感到仁义的，最廉洁的人是不在口上说廉洁的，最勇敢的人是从不伤害别人的。"道"如果说出来了，就不是道了；用语言来辩解总有说不明白的地方；仁义如果常让人感到，就不成仁义了；廉洁处处标榜就让人怀疑；勇敢到伤人的地步就不是真勇敢。刻意追求上面五种境界，就像着意求圆的却最后弄成方形一样可笑。世事微妙、万物互连同一，所以，刻意往一个方向走，结果往往走到反面，这一点就像地球是圆的一样，明明在往东走，结果却到了西边。

一个人能在自己不知道的地方停下来，就是最明智的人。谁能真正掌握不言之辩、不道之"道"呢？如果真的有人做到这一点，就等于来到了天然的宝库：那是个无论往里面注多少东西都不会溢满，无论往外面倒多少东西也不会枯竭的神奇所在！你都不知道它是怎么形成的，这就叫自然之光。

【解读依据】

① 成玄英疏："葆，蔽也，至忘而照，即照而忘，故能韬蔽其光，其光弥朗，此结以前天府之义。"

【2.15】

故昔者尧问于舜曰:"我欲伐宗、脍、胥敖,南面而不释然。其故何也?"舜曰:"夫三子者,犹存乎蓬艾之间。若不释然,何哉?昔者十日并出,万物皆照,而况德之进乎日者乎[①]!"

【另类译解】

过去尧问舜:"我想讨伐宗、脍、胥敖三个不讲道的国家,可每次临朝想下达这个命令的时候,心里总是不安宁,这是为什么呢?"舜回答:"这三个小国,就像野外荒郊的蓬艾一样。为什么还要放在心上呢?过去曾经有过十个太阳一起出来,万物得到的都是光芒,现在只有一个太阳了。何况人们道德方面的消退要比太阳的消失更加快捷啊(舜的意思是管不过来就不用去管了,反正一切自有天道,少用人力静待天命,任其自生自灭吧!大概是这个意思吧)!"

【解读依据】

① 郭象注:"夫日月虽无私于照,犹有所不及,德则无不得也。而今欲夺蓬艾之愿而伐使从己,于至道岂弘哉!故不释然神解耳。若乃物畅其性,各安其所安,无远迩幽深,付之自若,皆得其极,则彼无不当而我无不怡也。"

【虞人评读】

虞人读这段文字,总感到不是庄子的,这是儒家喜欢的话题,也是儒家最重视的内容。所谓天下有道由征伐自天子出,也许说的就是这个意思吧!但此"道"与庄子的"道"相差十万八千里呢!这是人类建立的社会秩序,就是前文所言的八德。这八德之类在儒家是至尊,在庄子看来是没事找事,远离"道"的表现。故虞人在对此文字存疑之际,暂译如上。

【2.16】

啮缺问乎王倪曰:"子知物之所同是乎?"曰:"吾恶乎知之!""子知子之所不知邪?"曰:"吾恶乎知之!""然则物无知邪?"曰:"吾恶乎知之!虽然,尝试言之。庸讵知吾所谓知之非不知邪?庸讵知吾所谓不知之非知邪？且吾尝试问乎女：民湿寝则腰疾偏死，鳅然乎哉？木处则惴栗恂惧，猨猴然乎哉？三者孰知正处？民食刍豢，麋鹿食荐，蝍蛆甘带，鸱鸦耆鼠，四者孰知正味？猨猵狙以为雌，麋与鹿交，鳅与鱼游。毛嫱、丽姬，人之所美也；鱼见之深入，鸟见之高飞，麋鹿见之决骤，四者孰知天下之正色哉？自我观之，仁义之端，是非之涂，樊然淆乱，吾恶能知其辩^①！"

啮缺曰："子不知利害，则至人固不知利害乎？"王倪曰："至人神矣！大泽焚而不能热，河汉沍而不能寒，疾雷破山飘风振海而不能惊。若然者，乘云气，骑日月，而游乎四海之外。死生无变于己^②，而况利害之端乎！"

【另类译解】

啮缺问王倪："你知道万物之间相同的地方是什么吗？"王倪回答："我怎么知道啊！"啮缺又问："你知道你为什么不知道吗？"王倪回答："我怎么知道啊！"啮缺再问："那是不是说，事物从根本上来说是无法了解的呢？"王倪回答："我怎么知道啊！不过即便如此，我还是愿意试着回答你的问题。你又怎么知道我所说的'知'不是'不知'呢？你又怎么知道我所说的'不知'不是'知'呢？"（虞人认为，这里面至少有三层意思。第一层，我们认为王倪说的可能是他知道了但他不说出来，所以对方无从知道他内心的活动以及他对这问题真实的了解程度——这一层比较浅，说的是人语言的不可信。第二层说的是对事物的理解——由于事物都是相对的，加上主观因素，所以即便王倪把他所知道认为正确的全部知识都讲给对方听，可由于这种种的因素，又有谁能确保王倪的所谓"知"也就是对事物的了解不是错误的呢？不是一种"不知"呢？反之亦然——这一层说的是知识的不确定性——这就像测不准原理一样。第三层意思，也就是本文下面展开的——人不过是万物之一，怎么可能替代9999种事物表达它们的全部感受呢？所以要做到所谓完全的"知"是人类不可能的事情，也根本不现实）我且问一下你：人睡在潮湿的地方，就会患腰痛或半身不遂，但泥鳅会这样吗？人爬上高大的树木就会惶恐不安、心惊胆战，但猿猴会这样吗？人、泥鳅、猿猴这三种动物究竟谁最懂得居处的标准呢？人吃饲养的动物肉，麋鹿爱吃草，蜈蚣喜欢吃小蛇，猫头鹰与乌鸦则偏爱吃田鼠，人、麋鹿、蜈蚣、猫头鹰与乌鸦这四类动物到底哪一类的口味是正确的呢？猿猴把猵狙当作配偶，麋喜欢和鹿交媾，泥鳅则与鱼交尾。毛嫱这些漂亮妹妹，是世上的人认为最美的，但鱼见了却深深地潜入水中而不是盯着看，鸟见了却高高地飞走了而不是流连忘返，麋鹿见了她们像受惊的兔子一样急速逃离……人、鱼、鸟和麋鹿这四类动物究竟谁才懂得天下的美色呢？依我看来，所谓仁义的理论、是非之种种，都纷杂错乱，我怎么能知道它们之间的区别呢？

打破砂锅问到底，这样做学问毕竟是好的。王倪被他逼到墙角，没办法了，只好将底牌揭开来了："啊！你说的是那种圣人啊！那当然有了，那可是进入物我两忘境界的至人了啊！我告诉你——""他们实在是神秘莫测啊！他所居住的森林山泽焚烧起来他都不会感到热，大江小河都封冻他都不会感到冷，雷霆万钧撼动山岳、狂风掀起万丈巨浪他都一点不会受惊。这样的圣人，云气已是他们的座驾，日月已是他们的坐骑，四海早已挡不住他，死生也奈何他不得，他哪里还有什么利害不利害的概念呢？"

【解读依据】

① 郭象注："夫利于彼者或害于此，而天下之彼我无穷，则是非之境无常。故唯莫之辩而任其自是，然后荡然俱得。"
② 郭象注："与变为体，故死生若一。"

【虞人评读】

庄子苦口婆心，告诉人类，如果我们抛弃是非之辩、抛离物欲杂念，本身就是造物主创造的神明，我们知道自己就是万物，我们知道自己就是宇宙。（其实也是，科学证明，人类是由骨骼、脂肪和水组成的，其中水就要占到人体重量的 60%～70%，而水分子是由氢氧原子组成的，原子又有电子云之类的，反正就是不断运动的电磁场，你这个电磁场不就是永远存在并不消失，它至多就是转换成其他能量或形式，诸如此类的科学，与庄子的理解是一致的。也就是说，真正活明白的人，知道自己是永不消失的宇宙的组成，天地与自己是同一的，万物与自己是一体的，何惧之有！又何争之有！是非又何从谈起。谈齐物，要的是你活逍遥，要的是你懂养生，所以本章是齐物论，也就是论齐物的重要性。上一章是逍遥游，也就是论活得滋润的原理，下一章就是谈如何养生了，所以叫养生主。《庄子》谈高深玄奥的哲学，没有丝毫的神秘莫测，倒好像我们邻家大叔在唠嗑！中国人的宗教就是我们的一生如何活得够味够本，《庄子》谈的，以后就成了我们中国人的宗教）知道了这些人间奥秘，庄子揭示给我们看的事实真相，我们还在乎一点点的得得失失、一点点的是是非非，甚至生死吗？生老病死佛教有佛教的解脱法，而庄子告诉你，这些根本不是问题，是你假想中的问题，是你后天的意识积重难返后成的问题。你本来无一物，何处惹尘埃！放弃吧放下吧，回到本源吧，你就是那种圣人了！圣人活得都自在都幸福啊！

【2.17】

瞿鹊子问乎长梧子曰："吾闻诸夫子，圣人不从事于务，不就利，不违害，不喜求，不缘道[①]；无谓有谓，有谓无谓[②]，而游乎尘垢之外。夫子以为孟浪之言，而我以为妙道之行也。吾子以为奚若？"

长梧子曰："是皇帝之所听荧也，而丘也何足以知之！且女亦大早计，见卵而求时夜，见弹而求鸮炙。予尝为女妄言之，女以妄听之。奚旁日月，挟宇宙，为其吻合，置其滑涽，以隶相尊。众人役役，圣人愚芚，参万岁而一成纯[③]。万物尽然，而以是相蕴。"

【另类译解】

瞿鹊子问长梧子："我听有的老先生说过这样的话（虞人以为，此处夫子、老子之类行道高士，非孔子也——从前后文对照及语义语法来看），圣明的人不去计较那些俗务，不追逐名利，不躲避灾祸，不因喜好而妄求，不以攀缘之心行道，他不做什么而自身让人感受到天道的力量，合乎天道去行事却像什么也没有发生过一样。'和光同尘，处染不染，故虽在嚣俗之中，而心自游于尘垢之外者矣。'（成疏）孔夫子以为这是不着边际的轻浮之言，但我却感到这是可具体实行的精妙之道，老师您以为该如何理解呢？"

据考证，长梧子是瞿鹊子的老师，他回答："这些话即便黄帝听了也会疑惑不解的，而孔丘怎能了解呢？而且对现在的你来说理解这么高深的问题还太早了些！就像一个刚见到鸡蛋的人便立即想得到一只报晓的公鸡，才见到弹九便想立即得到烤熟的斑鸠肉。虽然这样，但既然你问到了这些问题，我就暂且给你说说，你也姑且听听吧！圣人是这样一些人，而且这些人确认存在也做得到我下面说的这些：他们是些同日月并明的人，怀抱宇宙，和万事万物合为一体，对各种纷争置之不言任其自然，他们心里没有丝毫尊贵与卑贱的观念。一般人总是忙忙碌碌于各种俗务，他们却好似愚朴混沌对一切都无所察觉，古往今来变异无数，他们却浑然一体精纯不杂。其实世上万物之理都是圣人表现出来的这样的，万物互相蕴含合成一个整体，本没有如俗人般区分的必要。"

【解读依据】

① 成玄英疏："夫圣智凝湛，照物无情，不将不迎，无生无灭，固不以攀缘之心行乎虚通至道也。"虞人以为然也！

② 成玄英疏："谓，言教也，夫体道之人，虚夷寂绝，从本降迹，感而遂通。故能理而教，无谓而有谓，教而理，有谓而无谓者也。"

③ 成玄英疏："夫圣人者，与二仪合其德，万物同其体，故能随变任化，与世相宜。虽复代历古今，时经夷险，参杂尘俗，千殊万异，而淡然自若，不以介怀，抱一精纯，而常居妙极也。"

【2.18】

予恶乎知说生之非惑邪！予恶乎知恶死之非弱丧而不知归者邪！丽之姬，艾封人之子也。晋国之始得之也，涕泣沾襟；及其至于王所，与王同筐床，食刍豢，而后悔其泣也。予恶乎知夫死者不悔其始之蕲生乎？

【另类译解】

我和你说，我怎么知道贪生可能只是一种心智的迷惑呢？我怎么知道怕死可能就像自小流落异乡而不知返回一样的愚蠢呢？我给你举个例子吧！丽姬，是艾地封疆守土的人的女儿，晋国征伐丽戎时掳掠了她，当时她哭得泪水浸透了衣襟；等她到晋国后进入了王宫，跟晋王同睡一床，共同享受美味佳肴的时候，她就后悔当初的哭泣了。从这件事我推想，人死了之后会不会后悔其当初贪生怕死是多么的可笑啊！

【虞人评读】

此处说明，中国古代子嗣极多，妇女在家中地位极低，农耕社会吃饱饭已属不易，鲜少肉类。故丽姬入晋王宫吃上鱼肉算幸运事。

【2.19】

梦饮酒者，旦而哭泣；梦哭泣者，旦而田猎。方其梦也，不知其梦也。梦之中又占其梦焉，觉而后知其梦也。且有大觉而后知此其大梦也，而愚者自以为觉，窃窃然知之。君乎，牧乎，固哉！丘也与女，皆梦也；予谓女梦，亦梦也。是其言也，其名为吊诡。万世之后而一遇大圣，知

《庄子》另类解读——用世界的眼光读《庄子》

其解者，是旦暮遇之也。

【另类译解】

梦里豪饮开怀的人，早晨醒来后可能痛哭饮泣；梦里痛哭流涕的人，早晨醒来后可能欢快地打猎玩去了。当人在做梦的时候，并不知道自己在做梦，有时睡梦中还会卜问所做之梦的吉凶，醒来才知道自己只是在做梦。只有非常清醒的大觉之人才知道我们的整个人生其实也是一场到人间来做的梦（喻生命虚幻，但也是实情。人在地球上度过的一生，对于漫长的宇宙来看，难道不是一梦境吗？醒来了无痕。庄子是这个意思，还是齐物，万物同一，人即宇宙，人是宇宙这个整体的一部分，也是宇宙本身）。只有那些愚蠢的人才自以为清醒，什么君啊，臣啊，弄此贵贱尊卑的区分出来，实在是鄙陋极了！我看孔丘与你，都是梦中人呐！我现在说你是做梦，其实我又何尝不在梦中啊！这些话现在你听起来诡谲异常、稀奇古怪，也许经过许多许多年以后，这个世上会出现一个大圣人，能了悟并彻解上面这一番话的，那早晚还是会有人遇到的吧（试问是南怀瑾老先生，还是小弟虞人）！

【2.20】

既使我与若辩矣，若胜我，我不若胜，若果是也，我果非也邪？我胜若，若不吾胜，我果是也，而果非也邪？其或是也，其或非也邪？其俱是也，其俱非也邪？我与若不能相知也，则人固受其黮暗，吾谁使正之①？使同乎若者正之？既与若同矣，恶能正之！使同乎我者正之？既同乎我矣，恶能正之！使异乎我与若者正之？既异乎我与若矣，恶能正之！使同乎我与若者正之？既同乎我与若矣，恶能正之！然则我与若与人俱不能相知也，而待彼也邪②？

【另类译解】

我说的这些你一定不能接受吧？那么，我们之间可能发生争论，现在假设我与你为此产生争辩，如果你辩赢了我，我没有辩过你，你果真就是对了吗？我果真就是错了吗？（这段话是承接上文梦境来的，非但讲梦境是幻、人生是幻、君臣是幻、尊卑贵贱是幻，是非对错也是幻，但庄子此幻并非虚无主义或幻灭，而是对客观物质世界及宇宙真相的探讨。之所以后人批判庄子相对主义、虚无主义消极人生，其实都是将庄子的哲学探索庸俗化及功利化，将我们庸俗的人生做了标准。庄子说的是宇宙，不是人。他否定的、批判的就是人的自大及自我中心，以一切可能的方式告诉我们人是万物之一，万物平等，万物合一。而我们在拜读他作品时，还是以人为中心，将自己摆在中军帐中，然后睥睨四方，这样怎么可能理解庄子，又有什么资格批评庄子！）如果反过来，是我辩赢了，你没有辩过我，那难道果真是我对了？果真是你错了？难道我们两个人之间真有一个是正确的，又真有一个是错误的？或者，我们两个人都是正确的，又或者都是不正确的？我与你之间是肯定争不明白了，而世人与我们一样不明事理地昏昏沉沉，我们又到哪里去找出一个明白人做裁判？让观点与你相同的人来做这个裁判吧，既然看法与你相同，怎么能指望他作出公正的裁判？让观点与我相同的人来做这个裁判吧，既然看法与我相同，怎么能指望他作出公正的裁判？让观点与你我都不相同的人来做这个裁判吧，既然看法与你我都不相同，怎么能指望他作出公正的评判？让观点与你我都相同的人来做这个裁判吧，既然看法与你我都相同，怎么能指望他作出公正的评判？如此，不论是你、我，还是其他人，都不能作出正确的评判，那又让谁来作这个评判好呢？

【解读依据】

① 成玄英疏："彼我二人，各执偏见，咸谓自是，故不能相知。必也相知，己之所非者，他家之是也。假令别有一人，遣定臧否，此人还有彼此，亦不离是非，各据妄情，总成暗惑，心必怀爱，此见所以黮暗不明。三人各执，使谁正之？黮暗，不明之谓也。"

② 成玄英疏："我与汝及人，固受黮暗之人。总有三人，各执一见，咸言我是，故俱不相知。三人既不能定，岂复更须一人！若别待一人，亦与前何异！待彼也耶，言其不待之也。"

【虞人评读】

哲学家就是提问题的人。庄子的伟大就是不断提问题，难死你们这些世上的所谓聪明人，至于答案嘛，你们自己解决！这像不像公司董事长？所以假如人类是一个公司，哲学家就是董事长，而庄子，是我们中国人的前董事长，可惜子孙们都跑孔子公司去了，没真正弄明白庄氏公司庄董事长的战略意图。

【2.21】

何谓和之以天倪？曰：是不是，然不然。是若果是也，则是之异乎不是也亦无辩；然若果然也，则然之异乎不然也亦无辩。化声之相待，若其不相待①。和之以天倪，因之以曼衍，所以穷年也。忘年忘义，振于无竟，故寓诸无竟②。"

【另类译解】

何谓听内心的自然之声呢？可以这样说："肯定你以前不肯定的，接受你以前不接受的。如果你果真能做到这一点，则你肯定的别人说不肯定时，你也不会再与之争辩；如果你果真能做到这一点，则你接受的别人说不接受时，你也不会再与之争辩。因此，我们两个就一直等那个可以化解纷争的声音到来，如果等不到那个声音出现呢？就听内心的自然之声，用这个办法一一化解，也用这个办法度过我们的一生！忘掉生死，忘掉是非，人的好斗意识就慢慢放松，开始向无我过渡，这样就渐渐让自己达至无我的境界。"

【解读依据】

① 成玄英疏："夫是非彼我，相待而成，以理推寻，待亦非实，故变化声说，有此待名；名既不真，待便虚待。待即非待，故知不相待者也。"

② 郭象注："夫忘年故玄同死生，忘义故弥贯是非。是非死生荡而为一，斯至理也。至理畅于无极，故寄之者不得有穷也。"

【虞人评读】

世间万事万物无相、无我，是佛家的说法，但是如今已获得神经科学的证实。你不记得自己婴儿时期的生活，但你可能相信，那时候的你是你，现在的你也是你。然而，佛教认为那只是错觉，科学研究也愈来愈支持这样的哲学。

英属哥伦比亚大学精神哲学教授汤普森（Thompson）表示，佛教认为一切无常，所有事物都会随时间改变，你的意识之流也会不断变动；从神经科学的角度来看，大脑和身体皆持续变化，没有东西是不变的。

最近，部分科学研究者开始参考、引用佛教的说法，并接受佛教僧侣在数千年前提出的理论。例如，7月发表的神经科学论文，就将佛教的千变万化之我，与大脑的实体区域连接在一起；作者指出，科学证据显示，大脑的自我处理并不是在特定的区域或网络中起始，而且与各种不断变动、看似不具自我特质的神经过程有关。

研究范围包括认知科学、现象学及佛教哲学的汤普森指出，那不是神经科学和佛教唯一的汇聚之处；例如，部分神经科学家现在相信，认知官能并非固定不变，可以透过冥想来训练。佛教相信意识会延伸至深眠，这方面也有科学证据的支持。传统的神经科学看法是，深眠之时意识会完全消失。部分印度哲学理论家则认为，无梦之眠仍旧存有些微的意识，只是无法形成完整的记忆。

冥想者的睡眠模式研究显示，情况或许真的是如此。2013 年发表的研究发现，冥想能影响睡眠时的大脑电物理模式，就算是在认知能力通常会大减的情况下，大脑仍旧可能有办法处理信息，并维持一定程度的意识。至于意识如何与大脑连接，神经科学和佛教都没有明确答案，其在某些领域的看法也有分歧；例如，佛教相信意识不必依附于身体，但神经科学家并不同意。

不过，佛教认定自我确实存在，汤普森也支持这个看法。他说："在神经科学界，你常会听到有人说，自我是大脑创造的幻象。我的看法是，大脑和身体一同运作，在实体环境的脉络下创造了自我意识。误会其意的人才会说，它是建构而成的，所以它是幻觉。"

【2.22】

罔两问景曰："曩子行，今子止；曩子坐，今子起；何其无特操与？"

景曰："吾有待而然者邪？吾所待又有待而然者邪？吾待蛇蚹蜩翼邪？恶识所以然！恶识所以不然[1]！"

【另类译解】

影子边上的微阴问影子："先前你行走，现在你又停下来；刚才你坐着，现在你又站起来。你怎么一点都没有自己的独立的东西呢？"

影子回答："我这样做是有源头的，我的源头又有源头大家才都这样存在的！蛇行走靠的是腹部的鳞片，蝉飞行靠的是它的翅翼，我也是先天就安排我这样生存的。我怎么知道为什么这样呢？我又怎么知道为什么不这样呢？"

【解读依据】

① 成玄英疏："夫待与不待，然与不然，天机自张，莫知其宰，岂措情于寻责而思虑于心识者乎！"

【虞人评读】

有始也者，有未始有始也者，有未始有夫未始有始也者；有有也者，有无也者，有未始有无也者，有未始有夫未始有无也者。俄而有无矣，而未知有无之果孰有孰无也。庄子知道，世上的事有些是弄不明白的，也无法都弄明白。天道深远，不是人力人智能够解决的。而且有些根本就解决不了也不能解决，你只要知道就行了。这再次说明，人，不是什么了不起的宇宙主宰，仅是宇宙的一种模样，知道自己的卑微，才真正了解万物！

【2.23】

昔者庄周梦为胡蝶，栩栩然胡蝶也。自喻适志与①！不知周也。俄然觉，则蘧蘧然周也。不知周之梦为胡蝶与，胡蝶之梦为周与？周与胡蝶则必有分矣。此之谓物化②。

【另类译解】

曾经庄周做过一个梦，梦中自己变成了一只蝴蝶，翩翩飞翔的一只蝴蝶。那时感到自己就是一只自由舒畅、欣然自得的蝴蝶，不知道自己还是庄周。不一会儿醒了，惊奇地发现自己原来是庄周。不知道刚才究竟是庄周做梦变成了蝴蝶呢？还是蝴蝶做梦变成过庄周？但庄周与蝴蝶肯定是有区别的。这个大概就是我们平时所说的他物与自我的交合变化吧（可参照上面关于自我的互联网文章，事物一切都在变化，而宇宙的一切又皆自天成天演）！

【解读依据】

① 成玄英疏："栩栩，忻畅貌也。喻，晓也。夫生灭交谢，寒暑递迁，盖天地之常，万物之理也。而庄生晖明镜以照烛，泛上善以遨游，故能托梦觉于死生，寄自他于物化。是以梦为胡蝶，栩栩而适其心；觉乃庄周，蘧蘧而畅其志者也。"

② 成玄英疏："夫新新变化，物物迁流，譬彼穷指，方兹交臂。是以周蝶觉梦，俄顷之间，后不知前，此不知彼。而何为当生虑死，妄起忧悲！故知生死往来，物理之变化也。"

【虞人评读】

终于写到庄周与蝴蝶这个著名的故事了，很难理解的《齐物论》一篇也即将理解完成了，心里不由一阵高兴，也有点惶恐。三下鼻子则肯定被庄子刮了，只是不要刮太多的鼻子，弄出个大鼻子来就好！

这个流传千古的著名故事还是在说相对于整个宇宙的安排，梦中与梦醒后对宇宙来说是没有区别的。如果站在宇宙整体来看，究竟是庄周做梦变成了蝴蝶，还是蝴蝶飞出梦境变成了庄周，这实在是一个很难说得清的问题。但站在个体的人的视角，则一定是有所区分的，这一点充分说明庄子不是什么虚无主义者或相对主义者，更非消极对待人生及人的生命。一个"必"字表达了庄子对人生命存在的肯定，也是对人生具有积极意义的肯定！

养生主

【3.1】

吾生也有涯，而知也无涯。以有涯随无涯，殆已；已而为知者，殆而已矣①。为善无近名，为恶无近刑。缘督以为经，可以保身，可以全生，可以养亲，可以尽年。

【另类译解】

人的生命是有限的，然而知识却是无限的。以有限的生命去追求无限的知识，就一定会弄得疲于奔命，这对人的生命来说就非常危险了！既然你们现在知道了这个道理，但还是不改变，那就是危险到极限了！

不要为了名声去做所谓的善事，也不要去做可能面对刑事惩罚的恶事，顺应自然之道，并将它作为自己的生活准则，就可以保全天性，可以赡养亲人，可以终享天年。

【解读依据】

① 郭象注："已困于知而不知止，又为知以救之，斯养而伤之者，真大殆也。"

【虞人评读】

"殆"，不是疲困，而是危殆。也就是说，庄子是指，如果怎样怎样，那你就一定会被累死或者说离累死不远了。

"为善无近名"也不是不要去行善，只是以免沾上名声；行善是人的天性，在人的基因里就有行善的种子，"人之初，性本善"讲的也是这个意思；后面庄子有"可以全生"，也就是保养天性一句，可以看出庄子并不反对行善。因为人不可能一生不行善的，所以庄子肯定不是这个意思。庄子只是反对沽名钓誉，反对为了名声去行善。因为可能人类行善的大多数是不会让别人知道的，也根本不可能因为行善就有名声，余句解法相同。

【3.2】

庖丁为文惠君解牛，手之所触，肩之所倚，足之所履，膝之所踦，砉然响然，奏刀騞然，莫不中音。合于桑林之舞，乃中经首之会。

文惠君曰："嘻，善哉！技盖至此乎？"庖丁释刀对曰："臣之所好者道也，进乎技矣。始臣之解牛之时，所见无非全牛者。三年之后，未尝见全牛也。方今之时，臣以神遇而不以目视，官知止而神欲行。依乎天理，批大郤，导大窾，因其固然。技经肯綮之未尝，而况大軱乎！良庖岁更刀，割也；族庖月更刀，折也。今臣之刀十九年矣，所解数千牛矣，而刀刃若新发于硎。彼节者有间而刀刃者无厚；以无厚入有间，恢恢乎其于游刃必有余地矣。是以十九年而刀刃若新发于硎。虽然，每至于族，吾见其难为，怵然为戒，视为止，行为迟。动刀甚微，謋然已解，如土委地。提刀而立，为之而四顾，为之踌躇满志，善刀而藏之。"文惠君曰："善哉！吾闻庖丁之言，得养生焉[①]。"

【另类译解】

有个姓丁的厨师（前职后名，可因为他太出名了，大家几乎将庖丁当成他的名字，为方便起见，就叫他庖丁吧）替文惠君宰杀牛，将牛双手触着，肩头抵着，双脚踩着，膝盖抵着，然后听见"哗啦"一声响，宰牛刀就"呼呼"地在牛的躯体里划动。那声音真像音乐一样有节奏，与桑林乐章的舞步吻合，与经首乐章的韵律一致。

文惠君说："啊！太绝了！技艺怎能到达这般地步？"

庖丁放下宰牛刀回答："我所爱好的是摸索出门道，这已经超过对技艺的关注了。先前我刚开始学习宰牛的时候，所看见的没有不是一头整牛的。三年以后，眼中就不再是一头整牛了。现在，我只用心神来领会而不用眼睛去观看，我的身体器官好像停止作用而只有心神在运转。我会顺着牛体自然的生理结构，劈开筋肉骨骼间的大空隙，导割向骨节的大空处，顺着牛体自然结构去用刀。我从不曾将刀劈入那些筋腱集聚和筋骨紧密连接的地方，更不要说去砍那些大骨头了呢！好的厨师一年换一把刀，他们是用刀去割筋肉的；普通的厨师一个月换一把刀，他是用刀去砍骨头的。现在我这把刀已经用了十九年了，所解的牛有几千头了，可是刀刃锋利得还像刚从磨刀石上新磨的一样。牛骨节是有间隙的，而刀刃是几乎没有厚度的，以没有厚度的刀刃切入有间隙的骨节，当然是游刃有余了啊。所以这把刀我用了十九年还像新磨的一样。虽然这样，可是每遇到筋腱盘结的地方，我知道不容易下手，还是特别小心谨慎，那时眼神专注，手脚轻缓，再将刀子这样微微插入转动，等到牛被'哗啦啦'解体了，牛的躯体如同泥土溃落地面一样时，我提刀站立，环顾四周，感到心满意足，然后把刀子揩干净收藏起来。"

文惠君说："好啊！我今天听了庖丁的一番话，得到养生的奥秘了！"

【解读依据】

① 郭象注："以刀可养，故知生亦可养。"成玄英疏："魏侯闻庖丁之言，遂悟养生之道也。美其神妙，故叹以善哉。"

【虞人评读】

此段文字说明者二。其一，庖子"臣之所好者道也"中此"道"非彼"道"，这是庖子研究解牛的"门道"，不是老庄们说的"道"。后面文惠王说的"养生焉"，才是指"养生之道"，可惜未用"道"字。其二，文惠王举一反三，比我们现代许多人聪明得多。古人只是出生年份比我们靠前，智商智力都不亚于我们甚至远超我们！因为他们做什么都比我们专注！

这个故事太妙了，赢得了几乎所有人的喜爱。因而这个《庖丁解牛》的故事家喻户晓，而庄子举例所要说明的主旨养生反被人忽略了。

【3.3】

公文轩见右师而惊曰："是何人也？恶乎介也？天与，其人与？"曰："天也，非人也。天之生是使独也，人之貌有与也。以是知其天也，非人也①。"

【另类译解】

公文轩看见右师后，吃了一惊，问道："你是个什么人？怎么只有一只脚呢？是生下来就是这样的呢？还是后天什么原因造成的呢？"右师回答："是天生就这样的，不是后天人为的。老天生我的时候就只给了我一只脚。所以我明白人的样子是宇宙天成的。所以我知道天的意思就是让我只有一脚，不是人可以选的。"

【解读依据】

① 成玄英疏："凡人之貌，皆有两足共行，禀之造物，故知我之一脚遭此形残，亦无非命也。欲明穷通否泰，愚智亏全，定乎冥兆，非由巧拙。达斯理趣者，方可全生。"

【虞人评读】

这节文字有什么意思呢？虞人认为，庄子之所以在本章中纳入这节，是说明地球上万千生物包括人的外表及构成都是宇宙自然生成的，人本身并不能决定也无法更改。庄子不过是取了一个天然只有一只脚的人做个例子，认为人未能也没有能力参与人的构造的完成，这不是指我们复制人（即生育人），而是作为万物之一的人类的创造是造物主的意思，这个造物主就是以前不存在以后叫宇宙的说不清来历的那个存在。

【3.4】

泽雉十步一啄，百步一饮，不蕲畜乎樊中。神虽王，不善也①。

【另类译解】

草泽里的野鸡走十步才啄到一口食，走百步才喝到一口水，然而它们却并不祈求被养在笼子里，它们自由自在的神情好像自己是个国王，它们不喜欢给人关着喂食！

【解读依据】

① 成玄英疏："雉居山泽，饮啄自在，心神长王，志气盈豫。当此时也，忽然不觉善之为善。既遭樊笼，性情不适，方思昔日，甚为清畅。鸟既如此，人亦宜然。欲明至适忘适，至善忘善。"

【虞人评读】

上述成疏可供参考理解，为何这节文字也列入养生。

【3.5】

老聃死，秦失吊之，三号而出。弟子曰："非夫子之友邪?"曰："然。""然则吊焉若此，可乎?"曰："然。始也吾以为其人也，而今非也。向吾入而吊焉，有老者哭之，如哭其子；少者哭之，如哭其母。彼其所以会之，必有不蕲言而言，不蕲哭而哭者。是遁天倍情，忘其所受，古者谓之遁天之刑。适来，夫子时也；适去，夫子顺也。安时而处顺，哀乐不能入也，古者谓是帝之悬解[①]。"

【另类译解】

老聃死了，他的好朋友秦失去吊唁，只哭了三声就出来了。他的学生问他："老聃不是你的好朋友吗?"秦失回答："是啊!"学生又问："那像你这样吊孝，可以吗?"秦失说："当然可以了! 原先，我以为他已是个得道的高人，今天看来并不是这样。刚才我进去吊唁的时候，看见有老年人在痛哭，如同自己的儿子死了一样；看见有年轻人在痛哭，如同自己的父母逝世了一样；老的少的哭他哭得这样悲伤，一定是与他生前有很深的情感，所以才都情不自禁地哀哭，情不自禁地痛哭，这是逃避自然违背天理的，忘记了我们来地球时就规定了要回去的，这要是在古代就叫作逃避自然的刑法。该来的时候，生命自然降临；该去的时候，生命自然回归；安于天理，顺从自然，哀伤与欢乐的情绪就不会侵入人的心中，古时候的人们将这叫作自然的解脱。"

【解读依据】

①成玄英疏："帝者，天也。为生死所系者为悬，则无死无生者悬解也。夫死生不能系，忧乐不能入者，而远古圣人谓是天然之解脱也。"

【虞人评读】

此段文字虽似逆情，却是至理。如人人能如此理解超脱，何来痛苦? 所以本章为养生，无痛苦不是大养生吗?

【3.6】

指穷于为薪，火传也，不知其尽也[①]。

【另类译解】

烛薪的燃烧是有穷尽的，火种却会继续传下去。什么时候穷尽，我们是无法知道的。

【解读依据】

① 成玄英疏："夫迷忘之徒，役情执固。岂知新新不住，念念迁流，昨日之我，于今已尽，今日之我，更生于后耶!"

【虞人评读】

庄子在此再一妙喻，世界不会有永远无法穷尽的烛薪，个体的烛薪总要燃尽的。我们人，作为个体来说，坦然面对就可以了，不用过分担心悲哀。因为作为人类，造物主还会让一切繁衍演化下去，什么时候穷尽，我们是不知道的!

庄子并没有说，永不穷尽。庄子很诚实，而且非常严谨。庄子只是说，很长的时间火种都会传下去，但是否永远传下去，庄子没说。他只是说，什么时候穷尽了，我们是不知道的，将决定权再次让渡给宇宙空间，这是治学的科学态度。

人间世

【4.1】

颜回见仲尼，请行。曰："奚之?"曰："将之卫。"曰："奚为焉?"曰："回闻卫君，其年壮，其行独；轻用其国，而不见其过；轻用民死，死者以国量乎泽若蕉，民其无如矣。回尝闻之夫子曰：'治国去之，乱国就之，医门多疾。'愿以所闻思其则，庶几其国有瘳乎!"

仲尼曰："嘻，若殆往而刑耳!夫道不欲杂，杂则多，多则扰，扰则忧，忧而不救。古之至人，先存诸己而后存诸人。所存于己者未定，何暇至于暴人之所行!且若亦知大德之所荡而知之所为出乎哉?德荡乎名，知出乎争。名也者，相轧也；知也者，争之器也。二者凶器，非所以尽行也。"

"且德厚信矼，未达人气；名闻不争，未达人心。而强以仁义绳墨之言术暴人之前者，是以人恶有其美也，命之曰菑人。菑人者，人必反菑之。若殆为人菑夫?且苟为悦贤而恶不肖，恶用而求有以异?若唯无诏，王公必将乘人而斗其捷①。而目将荧之，而色将平之，口将营之，容将形之，心且成之。是以火救火，以水救水，名之曰益多。顺始无穷，若殆以不信厚言，必死于暴人之前矣!"

"且昔者桀杀关龙逢，纣杀王子比干，是皆修其身以下伛拊人之民，以下拂其上者也，故其君因其修以挤之。是好名者也。昔者尧攻丛枝、胥敖，禹攻有扈。国为虚厉，身为刑戮。其用兵不止，其求实无已。是皆求名实者也，而独不闻之乎②?名实者，圣人之所不能胜也，而况若乎③!虽然，若必有以也，尝以语我来!"

【另类译解】

颜回拜见老师孔子，向他辞行。

孔子问："要去哪里？"颜回说："我想到卫国去。"孔子又问："去卫国干什么？"颜回说："我听说卫国的国君，年轻气盛，独断专横，处理国事轻举妄动，却不知道自己的错误（没有人敢指出他的问题）；不顾惜人民的生命，轻率用兵。死的人填满大泽，好像干枯的草芥一般，人民真是无所归依了。老师以前教育过我们：'国事安定，我们可以离开这个国家；国事不宁，我们就应当到这个国家去，因为病人多的地方需要医生。'我希望根据老师教导的去实行，或许可以使卫国这个国家免除更多的疾苦。"

孔子说："唉！你去的话恐怕要遭殃啊！学道是心里一点也不能有杂念的，心思杂了就会有其他事情进入你的思想，有了这些思想就会扰乱你的清境，扰乱了就会因心顾两端而产生忧虑，有了忧虑遇事就会心智大乱。古时候的得道高人，先去充实自己然后才去扶助别人。如今你自己的道行还没有扎根，你怎么有能力去纠正对付那些正在实施恶行的暴君呢？

"（你现在的这个行为，或许出于自己高尚的品德，也出于对自己知识智慧的自信）可是你知道所谓有品德的人当他行德于人前，所谓有智慧的人当他用智慧于人群时是怎么个下场吗？品德暴露于人前都有出名的动机，智慧亮相于人群都是由于爱出风头，名人总共那么几个，因此为得到大家就会互相倾轧；所谓智慧，这个时候就成了争胜好强的工具；这二者都是凶狠的手段，不适合在人生中使用。

"而且，即便一个人已经德行圆满、信义卓著，但未必别人能在短时间内完全理解他；即便他不想去与别人争任何的名声，但未必别人能在短时间内完全接受他。如果你硬是要用仁义正道在暴君前据理力争，他就会认为你是有意揭他的短来彰显自己的美德，而把你这种行为叫作灾人。灾人的人，别人一定会反过来谋害他！你难道要去做这个灾人吗？况且，如果卫国国君喜爱贤才而厌恶不肖之徒，那还用得着等你去了才改恶从善吗？除非你不向他谏诤，如果你去劝他，卫侯一定会抓住你说话时的小漏洞胡搅蛮缠，利用他居高临下的优势文过饰非，那时，不明了情况初来乍到的你一定会被他弄得头晕目眩，只能满面谦和之色地缓和局面，嘴里嗫嗫嚅嚅地为自己辩解，一副认真听他辩解的样子，最后你的内心可能也慢慢认同了他的主张。这就叫用火去救火灾、用水去救水灾，可以称为错上加错。开始就没有主张依从了他，以后当然就会一直附从他去了。假若一开始不是这样，你据理力争，他根本不听而暴跳如雷，那你一定会死在暴君的面前！

"而且，从前桀王杀害忠臣关龙逄，纣王杀害王叔比干，都是因为他们以抚爱老百姓的理由获得了美德的声名，然后以臣下的地位去违拂君王的旨意，所以招至了君王美慕忌妒恨而被凶残地杀害。这就是他们有一个好名声惹的祸啊!

"从前,尧攻伐丛枝、胥敖,禹征讨有扈。他们几个小国的土地都变成废墟,小国的国君被逮住杀掉了。这都是他们像卫国一样用兵不止,他们几个小国国君贪得无厌,其实不光是为了所争的土地人民,也是为了谋得他们的虚名啊!你难道没有听过他们的事情和最后的下场!图名贪欲之君,就是尧禹这样的圣人都不能感化,只能征伐了结,何况是你手无寸铁能成事乎?虽然这样,你既然提出来要去,一定也有你的想法与道理,那你就说出来给我听听!"

【解读依据】

① 成玄英疏:"诏,言也。王公,卫侯也。汝若行卫,唯当默尔不言,若在箴规,必遭戮辱。且卫侯恃千乘之势,用五等之威,饰非拒谏,斗其捷辩,汝既恐怖,何暇匡扶也!"

② 成玄英疏:"尧禹二君,已具前解,丛枝、胥敖,有扈并是国名,有扈者,今雍州鄠县是也。宅无人曰虚,鬼无后曰厉。言此三国之君,悉皆无道,好起兵戈,征伐他国。岂唯贪求实利,亦乃规觅虚名,遂使境土丘墟,人民绝灭,身遭刑戮,宗庙颠殒。贪名求实,一至如斯,今古共知,汝独不闻也。"

③ 成玄英疏:"夫庸人暴主,贪利求名,虽尧、禹圣君,不能怀之以德,犹兴兵众,问罪夷凶。况颜子匹夫,空手行化,不然之理,亦在无疑故也。"

【虞人评读】

"若唯无诏,王公必将乘人而斗其捷",是一句比较难的转折,后代学者解读均从成疏,虞想不出更理想的解读,姑从之。

虞以为,本段文字看似讲了一个颜回请缨救卫的故事。孔子的一番谆谆教诲,逻辑严谨,世事洞明,直击肯綮,着实让人拍案叫绝。但庄子要说的是:卫君之暴,非仅性格也,而是以自我为中心的人类病在他身上的再一次发作,也是名利心在他这里再一次附身作祟。他们不自量力地折腾,归根结底是人类的病灶。《纽约时报》畅销书排行榜上有一本心理学家斯蒂芬·平克的书《人性中的善良天使》。平克认为,人性里有恶、有善。人性中间有一些动机会促使人向恶,也就是"心魔"。让心魔控制住的人,不是只有罪犯、暴徒。庄子写这个故事,用这个篇幅,意在批判人类自我中心与贪慕名利之恶。卫君之恶，非个体之恶，而是人类之恶，不去除人类心魔、不解决人类的这个病灶，就会旧地重演。

【4.2】

颜回曰："端而虚，勉而一，则可乎？"曰："恶！恶可！夫以阳为充孔扬，采色不定，常人之所不违，因案人之所感，以求容与其心。名之曰日渐之德不成，而况大德乎！将执而不化，外合而内不訾，其庸讵可乎！"

"然则我内直而外曲，成而上比。内直者，与天为徒。与天为徒者，知天子之与己皆天之所子，而独以己言蕲乎而人善之，蕲乎而人不善之邪？若然者，人谓之童子，是之谓与天为徒。外曲者，与人之为徒也。擎跽曲拳，人臣之礼也。人皆为之，吾敢不为邪！为人之所为者，人亦无疵焉，是之谓与人为徒。成而上比者，与古为徒。其言虽教，谪之实也，古之有也，非吾有也。若然者，虽直而不病，是之谓与古为徒。若是则可乎？"

【另类译解】

颜回说："如果我外表端庄而内心沉静，始终勤勉认真地做事，这样可以吗？"

孔子说："唉，仅仅这样怎么可以呢？卫君暴跳如雷、刚愎张扬、喜怒无常，一般人都不敢违逆他。他也借此压制人们对他的劝诫，以便自己随心所欲。这种人，天天对他施加一点点潜移默化的影响都做不到，何况用高尚的德行来要求他遵守呢！他必定固执己见，顽固不化，即便表面上赞同而心里根本不以为然。你那种想法对这种人怎么可能行得通呢？"

颜回又说："这样，那我就内心诚直而外表恭敬，内心自有主见而处处以古德先贤做榜样。所谓内心诚直，就是虔诚地以天道做行为准则，以天道做行为准则的，就会想国君与自己在本性上都是一致的，为什么只有我的言论才一定是对的，而希望别人听从？或者只有我的言论是对的而希望别人不听从呢？如果这样做，人们就认为我也是一个在不断学习的人，这就叫作与光同尘，在与大家貌似一样中渐渐影响国君（要知道，与大家一样不出头来指责别人对错的前提是成而上比，是内心坚韧有先贤做榜样的），这可能就是人们常说的做天道的徒弟吧！所谓外表恭敬，是以世人的行为为准则。手拿朝笏躬身下拜，这是人臣应尽的礼节，人家都这么去做，我为什么不这样做呢？与大家所做的一样，别人就不会责难我，这就叫作世人的徒弟。内心自有主见而处处以古德先贤做榜样，这是在向古人学习。古人之举虽然寓教于言行，但确实有指正别人让人改过的意思；这是有据可寻的古人的言行，不是我发明出来的独有的言行。如果以这样的方式讽谏，虽然正直但令双方都不会过于难堪，这样做可能就是以古人为老师的意思。如果我这样去做，是不是可以了呢？"

【4.3】

仲尼曰："恶！恶可！大多政，法而不谍。虽固亦无罪。虽然，止是耳矣，夫胡可以及化！犹师心者也。"

颜回曰："吾无以进矣，敢问其方。"

仲尼曰："斋，吾将语若！有心而为之，其易邪？易之者，暤天不宜。"

颜回曰："回之家贫，唯不饮酒不茹荤者数月矣。如此，则可以为斋乎？"

曰："是祭祀之斋，非心斋也。"

回曰："敢问心斋"。

【另类译解】

孔子说："唉，这怎么可能呢？政务有太多太多的事项，即便效仿古人也不是完全能对应的。不过，这个办法虽然固陋，倒也可以免罪。即使这样，也不过如此而已，又怎么能感化他呢！你过于自以为是了（太执着于自己的心思）。"

颜回说："那我就没有更好的办法了，请问有什么办法吗？"

孔子说；"你先斋戒，我再告诉你！如果你心里先有了存见再去做事情，这样做事情会容易吗？如果这样做事容易，就不符合天道之理了。"

颜回说："我家里穷，已经几个月没有喝酒没有吃荤菜了，这样可以算是斋戒了吗？"

孔子说："你说的是那种祭祀要求的斋戒形式，不是我说的心斋。"

颜回又问："那什么是心斋呢？"

【4.4】

仲尼曰："若一志，无听之以耳而听之以心，无听之以心而听之以气！听止于耳，心止于符。气也者，虚而待物者也。唯道集虚。虚者，心斋也。"

颜回曰："回之未始得使，实自回也；得使之也，未始有回也；可谓虚乎？"

夫子曰："尽矣。吾语若！若能入游其樊而无感其名，入则鸣，不入则止。无门无毒，一宅而寓于不得已，则几矣。绝迹易，无行地难。为人使易以伪，为天使难以伪。闻以有翼飞者矣，未闻以无翼飞者也；闻以有知知者矣，未闻以无知知者也。瞻彼阒者，虚室生白，吉祥止止。夫且不止，是之谓坐驰。夫徇耳目内通而外于心知，鬼神将来舍，而况人乎！是万物之化也，禹、舜之所纽也，伏戏、几蘧之所行终，而况散焉者乎！"

【另类译解】

孔子解答："你摒弃杂念专一凝神，不要用耳去听而要用心去体会，不要用心去体会而要用气去感应；耳的功能让它限制于聆听，心的功能让它限制于感受。而气呢？因为空明而能包容外物也。道就是虚的汇集，这个虚，就叫心斋。"

颜回说："我没有聆听关于心斋的道理时，实实在在还是有一个自我的颜回存在于意识中的。现在，我知道并得到了这个'心斋'，我感到颜回已经不存在了，这是否说明我已经'虚'了呢？"

孔子说："这就对了！我告诉你，如果你能够在追名逐利的环境中沉浮而不为名利地位所动，卫君能采纳你的意见就说，不能采纳你的意见就不说。不走门路钻营，不四处招摇，心智专一宁静而将自己放置在好像永远是失意的境地，则差不多达到心斋的程度。人不走路容易，但走了路不留下痕迹就要难得多了！为人的情欲所驱使做事就容易做假欺骗，顺其自然行事就不容易做假欺骗；我只听说过凭借翅膀才能飞翔的，不曾听说没有翅膀也能飞翔的；听说过用心智才能求得知识，没听说过不用心智就可以求得知识的事。观照那个空明的心境，心境空明就会产生光明来，一切吉祥之事就会过来凝聚。如果心境不能宁静，这就是躯体在那儿，心神却驰骋于别处。如果让耳、目的感观向内通达而排除心智，连鬼神都会过来归附，何况是人呢！这样万物都为之感化，是禹和舜处世的要领，也是伏羲、几蘧所始终遵循的道理，何况一般人呢！"

【虞人评读】

明白了。心斋，就是"南郭子綦隐机而坐，仰天而嘘，荅焉似丧其耦。颜成子游立侍乎前，曰：'何居乎？形固可使如槁木，而心固可使如死灰乎？'"读者对照前后两章的文字，就可以明白庄子通过孔子的嘴传达的还是他的理论。

【4.5】

叶公子高将使于齐，问于仲尼曰："王使诸梁也甚重，齐之待使者，盖将甚敬而不急。匹夫犹未可动，而况诸侯乎！吾甚慄之。子常语诸梁也曰：'凡事若小若大，寡不道以欢成。事若不成，则必有人道之患；事若成，则必有阴阳之患①。若成若不成而后无患者，唯有德者能之。'吾食也执粗而不臧，爨无欲清之人。今吾朝受命而夕饮冰，我其内热与！吾未至乎事之情，而既有阴阳之患矣！事若不成，必有人道之患，是两也。为人臣者不足以任之，子其有以语我来！"

【另类译解】

叶公子高将要出使齐国。向孔子请教道："楚王派我出使齐国兹事责任重大。齐国对待外来使节，总是表面上很客气而内心怠慢，一般的人尚且不容易说动呢，何况是诸侯呢？我心里非常忐忑害怕。我记得先生以前经常对我说过的话：'凡事无论大事小事，很少有不合乎道而最后结果是好的。事情如果没有办好，那我一定会受到国君的惩罚。事情如果办成功了，那又一定会忧喜交集因情绪失调而害病。事情办成功或者办不成功都不会受影响也没有祸患的，那只有盛德的人才能做到啊！'我平时吃粗食而不求精美，并且吃过饭后从不需要清凉解热的。而今我早上接到国君的命令晚上就想喝冷水，恐怕是我内心已着急焦躁了吧！我还没有开始正式办事，就已经有了忧喜交加不调而导致的疾病。事情如果还办不成功，必定会受到国君的惩罚。上面这两种祸患，我这个做人臣的实在承担不起，先生可以给我指点指点吗？"

【解读依据】

① 成玄英疏："喜则阳舒，忧则阴惨。事既成遂，中情允惬，变昔日之

忧为今日之喜。忧惧交集于一心，阴阳勃战于五藏，冰炭聚结，非患如何？"

【虞人评读】

许多注家都将"爨无欲清之人"译成家里没有求清凉的或烹饪不求清凉，在同一句子中就将主语调包了，所以错解。实在没有必要换主句。因为古人表达方式肯定与我们今人是一致的，叶公子高在此是说自己的感受，不可能突然转到家人或烹饪的人之类没必要的话题，庄子也不会这样写。另类译解古人著述，应当相信古人的智慧与常识，万勿仅从字面上去死抠而丢了常识。

【4.6】

仲尼曰："天下有大戒二：其一，命也；其一，义也。子之爱亲，命也，不可解于心；臣之事君，义也，无适而非君也，无所逃于天地之间。是之谓大戒。是以夫事其亲者，不择地而安之，孝之至也；夫事其君者，不择事而安之，忠之盛也；自事其心者，哀乐不易施乎前，知其不可奈何而安之若命，德之至也。为人臣者，固有所不得已。行事之情而忘其身，何暇至于悦生而恶死！夫子其行可矣！"

【另类译解】

孔子说："世上有两个足以为戒的大法则。其一是天命，其二是道义。子女爱父母，这是自然的天性，是无法解释清楚的；臣下为君主服务，这是道义。世界上任何地方都会有国君，这也是逃避不了的事情。这，就是我刚才讲的足以为戒的大法则。因此，子女赡养父母，无论什么境遇都要使他们舒适，这是行孝的极点；臣子侍奉国君，无论办什么样的事都要让国君放心，这是尽忠的极点了。注重内心修养的人，不受悲欢喜乐的影响，知道世事艰难，即便明知无可奈何的事也能安心去做，这就是修炼的极点。做人臣的，肯定有不得已的事情，只要遇到事情时努力把握事情并忘掉自己，哪里还有空闲时间去患得患失考虑生死问题呢！你这样去做就可以了！"

【4.7】

"丘请复以所闻：凡交近则必相靡以信，远则必忠之以言，言必或传之。夫传两喜两怒之言，天下之难者也。夫两喜必多溢美之言，两怒必多溢恶之言。凡溢之类妄，妄则其信之也莫，莫则传言者殃。故《法言》曰：'传其常情，无传其溢言，则几乎全。'"

【另类译解】

"我还把我听到的再告诉你：凡相邻近的交往必然需频繁地向对方传口信，远方的交往一定要靠忠实达意的书信。而书信一定有人来传送，传达双方贺喜或双方愤恨的信，是这个世上最难的事。那个贺喜的信必过多地添加些好话，那个愤恨的信必过度地添加许多坏话。凡是过度添加的话都是失真的，失真双方就都不会相信，不相信传话的使臣可就遭殃了。所以古语说：'要传达真实的言辞，不要去传过甚的言辞，这样就可以保全自己了。'"

【虞人评读】

对于此节文字，虞人略说几句，从郭象开始到成玄英，均是错误的，将"凡交近则必相靡以信"的"信"当作诚信、信用是不对的。因为如果近邻讲信用、讲诚信，远客就不讲信用、不讲诚信了吗？春秋战国还是个出产远交近攻的时代，对远客反讲诚信、讲信用，对近邻反视作谋略对象，这是讲不通的。所以，这个信应是"口信"。也就是说，近的人能方便常常带口信交流，"远则必忠之以言"，有忠实于发信人意思的书面语言。这也是古代所谓两个语言系统：一个是百姓的口语系统，另一个是文言文书面系统。

【4.8】

"且以巧斗力者，始乎阳，常卒乎阴，泰至则多奇巧；以礼饮酒者，始乎治，常卒乎乱，大至则多奇乐。凡事亦然。始乎谅，常卒乎鄙；其作始也简，其将毕也必巨。"

【另类译解】

"而且以技巧相互较量的人，开始时都是光明正大地比试，到最后就暗使小动作，到达极限时就诡计百出了；以礼节饮酒的人，开始时颇有礼貌，到后来就不讲规矩，太过分时往往一片混乱、相互欺诈了。无论什么事情恐怕都是这样，开始的时候彼此都能谅解，最后就弄得谁都难堪。许多事情开始的时候比较单纯，到后来就变得复杂而艰难了！"

【4.9】

"夫言者，风波也；行者，实丧也。风波易以动，实丧易以危。故忿设无由，巧言偏辞。兽死不择音，气息茀然，于是并生心厉。克核大至，则必有不肖之心应之，而不知其然也。苟为不知其然也，孰知其所终！故《法言》曰：'无迁令，无劝成。过度益也。'迁令劝成殆事，美成在久，恶成不及改，可不慎与！"

【另类译解】

"书信（写得不慎），引发的不过是一场风波；可对送信的使者，却存在着实实在在即时送命的危险（两国交战不杀来使不知是什么时候形成的，在形成这条绅士规则之前，不知有多少使者莫名其妙地死于书面沟通的误解或盛怒）。风波由于书信语言的不当常常发生（这种现象即使在今天也天天发生、在人人身上发生。据说，第一次世界大战导致上千万人死亡，其完全是出于沟通不足与误解）。送信的使者容易发生危难。所以，一旦遇到这种由书信导致的无缘由的愤恨，使者应该用巧言来辩解以避险。野兽临死时叫声很难听，可是对于气息奄奄的它，人的心里还是充满不忍与同情的（兽尚如此，何况人乎？使者身处危境，其命更令人同情）。如果（发信人）书信里苛责收信人太甚，则收信人必心生恶念来应付，而送信的使者还完全不知道是怎么回事。如果他自己被完全蒙在鼓里，那谁知道最终他的命运会怎样呢？所以《法言》说：'既不要去改变命令，但也不要强求完美地执行，过分想办好送信这件事就会过犹不及。'强求办完美送信这件事是很危险的。如果事情办成了，当然可以使两者很长时间和平相处；但如果事情办坏了，局面可就很难收拾了。所以作为信使，可不慎吗？"

【虞人评读】

虞人译到这里，又要忍不住对历来译注啰唆几句。孔子本段既然都是对叶公子高谈出使的事情，当然围绕使者的安危和可能出现的情况谈，怎么译到种种不通的语言，考据考到哪里去了？尊古也不能缺了常识，我们的脑袋不仅是读书，更是思考的。孔子（实为庄子）讲得非常精彩，而且充满人道主义的考量、人性的考量。当君主在书信中出言不逊，导致对方盛怒危及使者性命时，使者有权为了自己的生命与书信保持一定距离而进行辩解、保全自己，不必为了完美地办好差事而与书信捆在一起。任何人的性命包括动物临死之前都有权哀叹，而在人们深深的怜悯和同情面前，或许就保全了性命！作为信使，巧言辩避不是罪，还可能是好事，只要"无迁令"就行！信使责任重大，身危不说，如果火上浇油，则可能给国家带来的是兵连祸结，反之则可能是长久的和平。

而孔子教给叶公子高的这个办法，就是对于今天人们的沟通或代人传情达意或传递信息，也充满智慧的启迪，虽历千年而绝不逊色！

【4.10】

"且夫乘物以游心，托不得已以养中，至矣。何作为报也！莫若为致命。此其难者？"

【另类译解】

"顺应事物不受悲欢喜乐的影响，知道世事艰难，即便明知无可奈何的事，也能悠然自适，这就是修炼的顶点。拿什么作为自己生命的回报？没有比保住生命也完成了送信的使命更好的了，这难道有多么难吗？"

【虞人评读】

庄子在此表达了重大、重要的人生态度。逍遥游、齐物论、养生主外，在人间世里，我们的人生态度是保生的同时，智慧地做事，将心情放松，顺应自然规律。颜回的难题、叶公子高的难题都归结到一点：事业诚可贵，君王价更高；若要我小命，两者皆可抛！哈哈，玩笑！但仅一半是玩笑。顺应自然，我们的生命也是自然的选择，我们不能轻弃也不应轻弃。我们不能不做事，颜回的主动承担、叶公子高的为国出使，我们作为知识精英、作为臣子应该责无旁贷，但我们决不需要杀身成仁，而需要顺从天道、保生全身！做能做的事，说能说的话，悠然自适，决不犯难犯险，身险国危反是罪莫大也！

此眼光、此见地之精辟，足值得我们掩卷三思。虞人建议，读者读罢，可静思十分钟到半小时后，再读余书。

【4.11】

颜阖将傅卫灵公太子，而问于蘧伯玉曰："有人于此，其德天杀。与之为无方，则危吾国；与之为有方，则危吾身。其知适足以知人之过，而不知其所以过。若然者，吾奈之何？"

蘧伯玉曰："善哉问乎！戒之，慎之，正女身也哉！形莫若就，心莫若和。虽然，之二者有患。就不欲入，和不欲出。形就而入，且为颠为灭，为崩为蹶。心和而出，且为声为名，为妖为孽。彼且为婴儿，亦与之为婴儿；彼且为无町畦，亦与之为无町畦；彼且为无崖，亦与之为无崖。达之，入于无疵。

汝不知夫螳螂乎？怒其臂以当车辙，不知其不胜任也，是其才之美者也。戒之，慎之，积伐而美者以犯之，几矣。

汝不知夫养虎者乎？不敢以生物与之，为其杀之之怒也；不敢以全物与之，为其决之之怒也；时其饥饱，达其怒心。虎之与人异类而媚养己者，顺也；故其杀者，逆也。

夫爱马者，以筐盛矢，以蜃盛溺。适有蚊虻仆缘，而拊之不时，则缺衔毁首碎胸。意有所至而爱有所亡，可不慎邪！"

【另类译解】

颜阖即将去担任卫灵公太子的老师（傅，名词动用），他去拜见在卫国有贤大夫名声的蘧伯玉，说："现在有一个人，他的天性残酷，如果让其任性，那就会危害国家；如果用道德法度约束他，就会危害我个人的生命。这个人还是个聪明人，他的聪明足以了解别人的过失但看不到自己的错误之处（语虽不涉太子而卫太子栩栩），我现在就碰到这种情况，想请教先生我该怎么办呢？"

蘧伯玉说："这个问题问得好啊！约束自己，小心谨慎，正是对像你这样的情况说的！你与他在一起时，外表没有比表现得很亲近更好的，内心没有比存着诱导他向善的思想更妥当的；虽然这样，这样做仍有隐患，亲近他不要关系搞得过于紧密，诱导他不能搞得显山露水。亲近搞成亲密无间了，那就一定会不是与他一起搞成崩溃颠败，就是自己搞成事蹶身灭；内心诱导明显外露，你就会被认为是贪图名声，就会被当成与大家不一样的妖孽。你还是要与他显得一样，他如果像个孩子般不设防，你也显得像个孩子般不设防；他如果与你不区分你的我的，你也就显得与他不区分你的我的；他如果与你没大没小，你也就显得与他没大没小。如果这些你都做到了，你就基本上没有任何瑕疵了。

"你知不知道那螳螂？（为什么突然转入螳螂之喻？前文二人关系太好

了，没大没小了，所以就完全可能让人产生错觉了，故此时及时插入提醒，看官需要知道）奋力举起自己的细小胳膊想去阻挡前进的车轮，不知道自己的力量全然不能胜任。这是把自己的能耐看得过高的缘故！约束自己，小心谨慎，以为自己的能耐很大经常想去影响他，这时就危险了！

"你知不知道那个养老虎的？他从不敢以活物去喂养，因为担心老虎扑杀活物会激起凶残的天性（从而危及自身）；他从不敢用整个动物去喂养，因为他担心老虎撕裂动物会激起凶残的天性（从而危及自身）。知道老虎饥饱的时间，通晓老虎喜怒的习惯，老虎虽然与人不是同类，然它驯服于喂养它的人，原因就在于喂养它的人顺着它的习性行事。那些被老虎残杀的人，是因为触犯了它的天性。

"你看那些爱马的人，用精致的竹筐去接马粪，用珍贵的蛤壳接马尿。恰巧一只牛虻叮在马身上，爱马人出于爱惜立即伸手拍打牛虻，没料到使马受了惊，咬断勒口，挣断辔头，弄坏胸络——本意在爱马而结果适得其反，遇事处事能不谨慎吗？"

【虞人评读】

古人说话，实在是高，且逻辑严密、思虑周延。第一节，蘧伯玉讲的是大原则，形莫若就，心莫若和；第二节，因为你与他关系搞得婴儿无町畦无崖，怕你自我感觉产生错位，立即给你举了个螳臂当车的绝妙例子；第三节，举了个养老虎的例子，说明掌握规律因势利导的重要性及重点防范不要忘；第四节，说明紧急状态下不要忙中出错，不要为情感左右而出错。从大原则，到细节，到突发事变，到内心感受，都给你考虑得面面俱到，就是父母也不过如此啊！不读中国古人书、哲人书，殊可惜也！中国士大夫中历代传来，远的北齐颜之推的《颜氏家训》，稍远的明末清初朱柏庐的《治家格言》，近代的《曾国藩家书》，当代的《傅雷家书》，都有一脉相承的中国士子的节操为人行事在内。虞人对女儿说过："我做父亲的可能没有能力教你，但你可将他们当作父亲，读他们的书犹听父辈教诲。无论一生遇到什么事、处于什么境地，都可以从他们的书中找到你人生所需要的答案。"中华文化，博大精深，岂虚言哉！

【4.12】

匠石之齐，至于曲辕，见栎社树。其大蔽数千，絜之百围，其高临山十仞而后有枝，其可以为舟者旁十数。观者如市，匠伯不顾，遂行不辍。

　　弟子厌观之，走及匠石，曰："自吾执斧斤以随夫子，未尝见材如此其美也。先生不肯视，行不辍，何邪?"曰："已矣，勿言之矣! 散木也，以为舟则沉，以为棺椁则速腐，以为器则速毁，以为门户则液樠，以为柱则蠹。是不材之木也，无所可用，故能若是之寿?"

　　匠石归，栎社见梦曰："女将恶乎比予哉? 若将比予于文木邪? 夫柤梨橘柚，果蓏之属，实熟则剥，剥则辱; 大枝折，小枝泄。此以其能苦其生者也，故不终其天年而中道夭，自掊击于世俗者也。物莫不若是。且予求无所可用久矣，几死，乃今得之，为予大用。使予也而有用，且得有此大也邪? 且也若与予也皆物也，奈何哉其相物也? 而几死之散人，又恶知散木!"

　　匠石觉而诊其梦。弟子曰："趣取无用，则为社何邪?"

　　曰："密! 若无言! 彼亦直寄焉，以为不知己者诟厉也。不为社者，且几有翦乎! 且也彼其所保与众异，而以义喻之，不亦远乎!"

【另类译解】

　　一个名叫石的木匠去齐国（匠石，名石的匠，前职后名），经过曲辕那个地方，看见有一棵作为社神的栎树。那棵树很大，树冠可以供几千头牛遮阴，树干的周长达一百尺，树梢高临山顶，拔地而起几丈后，才生出树枝，它的几十根旁枝都粗到可以造船用。那些前来参观的人像赶集一样，而这位名石的木匠经过时，似乎看都不看一眼，自顾自地往前走。

　　他的徒弟在那儿看了个够，然后赶上石木匠，说："自从我跟您学做木匠活以来，还从不曾见过这么理想的木材，师傅您看都不看一眼，直往前走，为什么呢?"

　　石木匠回答："好了，不要再说这棵树了。那是一棵没什么用的散木，用它做船的话船会沉入水底，用它做棺椁很快就会烂掉，用它做器具很快就会用坏，用它做门户很快就会出水流污，用它做屋柱就会被虫蛀，这是不能成材的树，没有什么地方能派上用场，所以它才能有这么长的寿命（这么多年没人砍伐）。"

　　这个匠人回到家后，晚上栎树就来入梦，对他说："你说我没什么用，可你能用什么东西和我相比较呢? 你打算用可用之木和我比较吗? 那柤梨橘柚等都属于果树，果实成熟了就要遭打落，打落果实时树就会遭到损伤。打掉果实时大的树枝被折断，小的树枝被拉扯丢弃，这都是由于它们有用而害了自己一生啊，所以无法寿终正寝而半道夭折，这都是由于它们显露有用而自己撞到了世俗的需要上去啊！世上的一切事物莫不如此，我寻求没有用的办法已经很久很久了，九死一生，到现在我才保全了自己。这无用也正是我的大用，倘若我有用，我还能活得这么长、长得这么大吗？况且你和我都是物，为什么要这样非议他物呢？你也是经历过多次艰难险境的社会非主流人士，又怎么能如此瞧不上我这样的散木呢？"

石木匠醒来后，把梦中的情况告诉了徒弟，徒弟说："它意在求取无用，为什么又做社树让人观赏呢？"

石木匠说："可以了！别多说了！它不过是被社寄托罢了。让那些不了解它的人去瞎说吧！如果它现在不做社树的话，不就要遭到砍伐吗？况且它用来保护自己的方法与众不同，你只用常理去猜度这些深不可测的灵物，不是相差太远了吗？"

【虞人评读】

这个故事太著名了，所以读它的人往往忘了庄子要谈什么问题！无用大用，这句话也太有名了，往往成了庄子的标签，好像庄子好吃懒做，只求保全性命于乱世。虞人认为，这都是对庄子精神也是对本书的重大误解。庄子没有否认柤梨橘柚的果树价值和人的劳动价值，仅针对匠石认为它一无是处而进行辩护，栎树没有对立自己与柤梨橘柚的意思，更没否定它们的存在价值。也就是说，栎树辩解自己也有活的权利与价值并不否定别人活的权利与价值。好像庄子鼓励大家都做无用的人、无用的事，非也！庄子在这里其实讲的是一个哲学命题——有无之相对，有用无用也是相对的；所谓有用无用，如果仅是针对人而言，更是狭隘的。所以，最后匠石不让徒弟瞎议论，就是开窍了，明白了人的观念的狭隘，而栎树反有更宽广的视野，它认定人也是物，物物"物议"对方是可笑的。

如果拉开时空距离，在物质供应极大丰富的今天，像栎树这样的宝贝更是今日旅游经济重要的资源，那种有用的树都早已成了前人的烧火柴了，而唯其无用的树才成了今人的观赏景。那么，是以前的果树有用呢？还是栎树有用呢？一服务前人但前人生育了我们；一服务今人，是前人弃用才成全到今人的。所以，前人、我们、有用之木、无用之木，何来区分呢？又怎么区分？用什么标准区分呢？彼之有用也是我们的有用，彼之无用又是我们的大用，从终极意义上来说，又都有什么用呢？齐物，人物本是一物，人又何能以自己短暂的生命的是非做是非呢？庄子讲这故事的重点在这里吧！

【4.13】

南伯子綦游乎商之丘，见大木焉有异，结驷千乘，隐将芘其所藾。子綦曰："此何木也哉？此必有异材夫！"仰而视其细枝，则拳曲而不可以为栋梁；俯而视其大根，则轴解而不可以为棺椁；咶其叶，则口烂而为伤；嗅之，则使人狂醒，三日而不已。

子綦曰："此果不材之木也，以至于此其大也。嗟乎神人，以此不材！"

【另类译解】

南伯子綦到商丘游玩（可见庄子是商丘附近的人，可能熟悉商丘，至少去过，起码知道商丘是个集市商埠），在那儿看见一棵大树，这棵树长得怪异、特别，可供上千辆四匹马的大车在树荫下歇息。子綦问："这是什么树呢？这树的质地一定很特殊吧！"抬头观察它的树枝，却拳拳曲曲，无法做栋梁用；低头打量树干，却见木纹裂开，无法做棺椁；用舌头舐舐树叶，嘴即受伤溃烂；用鼻闻一闻树的气味，人会狂醉，三天三夜醒不过来（神奇，庄子乃写作高手、写小说高手）。

子綦说："这的确是没用的树木，所以才长这么大。唉，神人，从这棵不成材的树木身上，我知道神人为什么会那么寿长而为神人的了！"

【虞人评读】

读者勿以为最后一句是虞人的笑译，是玩笑话。非也！虞人认为，这恰是庄子重点。大多庄子注解本草草译了这句，其实这是点睛之笔；否则，上节庄子用匠石讲了相同的故事，何必多此一举再来讲一遍呢？为什么南伯子綦出场了呢？这可不是匠石一样的散人了。成玄英在《齐物论》中有疏："楚昭王之庶弟，楚庄王之司马，字子綦，古人淳质，多以居处为号，居于南郭，故号南郭，亦犹市南宜僚、东郭顺子之类。其人怀道抱德，虚心忘淡，故庄子羡其清高而托为论首。"栎树悟的是保身，匠石悟的是有用无用，南伯子綦悟的是长寿，不与世争、不为人利用，则人自然就是神了。也就是说，神，就是长寿的人，就是不介入人类俗事而影响自己寿命的人嘛！

【4.14】

宋有荆氏者，宜楸柏桑。其拱把而上者，求狙猴之杙者斩之；三围四围，求高名之丽者斩之；七围八围，贵人富商之家求樿傍者斩之。故未终其天年，而中道之夭于斧斤，此材之患也。故解之以牛之白额者与豚之亢鼻者，与人有痔病者不可以适河。此皆巫祝以知之矣，所以为不祥也。此乃神人之所以为大祥也。

【另类译解】

宋国荆氏那个地方适宜种楸柏桑树。那些树长成握把两握粗的时候，就被养猴人砍去做拴猴子的木桩；长成三四围粗的时候，为高堂大宇人家寻找屋梁用材的人就把它们砍去；长到七八围粗的时候，为贵族富商之家做棺木的人就把它们砍去了。因此，它们没有尽享天年，中途就丧命于斧头之下，这就是有用之材的灾难啊！因此，古人祈祷，不用白色额头的牛、鼻孔翻上的猪，以及患有痔漏疾病的人来祭奠河神。巫师们都是这么说的，认为它们是不吉祥的。但这正是神人以为最大的吉祥！

【虞人评读】

这些章节，特别是一些名字器物、动物、植物，这样理解或解析都是亏得有一大批古人的注疏译解，功勋卓著，不可不说，也不可不肯定其作用也！但中国文人缺真正的研究开创精神，在万众创业、大众创新的时代，希望多点创意创造，打倒虞人，否定虞人，虞人反心服也。虞人希望中国古代文化在争鸣中得以幸存传承，何在否定也。虞人者，本愚人也！

【4.15】

支离疏者，颐隐于脐，肩高于顶，会撮指天，五管在上，两髀为胁。挫针治綷，足以糊口；鼓荚播精，足以食十人。上征武士，则支离攘臂而游于其间；上有大役，则支离以有常疾不受功；上与病者粟，则受三锺与十束薪。夫支离者其形者，犹足以养其身，终其天年，又况支离其德者乎！

【另类译解】

有个叫支离疏的人，面部及下巴遮掩在肚脐下，肩部高过头顶，五脏的血管向上，大腿和肋骨长在一块。他替人缝衣浆洗，足以糊口度日；替人簸米筛糠，足以养活十口人。国家征兵的时候，他将起衣袖，伸长手臂，在征兵官员面前走来走去（可人家都不正眼瞧他）；国家拉夫之时，他也因身残而免去苦役；国家接济残疾人时，他还可以领到三钟精食和十捆柴草。像支离疏这样的身体残缺不全的人，还足以养活自己而且终享天年，何况支离疏还有这么好的德行呢！

【虞人评读】

本节再进一层，无用之栎树（无用即大用）加上南伯子綦（怀道抱德，虚心忘淡）之大德，终享天年尚有疑乎？

【4.16】

孔子适楚，楚狂接舆游其门曰："凤兮凤兮，何如德之衰也！来世不可待，往世不可追也。天下有道，圣人成焉；天下无道，圣人生焉。方今之时，仅免刑焉。福轻乎羽，莫之知载；祸重乎地，莫之知避。已乎已乎！临人以德！殆乎殆乎，画地而趋！迷阳迷阳，无伤吾行！郤曲郤曲，无伤吾足！"

【另类译解】

孔子到楚国去，楚国狂人接舆故意来到孔子面前唱歌："凤鸟啊凤鸟，你为什么来到道德衰乱的时代？来世无法期待，往世不可追回啊！天下有道，说明圣人的事业成功了；天下无道，圣人就出现了。现在这世道，百姓能免于受到迫害就是幸事了！幸福轻于羽毛，你根本不知道它在哪里？灾祸遍布大地，你根本无处可避。可以走了，可以走了，别在人家面前炫耀自己的德行！非常危险啊！非常危险啊！不要硬来划出一条道路让别人遵循！荆棘啊荆棘啊，不要阻碍我走路！我走弯道我走弯道，不要让它们刺伤了我的脚！"

【虞人评读】

庄子在此节中说，儒家一套做法不适合百姓全身保生，在最绝望、最苦难的时代，人们依然可以适道保生。他那一套办法、方法、理论仍是现实的。可使人获致最大的福佑！天佑我国我民！

【4.17】

山木自寇也，膏火自煎也。桂可食，故伐之；漆可用，故割之。人皆知有用之用，而莫知无用之用也。

【另类译解】

山木皆因材质可用而招致砍伐，油脂因可燃烧照明而自招煎熬。桂树皮可供食用，桂树就被砍伐。漆树因为可以做漆，所以就遭刀割。人们都知道有用的好处，却都不知道无用的好处啊！

【虞人评读】

庄子对人间世的总结：不要只盯着人人都知道的东西，要懂得人人所不重视的东西；不要只知道现实，也要知道精神；不要只注重填充物欲，也要注重虚怀求道。人世间，处世之妙，在于一个"道"字。颜回出山要懂"道"，叶公子高出使要懂"道"，颜阖做官要懂"道"，匠石伐木要懂"道"，南伯子綦、宋国荆氏、支离疏、楚狂接舆均告诫我们生活无时无刻都离不开"道"。"道"就在人间所有的事情细微处存在着，就像星云法师的人间佛法所说的那样，佛法在人间；而庄子本章《人间世》就是人间"道"法，告诉我们，"道"在我们身边所有的事物中，而我们对人接物莫不应以"道"对。就像匠石最后告诉他徒弟的那样，"以义喻之，不亦远乎！"成玄英序曰："既善恶两忘，境智俱妙，随变任化，可以处涉人间，故以《人间世》次之。"然也！

德充符

【5.1】

　　鲁有兀者王骀[1]，从之游者与仲尼相若。常季问于仲尼曰："王骀，兀者也，从之游者与夫子中分鲁。立不教，坐不议，虚而往，实而归。固有不言之教，无形而心成者邪？是何人也？"

　　仲尼曰："夫子，圣人也，丘也直后而未往耳。丘将以为师，而况不若丘者乎！奚假鲁国！丘将引天下而与从之。"

【另类译解】

　　鲁国有个被砍掉一只脚的人，名叫王骀，跟从他学习的人与跟从孔子学习的人一样多。孔子的学生常季问孔子："王骀这个人，是被砍掉一只脚的人，追随他学习的人，在鲁国却与老师的学生一样多。他站立着不能给人教导，坐下来又不和大家讨论，但那些学生来求学时内心空虚，离开他时却都显得内心充实，难道世上真有不用语言的教育方法，没有外在教育形式而通过心灵感应学习的吗？这是个怎么样的人呢？"

　　孔子回答："这位先生是圣人啊！我的学识与修养都在他之下，只是还没来得及去请教罢了。我都准备好了要去拜他为师跟他学习，更何况不如我的人呢？何止鲁国，我将要引导天下人去跟他学习呢！"

【解读依据】

　　① 成玄英疏："姓王，名骀，鲁人也。刖一足曰兀。形虽残兀，而心实虚忘，故冠《德充符》而为篇首也。"

【5.2】

　　常季曰："彼兀者也，而王先生，其与庸亦远矣。若然者，其用心也，独若之何?"

仲尼曰："死生亦大矣，而不得与之变；虽天地覆坠，亦将不与之遗。审乎无假而不与物迁，命物之化而守其宗也。"

常季曰："何谓也?"

仲尼曰："自其异者视之，肝胆楚越也；自其同者视之，万物皆一也。夫若然者，且不知耳目之所宜，而游心乎德之和；物视其所一而不见其所丧，视丧其足犹遗土也。"

【另类译解】

常季说："那王骀不过是只有一只脚的人，却胜过您，那他一定远远超过一般人了。如果果真是这样的话，那他运用心智究竟是如何的特殊呢?"

孔子答："死与生对一般人来说是一件非常大的事了吧，可是对他却毫无影响；即使天覆地陷，他也不会有任何面色的变化；他已处在不受外物变迁影响的境界，掌握了事物变化的规律而信守自己的内心。"

常季说："这是指什么呢?"

孔子说："如果从事物之间的差别来看，你将楚国视作肝，那越国就像胆，两者是完全不同的事物；但如果从事物相同的角度去看，万事万物又皆是一样的。像他这样的人，就不会去关心耳目声色之娱，只求自己的心灵自由地遨游于忘形忘情的和谐之境；从万物同一的角度去看，万物无所谓什么丧失，所以他看待自己失去一只脚就像墙上掉落一块泥土一样。"

【5.3】

常季曰："彼为己以其知，得其心以其心。得其常心，物何为最之哉?"

仲尼曰："人莫鉴于流水而鉴于止水，唯止能止众止。受命于地，唯松柏独也正，在冬夏青青；受命于天，唯尧舜独也正，在万物之首。幸能正生，以正众生。夫保始之徵，不惧之实，勇士一人，雄入于九军。将求名而能自要者，而犹若是，而况官天地，府万物，直寓六骸，象耳目，一知之所知，而心未尝死者乎! 彼且择日而登假，人则从是也。彼且何肯以物为事乎!"

【另类译解】

常季又进一步问："王骀因为被刖掉了一只脚从而开启了心智，用自己的心智探索获致了一个完美的精神世界。如果他真正使自己的精神达到了忘形忘情的地步，那他为什么还要招那么多的学生呢？（然也！此疑问提得好！虞人也有也！）"

孔子回答："人不能把流水当镜子用，而只能在静止的水面上照见自己的影子。只有静止的东西才能使别的东西静止下来。各类树木都从大地上获得生机，但只有松柏真正保存了正气，不论冬天夏天，都青翠葱茏；每个人都受命于天，但只有尧舜真正保存了正气，成了人间的首领。幸而他们保存了天地之正气，所以他们才能引领众生。能保存当初的本色，就会充满无惧的实力。即便仅是一人，也能勇敢地冲入千军敌阵，勇士们为了求名尚且能够做到这样，何况那个主宰天地、包藏万物，把六骸视作旅舍，把耳目视作幻象，天赋的智慧能够烛照宇宙万物，心中已没有死生变化观念的超脱的人呢！大家乐于跟从他是自发的，他哪里肯以吸引众人为事呢？"

【5.4】

申徒嘉，兀者也，而与郑子产同师于伯昏无人①。子产谓申徒嘉曰："我先出则子止，子先出则我止。"其明日，又与合堂同席而坐。子产谓申徒嘉曰："我先出则子止，子先出则我止，今我将出，子可以止乎，其未邪？且子见执政而不违，子齐执政乎？"

申徒嘉曰："先生之门，固有执政焉如此哉？子而说子之执政而后人者也？闻之曰：'鉴明则尘垢不止，止则不明也。久与贤人处则无过。'今子之所取大者，先生也，而犹出言若是，不亦过乎！"

子产曰："子既若是矣，犹与尧争善，计子之德不足以自反邪？"

申徒嘉曰："自状其过以不当亡者众，不状其过以不当存者寡。知不可奈何而安之若命，唯有德者能之。游于羿之彀中。中央者，中地也；然而不中者，命也。人以其全足笑吾不全足者多矣，我怫然而怒；而适先生之所，则废然而反。不知先生之洗我以善邪？吾与夫子游十九年，而未尝知吾兀者也。今子与我游于形骸之内，而子索我于形骸之外，不亦过乎！"

子产蹴然改容更貌曰："子无乃称！"

【另类译解】

申徒嘉是一个被刖了一只脚的人，与郑国大夫子产一起拜伯昏无人为师。子产对申徒嘉说："我们不要同时进出让人看到，我先出去你就等会再走；或者你先出去我等会再走。现在我要出去，能不能麻烦你等一会再走？还是你不肯等要先走呢？其实现在你已经犯了忌讳了，你见到了我这个执掌政务的大臣还不回避，你把自己看成与我一样的大官吗？"

申徒嘉回他说："老师的门下，果真有执掌政务的大臣这样的大官吗？你说自己是执掌政务的大臣要别人让着你吗？我听人说过这样的话：'镜子明亮就没有沾上灰尘，沾上灰尘的镜子就不明亮。常与贤人相处就会少有过失。'今天你到这里来是为了向老师学习的，但却说出这样的话，不是太过分了吗？"

子产讥讽道："你都已经被刖掉一只脚了，这还不足以使你反省吗？你掂量掂量你的德行，还要与圣尧去比善吗？"

申徒嘉说："自己讲述自己的过失，认为自己这点过失是不应当遭到刖足之刑的人非常多。但不为自己的过失辩解，认为自己不应当不受刖足之刑的人却非常少。明知已无可奈何而能安下心来坦然接受这是命运的，只有德行高的人才能做到。你走进了神射手后羿的射程范围，正当中的地方，也就是箭靶的中心，然后你能够全身而退毫发无损的，那你就是上辈子修的太好了！（虞人怀疑，申徒嘉这个足不是犯罪而被刖的，而是战场上中箭后被迫锯掉的。由于古人认为身体发肤受之父母，不可损伤，损伤必是做了什么不道德的事，这应是当时的普遍看法，所以才有两人这样的对话）两脚双全的人笑我只有一只脚的人很多，我常常勃然大怒。可自从来到伯昏无人老师这里后，我的怒气一下子就全消了，真不知老师是用什么样的善道的教导才使我做到这样的。我现在师从老师学习已经十九年了，然后从不曾觉得我是断了脚的人。今天，你与我同向老师学习游于形骸之外的精神之学，然而你却用我形体的外在缺陷来讥损我，难道你这不是过错吗？"

子产听了申徒嘉的一番话，满脸愧色，改容道歉说："您不要再说下去了！"

【解读依据】

① 成玄英疏："姓申徒，名嘉，郑之贤人，兀者也。姓公孙，名侨，字子产，郑之贤大夫也。伯昏无人，师者之嘉号也。伯，长也。昏，暗也。德居物长，韬光或暗，洞忘物我，故曰伯昏无人。子产，申徒，俱学玄道，虽复出处殊隔，而同师伯昏，故寄此三人以彰德充之义也。"

【5.5】

鲁有兀者叔山无趾，踵见仲尼。仲尼曰："子不谨，前既犯患若是矣。虽今来，何及矣！"无趾曰："吾唯不知务而轻用吾身，吾是以亡足。今吾来也，犹有尊足者存，吾是以务全之也。夫天无不覆，地无不载，吾以夫子为天地，安知夫子之犹若是也！"

孔子曰："丘则陋矣。夫子胡不入乎，请讲以所闻！"

无趾出。孔子曰："弟子勉之！夫无趾，兀者也，犹务学以复补前行之恶，而况全德之人乎！"

无趾语老聃曰："孔丘之于至人，其未邪？彼何宾宾以学子为？彼且蕲以诚诡幻怪之名闻，不知至人之以是为己桎梏邪？"

老聃曰："胡不直使彼以死生为一条，以可不可为一贯者，解其桎梏，其可乎？"无趾曰："天刑之，安可解！"

【另类译解】

鲁国有一个被砍掉脚趾的人，名叫叔山无趾，用脚后跟踵着地走去拜见孔子。孔子对他说："你自己处世不谨慎，以前犯了错误，造成目前脚趾被砍掉的后果。现在你想到来我这儿请教了，这都已经是来不及了啊！"

叔山无趾回答："我就是因为以前不明事理而没有爱护好自己的身体，所以我才失去了脚趾。现在我来了，就是因为还有比脚趾更重要的东西存在，因此我想到了要保全它。老天是没有什么不能覆盖的，大地是没有什么不能托载的，我把老师您看成有天地一样巨大包容胸怀的人，哪里知道先生您竟然是这样的人呐！"

孔子赶快赔礼道："我真是浅陋，您为什么不进来呢！请说说您的见解吧！"

叔山无趾走了，孔子对学生们说："弟子们要努力啊！无趾是个断了脚的人，还努力求学以弥补以前的错误，何况你们这些道德品行身形肢体都没有缺陷的人呢！"

叔山无趾对老聃说："孔丘还没有达到圣人的境地吧？他为什么不停地向您请教呢？而且他期求以奇异的声望闻名于天下，却不知道至人把名声看作束缚自身的枷锁吗？"

老聃说："你为什么不和他说说死与生都是一样的、可与不可都是平齐的道理呢。从而解除他的这个枷锁，这样不就可以打开他的心魔了吗？"

叔山无趾说："这是天加给他的刑罚，哪里可以解脱！"

【虞人评读】

清朝书痴林云铭评说此句："此意其受好名之累，犹天加刑。"

王先谦则说过："言其根器如此。"

这太有意思了。虞人认为，庄子著作，由于开篇写的是恒星行星，庄子用的是北冥有鱼，又用大鸟代指星球，所以历来解读慑于庄子巨大的气场及恢宏的开篇，大家就都仅将庄子的书当寓言读。其实，虞人越读越译庄子的书，越觉得庄子有相当高的素描才能，庄子之文还是素描小说，包括前文《人间世》中孔子与颜回的对答。孔子讲的话太像他本人的口吻了，而且从内容到思想完全是孔子的。虞人不禁感叹：两千余年前的中国，脸谱化当代活着的名人君相的环境已经如此宽松了。庄子虽然嬉笑怒骂，但毕竟出身于贵族，庄子表现出相当高的修养，春秋战国时代士的精神与高贵的原则应当是深入他骨髓的。虞人在恍恍惚惚中，感到这些竟近乎事实了。

另外，儒家好名，读者可参考虞人所著的《帛书〈道德经〉新析——来自春秋战国的中国眼光》。道家讲的是功成身退；而儒家有强烈的青史留名情结，讲究的是功成名遂身退，一定要将自己的名留下去。儒家的状元文天祥的"人生自古谁无死，留取丹心照汗青"就是极著名的例子。虞人以前百思不得其解，认为孔子圣人如此，难道过不了名一关吗？现在看叔山无趾与老聃的议论，再看林云铭与王先谦的评注，才恍然大悟。原来，这是孔子的阿喀琉斯之踵，老天给孔子点的死穴，儒家的基因所以就深深地打上了他们至圣先师的烙印，儒家可以杀身成仁，但他们好名。这使虞人想起了一直以来的疑惑，就是中国历史上绝无仅有的方孝孺被灭十族的惨案，虞人希望有人探解这个奇案背后的心理因素，是什么力量使方孝孺看着836个亲人在眼前死去而毫不妥协与动摇呢？其支撑与力量源泉是什么呢？

王先谦的话说得特别有趣，孔子是圣人，但天生好名，其根器如此。所以我们应将圣人的个人习性与他的文化遗产作深层的区隔，不要混为一谈，也许这样对大家都好。

【5.6】

鲁哀公问于仲尼曰："卫有恶人焉，曰哀骀它。丈夫与之处者，思而不能去也。妇人见之，讲于父母曰'与为人妻宁为夫子妾'者，十数而未止也。未尝有闻其唱者也，常和人而已矣。无君人之位以济乎人之死，无聚禄以望人之腹。又以恶骇天下，和而不唱，知不出乎四域，且而雌雄合乎前。是必有异乎人者也。寡人召而观之，果以恶骇天下。与寡人处，不至以月数，而寡人有意乎其为人也；不至乎期年，而寡人信之。国无宰，而寡人传国焉。闷然而后应，泛若辞。寡人丑乎，卒授之国。无几何也，去寡人而行，寡人恤焉若有亡也，若无与乐是国也。是何人者也？"

仲尼曰："丘也尝使于楚矣，适见豚子食于其死母者，少焉眴若皆弃之而走。不见己焉尔，不得类焉尔。所爱其母者，非爱其形也，爱使其形者也。战而死者，其人之葬也不以翣资；刖者之屦，无为爱之；皆无其本矣。为天子之诸御，不爪翦，不穿耳；取妻者止于外，不得复使。形全犹足以为尔，而况全德之人乎！今哀骀它未言而信，无功而亲，使人授己国，唯恐其不受也，是必才全而德不形者也。"

【另类译解】

鲁哀公问孔子："卫国有个面貌很丑陋的人，叫哀骀它。男人跟它在一起，会变得非常依赖他不愿离开他；女人见了他，对父母请求说：'与其做别人的妻子，不如做他的妾'，这样的人已有十几个人了，而且还在增加。没有听说过他提出过什么新东西，只不过常常应和别人而已。他没有权势之位去拯救别人的危死，也没有聚积大量财富可去填饱别人的肚子；而且他还丑得让所有人吃惊，又总是附和他人的倡导，识见也没有超凡脱俗的地方，但男人女人都近前去亲近它，这样的人必定有异于常人的地方。我召他来看了看，果真发现他的相貌丑得使天下人惊骇。然后与他相处下来，不到一个月，我便觉得他有过人之处；不到一年，我就十分信任他了。当时国内没有主管政务的官员，我就让他来主管国政。他却神情淡漠地答应了，心不在焉的样子好像并不愿意接受下来，弄得我很是惭愧。我最终将国政交给了他。没过多久，他就离开我走了。我内心难受得很，好像失掉了什么似的，似乎国内再没有人可以与我一起共欢乐了，你说他究竟是个什么样的人呢？"

孔子说："我曾经去过楚国，碰巧看见一群小猪在吮吸刚死去的母猪的乳汁，不一会儿又惊慌地弃母猪而逃散。因为母猪已死了，不像活着时的样子了。可见小猪爱它们的母亲，不是爱其形体，而是爱它们之间存在着的形体外的那种亲情。战死沙场的战士，被埋葬时没有条件为他准备棺饰，断了脚的人对于鞋子不会再爱惜，这都是因为失去了根本呵！做了天子嫔妃的人，不修剪指甲，不穿耳孔；结了婚的人服役只在近地，不再分派他去外

86

县。为求形体的完整尚且需要如此精心，何况要成为一个德行完美的人呢？现在哀骀它不说话就可取信于人，没有功业就能赢得别人的亲近，使人把国家政务交给他，还怕他不肯接受，这一定是才全而德又不外露的高人啊！"

【5.7】

哀公曰："何谓才全？"

仲尼曰："死生、存亡、穷达、贫富、贤与不肖、毁誉、饥渴、寒暑，是事之变，命之行也；日夜相代乎前，而知不能规乎其始者也。故不足以滑和，不可入于灵府。使之和豫，通而不失于兑。使日夜无隙而与物为春，是接而生时于心者也。是之谓才全。"

"何谓德不形？"

曰："平者，水停之盛也。其可以为法也，内保之而外不荡也。德者，成和之修也。德不形者，物不能离也。"

【另类译解】

哀公问道："什么是才全呢？"

孔子说："死、生、存、亡、穷、达、贫、富、贤和不肖，毁、誉、饥、渴、寒、暑，这些都是事物的变化，大自然在运行，它们就像昼夜的更替一样每时每刻在我们面前发生，但我们的智慧是不能窥见它们是如何开始变化的。因此，你只要了解到这一点足以保证你不让它们扰乱了你内心的谐和，也不至于让它们侵扰了你的心灵。要使心灵平和安适，通畅而不失愉悦，随顺万物日夜无隙保持着春天般的生机，这样就接近至道而和气在心中，这就叫作才全。"

哀公再问道："那什么叫德不外露呢？"

孔子解答："水平，是水停的最佳状态，它可以成为我们效法的对象。内部充盈而外部没有溢出来。德，也就是和顺的最佳状态。所谓德不形者，也就像水一样内部充盈而外部一点没有显示的。这时，世间万物之精华皆汇聚于一身而没有离散的。"

【5.8】

哀公异日以告闵子曰："始也吾以南面而君天下，执民之纪而忧其死，吾自以为至通矣。今吾闻至人之言，恐吾无其实，轻用吾身而亡其国。吾与孔丘，非君臣也，德友而已矣。"

【另类译解】

过了一些日子，哀公将与孔子的这番对答告诉了闵子。哀公说："当初，我认为我是尊贵的国君而号令天下，为人民执掌权柄且忧虑着他们的生活，我认为自己已经是尽心尽力、尽善尽美的了。现在，我听了至人的高论，觉得自己真没做到点子上。我的发号施令是轻率的，国家也被我弄得处于危亡之中。我与孔丘的关系，不再是君臣的关系，而是以德相交的朋友关系了！"

【5.9】

阐跂支离无脤说卫灵公，灵公说之；而视全人，其脰肩肩。瓮㼜大瘿说齐桓公，桓公说之；而视全人，其脰肩肩。故德有所长而形有所忘，人不忘其所忘而忘其所不忘，此谓诚忘。

故圣人有所游，而知为孽，约为胶，德为接，工为商。圣人不谋，恶用知？不斫，恶用胶？无丧，恶用德？不货，恶用商？四者，天鬻也。天鬻者，天食也。既受食于天，又恶用人！

有人之形，无人之情。有人之形，故群于人；无人之情，故是非不得于身。眇乎小哉，所以属于人也！謷乎大哉，独成其天！

【另类译解】

有个跛背、伛背、缺嘴的人去游说卫灵公，卫灵公因为与他投缘聊得很开心，所以当时看形体正常的人，竟觉得他们的肩膀反而不正常了！有个脖颈上长着大瘤的人去见齐桓公，因为谈得投机，齐桓公当时看到形体正常的人，竟反而觉得他们的脖颈太细了。可见只要德性上有过人之处，形体上的缺陷人们就不会记在心上，人们不忘记应当忘记的东西（形体），而忘记了不应当忘记的东西（德性），这就叫作真正的遗忘。

所以，圣人总是活得悠游自适，他们把智巧看作灾难，把誓约看作束缚，把施行小恩小惠看作接交外物的手段，把工巧看作商人的行径。圣明的人不算计什么，哪里用得着智巧呢？他们从不谋划什么，哪里用得着约定？他们从来不缺损什么，又哪里用得着修补德行？他们不买卖东西，又哪里用得着经商手腕？这四种做法就是天养。所谓天养，就是秉承自然的亲养。既然是秉承自然的亲养又弄些人为的东西干什么呢？有人的正常形体，但没有人的偏执和情绪。有人的正常形体，所以和所有人在一起生活；没有常人的偏执和情绪，所以一般人的那些是是非非他不沾边。渺小啊，那些人为的东西！伟大啊，和自然浑为一体！

【虞人评读】

虞人想想，也是，庄子讲得是对的。人为的东西不管你自以为怎么伟大，终究是昙花一现。所谓的英雄豪杰，不过是人们茶余饭后的笑谈，早已被图解戏说得面目全非，无非出借一个名头供人娱乐而矣。现在正统文化人总是指责年轻人恶搞戏谑所谓名著或者多么严肃认真的事，或什么什么是多么神圣，其实，时间一过，还不是后人的娱乐笑谈，所以，年轻人总是对的。当然，老年人也对，人为的东西也是好东西，这都是人间的组成，只是大家都要放宽心态，不要你看不惯我、我看不惯你。乡人有谚：萝卜青菜各有所爱，不过如此，又何来好坏对错的差别呢！

【5.10】

惠子谓庄子曰："人故无情乎？"

庄子曰："然。"

惠子曰："人而无情，何以谓之人？"

庄子曰："道与之貌，天与之形，恶得不谓之人？"

惠子曰："既谓之人，恶得无情？"

庄子曰："是非吾所谓情也。吾所谓无情者，言人之不以好恶内伤其身，常因自然而不益生也。"

惠子曰："不益生，何以有其身？"

庄子曰："道与之貌，天与之形，无以好恶内伤其身。今子外乎子之神，劳乎子之精，倚树而吟，据槁梧而暝。天选子之形，子以坚白鸣！"

【另类译解】【解读依据】

惠子不服庄子（这两个欢喜冤家又抬上杠了），说："人应当是没有感情的，这话是你说的？"

庄子说："对，是我说的，你怎么样，不服吗？"

惠子说："人要是没有了感情，怎么还称得上是个人呢？"（惠子是个正常人，看来重情。但惠子在这里偷换了概念。成玄英疏："庄子所谓无情者，非木石其怀也，止言不以好恶缘虑分外，遂成性而内理其身者也。何则？蕴虚照之智，无情之情也。"）

庄子说："你说的那个感情的情，不是我说的那个无情的情。我说的人应当无情的情，是个哲学概念，是指人不因为喜好或厌恶而损害自己的天性，总是顺应自然而不人为地去增减什么。"

惠子也是挺厉害的一个人，攻势凌厉，不给庄子喘息机会："不人为地努力增益自己的生命，又怎么能做到很好的养生呢？你不是口口声声地讲要养生全身吗？"（惠子其实在这里又一次偷换了庄子的概念，但任何哲学命题本身都有破绽，没有一个哲学是圆满的，也没有一个问题是完全可以搞清的，更没有一个人是能彻底回答透人类的疑问的。惠子的思维是常人的思维，常人的思维让人类活到了现在。庄子是异常思维，但异常思维的庄子却又成了我们常人不可缺少的营养）

庄子有点儿跟跄："道给了我们整个宇宙，天给了我们所有的形态，我们身处其中就不应该用人所谓的好恶去损害它的和谐美妙。（这两句历来注解翻译大多不当，如果仅限于人来谈道与之貌，天与之形，无以好恶内伤其身，则格局太小，辩论腾转不开，庄子必输）现在你天天忙忙碌碌，让自己的心神涣散于外，每天累得精疲力竭，靠着树干就呻吟，伏在桌上就睡着。老天给了你自然之体，你却自以为是地一天到晚沦陷在这些人为的是是非非中！你哪里是在用人为的努力保养生命啊!"

【虞人评读】

这才是当时的情形，而且这样的高度与辩才，才是庄子的，也唯有这样，才能辩赢惠子这个聪明的红尘官人！

大宗师

【6.1】

知天之所为，知人之所为者，至矣。知天之所为者，天而生也；知人之所为者，以其知之所知以养其知之所不知，终其天年而不中道夭者，是知之盛也。

【另类译解】

了解到哪些是自然形成的、哪些是人为的，这是认识的最关键点！知道哪些是大自然的作为，这种能力我们天生就具备；知道哪些是人的作为，就需要我们用已经具备的知识去研究弄懂那些还不知道的人为与非人为的东西。在这个过程中，如何使自己安然度过一生而不中途夭折、最终寿终正寝，这恐怕是智慧的最高境界了。

【虞人评读】

虞人在译这段时，感到极度震惊的是庄子短短几句话谈了非常复杂的人类认知现象：（1）何为自然与何为人为？（2）如何识别自然？（3）如何识别人为？（4）人为的认知方式；（5）人为的认知过程；（6）人为对人为的认知；（7）论人为对人为认知过程中的误解；（8）论人为对人为认知过程中的危险；（9）……

在认知的路上，在与人相处沟通的路上，在靠知识与天斗与地斗与人斗的过程中，全身而退、最终寿终正寝还真不是易事呢！

庄子一眼看透千年人类的迷雾，看透历史，看透世情，看透人为对人为是最难的甚至危及性命的事，真让虞人惊出一身冷汗。远的不说，就说虞人写这些话当日的日报、杂志，就有伊核问题、朝核问题、日本间谍问题、TPP 问题，哪个不是要人命的人为对人为？研究这些问题，"知人之所为者，以其知之所知以养其知之所不知，终其天年而不中道夭者，是知之盛也"，庄子这话不就像是在我们头顶上看着我们说的！

【6.2】

虽然，有患。夫知有所待而后当，其所待者特未定也。庸讵知吾所谓天之非人乎？所谓人之非天乎？

且有真人而后有真知。

【另类译解】

虽然我们尽力以知之养不知，但还是有问题。知识本身一定要有参照才能判断它是否正确，可人类用来参照的本身又是变化不定的。那怎么知道我所说的自然的不是出于人所为的呢？怎么知道我所说的人为的又不是自然的呢？

只有找到"真人"，才能解决真知这个问题。

【6.3】

何谓真人？古之真人，不逆寡，不雄成，不谟士。若然者，过而弗悔，当而不自得也。若然者，登高不栗，入水不濡，入火不热。是知之能登假于道者也若此。

古之真人，其寝不梦，其觉无忧，其食不甘，其息深深。

真人之息以踵，众人之息以喉。屈服者，其嗌言若哇。其耆欲深者，其天机浅。

古之真人，不知说生，不知恶死；其出不䜣，其入不距；翛然而往，翛然而来而已矣。不忘其所始，不求其所终①。受而喜之，忘而复之，是之谓不以心捐道，不以人助天，是之谓真人。

若然者，其心志，其容寂，其颡頯；凄然似秋，暖然似春，喜怒通四时，与物有宜而莫知其极。

故圣人之用兵也，亡国而不失人心；利泽施乎万世，不为爱人。故乐通物，非圣人也；有亲，非仁也；天时，非贤也；利害不通，非君子也；行名失己，非士也；亡身不真，非役人也②。若狐不偕、务光、伯夷、叔齐、箕子、胥余、纪他、申徒狄，是役人之役，适人之适，而不自适其适者也。

【另类译解】

什么叫"真人"呢？古代的真人，不仗着人多的优势欺负人少的，不因为有功劳而得意洋洋，不在背后耍任何机谋。他们是一批这样的人：错过了时机不后悔，顺利成事也不自得。他们是一批这样的人：登上高处不会发抖，下到水里不感潮湿，入到火里不觉炎热。只有识见到达"道"的高度的人才会这样。

古代的真人，睡觉时不会有梦打扰，醒来后也没什么忧愁，饮食不求佳肴美馔，呼吸永远深沉平稳。

真人的呼吸之气一直从脚后跟升起，不像普通人那样只是从喉咙上来。我为什么知道普通人是来自喉咙呢？普通人与人争吵输了时，话就在喉咙打转出不来，所以普通人的气只是来自喉咙。凡是欲望与嗜好太深的人，他们的本性就都浅俗（故真人生气来自全身而普通人仅浅至喉咙）。

古代的真人，不知道因生而喜悦，不知道因死而厌恶；出生不欣喜，入死不拒绝；自由自在地来，自由自在地去而已。他们不问自己来自何处，也不问自己将去何处。无论何事都是高高兴兴对待，忘掉生死如同再回到出生之前。这就叫不用人心去损害"道"，不以人的智慧去改变自然，这样的人就叫真人！

做到了这样的人，他的心里已忘掉了一切，他的表情恬静安适，他的额头宽大平坦，没有任何皱纹。他的喜怒像四季一样自然而然，春天时温暖，秋天时冷肃。对任何事物他都相安相宜，却没有人能知道他的底蕴。

所以，古代圣人使用武力，灭掉敌国却不失去敌国的民心；恩惠广施于千秋万代，却不偏向任何人。乐于交往而取悦外物的人，不是圣人；对人有亲疏之别的人，不是仁人；见机行事的人，不是贤人；看不到利与害的辩证关系的，不是君子；办事求名而失掉自己的本真的，甚至算不上有识之士；忘掉本性追求物欲的人只能受人驱役，怎么能去役使世人。像狐不偕、务光、伯夷、叔齐、箕子、胥余、纪他、申徒狄这些人，都是役人者的工具，替别人干事，却不使自己回归到属于自己的真正的精神家园。

【解读依据】

① 郭象注："终始变化，皆忘之矣，岂直逆忘其生，而犹复探求死意也！"成玄英疏："始，生也。终，死也。生死都遣，曾无滞著。岂直独忘其生而偏求于死耶！终始均平，所遇斯适也。"

②郭象注："自失其性而矫以从物，受役多矣，安能役人乎？"成玄英疏："夫矫行丧真，求名亡己，斯乃受人驱役，焉能役人哉！"

【虞人评读】

此段文字就是庄子给我们送来的精神家园，一个千秋万代供我们休憩与享受的永恒的乐园。无论政治如何黑暗，无论时局如何危伏，无论金瓯如何残破，无论身世如何颠沛，中国人从此永远有了一个完整完满的精神家园！

【6.4】

古之真人，其状义而不朋①，若不足而不承②；与乎其觚而不坚也，张乎其虚而不华也，邴邴乎其似喜乎！崔乎其不得已也！滀乎进我色也，与乎止我德也；厉乎其似世乎！謷乎其未可制也；连乎其似好闭也，悗乎忘其言也。以刑为体，以礼为翼，以知为时，以德为循。以刑为体者，绰乎其杀也；以礼为翼者，所以行于世也；以知为时者，不得已于事也；以德为循者，言其与有足者至于丘也；而人真以为勤行者也。故其好之也一，其弗好之也一③。其一也一，其不一也一。其一与天为徒，其不一与人为徒。天与人不相胜也，是之谓真人。

死生，命也，其有夜旦之常，天也。人之有所不得与，皆物之情也。彼特以天为父，而身犹爱之，而况其卓乎！人特以有君为愈乎己，而身犹死之，而况其真乎！

【另类译解】

古代的真人，神态巍峨而不畏缩，好像不足却无所增益；超然不群而不固执，心胸豁达而不浮华，喜滋滋的好像有开心的事，一举一动却又好像迫不得已，内心充实而面色可亲，德行宽厚令人归依；精神广大似世界般辽阔无垠，高傲洒脱不拘于世俗，沉静不语好像在闭关修行，毫无心机宛若没有记忆。现在的社会，以刑杀作为治之本，以礼制作为辅助的翅膀，以所谓聪明为时髦，以所谓道德为盾牌。以刑杀作为治国根本的，就会大开杀戒；把礼制当作辅助翅膀的，就会在社会上大搞文宣推广；用聪明作时髦的人，做什么事都会给自己找到理由；以道德作盾牌的，标榜他是与人们共同攀登才登顶的，而人们真的认为这个人是个勤奋精进的道德君子（虞人注，这是庄子在讥讽其伪也）。所以，人们认为，好的对圣人来说不过是一，人们认为不好的对圣人来说也是一；人们认为一的圣人认为是一，人们认为不是一的，圣人还认为是一；圣人的一是与自然作为观照对象的，人们认为不一是以人作为观照对象的。那个认为天与人之间是一致的并不存在冲突的，就是真人（反之，那些认为非一的，认为存在你我他，并在这类事务之间不胜其烦的种种聪明人等不过是俗人而已）！

人的生与死都是自然安排好了的，就像白天与黑夜永远交替一样，这都是自然规律。有许多事是人不能干预的，这是世界的客观存在。在人们的意识中，总认为天是生命之父，所以一辈子敬畏它，对那超越一切的道为什么不更爱戴呢？在人们的意识中，总认为君主是高高在上的人，而舍身报效，那对超越一切的本真为什么不更爱戴呢？

【解读依据】

①成玄英疏："状，迹也。义，宜也。降迹同世，随物所宜，而虚己均平，曾无偏党也。"

②成玄英疏："韬晦冲虚，独如神智不足；率性而动，泛然自得，故无所禀承者也。"

③成玄英疏："既忘怀于美恶，亦遣荡于爱憎。故好与弗好，出自凡情，而圣智虚融，未尝不一。"

【虞人评读】

怪不得历代君主不将庄子此书列作经书了。你说，对君主讲"人特以有君为愈乎己"这样的话，君主能开心吗？在那个时代，公开宣称人人心中、生命中都有比君主更重要的东西要守护，对君主来说能高兴吗？三千年只能沦作民间才子书，虞人老乡金圣叹先生将之列为自古以来的六才子书，也算是为庄子扬眉吐了一口气。

虞人认为，"以刑为体……而人真以为勤行者也"不是在讲真人，而是在讲世人。因为这些内容你怎么套、怎么译都安不到圣人头上，他们只能是世人的。古人作文，前后文之间转折了，但中间缺乏过渡、缺乏主语是常见的事。所以，译这一节文章，切不可胶柱鼓瑟，还以为这些句子是在讲圣人，硬往圣人身上头上套，都已经把圣人弄成最不堪的人渣了，自己还依然欣欣然不自知，岂不笑话乎？

【6.5】

泉涸，鱼相与处于陆，相呴以湿，相濡以沫，不如相忘于江湖。与其誉尧而非桀也，不如两忘而化其道。夫大块载我以形，劳我以生，佚我以老，息我以死①。故善吾生者，乃所以善吾死也。

【另类译解】

河里的水干竭了，鱼儿被迫缩在一起困在陆地上，它们互相吸着对方身上湿漉漉的水汽，然后用唾沫彼此滋润对方，以求延命，这种看似亲热的状态其实是何等的痛苦，倒不如彼此在江湖中快乐地各奔东西、互不相识的好！与其称颂尧帝而去诟骂夏桀，还不如把他们都遗忘掉而融汇于大道之中（理是这个理，可这样说，庄老师你不怕文字狱吗？）。大地，不过是一个寄存生命的地方，它承载我的形体，让我辛苦劳作度过壮年，让我休逸安闲度过老年，最后用死亡来让我安息。所以，认为生存美好的人，就会因同样的道理，认为死亡也是美好的。

【解读依据】

① 成玄英疏："大块者，自然也。夫形是构造之物，生是诞育之始，老是耆艾之年，死是气散之日。但运载有形，生必劳苦；老既无能，暂时闲逸；死灭还无，理归停憩；四者虽变而未始非我，而我坦然何所惜耶！"。

【虞人评读】

庄子这一齐万物同生死的观点，无疑是科学与正确的，惜乎千年以来，从未被中华民族接受过。可能由于两千余年来儒家的事功色彩强烈的有为人生观占了主导，庄子的这个超尘脱俗的主张只能在阮籍、嵇康等少数精英中得到追捧，像虞人与老母亲去谈这个生死同一的问题时，每次都被批一顿，被骂得狗血淋头！很多人认为死生之大天差地别，怎么可能同一呢？死了就什么都没有了，这一根深蒂固的观念实在是难以改变。庄子石破天惊地讲出这些话来，却被当作疯癫之话，真令人唏嘘不已！

【6.6】

夫藏舟于壑，藏山于泽，谓之固矣。然而夜半有力者负之而走，昧者不知也。藏小大有宜，犹有所遁。若夫藏天下于天下而不得所遁，是恒物之大情也。特犯人之形而犹喜之。若人之形者，万化而未始有极也，其为乐可胜计邪？故圣人将游于物之所不得循而皆存。善妖善老，善始善终，人犹效之，又况万物之所系，而一化之所待乎！

【另类译解】

把舟船藏在山谷中，算保险了吧？把山峦藏在深水泽国里，够安全了吧？然后半夜里依然有神力者将舟船拖走、将山峦移位，藏者可能还一点儿都不知道呢？把小的东西藏在大的东西里面，这种做法是合理的，可还是会丢失遗落。但是如果我们把天下用整个天下来蕴藏，那就一点都没有丢失遗落了，这是整个宇宙最真实的实情。只不过获得了人的形体，人就已经欣喜不已；如果告诉他，他的形体是千变万化、无穷无尽的，那人们的喜悦之情难道是可以计算出来的吗？所以那个圣人生活的万物不会丢失的境界，与宇宙共存，你想是何等的让人满足！对老少生死都能安顿处置妥善的人，大家尚且效法他，何况那万事万物的源头、千变万化所归一依托的道呢！

【虞人评读】

原来我们人人富足得无以复加，上苍待我们人如此之厚，我们却离经叛道，迷失得如此之远。今天庄子让我们知道了人生之道，谁能离得开，谁不渴望皈依啊？

【6.7】

夫道，有情有信，无为无形；可传而不可受，可得而不可见；自本自根，未有天地，自古以固存；神鬼神帝，生天生地；在太极之先而不为高，在六极之下而不为深，先天地生而不为久，长于上古而不为老。狶韦氏得之，以挈天地；伏戏氏得之，以袭气母；维斗得之，终古不忒；日月得之，终古不息；堪坏得之，以袭昆仑；冯夷得之，以游大川；肩吾得之，以处大山；黄帝得之，以登云天；颛顼得之，以处玄宫；禺强得之，立乎北极；西王母得之，坐乎少广，莫知其始，莫知其终；彭祖得之，上及有虞，下及五伯；傅说得之，以相武丁，奄有天下，乘东维、骑箕尾，而比于列星。

【另类译解】

那个道，是真实存在而又可信验的，但它又是无为和无形的；它可以感受得到但无法用语言描述出来，可以用心领悟但眼睛又看不见它；它自为本自为根，还没有天地之前，自古以来道就存在着；它生了神鬼与神帝，它生了天与地，与它相比，太极的高就一点也算不得高；与它相比，六极的深就一点也算不得深；与它相比，天地的存在就一点也算不得久；与它相比，上古的古老就一点也算不得古老。狶韦氏得到了它，用它来整顿拾掇天地；伏羲氏得到了它，用它来调和元气；北斗星得到了它，永远在天空闪耀；太阳与月亮得到了它，永不停息地运行；山神堪坏得到了它，用它来掌管昆仑山；冯夷得到了它，大江大川就任其巡游；肩吾得到了它，就守住了泰山；黄帝得到了它，就登上了云天；颛顼得到了它，就安处于玄宫；禺强得到了它，就在北极立足；西王母得到了它，可以安居少广山上。没有人知道它的开始，也没有人知道它的终结，彭祖得到了它，从上古的有虞时代一直活到五伯称霸的当代；傅说得到了它，做了武丁的宰相，统领天下，最后乘驾东维星，骑上箕尾星，跻身在众星神的行列中。

【虞人评读】

神话、大话的庄子，想象力一流的庄子，这样的语言，让虞人对庄子有了古人之感。那时候的科技毕竟差些，对自然的认知方面也比现在落后。我们懂就是懂，不懂就是不懂。西方比我们进步的就承认，与我们各有千秋的就吸收，不要妄自菲薄，不要妄自尊大，也不要自欺欺人。虞人希望自己关于孔子、老庄著述的新解，这些愚蠢的努力，能化作中华文明复兴路上、亿万人中的一声呐喊，则愿足矣！

【6.8】

南伯子葵问乎女偊曰："子之年长矣，而色若孺子，何也?"曰："吾闻道矣。"

南伯子葵曰："道可得学邪?"曰："恶！恶可！子非其人也。夫卜梁倚有圣人之才而无圣人之道，我有圣人之道而无圣人之才，吾欲以教之，庶几其果为圣人乎！不然，以圣人之道，告圣人之才，亦易矣。吾犹守而告之，参日而后能外天下；已外天下矣，吾又守之，七日而后能外物；已外物矣，吾又守之，九日而后能外生；已外生矣，而后能朝彻；朝彻，而后能见独^①；见独，而后能无古今；无古今，而后能入于不死不生。杀生者不死，生生者不生。其为物，无不将也，无不迎也，无不毁也，无不成也。其名为撄宁。撄宁也者，撄而后成者也。"

【另类译解】

南伯子葵问女偊："您年龄那么大了，可容貌却还是像小孩一样，是什么原因呢？"

女偊回答："我得道了啊！"

南伯子葵很是羡慕，就再问道："道能够学吗？"

女偊说："嗨！哪儿能呢！（道不是人为学的，因为一如佛教中说的一样，你本性俱足，你只需要减少各种心魔外魔，而不是外求去学点什么！）您好像不是那种能得道的人（人，欲念太深，见到人家好的就想自己也占有，南伯子葵的本问就是一种背经离道的表现）。你认识那个卜梁倚吧？他有圣人的才智却没有圣人的心性，我呢？有圣人的心性却没有圣人的才智。我想开启他的心性，或许那样他就真的能成为一位圣人吧！即便我做不到，用圣人之道传授给具有圣人才智的人，相对来说也容易领会。我就这样以道心持守着传授他，他三天以后能遗忘天下了；已经遗忘天下了，我再继续引导他，七天之后他便忘掉身外万物了；已经遗忘身外万物了，我仍继续引导他，九天之后他就做到忘掉自身的存在了。到了忘掉自身的地步，就能做到心灵如初阳一般明澈了；心灵如初阳一般明澈之后，就可感受到那种独步天下的感觉。感受到独步天下那种感觉后，就能超越古今时限；超越了古今时限，就能进入那种无所谓生也无所谓死的境界了。摒弃了生的人也就不会再有死，执着于生的人也就不会有真的生（指道不会在这种人身上出现）。如果要用物来形容'道'，它无所不送，无所不迎，无所不毁，无所不成，这种状态叫作撄宁。撄宁的意思是，在外物各种纷扰中保持平静的心境。"

【解读依据】

① 郭象注："当所遇而安之，忘先后之所接，斯见独者也。"成玄英疏："夫至道凝然，妙绝言象，非无非有，不古不今，独往独来，绝待绝对。睹斯胜境，谓之见独。故《老经》云'寂寞而不改'。"

【6.9】

南伯子葵曰："子独恶乎闻之？"曰："闻诸副墨之子，副墨之子闻诸洛诵之孙，洛诵之孙闻之瞻明，瞻明闻之聂许，聂许闻之需役，需役闻之於讴，於讴闻之玄冥，玄冥闻之参寥，参寥闻之疑始。"

【另类译解】

南伯子葵曰："你又是从哪里听到的'道'呢？"

女偊说："我从副墨（文字）的儿子那里听来的，副墨（文字）的儿子从那个洛诵（记诵）的孙子那里听来的，洛诵（记诵）的孙子从瞻明（明悟）那里听来的，瞻明（明悟）从聂许（传言）那里听来的，聂许（传言）从需役（动作）那里听来的，需役（动作）从於讴（歌谣）那里听来的，於讴（歌谣）从玄冥（静默）那里听来的，玄冥（静默）从参寥（寥远）那里听来的，参寥（寥远）从疑始（迷茫）那里听来的。"

【虞人评读】

一番瞎扯淡，但却将你引到人类认知之路的源头与路口，让你沉思。

【6.10】

子祀、子舆、子犁、子来四人相与语曰："孰能以无为首，以生为脊，以死为尻，孰知死生存亡之一体者，吾与之友矣。"四人相视而笑，莫逆于心，遂相与为友。

【另类译解】

子祀、子舆、子犁、子来四人在一起闲聊："如果有那么一个人，他以'无'作脑袋，把生看成不过是一条脊椎，把死看成不过是人的尻尾；并知道生死存亡实际上是浑然一体的。我就与他做朋友！"说完，四人相视而笑，心心相契，于是四个人就做了好朋友。

【6.11】

俄而子舆有病，子祀往问之。曰："伟哉夫造物者，将以予为此拘拘也！"曲偻发背，上有五管，颐隐于齐，肩高于顶，句赘指天。"阴阳之气有沴，其心闲而无事，跰𨇢而鉴于井，曰："嗟乎！夫造物者又将以予为此拘拘也！"

【另类译解】

过了不久，子舆生病了，子祀前去慰问他。子祀说："伟大啊那个造物者，把我造成了拳曲拘拘的人。"子祀腰弯背偻，五脏的穴口朝上，下巴隐匿在肚脐下面，肩膀高过头顶，颈椎突起像赘瘤朝天，模样甚是吓人。子舆这次生病是因为阴阳之气不调，但子舆心里宁静却像没事人一样，看到子祀来探望他，他蹒跚着起来，慢慢地挪到井边坐下，他对着井水中的自己，对子祀说："'哎呀'！你那个伟大的造物者，也将我造成了拳曲拘拘的人呐。"

【6.12】

子祀曰："女恶之乎？"曰："亡，予何恶！浸假而化予之左臂以为鸡，予因以求时夜；浸假而化予之右臂以为弹，予因以求鸮炙；浸假而化予之尻以为轮，以神为马，予因以乘之，岂更驾哉！且夫得者，时也；失者，顺也；安时而处顺，哀乐不能入也。此古之所谓县解也，而不能自解者，物有结之。且夫物不胜天久矣，吾又何恶焉！"

【另类译解】

子祀问容貌大变的子舆说："你厌恶现在这个样了吗？"子舆回答："不会啊，我为什么要厌恶呢？假如造化将我的左臂变成一只公鸡，我就用它来报晓；假如造化将我的右臂变成一张弹弓，我就用它射下鸮鸟做烤肉吃；假如造化将我的屁股变成车轮，把我的精神变成骏马，我就顺势用它来做座驾，难道我还需要用别的车驾吗？人获得生命，是由于适时；人失去生命，是由于顺应。能够安于适时而顺其自然的人，悲哀和欢乐都不会侵入心房，这就是古代人所谓的解脱了人的倒悬之苦，那些不能解脱生老病死之苦的人，是因为心被外物束缚住了。人力不能胜过自然的力量在很久以前大家就都知道了，我又怎么会厌恶自身现在的这种变化呢！"

【6.13】

俄而子来有病，喘喘然将死，其妻子环而泣之。子犁往问之，曰：

"叱！避！无怛化！"倚其户与之语曰："伟哉造化！又将奚以汝为？将奚以汝适？以汝为鼠肝乎？以汝为虫臂乎？"

【另类译解】

不久，子来也生病了，呼吸急促地将要死去。他的妻子儿女围着他哭泣，子犁去探望他，将子来哭泣着的妻子与儿女劝离。子犁说："'嗨'！走开！不要惊扰他由生而死的变化！"然后子犁靠在门边向子来说："伟大啊！造物主，这次它又会把你变成什么呢？又会将你送到什么地方去呢？把你变成老鼠肝吗？把你变成虫子的胳膊吗？"

【虞人评读】

庄子的嘴巴真够酸的，也真够毒的，比虞人要酸上千倍毒上百倍，可这一切又何尝不是大自然的真相呢！一个人们极力回避不愿正视的真相。如果正视了，那人的生老病死的忧苦不就得到解脱了吗？所谓良药苦口，说的就是这种情形吧！

【6.14】

子来曰："父母于子，东西南北，唯命之从。阴阳于人，不翅于父母；彼近吾死而我不听，我则悍矣，彼何罪焉！夫大块以载我以形，劳我以生，佚我以老，息我以死。故善吾生者，乃所以善吾死也。今大冶铸金，金踊跃曰：'我且必为镆铘'，大冶必以为不祥之金。今一犯人之形而曰：'人耳人耳'，夫造化者必以为不祥之人。今一以天地为大炉，以造化为大冶，恶乎往而不可哉！"

成然寐，蘧然觉。

【另类译解】

子来看着子犁，微微笑道："做人子女的，无论父母让你到东西南北的什么地方，你一定会听父母的吩咐安排。人与天地的关系，不亚于与自己父母的关系。它要我死时，而我却不肯听从，那我就太不讲理了！这天地自然有什么错呢？而且，当天地赋予我人形时有约在先，生存时让我劳作，年老了让我休息，死去时让我安息。因此，一个人，如果将自己的出生生存看成好事，那他必然也会将自己的死亡看成好事。现在如果有一个技艺高超的工

《庄子》另类解读——用世界的眼光读《庄子》

匠在铸造金属器皿，那金属突然从炉里跳起来说："我必须成为良剑莫邪！"那工匠一定会被吓一跳，从而视这金属为不吉祥的。现在偶然具有了人的形体时，你就嚷嚷着："我必须是人，我必须是人！"造化者一定也同样如工匠会认为你是个不吉祥的人。如果我们想通了这一点，我们将天地当作一个大熔炉，将造化当作那个技艺高超的工匠，那么，任凭他怎么摆布我，又有什么不可以的呢？"

子来说完这话，就又安然地酣睡去了，一会儿又好像惊喜地醒了过来。

【6.15】

子桑户、孟子反、子琴张三人相与友，曰："孰能相与于无相与，相为于无相为？孰能登天游雾，挠挑无极；相忘以生。无所终穷？"三人相视而笑，莫逆于心，遂相与为友。

莫然有间而子桑户死，未葬。孔子闻之，使子贡往侍事焉。或编曲，或鼓琴，相和而歌曰："嗟来桑户乎！嗟来桑户乎！而已反其真，而我犹为人猗！"子贡趋而进曰："敢问临尸而歌，礼乎？"

二人相视而笑曰："是恶知礼意！"

【另类译解】

子桑户、孟子反、子琴张三个人是朋友，在一起闲谈："谁能与人相交往而出于无心，给人帮助但完全似什么也没做过？谁能登上高竿入云的山巅巡游于云雾，似乎要升入无极的太空，忘掉了自己的存在，而使自己与无穷无尽的苍茫宇宙融为一体？"三人相视而笑，心心相印，互相结为好朋友。

过了不久，子桑户死了，还没下葬。孔子听说了，让子贡前去料理丧事。孟子反和子琴张却一个在弹琴、一个在唱歌，他们合唱的是这样的歌："哎哟桑户呀！哎哟桑户呀！你已返回本真，而我们还活在这人世间呢！"子贡赶紧近前去对他俩说："请问对着死人的尸体唱歌，这符合礼吗？"

这两个嬉皮士相视而笑，相互给对方一个鬼脸，说："你这样做是不是懂礼的人？是不是懂礼的人？"

【虞人评读】

"哈哈哈"，可爱的子贡！
这非常像现在的摇滚。据虞人看来，子桑户、孟子反、子琴张三人还是中国最早的 Hippie，"考古"爱好者又可以考证出嬉皮士原来发源于春秋战国时期的中原了。

虞人似乎听到了孟子反和子琴张的歌词与乐曲的节奏，以及那个脸上快藏不住的来自内心的"哈哈"大笑。

【6.16】

子贡反，以告孔子曰："彼何人者邪？修行无有，而外其形骸，临尸而歌，颜色不变，无以命之。彼何人者邪？"

孔子曰："彼游方之外者也；而丘，游方之内者也。外内不相及，而丘使女往吊之，丘则陋矣。彼方且与造物者为人，而游乎天地之一气。彼以生为附赘县疣，以死为决疣溃痈，夫若然者，又恶知死生先后之所在！假于异物，托于同体；忘其肝胆，遗其耳目；反覆终始，不知端倪；芒然仿徨乎尘垢之外，逍遥乎无为之业。彼又恶能愦愦然为世俗之礼，以观众人之耳目哉！"

【另类译解】

子贡回来了，将他的经历告诉了孔子，并且问道："他们都是些什么人呐？不用礼仪来修德养行，放浪形骸，不把生死当回事，面对着死尸唱歌却脸色自若。真不知道用什么话来说他们才好，这都是些什么人呐？"

孔子说："他们，是超脱于红尘的人；而我，则是生活在尘世之中的人。尘世内外彼此不相干，但我却派你去吊唁，我这实在是愚笨啊！他们正是与造物者为伴侣，而遨游于浑同天地之气中的人呐！他们把人的生命看成赘肉附瘤，把人的死亡看作毒痛化脓后的溃破。像这样的人，又怎么会计较什么生死先后这些问题呢？他们将生命看作各种不同的物质的组合，只不过凑巧聚集到同一个形体内罢了；他们不去区分何为肝何为胆，也忘掉哪个是耳朵哪个是眼睛；他们不过将生命看成一种找不到源头的开始与结束的循环运动；他们了无牵挂地神游于尘世之外，逍遥自在地处于顺其自然、无所用心的境地。他们又怎能做到不厌其烦地拘守世俗的礼节，以让众人看到他们遵守礼法的那个情景呢？"

【6.17】

子贡曰："然则夫子何方之依？"

孔子曰："丘，天之戮民也。虽然，吾与汝共之。"

子贡曰："敢问其方。"

孔子曰："鱼相造乎水，人相造乎道。相造乎水者，穿池而养给；相造乎道者，无事而生定。故曰，鱼相忘乎江湖，人相忘乎道术。"

子贡曰："敢问畸人。"

曰："畸人者，畸于人而侔于天。故曰：天之小人，人之君子；人之君子，天之小人也。"

【另类译解】

子贡问："那么老师将遵从什么准则呢？"

孔子回答："我，从道的角度看是正受着惩罚的人（虞人想不到，夫子还这么可爱）。即便如此，我仍将和你们一道去追求超绝尘世的道（可爱更上一层）。"

子贡问："请问我们该怎样做？"

孔子答："适合鱼们生活的是水，适合人们生活的是道。相适于水的，我们就开凿成池蓄塘供养；相适于道的，我们就让大家无所作为心性自适。所以说，鱼在江湖中游就悠悠自在而忘记了其他的一切，人在大道中就逍遥自适而忘记了其他的一切。"

子贡再问："请问什么是奇特的人？"

孔子说："奇人，就是与一般人不同而与自然浑然一体。所以说，从道的角度看是小人的，世人都认为是君子；世人都认为是君子的，从道的角度看是小人"。

【虞人评读】

精警！

【6.18】

颜回问仲尼曰："孟孙才，其母死，哭泣无涕，中心不戚，居丧不哀。无是三者，以善处丧盖鲁国。固有无其实而得其名者乎？回壹怪之。"

仲尼曰："夫孟孙氏尽之矣，进于知矣。唯简之而不得，夫已有所简矣。孟孙氏不知所以生，不知所以死；不知就先，不知就后；若化为物，以待其所不知之化已乎！且方将化，恶知不化哉？方将不化，恶知已化哉？吾特与汝，其梦未始觉者邪！且彼有骇形而无损心，有旦宅而无情死。孟孙氏特觉，人哭亦哭，是自其所以乃。且也相与吾之耳矣，庸讵知吾所谓吾之乎？且汝梦为鸟而厉乎天，梦为鱼而没于渊。不识今之言者，其觉者乎，其梦者乎？造适不及笑，献笑不及排，安排而去化，乃入于寥天一。"

【另类译解】

颜回问孔子一个问题："孟孙才，他的母亲死了，他哭着却没有眼泪，心中并不感到悲哀，治丧时也不悲痛。这三方面都没有表现出悲悼之情，却以善于治丧而闻名鲁国，难道这世上真有没有实质内容而浪得虚名的事情存在吗？我实在是觉得奇怪！"

孔子回答："孟孙才已经尽到居丧之道了，他已经达到悟得其本质的程度了。丧事应该从简，可由于人们世俗的原因，一直办不到，然后他已经有所简化了。孟孙氏他不将生视作活命，不将死视作断气，他不迷恋于身体的诞生，也不忧愁身体的消失；他认为人的身体如果消失转变成其他东西，那不过就去坦然等待那些自己现在所不知晓的变化罢了。自然界的一切都在变化，你怎么能肯定是不在变化呢？你认为一切都还没有变化，你怎么否定其实早已经变化了呢？我和你，才是还在做梦而没有醒的人啊！孟孙氏认为人的形体会变化而心神却是永存的，有躯体的转变而无精神的死亡。孟孙才早已明白这一点，所以人家哭泣他也跟着哭一下，这就是他如此居丧的原因。世人都放不下那个形体，开口就是我我我，然后又怎么知道他嘴里所说的这个形体上的我就一定是我呢？你梦中变成鸟时便振翅直飞蓝天，梦中变成鱼时便摇尾游入深渊，你究竟是鸟还是鱼呢？我们两人说话说得起，然后我们能肯定我们现在是醒着的呢还是在做梦呢？（变化不但处处存在，而且变化令人猝不及防）当你心内出现快意的时候，你的笑容还没形成，可这时候的你确实内心已变舒畅了；可当你满脸堆笑的时候，你内心最快乐的那个瞬间其实早已经过去了。所以服从自然的安排而顺应变化，这样我们才能进入寥远之处的那个与天地同一的境界。"

【虞人评读】

太精彩了！庄子天才，说出"造适不及笑，献笑不及排"这样精准描述人类行为的语言。可惜过去的一些翻译明显不到位，让虞人扼腕叹息！

【6.19】

意而子见许由，许由曰："尧何以资汝？"

意而子曰："尧谓我：'汝必躬服仁义而明言是非。'"

许由曰："而奚来为轵？夫尧既已黥汝以仁义，而劓汝以是非矣。汝将何以游夫遥荡恣睢转徙之涂乎？"

意而子曰："虽然，吾愿游于其藩。"

许由曰："不然。夫盲者无以与乎眉目颜色之好，瞽者无以与乎青黄黼黻之观。"

意而子曰："夫无庄之失其美，据梁之失其力，黄帝之亡其知，皆在炉捶之间耳。庸讵知夫造物者之不息我黥而补我劓，使我乘成以随先生邪？"

许由曰："噫！未可知也。我为汝言其大略。吾师乎！吾师乎！赍万物而不为义，泽及万世而不为仁，长于上古而不为老，覆载天地刻雕众形而不为巧。此所游已。"

【另类译解】

意而子（刚见过尧后）过来拜见许由，许由问他："你去尧那儿，尧教了你些什么呢？"

意而子回答："尧对我说，你一定要对仁义身体力行，并且明辨是非。"

许由说："那你怎么还要来我这里呢？尧已经用仁义给你施了墨刑，用是非给你施了劓刑，已经让你变成世俗的残缺之人了，你怎么还能自由逍遥，无拘无束地在变化之境中体味遨游呢？"

意而子说："虽然是这样，我还是希望能在限制中尽量享受到自由自在之境。"

许由说："不行，这就像是瞎子，无论你对他做多么丰富和美好的表情，他都感受不到；瞎子，自己也欣赏不了礼服上五颜六色的花纹。"

意而子说："无庄忘掉了自己的美丽，据梁忘掉了自己的勇力，黄帝忘掉了自己的智慧，都是经过锤炼才达此境界的。你怎么现在就能断定造物者不会再弥平我受黥刑的伤口和补全我劓刑的残缺，使我以完整的不再有缺陷的身心而追随先生呢？"

许由说："'噫'，这可说不准啊！不过我还是可以先说个大概给你听听吧，'道'是我伟大的宗师啊（点题）！我伟大的宗师啊（强调大宗师，非前面这些至人，至人是得'道'的人罢了，大宗师是让他们成为至人的'道'呵)！已经调和万物却不以为自己行过义，已经泽及万世却不以为自己行过仁，比上古还古老却不以为自己有老资格，托起苍天覆盖大地，制造了世间万物的形体却不露是自己制造的任何痕迹，这就是悠游自在的境界了！"

【虞人评读】

"夫盲者无以与乎眉目颜色之好，聋者无以与乎青黄黼黻之观。"此句实为两层意思：一是你主动，他看不到；二是他自己想主动，也是做不到。庄子讲话，逻辑严密。许由此句答话是说意而子想的好事，受人世的各种束缚后，又能尽量享受自由遨游之感，许由认为，难！无论是主客观，都不容易实现这一点。

【6.20】

颜回曰："回益矣。"仲尼曰："何谓也?"曰："回忘仁义矣。"曰："可矣，犹未也。"他日，复见，曰："回益矣。"曰："何谓也?"曰："回忘礼乐矣。"曰："可矣，犹未也。"他日，复见，曰："回益矣。"曰："何谓也?"曰："回坐忘矣。"仲尼蹴然曰："何谓坐忘?"颜回曰："堕肢体，黜聪明，离形去知，同于大通，此谓坐忘。"仲尼曰："同则无好也，化则无常也。而果其贤乎！丘也请从而后也。"

【另类译解】

颜回报告孔子说："我长进了。"孔子问："是什么样的长进呢?"颜回回答："我忘记仁义了。"孔子说："很好，但是还不够。"

过了几天，颜回再报告孔子说："我又长进了。"孔子问："是什么样的长进呢?"颜回回答："我忘记礼乐了。"孔子说："很好，但是还不够。"

又过了几天，颜回又来报告孔子说："我又长进了。"孔子问："是什么样的长进呢?"颜回回答："我坐忘了。"孔子惊奇地说："什么是坐忘?"颜回回答："我忘却了自己的躯体，废弃了自己的聪明，离弃身体，抛掉知识，与大道合而为一，这就叫'坐忘'。"孔子说："与万物同一就没有偏私了。顺着自然的变化而随顺生活就不会固执己见。你果然成为贤人了！我愿意倒过来追随你为师，跟你认真地学道。"

《庄子》另类解读——用世界的眼光读《庄子》

【虞人评读】

此处有三可爱：一是孔子可爱。如果有这样的老师，肯倒追学生的老师，可爱乎？二是庄子可爱。虽然庄子常喜揶揄人，但对孔子的形象描述一如素描，还是非常传神的，可以说是活灵活现、栩栩如生。反观儒家，之所以贬庄子此书，很大一部分原因或许就是受不了庄子拿他们的老师开玩笑吧，显得器量狭小了些。三是"道"的可爱。一沾道则物我两忘，人非凡人物非凡物，天人天物也！

【6.21】

子舆与子桑友，而霖雨十日，子舆曰："子桑殆病矣！"裹饭而往食之。

至子桑之门，则若歌若哭，鼓琴曰："父邪！母邪！天乎！人乎！"有不任其声而趋举其诗焉。

子舆入，曰："子之歌诗，何故若是？"

曰："吾思夫使我至此极者而弗得也。父母岂欲吾贫哉？天无私覆，地无私载，天地岂私贫我哉？求其为之者而不得也。然而至此极者，命也夫！"

【另类译解】

子舆与子桑是好朋友。有一次，阴雨绵绵，一连下了十天，子舆知道子桑家贫无以为食，担心道："子桑恐要被饿病了。"因此，天一放晴，子舆就包好饭菜往子桑家里赶去给他送饭！

到了子桑家门口，就听见又像唱歌又像哭泣的声音从屋里传出来，是子桑在边弹琴边唱歌，歌词是这样的："父亲吗？母亲吗？天啊！人啊！"唱吟声微弱，唱出来的句子急促不成调子。

子舆进了门，问子桑道："你唱的歌为什么是这种声调？"

子桑回答："我正在想使我如此困厄的原因是什么呢？我怎么找也没有找到！天并无任何偏心地覆盖着，地也并无偏心地承载着，天地怎么会偏心独独让我贫困呢？我想找出让我如此贫困的原因却怎么也找不到，我现在还是穷困到极点，原因恐怕是命当如此呢！"

大宗师最后结尾来了这么一段，让人惊异，庄子何为？如果真的是庄子亲笔所写的这节文字，那又该如何理解它成为大宗师的压轴之章呢？当我们无法解释生活中的一些自然现象时，我们现在，还是像子桑一样归之于命，或佛教归之于前世所造孽、今世积德尚不足。庄子在前面篇章中讲了"道"才是我们人生的大宗师，并通过真人体道的描述，表达了庄子天人合一的自然观、死生一如的人生观、安顺自然的人生态度，以及物我两忘的理想境界。前面都是真人及成功人士，后文却越来越世俗、越来越现实。意而子已经是受了世俗黥刑劓刑的污染，子桑更是个生活的完全的失败者，他们深陷世俗的名缰利锁与柴米油盐的生活窘境之中，又如何进入超脱潇洒的真人状态呢？作为思想巨子的庄子是否在写作中发现了矛盾并且受困于这种矛盾而无法解脱？因此，素描般地记录了子桑们的生活状态及对天地的不解与抱怨，因自己无法给出完美的答案，让《大宗师》成为一篇未完成的敞开式结构的作品？

成玄英对《大宗师》的理解是："止水流监，接物无心，忘德忘形，契外会内之极，可以匠成庶品。"

看来，那个遇到连绵阴雨、断炊断食的子桑，不该哭丧着问天问地，问题还在自己身上，长期以来，他的生活既不能忘其形又不能修其德，更不用说到忘德之境了，所以生活能不痛苦吗？如此说来，庄子的无解之问题似乎又有了有解之答！庄子之妙，其可尽乎！为文之道，亦道矣！

应帝王

【7.1】

啮缺问于王倪，四问而四不知①。啮缺因跃而大喜，行以告蒲衣子。蒲衣子曰："而乃今知之乎？有虞氏不及泰氏。有虞氏其犹藏仁以要人；亦得人矣，而未始出于非人。泰氏其卧徐徐，其觉于于；一以己为马，一以己为牛；其知情信，其德甚真，而未始入于非人②。"

【另类译解】

啮缺问王倪问题，问了四个问题王倪都回答不上。啮缺高兴得跳了起来，走去告诉蒲衣子。

蒲衣子对啮缺说道："你现在才知道这种情况吗？虞尧不如伏羲氏，虞尧心怀仁义并且以此要求别人（可参见《大宗师》中许由与意而子一节对话），虽然他也获得人民的拥戴，但他始终没有超越过非我之分。而伏羲氏呢，其睡卧时安闲舒缓，醒来时悠闲自在。听凭有的人把他称作马，有的人把他称作牛。他的才智真实无虚，他的德性真纯实在，他从来没有陷入过非我之分。"

【解读依据】

① 成玄英疏："四问而四不知，则《齐物篇》中四问也。夫帝王之道，莫若忘知，故以此义而为篇首。《老子》云'不以智治国，国之德'者也。"

② 成玄英疏："既率其情，其德不伪，故能超出心知之境，不入是非之域者也。"

【7.2】

肩吾见狂接舆。狂接舆曰："日中始何以语女？"肩吾曰："告我君人者以己出经式义度，人孰敢不听而化诸！"狂接舆曰："是欺德也；其于治天下也，犹涉海凿河而使负山也。夫圣人之治也，治外乎？正而后行，确乎能其事者而已矣。且鸟高飞以避矰弋之害，鼷鼠深穴乎神丘之下，以避熏凿之患，而曾二虫之无知！"

【另类译解】

肩吾在路上偶遇狂接舆。狂接舆问他："你的老师日中始最近又教了你些什么？"肩吾回答："他告诉我，做国君的一定要凭借自己的意志制定法规戒律，人民难道能仅靠道德教化而不以法规戒律约束吗？"狂接舆说："这是对道德的最大曲解！这样去治理天下，就好像徒步进入海中去开凿河道，让蚊虫去背负大山一样不可能实现。那圣人治理天下，难道是靠法规戒律这些外在的东西去威吓人民吗？圣人是先端正自己，再感化他人，让老百姓各尽所能就可以了。况且鸟儿尚且知道以高飞躲避罗网弓箭的伤害，鼷鼠尚且知道深藏在社坛底下，以避开烟熏铲掘的祸患，难道人还不如这两种小动物不会规避你伤害他们的法规戒律吗？"

【虞人评读】

虞人认为，这是非常有争议的所谓以德治国还是以法治国的议题。两千多年来的实践，似乎以法治国者赢得了胜利，而以德治国在大多数时间内沦为许多谎言与虚伪骗局。人性的自私和贪婪战胜了对人性抱持理想主义的庄子们的善良。但不应得出结论，以德治国是错的，两千多年生存条件极其贫乏的人类社会的实践不能代替未来的千年万年。虞人始终坚信，当物质条件极大丰富，当人们的需要获得极大满足的那天，以德治国还是会取得最后胜利的。

【7.3】

天根游于殷阳，至蓼水之上，适遭无名人而问焉，曰："请问为天下。"无名人曰："去！汝鄙人也，何问之不豫也！予方将与造物者为人，厌，则又乘夫莽眇之鸟，以出六极之外，而游无何有之乡，以处圹埌之野。汝又何帛亦以治天下感予之心为？"又复问。无名人曰："汝游心于淡，合气于漠，顺物自然而无容私焉，而天下治矣。"

【另类译解】

天根在殷山南面闲逛，走到蓼水河边，碰巧遇到无名人。天根就向无名人请教："请问先生怎样才能治理好天下呢？"无名人回答："走开！你这个俗物！为什么一开口就问这让人不愉快的问题呢？我正准备与造物者结成驴友，厌倦了就如那飞鸟般乘上清虚之气，飞出六极之外，而遨游于什么也没有的地方，生活在那广宽无边的旷野。你为什么又用治理天下的呓语来扰乱我的心呢？"天根不肯放弃，还是追着问他同一问题。无名人只好勉强作答："你将自己的心神放置在虚淡之中，使自己的心气融合于虚空之中，顺应万物的本性而不用半点儿私意，天下就自然可以治好了！"

【虞人评读】

虞批：天根与无名人，这两个名字取得好！给后世许多启发，庄子一功绩也！

【7.4】

阳子居见老聃，曰："有人于此，向疾强梁，物彻疏明，学道不勤。如是者，可比明王乎？"老聃曰："是于圣人也，胥易技系，劳形怵心者也。且也虎豹之文来田，猿狙之便执斄之狗来藉。如是者，可比明王乎？"阳子居蹴然曰："敢问明王之治。"老聃曰："明王之治：功盖天下而似不自己，化贷万物而民弗恃；有莫举名，使物自喜；立乎不测，而游于无有者也①。"

【另类译解】

阳子居去拜见老子，说道："假若现在有这样一个人，做事敏捷强干果决，世事洞明知识丰富，学习大道又孜孜不倦。像这样的人，可以和圣明之王相提并论吗？"

老子回答："这种人在圣人眼中，只不过是那些胆战心惊累死累活但有一技之长的小官僚罢了。你应该知道老虎与豹子都是因为皮毛上的花纹诱人而招来猎人的围捕，猴子因为行动敏捷、狗因为捕猎迅猛而被人拴上绳索做事。你说的那种人就类似这种情形，因有可取之处而被人驱使利用罢了，怎么可以拿来与圣王相提并论？"

阳子居惭愧地说："那请问，圣明之王又是如何治理天下的呢？"

老子说："圣明之王治理天下，功勋盖世却像什么也不是自己做的，教化遍及万物而人民却并不觉得与他有什么关系。他功德大到你无法用合适的名称来形容，天下万物在他治理下各得其所安然自适。他处于神妙不测的境地，而遨游在什么都没有的境域之中。"

【解读依据】

① 成玄英疏："无有，妙本也，树德立功，神妙不测，而即迹即本，故常游心于至极也。"

【7.5】

郑有神巫曰季咸，知人之死生、存亡、祸福、寿夭，期以岁月旬日，若神。郑人见之，皆弃而走。列子见之而心醉，归，以告壶子，曰："始吾以夫子之道为至矣，则又有至焉者矣。"壶子曰："吾与汝既其文，未既其实。而固得道与？众雌而无雄，而又奚卵焉！而以道与世亢，必信，夫故使人得而相汝。尝试与来，以予示之。"

【另类译解】

郑国有一个精通相面术的神巫，叫季咸。他能够正确预测出人是死还是生、是存还是亡、是祸还是福、是长寿还是短命，所预测出的时间在年、月、旬、日上都精确无误。郑国人见到他，都惊慌地躲开他而快速地逃离，因为害怕他说出不吉利的预测。列子见到他后，却对他佩服得五体投地，回来后，告诉了自己的老师壶子，并且激动得语无伦次地说："原来我以为老师的道行已经是至高无上的了，如今看来还有更加高深的啊！"壶子冷冷地扫了他一眼，缓缓地说："我以前教给你的只不过是'道'的外在皮毛，还没有教给你'道'的本质呢。你是不是认为已经得'道'了？再多的雌鸟如果没有那一只雄鸟，怎么可能产生出受精的卵来呢？你用所学的道的表面功夫去与世人比拼，你还太单纯，所以被别人看出你的内心从而对你相得那么准确。你试试去将他请来，让他瞧瞧我的面相！"

【虞人评读】

壶子认为以前所教皆如众雌，还缺一点精神方面的东西尚留着一手，还未教给弟子，下面壶子显示的正是自己精神方面的功力。

【7.6】

明日，列子与之见壶子。出而谓列子曰："嘻！子之先生死矣！弗活矣！不以旬数矣！吾见怪焉，见湿灰焉。"列子入，泣涕沾襟以告壶子。壶子曰："乡吾示之以地文，萌乎不震不正。是殆见吾杜德机也。尝又与来。"

【另类译解】

第二天，列子请来季咸给壶子看相。季咸看完后出来对列子说："唉！你的老师快要死了，活不成喽！活不过十天了！我看他形体已出现死亡的怪影，脸色如遇水的灰烬一般。"列子于是哭着走进老师的屋子，眼泪像断线的珠子一样沾湿了衣襟，哭着将季咸的话告诉了壶子。壶子说："刚才我给他看到的是像地表一样寂然不动的状态，外表纹丝不动，内心也没有气息的萌发，所以他恐怕只是看到了我故意闭塞的生机而已。你让他再来给我看看相！"

【7.7】

明日，又与之见壶子。出而谓列子曰："幸矣子之先生遇我也，有瘳矣，全然有生矣！吾见其杜权矣。"列子入，以告壶子。壶子曰："乡吾示之以天壤，名实不入，而机发于踵。是殆见吾善者机也。尝又与来。"

【另类译解】

第二天，列子又带着季咸去给壶子看相，季咸看完后出来对列子说："真是侥幸！你的老师幸好遇到我了（口吻毕肖，相面术士的祖宗在此，现在的术士原来也是有所本的，看来还是庄子教的，哈哈），有好转了，完全有救了！我看到他昨天闭塞的生机今天有点生气了。"列子进屋去，将季咸的这番话告诉了壶子。壶子说："刚才我给他看到的是天地之间的生气，内心排除了名声实利等杂念，而让一线生机从脚后跟直升上来，他看见了我显示的这一线生气所以才这么说的。你再请他来给我看看相！"

【7.8】

明日，又与之见壶子。出而谓列子曰："子之先生不齐，吾无得而相焉。试齐，且复相之。"列子入，以告壶子。壶子曰："吾乡示之以太冲莫胜。是殆见吾衡气机也。鲵桓之审为渊，止水之审为渊，流水之审为渊。渊有九名，此处三焉①。尝又与来。"

【另类译解】

第二天，列子又带着季咸去给壶子看相。季咸看完相后出来跟列子说："今天你的老师神情恍惚、精神不宁，我无法从他面相上看出什么东西。请等他心神安定之后，我再来给他看相。"列子进屋去，把季咸的话告诉了壶子。壶子说道："刚才我给他看到的是无法谈什么胜负的太虚之境，所以他恐怕看到了我内气和谐的征兆了。鲸鱼盘旋的地方往往成为深渊，静止的河水聚集的地方往往成为深渊，流动的河水滞留的地方往往成为深渊，渊有九种，我今天只给他看到了三处（即功力只用了三成），你再请他来给我看看相！"

【解读依据】

① 成玄英疏："此举譬也。鲵，大鱼也。桓，盘也。审，聚也。夫水体无心，动止随物，或鲸鲵盘桓，或螭龙腾跃，或凝湛止住，或波流湍激。虽复涟漪清淡，多种不同，而玄默无心，其致一也。故鲵桓以方衡气，止水以譬地文，流水以喻天壤，虽复三异，而虚照一也。而言渊有九名者，谓鲵桓、止水、流水、泛水、滥水、沃水、雍水、汧水、肥水，故谓之九也。并出《列子》，彼文具载，此略叙有此三焉也。"

【7.9】

明日，又与之见壶子。立未定，自失而走。壶子曰："追之！"列子追之不及。反，以报壶子曰："已灭矣，已失矣，吾弗及已。"壶子曰："乡吾示之以未始出吾宗。吾与之虚而委蛇①，不知其谁何，因以为弟靡，因以为波流，故逃也②。"

【另类译解】

第二天，列子又带着季咸去给壶子看相。季咸去后还没有站稳，就惊慌地逃跑了。壶子对列子说："赶快追上他！"列子追他没有追上，返回来对壶子说："没有影儿啦，不知去向啦！我没有追得上他！"壶子说："刚才我给他看到的是万象皆空的无穷无始，这是我大道的源头。我给他看到的是我无心而随物化的状态。他不知道所看到的究竟是什么了，既像狂风吹乱草，也像水波逐水流，所以他无法再相只能逃跑了。"

【解读依据】

① 成玄英疏："委蛇，随顺之貌也。至人应物，虚己忘怀，随顺逗机，不执宗本，既不可名目，故不知的是何谁也。"

② 成玄英疏："颓者，放任；靡者，顺从。夫上德无心，有感斯应，放任不务，顺从于物，而扬波尘俗，随流世间，因任前机，曾无执滞。千变万化，非相者所知，是故季咸宜其逃逸也。"

【7.10】

然后列子自以为未始学而归。三年不出，为其妻爨，食豕如食人，于事无与亲。雕琢复朴，块然独以其形立。纷而封哉，一以是终[①]。

【另类译解】

这以后列子才知道自己没有学到什么。他回到自己家里，三年没有出门。他为妻子做饭（心里放下了人与人的区别，放下了名缰利锁），喂养家里的猪像侍候人那样细心（心里放下了人我的区别，放下了物与物的区别），对世间的任何事情都再没有偏私。他抛弃浮华而恢复了真朴，仅将形骸似大地一样忘情地留在世间。在纷乱的人间固守着纯朴，终生如此。

【解读依据】

① 成玄英疏："动不乖寂，虽纷扰而封哉；应不离真，常抱一以终始。"

【7.11】

无为名尸，无为谋府；无为事任，无为知主。体尽无穷，而游无朕；尽其所受乎天，而无见得，亦虚而已。至人之用心若镜，不将不迎，应而不藏，故能胜物而不伤[①]。

【另类译解】

不要成为追求名誉的行尸走肉，不要成为心机深沉的谋士，不要强行任事、独断专行，不要为自己的足智多谋而得意。做人，应该去体味那无穷无尽的大道，自由遨游于虚寂之境而不露痕迹。尽量地顺应自然赋予自己的一切，并且不自我矜夸、不自得，这样就能达至空明虚无之境呵！得道的至人的心思像一面镜子。对来的事物，是自然映照，而不主动去迎将；对去的事物，消逝了也不去追寻。它只是如实反映而无所隐藏，所以他能超越万事万物，却不会因此而损心费神。

【解读依据】

① 成玄英疏："夫物有生灭，而镜无隐显，故常能照物而物不能伤。亦由圣人德合二仪，明齐三景，鉴照遐广，覆载无偏。用心不劳，故无损害，为其胜物，是以不伤。"

【7.12】

南海之帝为儵，北海之帝为忽，中央之帝为浑沌。儵与忽时相与遇于浑沌之地，浑沌待之甚善。儵与忽谋报浑沌之德，曰："人皆有七窍以视听食息，此独无有，尝试凿之。"日凿一窍，七日而浑沌死。

【另类译解】

南海的帝王名叫儵，北海的帝王名叫忽，他们中间的帝王名叫浑沌。儵与忽经常在浑沌的辖区内相会，浑沌对他们两位都招待得非常好。儵与忽商量着要报答浑沌对他们的深情厚谊。他俩商议道："人都有七个窍孔，用来看东西、听声音、吃饭进食、呼气吸气，但浑沌却偏偏没有这七个窍孔，我们试着为他凿出七个窍孔吧！"于是，儵与忽每天在浑沌身上凿出一个孔，七天凿了七个孔，到了第七天的时候，浑沌却因此而死了。

【虞人评读】

庄子讲故事的能力令人叹为观止，简短的故事让人震惊之际，其所表达的意思永远让人咀嚼不已、思索不已、回味不已。

成玄英对《应帝王》的理解是："古之真圣，知天知人，与造化同功，即寂即应，既而驱驭群品。"虞人认为，真正的帝王不是国君，是我们心中的"道"，人人心中皆存"道"、皆可留"道"，只要能够听任自然，顺应内心，何来外求帝王之事，也来什么帝王？帝王即"道"，"道"才是帝王，是我们心中的帝王、生活的帝王、生命的帝王，庄子何曾真的谈过帝王、关心过帝王、讨论过帝王之治道？《应帝王》借无名人对天根的叱责已经说明了一切：走开！你这蠢俗之人！如果我们还要将这一篇作为庄子给帝王献计之篇，则庄子哭煞、急煞也！无名人等的"道"才是我们的帝王，也才是庄子的帝王，也是本篇中的应帝王！

外篇

骈　拇

【8.1】

骈拇枝指，出乎性哉！而侈于德。附赘县疣，出乎形哉！而侈于性。多方乎仁义而用之者，列于五藏哉！而非道德之正也。是故骈于足者，连无用之肉也；枝于手者，树无用之指也；多方骈枝于五藏之情者，淫僻于仁义之行，而多方于聪明之用也。

【另类译解】

有的人脚趾头会并连长着，大拇指歧生出一个小指头，成为六指，这种情况超出了人们普遍的程度（出，超出，超过，在此处不是出乎天性，是超出天性的意思，许多注译本错），所以损害了这个人的美感；附生在人身上的瘤子与悬生的小疣，超出了人们正常的形体程度，所以损害了人的健康。推行超出人原有本性的仁义，将它当作人的五脏，这不符合真正的道德！因此，脚趾头并生在一起的，只是多了一块连系两趾头的毫无用处的肉；手指头上多长出一个小指，不过是多了一个没有用处的指头。各种各样并生的不符合人本真的多余东西，不过是有人借着仁义之名谋取淫邪不可告人的私利，是有人滥用着他的聪与明。

【虞人评读】

骈拇枝指，出乎性哉，它们长出来当然是天生的。但综合上下文，可以看出庄子是讲这种情况的不需要，影响了这个人的正常与健康。而仁义，也是人为的，本身不是像五脏一样天然的，但我们将之与五脏并列看待，这就是我们人为的骈拇枝指，反弄得自己不正常、不健康。何况为何要行仁义？谁提出来的行仁义？行仁义的结果究竟怎样？推行仁义谁得益谁受损？下文庄子一一展开分析。

123

【8.2】

是故骈于明者，乱五色，淫文章，青黄黼黻之煌煌非乎？而离朱是已。多于聪者，乱五声，淫六律，金石丝竹黄钟，大吕之声非乎？而师旷是已。枝于仁者，擢德塞性以收名声，使天下簧鼓以奉不及之法非乎？而曾、史是已。骈于辩者，累瓦结绳窜句，游心于坚白同异之间，而敝跬誉无用之言非乎？而杨、墨是已。故此皆多骈旁枝之道，非天下之至正也。

【另类译解】

因此，在正常的视觉上增加多余的，就会迷乱于五色，混淆于文采，华丽炫目的花纹反令服饰看起来眼花缭乱，这方面离朱就是一个代表；在正常的听觉上增加多余的，就会搅乱于五声，混淆于六律，金石丝竹黄钟大吕的调子会被弄得面目全非，这方面师旷就是一个代表；在正常的本性上增加多余的，擢取人的本真，闭塞人的性情用来收取仁义虚名的，使天下人鼓躁着去做做不到的错误事情的，这方面曾参与史鰌就是代表；在正常的言辞上增加多余的，堆砌辞藻，穿凿文句，把自己的心思放在坚白、同异之类辩题上，损害了学习的声誉让人去争执毫无益处的错误观点，这方面杨朱墨翟就是代表。因此看来，上述都是旁门左道，并不是天下最正确的选择。

【虞人评读】

对于这节文字，虞人要说明几点。（1）庄子并没有将离朱、师旷、曾参、史鰌、杨朱、墨翟作为反面人物，仅是作为他观点的反方，就像民事案件中的原被告，双方完全处在平等地位。（2）四个非字。本节文字中的四个非字，一般译注都没有说清或含糊带过，然这四个非字恰是画龙点睛的四个眼睛：第一个非字，说明色多乱人眼，我们俗谓挑花眼；第二个非字，音多乱纷纷，声杂调不清；第三个非字，仁空记不清，法多犹不及；第四个非字，白费心神日，文过饰非时。（3）敝跬誉。跬誉，人均谓成一时的好名声，近誉。虞人认为是错误的，因为一路以来，庄子关心的都是这些超出正常的行为给人们造成的不好的影响，而从来没有将重点放在离朱、师旷、曾参、史鰌、杨朱、墨翟，他们仅仅是庄子"而……是也"举的一个例子罢了。庄子的重心在这些多余的行为给人们造成的困惑与危害。所以敝，就是损害。跬，就是它的原义，半步，积跬步不就是借指一点点向前学习的意思吗？因此，跬誉就是学习的名声。敝跬誉，就是损害学习的名声，是对大众造成的影响。杨朱、墨翟如果天天让学生学习白马非马这些反常识的东西，庄子说他们是损害学习在大众心中地位的"非乎"，不正确的做法。所以，整节文字一以贯之，都是谈在正常的上面接出点多余的东西会危害人天性，不是关心这些名人是不是沽名钓誉、是不是歪门邪道、是不是在作恶，庄子说的仅是这些做法不是天下之至正也，并没有一棍子去打死别人，庄子是客观的。

【8.3】

彼正正者，不失其性命之情。故合者不为骈，而枝者不为跂；长者不为有余，短者不为不足。是故凫胫虽短，续之则忧；鹤胫虽长，断之则悲。故性长非所断，性短非所续，无所去忧也。意仁义其非人情乎！彼仁人何其多忧也？

【另类译解】

那些天下最正确的选择，不违背事物的自然本性。所以合在一起不算骈，分支出去的也不算跂；长的并不显得太长，短的也并不显得太短。那个水鸭子的腿虽然短小，但要是将它接上一截，它就会痛苦；野鹤的腿虽然颀长，但要是将它去掉一截，它就会悲伤。所以，自然而然的长，不能硬将它砍断；自然而然的短，不能硬要接续它，这样才是没有任何忧虑的做法！如果以这个标准来衡量，那么仁义还真不是人天性中的东西，因为你看那些行仁义的人为什么有那么多的忧虑呢？

【虞人评读】

庄子在末尾用了一个反证，前文皆为铺垫，违反自然的就痛苦，不违反自然的就无忧，最后用仁人多忧反证仁义非自然之物。

【8.4】

且夫骈于拇者，决之则泣；枝于手者，龁之则啼。二者，或有余于数，或不足于数，其于忧一也。今世之仁人，蒿目而忧世之患；不仁之人，决性命之情而饕贵富。故意仁义其非人情乎！自三代以下者，天下何其嚣嚣也?

【另类译解】

况且,并生脚趾的人,将两个并生的脚趾割开使其正常,那个骈拇者就会痛得哭起来;多出一个指头的人,将那个多出的指头咬去,那个枝手者也会痛得哭起来。这两种情况,一种是比正常的多一点,另一种是比正常的少一点,但给人带来的痛苦感是一样的。现在这个世上的仁人(这里是紧接上文,"意仁义其非人情乎! 彼仁人何其多忧也?")看出去满目都是没有道德的事,因而成天忧心忡忡,就像那个比正常的多一点的枝手者;而那些不讲仁义的人,抛弃人的本性而玩命地追求荣华富贵,就像那个比正常的少一点的骈拇者。因此,可以得出结论:仁义可能真的不是人本性中的东西吧? 要不然,自从夏商周三代以来,提倡了仁义已这么久,怎么天下反而越来越人欲横流、喧嚣不休呢?

【虞人评读】

庄子在这一节进一步论证,从仁义给人带来的痛苦与越来越不仁不义的社会现状,来推导出仁义乃非自然的人性,提倡仁义的做法不解决问题。

【8.5】

且夫待钩绳规矩而正者,是削其性者也;待绳约胶漆而固者,是侵其德者也;屈折礼乐,呴俞仁义,以慰天下之心者,此失其常然也。天下有常然。常然者,曲者不以钩,直者不以绳,圆者不以规,方者不以矩,附离不以胶漆,约束不以纆索。故天下诱然皆生而不知其所以生,同焉皆得而不知其所以得。故古今不二,不可亏也。则仁义又奚连连如胶漆纆索而游乎道德之间为哉,使天下惑也!

【另类译解】

而且,用上钩、绳、规、矩这些东西去矫正,是按照人的意志去破坏事物自然的本性;用上绳索胶漆去固定东西,是按照人的意志去侵害事物的自然状态;用礼乐来要求人、用仁义来号召人,想用这种方式来让天下的人遵从安定的,是想按照自己的意志来改变事物的本来状态。天下的事物有各自的本来状态。本来状态,就是弯曲但与人为的钩没有关系,笔直但从没有依靠过墨线，圆的但不是用圆规画的，方的但没借助过直角尺，粘连在一起但不是因为胶漆，结合在一起但没用绳索捆绑。所以天下万物自然生长而不知道是怎么生长的，各得其所而不知道为什么。这个道理亘古就是如此，怎么能用人力去强行减损呢？既然这样，为什么又一次次拿出仁义来，像胶漆绳索一样绵绵不绝地要去捆绑住人的自然天性呢？这真使天下的人都大惑不解啊！

【8.6】

夫小惑易方，大惑易性。何以知其然邪？自虞氏招仁义以挠天下也，天下莫不奔命于仁义。是非以仁义易其性与？故尝试论之，自三代以下者，天下莫不以物易其性矣。小人则以身殉利，士则以身殉名，大夫则以身殉家，圣人则以身殉天下。故此数子者，事业不同，名声异号，其于伤性以身为殉，一也。臧与谷，二人相与牧羊而俱亡其羊。问臧奚事，则挟策读书；问谷奚事，则博塞以游。二人者，事业不同，其于亡羊均也。伯夷死名于首阳之下，盗跖死利于东陵之上。二人者，所死不同，其于残生伤性均也，奚必伯夷之是而盗跖之非乎？天下尽殉也。彼其所殉仁义也，则俗谓之君子；其所殉货财也，则俗谓之小人。其殉一也，则有君子焉，有小人焉；若其残生损性，则盗跖亦伯夷已，又恶取君子小人于其间哉！

【另类译解】

人，小的迷失会失去方向，大的迷失会失去本性。凭什么知道是这么一回事呢？自从虞舜树起仁义的大旗搅动天下后，天下人没有不为仁义两个字疲于奔命的。这难道不是用仁义改变了人的天性吗？现在我试着来探讨一下：自从夏商周三代以来，天下人没有谁不因为外物而改变了自己的本性的！平民百姓为了生计以身相殉，士人则为了名声以身相殉，大夫为了家族以身相殉，圣人为了天下而以身相殉。这数种人，事业不同，名声也不一样，但在损害人的天性、牺牲自己去求取这一点上，是完全一样的。臧与谷两个人一起出去放羊，而两个人的羊都丢了。问臧是怎么回事？原来他挟着书简读书去了；问谷是怎么回事？原来他掷骰子玩去了。这两个人干的事情不同，但在丢羊这一点上没有什么区别。伯夷为了名节饿死在首阳山下，盗跖为了利益被处死在东陵山上，这两个人死的原因不同，但在损伤自己的身体、违背人的天性这一点上都是一样的。为什么说伯夷的死就值得肯定而盗跖的死就毫无价值呢？如果他是为了仁义而牺牲了的，社会就称他为君子；如果他是为了财富而殉身了的，社会就称他为小人。他们不过都是为了满足自己的欲望而殉身罢了，为什么给他们贴上君子与小人的不同的标签呢？如果就伤害生命、违反天性这一点来看，那么盗跖与伯夷是没有区别的，又怎么能在他们中间分出小人与君子呢？

【虞人评读】

庄子讲得太多了，又讲了许多不中听的话。学问本是一体，思想更是根本，庄子所究的问题根本不是人与人之间这个狭窄领域，是远超出这个范畴的人对宇宙间现象的全方位思考。思想者统治世界。价值投资之父本杰明·格雷厄姆说过，要想在投资领域取得成功，必须具备两个条件："第一，正确思考；第二，独立思考。"他认为，财富是思想力与财富的自然之道同步化的产物，说得直白一点，追求财富的过程，是脑力与自然同步的过程。投资就是用头脑中的投资理念去顺应财富的自然之道，当两者合辙了，财富就产生了。同步的程度越高，持续的时间越长，流淌出来的财富就越多。这与庄子的观点多么相似！如果我们今天给庄子的学说做一个定位，那么《庄子》绝对是我们民族内涵无穷无尽的富矿，绝不是一本《伊索寓言集》。因为它就是本杰明·格雷厄姆讲的正确思考、独立思考的产物，因而也就是成功财富的最重要的标志。我们得珍惜，得有更多的人写出更深的《庄子》理解与大部头的学术专著才是真正的尊重庄子！

【8.7】

且夫属其性乎仁义者，虽通如曾史，非吾所谓臧也；属其性于五味，虽通如俞儿，非吾所谓臧也；属其性乎五声，虽通如师旷，非吾所谓聪也；属其性乎五色，虽通如离朱，非吾所谓明也。吾所谓臧者，非所谓仁义之谓也，臧于其德而已矣；吾所谓臧者，非所谓仁义之谓也，任其性命之情而已矣；吾所谓聪者，非谓其闻彼也，自闻而已矣；吾所谓明者，非谓其见彼也，自见而已矣。夫不自见而见彼，不自得而得彼者，是得人之得而不自得其得者也，适人之适而不自适其适者也。夫适人之适而不自适其适，虽盗跖与伯夷，是同为淫僻也。余愧乎道德，是以上不敢为仁义之操，而下不敢为淫僻之行也。

【另类译解】

在自己的天性上硬加入仁义，虽然像曾参、史鳅那样修炼得好，也不是我认为的完美；在自己的味觉中硬加入五味，虽然训练成像俞儿那样的名厨，也不是我所认为的知味；在自己的听觉中硬加入五声，虽然辨音像师旷般耳聪，也不是我所认为的完备；在自己的视觉中硬加入五色，虽然鉴色如离朱般目明，也不是我所认为的完善。我所讲的完美，不是社会上所称的仁义那样的东西，而是安守天性的美德；我所讲的完美，不是社会上所称的仁义那样的东西，而是指依循本性顺其自然而已；我所谓的耳聪，并非去听外在的声音，而是指能听察自己的内心；我所谓的目明，不是说要去看清别人，而是指能够看清自己。不能看清自己而只能看清别人，不能安于自得而外求所得的人，是去得了别人的东西而丢失了自己的东西的人，是顺从了别人的天性而丢失了自己天性的人。这样的人，不管是活得像伯夷还是活得像盗跖，都是偏离了正道的人。我之所以怕听见道德二字，是因为上不敢与仁义那样的节操去沾边，下不敢与偏离正道的行为去沾边。

【虞人评读】

虞人认为，此节文字，庄子议论得甚清晰。

马　蹄

【9.1】

马，蹄可以践霜雪，毛可以御风寒。龁草饮水，翘足而陆，此马之真性也。虽有义台路寝，无所用之。及至伯乐，曰："我善治马。"烧之，剔之，刻之，雒之。连之以羁馽，编之以皂栈，马之死者十二三矣；饥之，渴之，驰之，骤之，整之，齐之，前有橛饰之患，而后有鞭策之威，而马之死者已过半矣。陶者曰："我善治埴，圆者中规，方者中矩。"匠人曰："我善治木，曲者中钩，直者应绳。"夫埴木之性，岂欲中规矩钩绳哉？然且世世称之曰："伯乐善治马而陶匠善治埴木"，此亦治天下者之过也。

【另类译解】

马，它的蹄本来可以践霜踏雪的，它的皮毛本来就是抵风御寒的，饿了它就吃草，渴了它就喝水，兴奋时它踢腿跳跃着奔跑，这是马的本性啊。即使有高台可以显摆、有大殿可以休歇，对马来说也毫无用处。到了人世间，出现一个叫伯乐的人，说："我善于调理马。"就用烧红的铁具灼烧马具，用剪子修理马鬃，用刀削整马蹄甲，烙上印记，这样络首绊脚把它拴连起来，并把它们编入马槽，这么一折腾，马的十分之二三被他折腾死了。然后让马饿着，渴着，逼着马驱驰，奔跑，训练，要求做到步伐划一齐整；这样马的头部有马口横木和马络头饰控制它，马的屁股上有皮鞭竹策的抽打，再这么一折腾下来，有一半的马就被折腾死了。陶匠说："我会制作陶器，使圆形的合乎规，方形的合乎矩。"木匠说："我会加工木器，使弯曲的合乎钩弧，笔直的合乎绳墨。"那黏土、木头的本性，难道是希望合乎规矩钩绳吗？但世世代代的人们却说："伯乐善于调理马，陶匠会制作陶器，木匠善加工木器。"

治理天下的人也是这样的啊，他们犯的是同样的错呵。

【9.2】

吾意善治天下者不然。彼民有常性，织而衣，耕而食，是谓同德；一而不党，命曰天放。故至德之世，其行填填，其视颠颠。当是时也，山无蹊隧，泽无舟梁；万物群生，连属其乡；禽兽成群，草木遂长。是故禽兽可系羁而游，鸟鹊之巢可攀援而窥。

【另类译解】

我认为善于治理天下的人不是这样玩儿的。他们不折腾生物，也不折腾植物。老百姓的人性都是共通的，他们去纺织是为了做衣服穿，他们去耕作是为了有粮食吃，这就是所谓共通的本性。与自然浑为一体而没有什么偏向，这就叫作天然奔放。所以真正德行圆满的时代，人人活得实实在在，表情纯真而心无杂念。在那个时代，山野没有供人打猎的路径与人为的隧道，河道里没有来来往往这么多船只与桥梁，各种物类生长在一起，而没有现在所谓乡县的区别；禽兽成群结队招摇于原野，草木欣欣向荣、蓬蓬勃勃。那个时候，人可以抓住禽兽和它们游玩，鸟儿的巢低得可以随意攀援上去探望。

【虞人评读】

"当是时也，山无蹊隧，泽无舟梁。"虞人认为，庄子并不是说完全没有道路、隧道、船只与桥梁，将之理解成庄子主张回到原始时代是巨大的曲解。这就像我们的老人回忆以前河流没被污染之前是如何如何清澈，但这不表示真的没有一丁点儿污染，这是个相对的比较，而且基本也是实情。但并不是庄子意识上反对发展云云，庄子的意思只是不折腾、少折腾，则人的生活要比折腾美好，并不是绝对化地抵制发展，因为这是不合常识的。虞人一路读来，从未发现庄子有违反常识的时候；相反，庄子是揭示常识的大师。至于为何这么误译误解了庄子，就是没有用常识来体验而仅从字面上直译造成的。中国古文字简略的这个特点，在有的时候会构成阅读上的巨大误会。本节译注出现巨大的曲解还在于没有重视"当是时也"这个时间状语，它囊括了后面描述的种种现象。

【9.3】

夫至德之世，同与禽兽居，族与万物并，恶乎知君子小人哉！同乎无知，其德不离；同乎无欲，是谓素朴；素朴而民性得矣。

【另类译解】

那个德行圆满的时代，真是个美好的时代，那个时候，人与飞禽走兽和平相处，万物与人一块儿平等共存。哪里知道有什么君子与小人啊！许多译注将"同乎无知"译成"大家都无知无识"，这是重大误读，那个时代的人怎么会无知无识呢？他们是庄子心中最有知识的人，庄子怎么会说他们无知无识呢？庄子是说大家都没有心计，所以接下来一句是"其德不离"，本性就不会离开他们。这个德，就是本性。大家都没有贪欲，这就叫作质朴纯洁。质朴而纯洁，就能保持自己的本性啊！

【虞人评读】

庄子在此强调的是人没有与万物对立，也没有自我意识高涨到要从万物中分离出来，更遑论自称万物主宰的迷狂了。庄子不是要求我们人类倒退到与野兽同居的时代。时代在前进、在演变，庄子明白这点。他只不过要求我们停下来反省一下，今人有所谓忘记过去就意味着背叛的说法，庄子也是这个意思。

【9.4】

及至圣人，蹩躠为仁，踶跂为义，而天下始疑矣；澶漫为乐，摘僻为礼，而天下始分矣。故纯朴不残，孰为牺尊！白玉不毁，孰为珪璋！道德不废，安取仁义！性情不离，安用礼乐！五色不乱，孰为文采！五声不乱，孰应六律！夫残朴以为器，工匠之罪也；毁道德以为仁义，圣人之过也。

【另类译解】

等到出现了所谓的圣人，硬是搞出个什么仁来，竞相鼓捣又弄个义，天下的老百姓开始被搞糊涂了；那些圣人们只顾自己舒服搞出一种所谓的乐，烦琐不堪地又搞出一套什么礼，天下的人就被他们人为地分成三六九等不同角色！要是不要牺尊，自然浑然完整；要是不要珪璋，白玉依然完璧；要是不要仁义，道德依然圆满；要是不要礼乐，天性依然饱满；要是不要文采，哪来五色散乱；要是不要六律，哪来五音错乱。破坏自然和完整的原木加工成器具，是工匠的罪过啊！破坏天道与人性去追求仁义，是圣人的罪过啊！

【虞人评读】

虞人认为，后面的几句常被译反，前后次序颠倒了。通常的译法是：所以自然的东西不被残损雕琢，哪有什么牺尊！白玉不被凿损，哪有什么珪璋！真正的道德不被废弃，哪会追求仁义！人的本性不背离，哪会用礼乐！五色不散，哪有文采！五声不错乱，哪有什么六律！但虞人认为，这样译前后文不通。

【9.5】

夫马，陆居则食草饮水，喜则交颈相靡，怒则分背相踶。马知已此矣。夫加之以衡扼，齐之以月题，而马知介倪闉扼鸷曼诡衔窃辔。故马之知而态至盗者，伯乐之罪也。

【另类译解】

那个马，本来好端端在陆地上生活，吃着青草饮着泉水，高兴了就在一起耳鬓厮磨，发怒了就会背身踢耍，生活过得简单的就是这些，但它们非常自得满足。可等到了人的手里，却给它加上了车衡颈轭，带上月牙形辔头。这个时候，马就懂了昂头怒视，咬衡木，脱车轭，千方百计地想挣脱笼头、吐掉勒口。所以，将马的心计弄到今天这个与人为敌的地步，是伯乐的罪过啊！

【9.6】

夫赫胥氏之时，民居不知所为，行不知所之，含哺而熙，鼓腹而游，民能以此矣。及至圣人，屈折礼乐以匡天下之形，县跂仁义以慰天下之心，而民乃始踶跂好知，争归于利，不可止也。此亦圣人之过也。

【另类译解】

在上古赫胥氏时代，人民安居在一起，没有人有什么别的想法；做事情出于公心，没有人想过为自己捞取什么。吃饭时大家都是一起吃的，嘴里还含着食物呢就调侃戏闹开了；大家吃得饱饱的就挺着肚子互相串门子闲聊，生活过得简单的就是这些。等到出现了所谓的圣人，用礼乐来约束改变人民的行为，高谈阔论那所谓的仁义来吊人民的胃口，这时候的人民就竞相攀比，开始有了心计，争着图谋私利而一发不可收拾，这都是圣人的罪过啊！

【虞人评读】

"民居不知所为，行不知所之"不是傻乎乎地什么也不懂、什么也不做。综合上下文，庄子讲的都不是人的无知和傻，而是不为自己谋的无心、不为自己图的无为。

虞人读本章，一点看不出庄子要绝圣弃智，要让我们与野兽同住，要倒退到原始状态。相反，庄子讲的是美好时代一去不复返了，都是人为破坏了世界。但已破坏了，怎么办？路也修了，桥也有了，船也多了，隧道也建了，圣人也产生了。但是，我们还是要记住那已逝去的曾经的童年，还是要知道我们的来历与出处，这样我们才能时时让自己的心灵回到母亲的怀抱里休憩一下，重新温暖一下，宁静地享受一下，我想，庄子应该是这个动机吧！

胠 箧

【10.1】

将为胠箧探囊发匮之盗而为守备，则必摄缄縢，固扃镯，此世俗之所谓知也。然而巨盗至，则负匮揭箧担囊而趋，唯恐缄縢扃镯之不固也。然则乡之所谓知者，不乃为大盗积者也？

故尝试论之，世俗之所谓知者，有不为大盗积者乎？所谓圣者，有不为大盗守者乎？

【另类译解】

为了警惕撬箱子、掏口袋、开柜子的小贼而做的防备应对，那肯定是藤条绑牢，锁钮扣紧，这是世俗所认为的聪明。然后那个抢劫的大强盗一来，正好给他们做了准备，他们背起柜子、举上箱子、挑起担子就走，可世人还担心藤条绑得不牢、锁钮扣得不紧呢！那么我们刚才所说的那种聪明，不成了替大盗做好积聚和储备的愚蠢了吗？

现在让我尝试着谈谈这个问题：世俗的所谓聪明，实在只是为抢劫的大盗们在积聚与储备！世俗的所谓神圣，实在只是为欺世的大盗们在积聚与储备！

【10.2】

何以知其然邪？昔者齐国邻邑相望，鸡狗之音相闻，罔罟之所布，耒耨之所刺，方二千余里。阖四竟之内，所以立宗庙社稷，治邑屋州闾乡曲者，曷尝不法圣人哉！然而田成子一旦杀齐君而盗其国。所盗者岂独其国邪？并与其圣知之法而盗之。故田成子有乎盗贼之名，而身处尧舜之安；小国不敢非，大国不敢诛，十二世有齐国。则是不乃窃齐国，并与其圣知之法以守其盗贼之身乎？

【另类译解】

我凭什么知道是这样的呢？以前齐国村子一个接着一个，鸡狗的叫声此起彼伏，渔网可撒布的范围、锄犁能耕种的土地，方圆有两千多里。全国境内，所有建立齐君宗庙社稷的制度，以及治理邑、州、乡行政区域的方法，何尝不是严格遵循古代圣人做法的呢？然后有个叫田成子的大臣突然有一天杀了齐国的国君而窃居了王位，他所盗走的难道仅仅是齐君的权力吗？连一系列圣人制定的规则与法度都一并搬了过来，如齐君的宗庙现在换成了田成子家的祖庙，依然作为王室的宗庙。所以这个田成子实在只是一个盗贼，但他现在身处于尧舜一般的帝王之位。由于国大兵强，小国不敢非议他，大国不敢讨伐他，世世窃居齐国，一直传了十二代。这不是不仅大盗窃取了齐国，而且圣人的规则与法度成了保护盗贼并为盗贼服务的工具吗？

【虞人评读】

那这个圣知之法有什么用？人们所做的一切、齐国全部的人力物力、齐君的管理、圣人的法度，不就像上文说的藤条绑牢锁钮扣紧的箱子、口袋、柜子，都是为了田成子这个大盗贼积聚与储备的吗？

【10.3】

尝试论之，世俗之所谓至知者，有不为大盗积者乎？所谓至圣者，有不为大盗守者乎？

【另类译解】

现在让我尝试着再谈谈这个问题：世俗的所谓最聪明的，如齐君。难道不是为抢劫的大盗田成子们在积聚与储备吗？世俗的所谓最神圣的各种制度法则，难道不是为欺世的大盗田成子们在做准备吗？

【10.4】

何以知其然邪？昔者龙逢斩，比干剖，苌弘胣，子胥靡，故四子之贤而身不免乎戮。故跖之徒问于跖曰："盗亦有道乎？"跖曰："何适而无有道邪！"夫妄意室中之藏，圣也；入先，勇也；出后，义也；知可否，知也；分均，仁也。五者不备而能成大盗者，天下未之有也。"由是观之，善人不得圣人之道不立，跖不得圣人之道不行；天下之善人少而不善人多，则圣人之利天下也少而害天下也多。

【另类译解】

我凭什么知道是这样的呢？以前龙逢被斩，比干遭剖，苌弘被裂腹，子胥被抛尸江中任其糜烂。这四个人有善守圣人之道的贤名而结果还免不了刑戮。过去盗跖的手下问他："我们做强盗的有没有道呢？"盗跖说："哪个地方哪个领域会没有道啊！干我们这行，当然也有道了。凭猜测就能判断这家人家有多少财物，就是聪明；带头先冲入屋里的，就是勇敢；断后掩护最后退出屋子的，就是义气；知道什么时候该做什么不该做什么的，就是机智；分配赃物时公平的，就是仁爱。上述五个方面如果不具备而能成为大盗贼的，天下不曾有过这种情况。"从这一点来看，如果一般人不善守圣人之道就不会有贤名，强盗不善守圣人之道就不会成为大盗，天下有贤名的人毕竟少而没有贤名的人多，那圣人有益于天下的也少，而损害天下的却多。

【解读依据】

① 成玄英疏："夫善恶二途，皆由圣智者也，伯夷守廉絜著名，盗跖恣贪残取利。然资跖之徒甚众，伯夷之类盖寡，故知圣迹利益天下也少而损害天下也多。"

【虞人评读】

这节文字的通常理解与翻译有问题，一般译注都译成：心善的人不懂圣人之道就不能自立，强盗不懂圣人之道不能行盗，天下的善人少而不善人多。这样理解是错误的。因为，庄子从不会认为天下善人少而不善人多，庄子认为天下本来都是善人，只是因为有了圣人之道才有了不善之人。这句中的圣人之道也不是褒义词而是讽刺与贬义的；否则，下文接着就不会是打倒圣人了。所以虞人认为，圣人之道就是人为的一些东西，一些心智与各种所谓规则。这些规则不一定对社会上善良的人有利，而更多的是形成了心计与弱肉强食的丛林法则，更多的是对盗贼有利。所以，此处的善人应是有贤名之人，一个社会有贤名的人少而没有贤名的人多，这才是真实状况。成玄英的"夫善恶二途，皆由圣智者也"，大意大概与虞人的理解可对比。我们理解《庄子》，必须一以贯之他的思想，如果与他的思想南辕北辙了，那么按照字面的机械理解肯定会大煞风景，极大地抹杀庄子的思想光芒！

【10.5】

　　故曰，唇竭则齿寒，鲁酒薄而邯郸围，圣人生而大盗起。掊击圣人，纵舍盗贼，而天下始治矣。夫川竭而谷虚，丘夷而渊实。圣人已死，则大盗不起，天下平而无故矣。圣人不死，大盗不止。虽重圣人而治天下，则是重利盗跖也。为之斗斛以量之，则并与斗斛而窃之；为之权衡以称之，则并与权衡而窃之；为之符玺以信之，则并与符玺而窃之；为之仁义以矫之，则并与仁义而窃之。何以知其然邪？彼窃钩者诛，窃国者为诸侯，诸侯之门而仁义存焉，则是非窃仁义圣知邪？故逐于大盗，揭诸侯，窃仁义并斗斛权衡符玺之利者，虽有轩冕之赏弗能劝，斧钺之威弗能禁。此重利盗跖而使不可禁者，是乃圣人之过也。

【另类译解】

　　所以说："嘴唇向外翻起，牙齿便会觉得寒冷。鲁国今年的酒味淡薄，说明鲁国粮食歉收最后演变成赵国都城被围攻的战事（世上的事物都是互相关联的，蝴蝶效应理论，庄子在这里凭敏锐与过人的聪明早已感觉到了）。社会出现了圣人，同时出现了利用圣人之理论系统化了、提升了战力的大盗。同样的，我们现在打倒圣人，不再去防范，那么贼就没有了，盗就更没有了。这样，天下才有了真正安全生活的开始。将溪谷里的水抽干了，山谷就会显得十分空旷；将山丘推平了，附近的深潭就会被填满。圣人死了，那么大盗也就不会再产生了（没有了圣人之道作理论武装），天下也就太平无事了。如果掀起是非之分、知识之启的圣人不死，那么大盗也就肯定还会产生。我们名义上是借重圣人之道在治理天下，可根据上文的分析，实际上得到最大利益的是盗跖之类的汪洋大盗或者田成子之类的欺世大道。人们制造斗斛的本意是量度物件容积，可盗贼却不仅盗取物件，而且连斗斛都一起盗走了；人们制造权衡的本意是称量物件重量，可盗贼却不仅盗取物件，而且连秤砣、秤杆都一起盗走了；人们制造符玺是为了验明信物真假的，可盗贼却不仅盗取信物，而且连符玺也一并盗走了；人们制造仁义是为了纠正人的错误行为的，可现在欺世大盗不仅盗取人们的人力物力，而且连仁义这个东西也一并盗走了（田成子即一例）。我凭什么知道是这样的呢？那些盗取了衣带钩之类小东西的人会因盗窃罪而被诛杀，而那些盗窃国家的人却成了诸侯，诸侯的国度里才可以谈行仁义之类的事，那么不是仁义和圣人之道都被他们（田成子们）盗走了吗？所以，那些想当大强盗的人，他们可以自立为诸侯，所有的仁义并斗斛、权衡、符玺他们可以一次性全部盗成，这样的人，你用所谓的道德或圣人制定的法则，那些高官厚禄的赏赐怎么能满足得了他们，用斧钺之类的刑杀又怎么可能威吓得了他们。当代这类社会体制的形成是对盗贼大大有利而使得他们的盗贼之行永难禁绝，这都是所谓圣人的罪过啊！

【解读依据】

蝴蝶效应：南美洲的蝴蝶扇一下翅膀，通过种种因素，就可能引起亚洲地区的一阵台风，这是蝴蝶效应的最初定义。用来比喻一件极其细微、看似极其不经意的小事，都可能引发很大的后果。

【虞人评读】

庄子辩才无碍、伶牙俐齿，抓住田成子盗国依然名列齐侯享国十二代的故事，猛烈攻击当时社会体制，认为这是一个弱肉强食的非正义盗贼时代，圣人开启的教化已被盗贼利用而使整个社会堕落了，呼吁回到原来的原生态。其实，庄子的这种观点与孔子是完全相同的，只不过孔子讲教育，依然在圣人之道里打转；而庄子认为，应该整个社会弃教育，反观内心去自省求解脱，使社会回归正常。两人实是殊途同归，对春秋战国的社会分析与描述是基本一致的，也是正确的！

【10.6】

故曰："鱼不可脱于渊，国之利器不可以示人。"彼圣人者，天下之利器也，非所以明天下也。故绝圣弃知，大盗乃止；擿玉毁珠，小盗不起；焚符破玺，而民朴鄙；掊斗折衡，而民不争；殚残天下之圣法，而民始可与论议。擢乱六律，铄绝竽瑟，塞瞽旷之耳，而天下始人含其聪矣；灭文章，散五采，胶离朱之目，而天下始人含其明矣；毁绝钩绳而弃规矩，攦工倕之指，而天下始人有其巧矣。故曰："大巧若拙。"削曾史之行，钳杨墨之口，攘弃仁义，而天下之德始玄同矣。彼人含其明，则天下不铄矣；人含其聪，则天下不累矣；人含其知，则天下不惑矣；人含其德，则天下不僻矣。彼曾史、杨墨、师旷、工倕、离朱，皆外立其德而爚乱天下者也，法之所无用也。

【另类译解】

所以说："鱼儿不可离开水潭，这样鱼儿才不会失去本性而死去；治国的重要法宝是大家看不见的道，这样大家才能合于本性生活而不会有偏差。"那个真正的圣人，明白让天下安宁的法宝，是不可能拿出来具体给大家看到的道，而不是智慧与知识。所以只有做到杜绝所谓的圣明、抛弃所谓的智慧，田成子那样的欺世大盗才不会再出现；砸碎玉石、毁掉宝珠，小偷也就销声匿迹；烧掉符、破碎玺，人民反而更朴实单纯；打破斗斛、折断秤杆，百姓就不会斤斤计较；毁掉已经弄残天下的现有专制法度，人民就可以开始自由自在地表达意见（可惜庄子这一理想中华民族走了两千多年）；攫乱人为的六律、销毁竽瑟等人为的一切乐器，使即便敏感如师旷一样的音乐大师也不再听到靡靡之音，那天下的人才能恢复天籁的听力；灭除文饰、拆散五彩，使即便敏锐如离朱一样的眼睛也捕捉不到任何奇色异彩，那天下的人才能恢复天籁的视力；毁绝钩绳而丢弃规矩，使即便灵巧如工倕一样的手指也好像没有手指一样的手足无措，那天下的人才能恢复天籁的巧手。所以说："最高的技巧就好像是没有技巧。"杜绝曾参、史䲡大肆推广的所谓行为准则，封住杨朱、墨翟混淆是非的所谓辩论，彻底抛弃仁义，那天下的人才能恢复自古就浑然一体的本性。那人民保全了天籁的视力，那天下就不会被弄得眩晕；那人民保全了天籁的听力，那天下就不会被折腾得疲惫不堪；那人民保全了天籁的质朴，那天下就不会被搞得迷迷惑惑；那人民保全了自然的本性，那天下就不会被引到邪路上去了！那曾参、史䲡、杨朱、墨翟、师旷、工倕、离朱等人，个个都是追求外在名声而炫耀自己所长而惑乱天下的人（这与前文国之利器不可示人对应对比），（由于他们所从事的是反天性的行为，结果只能搞乱天下）他们使得圣人之法根本起不到作用了啊！

【10.7】

子独不知至德之世乎？昔者容成氏、大庭氏、伯皇氏、中央氏、栗陆氏、骊畜氏、轩辕氏、赫胥氏、尊卢氏、祝融氏、伏牺氏、神农氏，当是时也，民结绳而用之，甘其食，美其服，乐其俗，安其居，邻国相望，鸡狗之音相闻，民至老死而不相往来。若此之时，则至治已。今遂至使民延颈举踵曰，"某所有贤者"，赢粮而趣之，则内弃其亲而外去其主之事，足迹接乎诸侯之境，车轨结乎千里之外。则是上好知之过也。

【另类译解】

你难道不知道古时候人类的盛世吗？过去容成氏、大庭氏、伯皇氏、中央氏、粟陆氏、骊畜氏、轩辕氏、赫胥氏、尊卢氏、祝融氏、伏牺氏、神农氏那些时代，人们心思单一纯粹，他们用绳子打结来记事。他们对吃的东西从不知道挑剔，他们对自己穿的也心满意足，安于淳朴的民风，他们认为自己的住所已舒适可人，所以即便邻国近得都望得见，各自养的鸡狗的叫声都互相听得见，老百姓之间却直到老死都没有攀比或去占领人家地盘的欲望（这是因为真道充盈元气饱和得无需外求）。像那样的时代，才是真正治理最好的年代（就是天然已成无需人治）。现在竟然让老百姓伸长脖子踮起脚跟，说"某某地方出了个贤人"，然后带着干粮去投奔他，却抛下家里的双亲不管，也丢掉自己安身立命的事务不理，在各诸侯国之间跑来跑去（当时社会写照，活灵活现），车辆印迹往来交错，动不动就是千里之遥，这是这个社会提倡知识智慧造成的大错误啊！

【10.8】

上诚好知而无道，则天下大乱矣。何以知其然邪？夫弓弩毕弋机变之知多，则鸟乱于上矣；钩饵罔罟罾笱之知多，则鱼乱于水矣；削格罗落罝罘之知多，则兽乱于泽矣；知诈渐毒颉滑坚白解垢同异之变多，则俗惑于辩矣。故天下每每大乱，罪在于好知。

【另类译解】

如果人们真的喜欢知识智慧而心中已失去了天道，那么天下就肯定会大乱了！我怎么知道是这样的呢？弓弩、鸟网、弋箭，智巧的机关多了，鸟儿在空中的飞翔就要被搅乱了；钩饵、渔网、鱼笼之类智巧玩意多了，鱼儿在水里的游弋就要被搅乱了；木栅、兽栏、兽网之类智巧的东西多了，野兽在草泽里的休憩就要被搅乱了；欺骗诡诈，言词狡黠、坚白、同异之类的诡辩多了，则人民纯朴的风俗就会被搅乱了。所以，现今天下往往大乱，病根就在于喜好卖弄智巧！

【虞人评读】

尚，崇尚，不是统治者的"君上"，不要看见尚就将之视为"君上"。

不将"君上"太当一回事，是庄子的基本思想之一。在庄子眼里，真的从来没有抬一抬眼皮看得上他们一眼，这也是虞人极佩服庄子的地方。庄子是发自心底的不抬眼皮，不是做作。所以将之译成统治者或君上是真的没有读懂庄子，没有理解庄子的心。庄子的心纯净如水银泻地，绝对没有做作或沽名钓誉。所以，这里的好知与无道，都不是指那些孤寡君王，而是指广大的人民群众。

【10.9】

故天下皆知求其所不知而莫知求其所已知者，皆知非其所不善而莫知非其所已善者，是以大乱，故上悖日月之明，下烁山川之精，中堕四时之施；惴耎之虫，肖翘之物，莫不失其性。甚矣，夫好知之乱天下也！自三代以下者是已，舍夫种种之民而悦夫役役之佞，释夫恬淡无为而悦夫啍啍之意，啍啍已乱天下矣！

【另类译解】

而今天下的人都只知道追求身外的知识而不知道去追求自己的本元充盈，都只知道指责社会上的种种缺点而不知道去维护已有的优点，所以这个社会就变成天下大乱了。因此，对上，日月的光辉被遮蔽了；对下，大好河山被辜负了；中间，我们一年四季的运行被耽误了！就连蠕动的小虫、飞跃的蚊蛾，现在没有不丧失本性的。太过分了，喜欢追求智巧而扰乱了天下！自从夏商周三代以来的情况都是如此！人民那些淳朴的品质被丢弃了，善于谄媚钻营的小人们却活得风生水起；人民那些恬淡无为的本性被丢弃了，那些喋喋不休的小人们却得意洋洋，得意洋洋之中天下已经大乱了！

在 宥

【11.1】

　　闻在宥天下，不闻治天下也①。在之也者，恐天下之淫其性也；宥之也者，恐天下之迁其德也。天下不淫其性，不迁其德，有治天下者哉！昔尧之治天下也，使天下欣欣焉人乐其性，是不恬也；桀之治天下也，使天下瘁瘁焉人苦其性，是不愉也。夫不恬不愉，非德也。非德也而可长久者，天下无之。

　　人大喜邪？毗于阳；大怒邪，毗于阴。阴阳并毗，四时不至，寒暑之和不成，其反伤人之形乎！使人喜怒失位，居处无常②，思虑不自得，中道不成章，于是乎天下始乔诘卓鸷，而后有盗跖曾史之行。故举天下以赏其善者不足，举天下以罚其恶者不给③。故天下之大不足以赏罚。自三代以下者，匈匈焉终以赏罚为事，彼何暇安其性命之情哉！

【另类译解】

　　只听说天下自在又宽舒，没有听说谁可以统驭天下的。之所以天下肯定要自在，就是担心天性受到人为的污染；之所以天下肯定要宽舒，就是担心天性受到人为的影响。如果天下人都没有受到人为的污染，如果天下人都没有受到人为的影响，那要治天下干什么呢？从前尧统驭天下时，使天下人欢欣鼓舞为满足本性而快乐，这就已是使天性不安宁了；从前桀统治天下的时候，使天下人心力憔悴大伤本性，这就已是使天性不开心了。不安宁与不开心，都不是人们生活的自然状态，违背自然状态而可以长久存在的事，普天下还没有这样的事发生。

　　人太欢乐了，就损伤阳气；人太愤怒了，就损伤阴气。阴阳两气都受到了损害，四时就会紊乱，寒暑就会不调，岂不是反过来有损人体吗？使人喜怒无常，坐立不安，思维杂乱，没有头绪，做事没有章法，半途而废。

于是天下开始充满怨气与诡行，而后便产生盗跖、曾参、史䲡等种种善恶行为。这个时候将整个天下都拿来奖赏所谓的好人好像还不够用，将整个天下都拿来惩罚所谓的坏人好像也不够用。所以，整个天下虽然广大，但好像用来作为奖罚都不够。自夏商周三代以来，我们天天在玩儿这种奖赏好人惩罚坏人的游戏，怎么还有时间让人的本性恢复自在与宽舒呢！

【另类译解】

① 成玄英疏："宥，宽也。在，自在也。治，统驭也。寓言云：闻诸贤圣任物，自在宽宥，即天下清谧；若立教以驭苍生，物失其性，如伯乐治马也。"

② 成玄英疏："毗，助也。喜出于魂，怒出于魄，人禀阴阳，与二仪同气。尧令百姓喜，毗阳暄舒；桀使人怒，助阴惨肃。人喜怒过分，则天失常，盛夏不暑，隆冬无霜。既失和气，加之天灾，人多疾病，岂非反伤形乎？不可有为作法，必致残伤也。"

③ 成玄英疏："乔，诈伪也。诘，责问也。卓，独也。骜，猛也。于是乔伪诘责，卓尔不群，独怀骜猛，轻陵于物，自尧为始，次后有盗跖之恶，曾、史之善，善恶既著，赏罚系焉。慕赏行善，惧罚止恶，举天下斧钺不足以罚恶，倾宇宙之藏不足以赏善。给，犹足也。"

【虞人评读】

此两节文字否定了尧治但有肯定曾史之行为善行的意思，与庄子狂放之性格有点不太合。这碗面汤，虞人有点疑心不是庄子亲煮。庄子饭庄，也有别的厨师操刀的时候，庄子休息一下也是可能的。所以，《庄子》一书是庄子饭庄的意思，不可全部当作庄子亲自下厨。据说内篇出自庄子本人，外篇、杂篇已是庄子弟子或弟子的弟子，甚至庄子"粉丝"所为，虞人信然！

【11.2】

而且说明邪？是淫于色也；说聪邪？是淫于声也①；说仁邪？是乱于德也；说义邪？是悖于理也；说礼邪？是相于技也；说乐邪？是相于淫也；说圣邪？是相于艺也；说知邪？是相于疵也。天下将安其性命之情，之八者，存可也，亡可也；天下将不安其性命之情，之八者，乃始脔卷伧囊而乱天下也。而天下乃始尊之惜之。甚矣天下之惑也！岂直过也而去之邪！乃齐戒以言之，跪坐以进之，鼓歌以儛之。吾若是何哉！

【另类译解】

人们爱花样，是因为被色彩迷惑了；人们爱动听，是因为被声音迷惑了；人们爱仁名，是因为被道德迷惑了；人们爱义声，是因为被理论迷惑了；人们爱礼仪，是因为被它的设计迷惑了；人们爱乐舞，是因为被欢娱和美色迷惑了；爱圣贤的，是相对于不如它的；爱智慧的，是相对于有瑕疵的。如果天下的人保持其本性的自在与宽舒没有变化，这八个方面就是有也对人们没有影响；如果天下的人不能保持其本性的自在与宽舒，那么这八个方面就会成为人们心绪万端、扰攘纷争、搅乱天下的源头。可是，今天的人们却反而开始尊崇这八种乱源、珍惜这八种乱源，天下的迷乱已到了多么可怕的地步啊！而且这种现象不是一时兴盛后人们就弃置不顾了，而是虔诚地谈论着它们，恭敬地掬捧着它们，欢欣鼓舞地载歌载舞于它们。我真不知对这些人说什么好！

【解读依据】

① 成玄英疏："说，爱染也。淫，耽滞也。希离慕旷，为滞声色。"

【11.3】

故君子不得已而临莅天下，莫若无为。无为也而后安其性命之情。故贵以身于为天下，则可以托天下；爱以身于为天下，则可以寄天下。故君子苟能无解其五藏，无擢其聪明①；尸居而龙见，渊默而雷声，神动而天随，从容无为而万物炊累焉。吾又何暇治天下哉！

【另类译解】

所以，君子如果不得已而身居治理人民的地位，最好的做法就是放弃人为的搅局，只有不去人为地改变，才能保全人们的自然本性。如果一个人将天下看得比自己的生命贵得多，这样的人可以托付天下给他；如果一个人爱天下甚过爱自己，这样的人可以暂时将天下交给他打理！所以，如果君子能做到不离散自己的精神，不显耀自己的才华与智巧，安居不动却元真龙跃，深渊静默却惊雷翻滚，神情的变动依顺自然，从容自在无所作为而万物都像缕缕炊烟、片片游尘那样自在宽舒，君子又怎么有空闲、有心思去治理什么天下呢？

《庄子》另类解读——用世界的眼光读《庄子》

【解读依据】

① 成玄英疏："五藏，精灵之宅；聪明，耳目之用。若分辨五藏情识，显擢聪明之用，则精神奔驰于内，耳目竭丧于外矣。"

【虞人评读】

"故贵以身于为天下，则可以托天下；爱以身于为天下，则可以寄天下。"这两者是有点区别的，爱天下比爱自己多一点的人，是先公后私的人。所以我们是寄天下在他这里，因为他还不是一个纯粹的人、一个没有任何私心杂念的人、一切脱离了低级趣味的人，他至多只是公平；而前一位将天下看得比自己的生命要重得多，他已经是大公无私的人了。所以这样的人我们可以将天下交给他了，不用再担心他会将天下扛回家去了，他已经是公正了。

【11.4】

崔瞿问于老聃曰："不治天下，安藏人心？"老聃曰："女慎无撄人心。人心排下而进上，上下囚杀，淖约柔乎刚强。廉刿雕琢，其热焦火，其寒凝冰①，其疾俯仰之间而再抚四海之外。其居也渊而静，其动也县而天，偾骄而不可系者，其唯人心乎！"

"昔者黄帝始以仁义撄人之心，尧、舜于是乎股无胈，胫无毛，以养天下之形，愁其五藏以为仁义，矜其血气以规法度。然犹有不胜也。尧于是放讙兜于崇山，投三苗于三峗，流共工于幽都，此不胜天下也。夫施及三王而天下大骇矣。下有桀、跖，上有曾、史，而儒墨毕起。于是乎喜怒相疑，愚知相欺，善否相非，诞信相讥，而天下衰矣；大德不同，而性命烂漫矣；天下好知，而百姓求竭矣。于是乎钅斤锯制焉，绳墨杀焉，椎凿决焉。天下脊脊大乱，罪在撄人心。故贤者伏处大山嵁岩之下，而万乘之君忧栗乎庙堂之上。"

"今世殊死者相枕也，桁杨者相推也，刑戮者相望也，而儒墨乃始离跂攘臂乎桎梏之间。意，甚矣哉！其无愧而不知耻也甚矣！吾未知圣知之不为桁杨椄槢也，仁义之不为桎梏凿枘也，焉知曾史之不为桀跖嚆矢也！故曰：'绝圣弃知而天下大治。'"

【另类译解】

　　崔瞿问老聃："不治理天下，怎么能够使百姓的心向善呢？"

　　老聃回答："你要谨慎，不要去翻动人心。人心往往是一受压抑就消沉，一受鼓动就张扬，意志消沉或张扬，都像遭受拘禁一样痛苦。只有柔和的心志才能软化刚强。当一个人受到欲望折磨时，顺遂开心时，他的情感激动如烈火；而感到沮丧伤感时，他的情绪又低落得如寒冰。他内心变化迅速，顷刻之间如来往于四海之外。当一个人的心安定时，会似深渊般宁静；当一个人的心动起来，会似悬腾于高天般欣跃。强悍而不可控制的，恐怕只有人心了吧！"

　　"从前，黄帝开始用仁义来扰乱人心，于是尧和舜忙忙碌碌地累到腿上找不到肉了，小腿上的汗毛都磨光了，用以供养天下人的形体，呕心沥血地去推行仁义，殚精竭虑地去完善法度。然而还是未能改变人心。尧将谨兜流放到崇山，将三苗驱逐到三峗，将共工发配到幽都，这说明靠人为的努力，是无法治好天下的。到了夏商周三代，天下更是大受惊扰。下有桀跖等暴虐，上有曾史等喧嚣，儒家墨家种种争辩纷起。于是，人们因互相疑忌而喜怒无常，愚昧的相欺，聪明的相骗，善与不善的相互非议，荒诞与诚信的你讥我嘲，天下民风也就逐渐颓败了，人们的原始状态开始分化，他们的自然本性也就涣散了；普天下的人推崇机心取巧，而百姓的欲望多到了极点。于是乎就必须用斧来砍用锯来锯，用绳来制约用墨来划直，用椎杖和刀剑来处决。天下纷纷大乱，罪在扰乱了人心。所以，贤者隐居到了高山深谷中（庄子自谓也），而帝王君主战栗在庙堂忧惧不堪（惠子所伺候的主上也）。

　　"当今之世，斩首倒毙的人一个压着一个，戴着刑具受罚的人一个挨着一个。遭到刑杀的人满眼皆是，但儒家墨家还在对桎梏枷锁中讨生活的人火上浇油。唉，太过分啦！他们真是太不知羞惭啦！我不晓得贤明与智巧是不是造成刑罚的导火索，我不晓得仁义是不是各种刑律酷治的启门栓，怎么知道曾参史鰌之流不是为暴桀盗跖在鸣锣开道啊？所以说：'抛弃圣人与智巧，天下才会太平。'"

【解读依据】

　　①成玄英疏："廉，务名也。刿，伤也。雕琢名行，欲在物前。若违情起怒，寒甚凝冰；顺心生喜，热踰焦火。"

黄帝立为天子十九年，令行天下，闻广成子在于空同之（山），故往见之，曰："我闻吾子达于至道，敢问至道之精。吾欲取天地之精，以佐五谷，以养民人，吾又欲官阴阳，以遂群生，为之奈何？"

广成子曰："而所欲问者，物之质也；而所欲官者，物之残也。自而治天下，云气不待族而雨，草木不待黄而落，日月之光益以荒矣，而佞人之心翦翦者，又奚足以语至道！①"

黄帝退，捐天下，筑特室，席白茅，闲居三月，复往邀之。

广成子南首而卧，黄帝顺下风膝行而进，再拜稽首而问曰："闻吾子达于至道，敢问，治身奈何而可以长久？"广成子蹶然而起，曰："善哉问乎！来！吾语女至道。至道之精，窈窈冥冥；至道之极，昏昏默默。无视无听，抱神以静，形将自正。必静必清，无劳女形，无摇女精，乃可以长生。目无所见，耳无所闻，心无所知，女神将守形，形乃长生。慎女内，闭女外，多知为败。我为女遂于大明之上矣，至彼至阳之原也；为女入于窈冥之门矣，至彼至阴之原也。天地有官，阴阳有藏，慎守女身，物将自壮。我守其一以处其和，故我修身千二百岁矣，吾形未常衰。"

黄帝再拜稽首曰："广成子之谓天矣！"

广成子曰："来！余语女。彼其物无穷，而人皆以为有终；彼其物无测，而人皆以为有极。得吾道者，上为皇而下为王；失吾道者，上见光而下为土。今夫百昌皆生于土而反于土，故余将去女，入无穷之门，以游无极之野。吾与日月参光，吾与天地为常。当我，缗乎！远我，昏乎！人其尽死，而我独存乎！②"

【另类译解】

黄帝在位十九年，他的号令通行天下。听说广成子住在崆峒山上，就去拜见。黄帝说："我听说先生精通至道，我想请教至道的精髓，我想掌握天地的精华，用来帮助农作物生长，来养育我的人民；我又想主宰阴阳的变化，以使万物健康地发展。请问我应该怎么去做？"

广成子回答："你想要掌握的，是万物的根本，而你想要得到的，是万物的残渣。自从你治理天下以来，云气不等到聚结完成就下雨，草木还没等到枯黄就凋零，日月更加暗淡没有了光辉。你这种自视有才的人心里充满狭隘的思绪，我哪里能够与你谈至道啊！”

黄帝回去后，弃置政事，专门筑了一间僻静的居室，铺上白茅，独居了三个月，再去请教。

广成子头朝南躺着，黄帝从他下方跪着膝行向前，再叩头行了个大礼，问道：“我听说先生精通大道，请问，怎样修身才能活得长久？”

广成子一下子坐了起来，说：“你这个问题问得好！你过来！让我来告诉你什么是至道！至道的精华，深远沉寂；至道的至极，晦暗静默。你什么都不要去看、什么都不要去听，保持精神宁静，形体自然会健康，精神一定要安宁，一定要清静，不劳累自己的形体，不要耗费你的心神，这才可以长生。眼睛不去专注地发现，耳朵不去有意地谛听，内心不要有什么思虑，这样，让你的精神守护住形体，形体就可以长生。严守内心虚静，杜绝外在的纷扰，心思太多定会损害身体，我让你进入异常光明的境地，达到那最充沛的阳气的本原；我让你进入深远的境界，达到那最充沛的阴气的本原。天和地各有所辖，阴气和阳气都有自己的居所，谨慎地守护好自身，身体自然会健康。我守持至道的浑一完整并保持至道的和谐，所以我修身至今已经一千二百年了，我的身体却未见衰老。”

黄帝再拜叩头行礼说：“广成子真可说跟天地合一了！”

广成子说：“你过来！我告诉你！那宇宙的万事万物是没有穷尽的，但人们却认为有尽头；那宇宙的万事万物是深不可测的，但人们却都认为可以搞明白（现代科学即如此，而牛顿爱因斯坦最后都向宗教寻求答案，其实不是他们皈依宗教而是深不可测即宇宙的本质，我们人类是无法得其极的！庄子的这一论断已为越来越多的科学家所接受），掌握了我所说的道，在上可做自己心灵的主宰（不是称皇称霸，那个称皇还要到秦始皇呢！庄子的皇，是心灵的自在与天地同一的无冕之王，这个是最高的上品），在下可做大众的王侯；不懂得我所说的大道，在上只能看见日月之光，而在下就只能面对黄土（即俗人，一个人也管不了，也没有任何资源，只有脚下巴掌大块土地归自己管。像虞人，就是如此。上见光而下为土，不是下就化为尘土，那也得有个过程，得弄个几十年才变土吧，不能一下子就是尘土。所以虞人认为，不懂道的人，只能做俗人，天天面朝黄土背朝天。庄子这话这样理解比较贴切），当今世界的万物，都从土里生长出来又将回到土里（几乎就是《圣经》上的语言，但庄子讲的是当今之世人心已浅薄，已无得道之人，都已是俗人，世已无药可医，与孔子得出的结论是一致的），所以我将离你而去，进入无穷的境域，并遨游在无边无际的旷野。我与日月同光，我与天地共存。人们迎我而来，我茫然无所感；人们背我而去，我茫然无所知！人们都忧患生死，而我却无去无来！"

【解读依据】

① 成玄英疏："蕲蕲，狭劣之貌也。汝是谄佞之人，心甚狭劣，何能语至道也！"

② 成玄英疏："一死生，明变化，未始非我，无去无来，我独存也。人执生死，故忧患之。"

【虞人评读】

佞，不是"奸佞"的意思，而是"不佞"的"佞"的意思，指才智之士。广成子在此是指这个时候黄帝问的问题，内心的思维还完全处在以才智治世的状态，根本没有容纳道的空间。所以将他劝退，但绝没有说黄帝是佞人的意思，成疏此处理解有偏。

【11.6】

云将东游，过扶摇之枝而适遭鸿蒙。鸿蒙方将拊脾雀跃而游①。云将见之，倘然止，贽然立，曰："叟何人邪？叟何为此？"

鸿蒙拊脾雀跃不辍，对云将曰："游！"云将曰："朕愿有问也。"鸿蒙仰而视云将曰："吁！"云将曰："天气不和，地气郁结，六气不调，四时不节。今我愿合六气之精以育群生，为之奈何？"鸿蒙拊脾雀跃掉头曰："吾弗知！吾弗知！"云将不得问。

又三年，东游，过有宋之野而适遭鸿蒙。云将大喜，行趋而进曰："天忘朕邪？天忘朕邪？"再拜稽首，愿闻于鸿蒙。

鸿蒙曰："浮游，不知所求；猖狂，不知所往；游者鞅掌，以观无妄。朕又何知！"

云将曰："朕也自以为猖狂，而民随予所往；朕也不得已于民，今则民之放也。愿闻一言。"

鸿蒙曰："乱天之经，逆物之情，玄天弗成；解兽之群，而鸟皆夜鸣；灾及草木，祸及止虫。意！治人之过也！"

云将曰："然则吾奈何？"鸿蒙曰："意，毒哉！仙仙乎归矣！"

云将曰："吾遇天难，愿闻一言。"鸿蒙曰："意！心养。汝徒处无为，而物自化。堕尔形体，吐尔聪明，伦与物忘②；大同乎涬溟，解心释神，莫然无魂。万物云云，各复其根，各复其根而不知；浑浑沌沌，终身不离；若彼知之，乃是离之。无问其名，无窥其情，物固自生。"

云将曰："天降朕以德，示朕以默；躬身求之，乃今得也。"再拜稽首，起辞而行。

【另类译解】

云将去东方旅游，经过神木扶摇的树枝旁时，刚好碰上鸿蒙。鸿蒙正拍着大腿像麻雀一样跳跃着玩儿呢！云将见状便停了下来，纹丝不动地站着，恭敬地问道："老先生是谁啊？老先生在干什么呢？"

鸿蒙自顾自拍着腿雀跃着玩个不停，头也不抬地回云将道："好玩啊！"云将说："我想向你请教些事情。"鸿蒙这才抬起头来看着云将，说了声："唉！"云将说："天气不和谐，地气郁结了，阴阳风雨晦明六气不顺畅，四时变化不合节令，现在我想融合六气的精髓去养护万物，我应该怎么去做呢？"鸿蒙拍着腿雀跃着掉头就走，边走边说："我不知道！我不知道！"云将不得要领也没问到什么！（其实，应该是问到了，鸿蒙用形态加语言已经给出了答案，只是云将还在红尘事功中沦陷，故而不觉，无法开悟。）

又过了三年，云将又向东方旅游，经过宋国的原野（注：庄子，宋人），恰好又遇到了鸿蒙。云将高兴极了，三步并作两步走到鸿蒙面前，说："您忘记我了吗？您忘记我了吗？"再次叩头行礼，希望鸿蒙指点他。

鸿蒙说："自由自在地玩，不知道求取什么；无所用心，不知道往哪里去。游心于比纷纭之中，去体察宇宙的本真。我又知道什么呢？（鸿蒙这一次看出，三年后的云将已开悟了不少，可以和他多说两句了，故此在貌似谦虚中透露了底牌）"

云将说："我也自以为无所用心，但老百姓还是要跟着我。我无法丢下他们不管不顾，今天为了这些百姓的缘故，我斗胆问一句，恳求先生赐教！"

鸿蒙这一次开腔回答了，他说的是对现实的批判，即他是一个批判现实主义者："现在社会的做法，扰乱了自然的常规，违背了万物的真情。自然的原貌已被人为地破坏了（看来庄子还是生态环境保护主义者），野兽被猎人追得东奔西窜，鸟儿被捕鸟的人惊得半夜乱叫，草被践踏，木被砍伐，就是一动不动安宁的昆虫也不能幸免于难。唉！这都是你说的对人民的治理才造成今天这样的罪过的啊！"

外篇

云将说道:"那么,现在我该怎么办呢?"

鸿蒙说:"唉!你中的毒太深了,你快点回去吧!"

云将说:"我好不容易才碰到您,还是请您赐教一二吧!"

鸿蒙说:"咳!每个人静心养护心灵。只要我们人类不瞎折腾,万物自有它们的运作规律,不要认为自己是万物之灵,不要动不动就耍小聪明,让智慧与万物一并被遗忘。与苍茫的自然之气混同合一,解除思虑,释放精神,无所用心到好像没有知觉的人。芸芸万物,各自返归其本性,各自返回本性进入无所用心的状态,内心浑然弃知,这样终身处于幸福状态(鸿蒙自己就是眼前例子,为何三年后,他还在自由自在地玩呢);如果开启心机,就是打开了烦恼的潘多拉之盒,幸福从此离你而去!不必去给事物挨个取名进行分类,也不要去深挖事物的来龙去脉,这样让万物顺其本性自然生长而不去打扰它们是最好的!"

云将说:"你把对待外物和对待自我的要领传授给我,你把清心寂神的方法晓谕给我;我亲身求道至今,现在才算是真明白了!"再拜叩头,行礼完毕后告辞而去。

【解读依据】

① 成玄英疏:"云将,云主将也。鸿蒙,元气也。扶摇神木,生东海也。亦云风。遭,遇也。拊,拍也。雀跃,跳跃也。寓言也。夫气是生物之元也,云为雨泽之本也,木是春阳之乡,东为仁惠之方。举此四事,示君王御物,以德泽为先也。"

② 成玄英疏:"伦,理也,堕形体,忘身也。吐聪明,忘心也。身心两忘,物我双遣,是养心也。"

【虞人评读】

人有从众心理,别人的行为多多少少地会影响到我们的身心。而庄子是超脱的人了,比起即便是法师的成玄英肯定是要潇洒得多。但成玄英关于云气木东四物的解读无疑是触着了庄子写作时的状态的。

"朕也自以为猖狂,而民随予所往;朕也不得已于民,今则民之放也",庄子谈了许多方面,超然物尘,无欲无求,都对。对于个人来说,我们完全可以接受,也可以尽量修行做到。但是完全无所用心、无所作为,世上不如我们的老百姓怎么办?谁去引领照顾他们?谁去保障他们的冷暖温饱?所以这个问题通过云将的提问问出来是非常有价值的。历来翻译将"今则民之放也"译成"现在人民仿效我",这是错误的。这个"放"应是"斗胆一问"的意思,因前次有被鸿蒙拒答的经历,这次之所以还是"放胆一问",是因为民之故,为了百姓,云将才"放胆一问"。

鸿蒙曰:"意!心养……"对于这些话,历来的译注都是精英主义。书中的心养之类的解读都是针对个人而言,即鸿蒙个人对云将个人,其实大错特错。庄子讨论的都是人类现象、人类问题,人类与自然、人类与宇宙万物的关系。这不是哪一个人的问题,也不是哪一个聪明人的问题,更不是少数精英的问题,而是全人类、全宇宙的普遍问题,所以将之针对个人译是极大地误解了庄子与文本。试问,云将个人按照鸿蒙的要求去做了,能实现得了云将解决今之民的问题吗?

阅读本节,虞人认为,庄子不是理想主义者,也不是他的主张空想虚妄,而是大家都不肯放下手里的斧头。如果真的大家放下手里的斧头,那鸿蒙讲的这种现象会出现的,也是完全可实现的。

【11.7】

世俗之人,皆喜人之同乎己而恶人之异于己也。同于己而欲之,异于己而不欲者,以出乎众为心也。夫以出乎众为心者,曷常出乎众哉!因众以宁所闻,不如众技众矣。而欲为人之国者,此揽乎三王之利而不见其患者也。此以人之国侥幸也,几何侥幸而不丧人之国乎!其存人之国也,无万分之一;而丧人之国也,一不成而万有余丧矣。悲夫,有土者之不知也!

夫有土者,有大物也。有大物者,不可以物;物而不物,故能物物。明乎物物者之非物也,岂独治天下百姓而已哉!出入六合,游乎九州,独往独来,是谓独有。独有之人,是之谓至贵。

【另类译解】

世俗的人都喜欢别人认同自己而讨厌别人与自己不同,认同自己我们就喜欢,不认同自己我们就不悦。这是什么原因呢(这实在是一个非常有意思且好玩的问题,我们常拘泥于译准每一个字,结果庄子的妙趣乐趣都被弄没了、都被赶跑了,这实在可惜)?这是因为我们每一个人都有想引起别人注意的心理。我们每每希望自己引起别人重视或注意,可有多少这样的机会和可能呢?如果你沉默安宁而想引起别人注意,显然不如哗众取宠成功概率大得多(要不也不会有哗众取宠这个成语了。这就是世俗之人,人人不肯安宁要出来瞎折腾的深层心理动机与生理原因）。那些欲望大到想做诸侯称孤道寡的人，只是想攫取夏商周三代帝王那样的尊荣（与前文人人都想引人注目的心理动机与生理原因挂钩），他们不知道这样做的可怕。你窃取别人的国家顺顺利利已是侥幸的小概率事件了，绝大多数都是没有那份侥幸反而造成整个国家的混乱与动荡！想自己引人注目而掀起谋国之变的，其顺利继承和平过渡的，不足万分之一；而将这个国家弄得天翻地覆，事情没成功而千百万人丧命的，比比皆是啊（庄子此节文字，从人想引人注目的内在原因，推演出当时春秋战国政变频仍，政变者之所以成为政变者，其动机就是想让自己的人生引人注目，结果血流成河、天下大乱，政变者只看见帝王的荣耀，不知道这样的折腾违背人的本性而造孽深重，与上文的鸿蒙构成鲜明的对照）！可悲啊！我们社会一些有实力的聪明人却不明白这个道理啊（虞人认为，这里的"土"应当是"士"之误。下文同，想引人注目赢得生前身后名的都是有实力的知识分子，说是土，也可以，因为有土者是有财者，两者都是指有实力的阶层）！

那个真正拥有实力的聪明人，必须是有大格局的人；有大格局的人，不因为物质的原因而影响到自己的格局，所以他们才能有处理万物的大格局。明白了将天下万物当作宇宙本性来看的人的非物（功利性物质）观点，难道仅仅适用于管理百姓这样的事吗（物皆有本性，你又怎么改变得了？你又怎么会以为比别人高明想去改变世界万物，从而去抢夺他人的天下，从而造成血流成河呢）？那个真正拥有实力的聪明人，应当是往来于天地之间，神游于整个世界，独来独往，这就叫作独有。这种特立独行的人，才可以称为至高无上的贵人。

【11.8】

大人之教，若形之于影，声之于响，有问而应之，尽其所怀，为天下配。处乎无响。行乎无方。挈汝适复之挠挠，以游无端；出入无旁，与日无始；颂论形躯，合乎大同，大同而无己。无己，恶乎得有有！睹有者，昔之君子；睹无者，天地之友。

【另类译解】

至人的教诲，就像形对于影、传声对于回响那样自然。有问就有回答，竭尽自己所能，为天下人的疑问作出应答。（庄子自谓也！）但他们从不哗众取宠，也不贪图名声，他们都使自身处于没有声响的无名状态，他们的行踪也似乎没有任何人知道。引导人们穿越吵嚷喧嚣的世界，遨游在自由自在的精神世界。做任何事都无须找什么靠山，与太阳一样升落自然。容颜形躯和言谈均和众人一样，和众人一样就没有自我。没有了自我，怎么还会有林林总总的种种而不能解脱！专注于世上万物种种的，是过去的君子；已看不见自我与万物，已成为天地的朋友了。

【11.9】

贱而不可不任者，物也；卑而不可不因者，民也[①]；匿而不可不为者，事也；粗而不可不陈者，法也；远而不可不居者，义也；亲而不可不广者，仁也；节而不可不积者，礼也；中而不可不高者，德也；一而不可不易者，道也；神而不可不为者，天也[②]。故圣人观于天而不助，成于德而不累，出于道而不谋，会于仁而不恃，薄于义而不积，应于礼而不讳，接于事而不辞，齐于法而不乱，恃于民而不轻，因于物而不去。物者莫足为也，而不可不为。不明于天者，不纯于德；不通于道者，无自而可；不明于道者，悲夫！

何谓道？有天道，有人道。无为而尊者，天道也；有为而累者，人道也。主者，天道也；臣者，人道也。天道之与人道也，相去远矣，不可不察也。

【另类译解】

即使我们眼中最轻贱的东西，也必须任着它的天性才能活；即便我们眼中最下等的百姓，也必须任着他的天性才能健康生存；事情有看得见的看不见的，可即使是看不见的，也按照自己的规则在运营的是宇宙，即便最粗陋的法律，也必须公开出来才能得到统一执行；即便再遥远的地方，自己也一律遵守不误的，才算义；对人亲近然必须推广到所有人的，才是仁；节制而且日渐累积的，才是礼；顺依其性而不可不敬重的，是品德；浑然统一而且不可改易的，是大道；即便是最玄妙莫测也不可不依随的，是自然。所以，圣明的人体察万物而不去相助，成就品德但无拘无束，行为符合大道却不是人谋的结果；合乎仁的标准但心中没有得意；接近了义的做法而不靠自我约束；应答随礼而不觉得是在行礼；与事物相处随顺自在；同于法度而绝无丝毫冲突，与人民互相依托而没有上下之分；即便是最微不足道的物也不由着性子废弃。与事物相处时，既尊重事物本性，同时又尊重人的本性。不理解自然的规律，也就不会有纯粹的德行；不通晓大道的人，则没有事情能够做得好的。你说，那些不通晓大道的人，是不是真的非常可悲啊！

　　什么叫道？道有天道有人道，随顺自然而为万物崇尚膜拜的，那个叫天道；勤恳为民而且辛苦追求的，那个叫人道；主宰宇宙的，是天道；低着头做事的，是人道；天道与人道的距离相差太远了，这是我们不可以不加以体察的！

【解读依据】

　　① 成玄英疏："民虽居下，各有功能；物虽轻贱，咸负材用。物无弃材，人无弃用，庶咸亨也。"

　　② 成玄英疏："神功不测，显晦无方，逗机无滞，合天然也！"

【虞人评读】

　　庄子这段话复杂，但中心意思还是一点，即仁义道德万事万物万人，都必须随顺自然才能正常开枝散叶，而处于得道状态的人，虽行仁义道德等千方万仪均因随顺自然而不觉。真懂道义的人，不是我们所谓混沌的什么都不知道的人，而是什么都知道但已不觉得自己是什么都知道的那种混沌的人，这就是得道。所以接下来，庄子马上问了一个关于道的问题。

　　虞人认为，将"无为而尊者"译成"无所作为而居于高位的人"，似小错而大谬。貌似小错，实则所有的地方均大错。第一，这个"者"不是人，是指物。第二，这个"无为"不是"无所作为"，是"随顺自然"的意思。我们将"无为而治"理解成"什么都不做的垂拱天下"是不对的，随顺自然就是要做事，但不是改变自然的那种"人为"，而是"随顺自然的做事"。比方说不是设大坝让水流改道，而是因势利导让水流顺畅，大致就是这类做法。第三，"尊"也不是高位，不是指人的地位，而是指天道在宇宙中的重要性、在宇宙中享有的至尊地位。

天　地

【12.1】

天地虽大，其化均也；万物虽多，其治一也；人卒虽众，其主君也。君原于德而成于天，故曰，玄古之君天下，无为也，天德而已矣。

【另类译解】

天与地虽然广大，但它们的内部演化是和谐的；万物虽然看起来各色各样，但它们的原理是一致的；老百姓人数虽然多，但他们内心的主宰也是一致的。那个主宰来自天地之累积而成之自然演化。所以说：远古的君主管理天下，一切都是随顺，不过就是顺从天地之累积而已！

【虞人评读】

道家从不为帝王歌功颂德，也从不认可世上有唯一尊神或权威。即便必须有管理，也一定强调"无为"。关于"无为"，虞人前文已说过，不是"什么也不去做"，而是"随顺万物本性去做"，这可比"垂拱"不知道要难多少倍。所谓"垂拱"，实在是一帮蠢人懒人理解不了又不肯勤奋为民还想当官老爷，就想出"垂拱"来骗人。故本节文字中的"君"，除最后玄古之君天下的"君"是兼了君主、管理两职，算半个君主外，其余部分的君都不是君主。作为老百姓，"不知有汉，无论魏晋"者不知凡许。而所谓的君王，走马灯似的，有多少人真当他们一回事啊！说"人卒虽众，其主君也"，是指"君主"，虞人认为错也！郭象认为"天下异心，无心者主也"还有点理解庄子的原意。而成玄英疏"黎首卒隶，其数虽多，主而君者，一人而已，无心因任，允当斯位"已是跑题了。可以看出，封建政权下君权日益侵蚀民权，包括文化上的独立自主权，文化人日益臣服于君权、为君权服务了。今天我们要将被颠倒了的历史再颠倒过来。"主君"，也就是说，

157

百姓虽然人数众多，但我们投胎为人，有一个基本的主宰是一样的，这就是人生而为人的基因。这个基因来自什么地方？来自天地之累积、自然之演化！不然，谁又能说得清，人究竟来自何处呢？庄子这节文字又提出了一个重大的哲学问题，这就是人类的起源。作为人，我们一定是有一个同一的来源的，这是天地演化到一定程度、积累到一定程度自然而然的事。

【12.2】

以道观言而天下之君正，以道观分而君臣之义明，以道观能而天下之官治，以道泛观而万物之应备。故通于天地者，德也；行于万物者，道也；上治人者，事也；能有所艺者，技也。技兼于事，事兼于义，义兼于德，德兼于道，道兼于天。故曰，古之畜天下者，无欲而天下足，无为而万物化，渊静而百姓定。《记》曰："通于一而万事毕，无心得而鬼神服。"

【另类译解】

从道的角度来看待言论，天下的名称都合理（这与黑格尔的凡是"存在的都是合理的"多么契合！又何必看见君字就一个立正，从而彻底抹黑哲学家庄子呢）；从道的角度来看待职分，君臣各自承担的道义就分明；从道的角度来看待才能，天下的官员就能人尽其才；从道的角度广泛地进行观察，万物都有它们齐备的对应。所以，通达于天地的，是德；贯穿于万物的，是道；最好的治理天下的方法，是"使人人自得其事"（郭象注）。人的某一方面才干显得突出的，就是俗称的技能。技能必须与相应的事物相配才能发挥，事物必须与义理相配才是正常的事物，义理必须与厚德相配才是义理，厚德必须与大道相配才成厚德，大道必须与自然相配才是大道，所以说，古时候管理天下的人，没有什么欲望而天下自然富足，自然随顺任万物自然变化发展，深沉虚静而人民自由安定。《记》这本书上说："贯通于道而万事可做成，心无所欲的人连鬼神都敬服！"

【12.3】

夫子曰："夫道，覆载万物者也，洋洋乎大哉！君子不可以不刳心焉。无为为之之谓天，无为言之之谓德，爱人利物之谓仁，不同同之之谓大，行不崖异之谓宽，有万不同之谓富。故执德之谓纪，德成之谓立，循于道之谓备，不以物挫志之谓完。君子明于此十者，则韬乎其事心之大也，沛乎其为万物逝也。若然者，藏金于山，藏珠于渊，不利货财，不近贵富；不乐寿，不哀夭；不荣通，不丑穷；不拘一世之利以为己私分，不以王天下为己处显。显则明。万物一府，死生同状。"

【另类译解】

先生说："那个道，是覆盖和承载万物的存在，茫茫苍苍无边无际！君子不可不剔去成见去效法。随顺去做事就叫自然，随顺去说话就叫口德，施爱于人有利于物就叫仁义，将不同的事物趋于同一就叫伟大，行为不诡谲怪异就叫宽厚，心里能包容万般差异就叫富有，所以保持住人的自然本性就叫纲纪，自然本性与行为一致就叫立德，遵循于大道就叫齐备，不因外物而损害心志就叫完美。君子明白这十点的，就能包容万物、心地广阔，就像滔滔的流水汇集成为万物的向往。像这样的人已是深山下的藏金、深渊里的沉珠，他们决不会贪图财物，也不会希求富贵；不以长寿为快乐，不以夭折为悲哀；不把显达作为荣耀，不把穷困看成羞耻；不谋取天下的利益作为个人的分内私利，不把治理天下作为显赫，显赫之心就是炫耀。因为他们知道世上万物最终都会归于一体，就是死与生都没有什么区别。"

【12.4】

夫子曰："夫道，渊乎其居也，漻乎其清也。金石不得，无以鸣。故金石有声，不考不鸣。万物孰能定之！夫王德之人，素逝而耻通于事，立之本原而知通于神。故其德广，其心之出，有物采之。故形非道不生，生非德不明。存形穷生，立德明道，非王德者邪！荡荡乎！忽然出，勃然动，而万物从之乎！此谓王德之人。视乎冥冥，听乎无声。冥冥之中，独见晓焉；无声之中，独闻和焉。故深之又深而能物焉；神之又神而能精焉；故其与万物接也，至无而供其求，时骋而要其宿，大小，长短，修远。"

【另类译解】

先生说："那个道，居处幽深像深潭，清澈透明。金石如果没有道的寂静就彰显不出是金石，所以金石有声，不敲不鸣。世上万物这种有感才能应的情况，谁是其中的主宰呢？（庄子在这里除了随顺又提出了一个新问题，你一直说随顺随顺，那究竟何为随顺？怎样才是随顺？怎样才叫随顺？道是如何作用于万物的？万物之间又是如何相互作用与影响的呢？）那个保持自然本性到极点的人，素朴的本真是生命之水而以拘于物事为耻；立身于固有的天性而智慧通达得近乎神灵，所以他的德行覆盖的范围宽广无比。物体出现、物体有什么变动，他的心都会自然感知。所以自然界的万物依托道才有了形体，自然界的万物互相感知才构成彼此的生命（这里好似法国哲学家笛卡儿"我思故我在"的哲学命题。"我思故我在"，不是说我思了所以我存在，而是我无法否认自己的存在，因为当我否认、怀疑时，我就已存在。因为否认与怀疑本身已是人的一种思考活动了，是一种通过相对性来确认生命意识的行为）。依托大道具备形体后与万物相融一生，立身纯粹深明大道，这不就是自然本性达到完美了吗！浩浩荡荡啊，他忽然出现，他勃然发动，万物都追随他啊！这就是自然本性达到完美的人！道看不见，听不到，可在看不见之中，却又似乎有微细的痕迹显现；在听不见当中，却又似乎有和谐的声音传出；深而又深之中诞生万物，虚无又虚无之中产生精神；它和万物互相感应，虚无一物却能满足万物的需求，驰骋不停却能让万物归宿，无论那物体是大是小，是长是短，是高是远。"

【虞人评读】

"其心之出，有物采之。"这两句话非常难理解，包括前文"故其德广"，大多译注都讲不清、语焉不详，或都翻译成大而无当的套话。虞人不能接受，认为他们忽略了庄子的重要观点。"其心之出，有物采之"是指感应。如果物质世界一动，人是如何应对的呢？比方说，出太阳了，我们是怎么知道的呢？是视觉、感觉还是心觉？虞人认为，庄子认为保持自然本性的人，心思纯一到极点的话，万物一动，其心自感，出太阳可能不是我们视觉或感觉首先知觉的，而是心里首先掠过一种意识，就是出太阳的意识，然后才是视觉感觉的确认。是否如此，有待科学确认。

【12.5】

黄帝游乎赤水之北，登乎昆仑之丘而南望。还归，遗其玄珠。使知索之而不得，使离朱索之而不得，使喫诟索之而不得也。乃使象罔，象罔得之。黄帝曰："异哉！象罔乃可以得之乎？"

尧之师曰许由，许由之师曰啮缺，啮缺之师曰王倪，王倪之师曰被衣。

尧问于许由曰："啮缺可以配天乎？吾藉王倪以要之。"

许由曰："殆哉圾乎天下！啮缺之为人也，聪明睿知，给数以敏，其性过人，而又乃以人受天。彼审乎禁过，而不知过之所由生。与之配天乎？彼且乘人而无天，方且本身而异形，方且尊知而火驰，方且为绪使，方且为物絯，方且四顾而物应，方且应众宜，方且与物化而未始有恒。夫何足以配天乎？虽然，有族，有祖，可以为众父，而不可以为众父父。治，乱之率也，北面之祸也，南面之贼也。"

【另类译解】

黄帝巡游到赤子北岸，登上昆仑山向南眺望。返回时，遗失了黑色的宝珠。派才智超群的智去寻找，却未找到；派眼力过人的离朱去寻找，也没找到；派善于闻声察色的喫诟去找，也未找到；于是派瞎眼的象罔去找，象罔却找到了。黄帝说："怪了，为什么瞎眼的象罔却能找回黑色的宝珠呢？"

尧的老师叫许由，许由的老师叫啮缺，啮缺的老师叫王倪，王倪的老师叫被衣。

尧问许由说："你的老师啮缺可以做天子吗？我想请王倪去邀请他！"

许由说："危险啊！你这样做要危害天下！啮缺的为人，耳聪目明睿智超群，机敏快捷，天性过人，这样他就会用人事去对抗天然。他精于禁止过失，但却不知道过失产生的原因，这样适合做天子吗？他将依靠人为努力而无视自然规律，他将以自我为中心而改变外物，他将崇尚才智而急如星火地奔驰追逐，他将为俗务所纠缠，他将被外物所约束，他将环顾四方，目不暇接地跟外物应接。他将处处适应大家，他将同流合污而没有自己的原则，他这样怎么适合做天子呢？即便如此，有人聚处在一起，就有一个统领大家的人。他可以做一个统领大家的长官，但不可做一国之君。治理天下，是天下大乱的开端。治是臣子的祸患，是国君的祸根！"

【12.6】

尧观乎华，华封人曰："嘻，圣人！请祝圣人。"

"使圣人寿。"尧曰："辞。""使圣人富。"尧曰："辞。""使圣人多男子。"尧曰："辞。"封人曰："寿，富，多男子，人之所欲也。女独不欲，何邪？"尧曰："多男子则多惧，富则多事，寿则多辱。是三者，非所以养德也，故辞。"

封人曰："始也我以女为圣人邪，今然君子也。天生万民，必授之职。多男子而授之职，则何惧之有！富而使人分之，则何事之有！夫圣人，鹑居而鷇食，鸟行而无彰；天下有道，则与物皆昌；天下无道，则修德就闲；千岁厌世，去而上仙；乘彼白云，至于帝乡；三患莫至，身常无殃；则何辱之有！"封人去之。

尧随之，曰："请问。"封人曰："退已！"

【另类译解】

尧到华山巡视。华山的看山人说："嘻，圣人，请接受我对圣人的祝福。""祝圣人长寿！"尧阻止他说："算了！"看山人又说："那祝圣人富贵！"尧阻止他说："算了！"看山人又说："那祝圣人多生儿子！"尧又阻止他说："算了！"那个看山人说："长寿、富贵、多子，是人们都希望的（这是中国人的命根或中国人的'宗教'），你却独独不想要，这是为什么呢？"尧回答："儿子多了就忧惧多，富贵多了就麻烦多，活得太长寿了就困辱多！这三者，无助于培养人的德行，所以我拒绝你的祝愿！"

看山人说："先前我以为你是个圣人，现在才知道你只是个君子。天生万民，必定会分配给他一定的任务，即便是男孩多，但只要是接受自然的安排，又忧惧什么呢？富贵了与人家一起分享，还有什么麻烦事呢？圣明的人，活得像鹌鹑一样随遇而安，像飞鸟一样不留痕迹，天下合乎大道，他就与万物一起昌盛；天下不合乎大道，他就悠然闲处而培心修德；长寿千年以后，就升天成仙；乘着那片片白云，飘然去天地交接的远方。那个时候，忧惧麻烦困辱也都没有了，身体也没有了，哪里还有什么困辱呢？"看山人说完，就走开了。

尧紧紧地追上他，说："请问……"看山人打断他的话说："回去吧！"

【虞人评读】

虞人以前在《纲鉴易知录》中看到尧与华山封人的对话，尧的三辞，虞人觉得非常有道理，也非常佩服。庄子这里情景再现、素描逼真，让尧在受到华山封人一顿抢白与奚落后，窘态毕现，更深地体现了道的深邃。两者都有理，都是存在方式。虞人既悦尧又服庄，道不就在其中吗？

【12.7】

尧治天下，伯成子高立为诸侯。尧授舜，舜授禹，伯成子高辞为诸侯而耕。禹往见之，则耕在野。禹趋就下风，立而问焉，曰："昔尧治天下，吾子立为诸侯。尧授舜，舜授予，而吾子辞为诸侯而耕，敢问，其故何也？"

子高曰："昔者尧治天下，不赏而民劝，不罚而民畏。今子赏罚而民且不仁，德自此衰，刑自此立，后世之乱自此始矣。夫子阖行邪？无落吾事！"俋俋乎耕而不顾。

泰初有无，无有无名；一之所起，有一而未形。物得以生，谓之德；未形者有分，且然无间，谓之命；留动而生物，物成生理，谓之形；形体保神，各有仪则，谓之性。性修反德，德至同于初。同乃虚，虚乃大。合喙鸣；喙鸣合，与天地为合。其合缗缗，若愚若昏，是谓玄德，同乎大顺①。

【另类译解】

尧治理天下时，封伯成子高为诸侯。尧后来禅让给舜，舜禅让给禹，伯成子高就辞了诸侯之位而回家种田去了。禹前去拜会他，他正在田野里耕种，禹走上前站在下方，毕恭毕敬地问道："以前尧治理天下时，你是诸侯。后来尧禅让给舜，舜禅让给我，你却辞去诸侯的尊位而自己跑来种田。请问，这是什么原因呢？"

子高应答道："以前尧治理天下时，不行赏赐而百姓做事踊跃，不用刑罚而百姓害怕犯法；现在您提倡赏罚人民却反而不仁不义，德行由此衰败，刑杀从此建立，天下的混乱就从现在开始了！先生请您快走开吧，不要影响了我种田！"于是低头耕地，不再看禹一眼。

宇宙起源之初一切都"无"，没有"有"，也没有名称；只有混一的道，道混沌整一而没有形状，万物因为道而产生，这就是"德"（如天地之大德）；没有形状时已有阴阳（一生二），但阴阳和谐没有分界，这就叫作"命"；阴阳之气融合而生万物，万物生成便具有各种形态，这就称为"形"；形体养护精神，各有各的法则，这就叫作"性"。性经过自身修养再返回"德"。"德"的极致就等同于宇宙之初的状态。宇宙之初就虚旷，虚旷无物便无所不容，这样就再入混同合一的状态，说话就像鸟叫一样无心，无心之德既成，那就与天地合一了。这种融合不露迹象，好似朴实混沌，这就叫深奥玄妙的大道，与自然同一。

【解读依据】

① 成玄英疏："总结已前，叹其美盛。如是之人，可谓深玄之德，故同

乎太初，大顺天下也。"

【虞人评读】

虞人说，本节同于《老子》，但简短意赅，从宇宙之初分到人与宇宙再合，说得清楚。

【12.8】

夫子问于老聃曰："有人治道若相放，可不可，然不然①。辩者有言曰：离坚白若县寓②。若是则可谓圣人乎？"

老聃曰："是胥易技系劳形怵心者也。执留之狗成思，猿狙之便自山林来。丘，予告若，而所不能闻与而所不能言。凡有首有趾无心无耳者众，有形者与无形无状而皆存者尽无。其动，止也；其死，生也；其废，起也。此又非其所以也。有治在人。忘乎物，忘乎天，其名为忘己。忘己之人，是之谓入于天。"

【另类译解】

孔子问老聃说："有的人认为道就是矫正人们的性情，将人们认为不可的纠正成可，将人们不然的纠正成然。用善辩的人的话来说：我对于'坚白之辩'独步天下，如日月高悬，像这样的人，可称为圣人吗？"（什么意思？庄子不过在这里举个例子，应用了一下辩家语言，就是我在这个领域的地位如日月高悬，独步天下。也就是说，孔子问老子：一个人，如果他常常去纠正人们的性情，且名声达至天下数一数二地步了，这样的人可称为圣人了吗？）

老聃说："这样的人，不过是为技艺所约束，成天忙碌心忧的聪明小吏罢了。他们就像因善于捕猎被人牵缚的狗、因身手灵敏被人从山林中捉来玩耍的猿猴。孔丘，你过来。我来告诉你一些你从来没有听到过也肯定说不出来的道理。大凡现世有具体人形的人，无知无闻的占多数；有具体人形的人，与无形无状的大道完全并存的还没有过。运动或静止、死亡或生存、衰废或兴盛，这都是自然而然而不可深究其原因的。对人而言，如果真有什么治理的话，那就是忘掉外物，忘掉自然。这就是我们常说的忘掉自己。忘掉了自己的人，这才叫与自然合一。"

【解读依据】

① 郭象注："若相放效，强以不可为可、不然为然，斯矫其性情也。"

② 成玄英疏："坚白，公孙龙守白论也。孔穿之徒，坚执此论，当时独步，天下无敌。今辩者云：我能离析坚白之论，不以为辩，雄辩分明，如悬日月于区宇。故郭注云言其高显易见也。"

【虞人评读】

老子言下之意：孔子所言的那种既不能忘掉自己也不能忘掉他人，处处去纠正他人的声名显赫的人，不过是人间小吏，岂圣人哉！

【12.9】

将闾葂见季彻曰："鲁君谓葂也曰：'请受教。'辞不获命。既已告矣，未知中否；请尝荐之。吾谓鲁君曰：'必服恭俭，拔出公忠之属而无阿私，民孰敢不辑！'"

季彻局局然笑曰："若夫子之言，于帝王之德，犹螳螂之怒臂以当车轶，则必不胜任矣。且若是，则其自为处危，其观台多，物将往，投迹者众。"

将闾葂觋觋然惊曰："葂也汒若于夫子之所言矣。虽然，愿先生之言其风也。"

季彻曰："大圣之治天下也，摇荡民心，使之成教易俗，举灭其贼心而皆进其独志，若性之自为，而民不知其所由然。若然者，岂兄尧、舜之教民，溟涬然弟之哉？欲同乎德而心居矣。"

【另类译解】

将闾葂去拜会季彻，说："鲁国国君对我说：'请指教。'推辞又不获准，就告诉他了。不知道是否恰当，请让我说给你听。我对鲁君说：'为君一定要谦恭节俭，提拔公正忠直的人而抛弃私心，这样，百姓谁敢不和睦呢？'"

季彻听后，俯身大笑："像先生说的这些话，对于帝王的德业，如同螳螂奋起臂膀企图阻挡车轮一样，必定不能胜任。真的这样去做，就是自己将自己置身于危险的境地，这有点像搭的高楼看台，挤向其的人必定很多，危险的事情就会发生了。"

将间蒇吃惊地说:"先生一席话使我顿感茫然。虽然这样,我还是恳请先生能否为我简单地说说其中缘故。"

季彻说:"真正的圣人治理天下,让百姓的心自由纵任不受拘束,使他们受到教化,易除陋习,摒除人的不良之心,恢复其自我本性,好像是本性自为,百姓却意识不到为什么会这样!像你这样,岂不是尊崇尧舜的教导百姓,盲目跟从他们吗?圣人是要百姓同于自然之德而顺应本性啊!"

【12.10】

子贡南游于楚,反于晋,过汉阴,见一丈人方将为圃畦,凿隧而入井,抱瓮而出灌,搰搰然用力甚多而见功寡。子贡曰:"有械于此,一日浸百畦,用力甚寡而见功多,夫子不欲乎?"

为圃者仰而视之曰:"奈何?"曰:"凿木为机,后重前轻,挈水若抽,数如泆汤,其名为槔。"为圃者忿然作色而笑曰:"吾闻之吾师,有机械者必有机事,有机事者必有机心。机心存于胸中,则纯白不备;纯白不备,则神生不定;神生不定者,道之所不载也。吾非不知,羞而不为也。"子贡瞒然惭,俯而不对。

【另类译解】

子贡南去楚国游学,回到晋国,路过汉水南岸。看见一个老人在菜园子里开畦,挖了地洞通向井里,然后抱出一瓮子水出来灌溉田畦,用力很多却见效甚少。子贡忍不住过去说:"现在有一种机械,一天可以灌溉一百个这样的菜园子,用力很少而见效很多,先生不想试用一下吗?"

灌园的老人仰首看着子贡说:"那个是怎么弄的?"

子贡说:"用木材加工个机械,后重前轻,提水就像从井里抽水似的,快速犹如沸腾的水向外溢出一样,其名叫桔槔。"老人听了,脸色越来越不好看了,面带讥笑地说:"我听我的老师说,有了机械之类的东西必定会出现机巧之类的事情发生。有了机巧之类的事情必定会出现机变之类的心思。机变的心思存在胸中,心就不能保持纯洁,会受到污染,这时就会心神不定。心神不定了,便不可能再与大道相通。我不是不知道有这个东西,只不过是耻于去用。"

子贡羞愧满面,低着头说不出话来。

【12.11】

有间，为圃者曰："子奚为者邪。"曰："孔丘之徒也。"为圃者曰："子非夫博学以拟圣，於于以盖众，独弦哀歌以卖名声于天下者乎？汝方将忘汝神气，堕汝形骸，而庶几乎！而身之不能治，而何暇治天下乎！子往矣，无乏吾事！"

子贡卑陬失色，顼顼然不自得，行三十里而后愈。其弟子曰："向之人何为者邪？夫子何故见之变容失色，终日不自反邪。"

【另类译解】

过了一会，那老人问子贡："你是做什么的？"

子贡回答说："我是孔丘的学生。"

老人说："你不就是想以博学来比拟圣人，迎合世俗以哗众取宠，自唱自和你们忧世怀民之歌以博取名声于天下的人吗？你只有遗忘你的精神，忘掉你的形骸，才能接近于大道！你自己都还没有修养好，哪里还有什么闲工夫去管天下的事。你走开吧，不要误了我灌园！"

子贡惭愧变色，怅惘若失，走出了二三十里，脸色才渐渐复原。他的学生问他："刚才灌园的那个人说了些什么？老师为什么遇到他后脸色都变了，整天都没恢复过来呢？"

【12.12】

曰："始吾以为天下一人耳，不知复有夫人也。吾闻之夫子，事求可，功求成，用力少，见功多者，圣人之道。今徒不然。执道者德全，德全者形全，形全者神全。神全者，圣人之道也。托生与民并行而不知其所之，汒乎淳备哉！功利机巧必忘夫人之心。若夫人者，非其志不之，非其心不为。虽以天下誉之，得其所谓，謷然不顾；以天下非之，失其所谓，傥然不受。天下之非誉，无益损焉，是谓全德之人哉！我之谓风波之民。"

反于鲁，以告孔子。孔子曰："彼假修浑沌氏之术者也；识其一，不识其二；治其内，而不治其外。夫明白入素，无为复朴，体性抱神，以游世俗之间者，汝将固惊邪？且浑沌氏之术，予与汝何足以识之哉！"

167

【另类译解】

子贡说："以前我认为天下圣人只有我老师孔丘一人耳，不知道还有这样的人。我听老师说，做事要量力而行，做人要追求功业，用的力气少而获得的成就多，这就是圣人之道！但现在这个人说的却完全不是这样。固守了大道的人德行完备，德行完备的人形体健全，形体健全的人才精神饱满，精神饱满就是圣人之道！这种人寄托形骸于世间，与人们一起悠游生活却不追求什么，内心深不可测，德行淳厚无边，功利智巧之类全然不放在心上。像这种人，不合心志的事不去追求，不合天性的事不去做。即使天下的人都称赞的事，只要他认为不合本性，就傲然不顾；即使天下的人都责备，只要他认为不合自然，便无动于衷、不去理会。天下的人的指责或称赞，对他来说完全不存在，这就是德行完备的人啊！我却是个随波逐流、为世俗所牵绊的人。"

子贡返回鲁国，将上述情形告诉了孔子。孔子说："他是修行浑沌道术的，看到了事物的这一面，却没看到事物的那一面（孔子讲的也在理，批评得在理。庄子不仅批评孔子理论，也用孔子理论批判论道者的偏狭，这才是学者应有的态度）。他们善于调理内在精神，却不善于治理外部世界。像那明澈纯素、自然真朴、体悟本性、护持精神并悠游自在地生活在世俗间的人，你初次接触怎么会不感到诧异呢？而且浑沌氏的道术，我与你又了解多少呢？"

【12.13】

谆芒将东之大壑，适遇苑风于东海之滨。苑风曰："子将奚之？"曰："将之大壑。"曰："奚为焉？"曰："夫大壑之为物也，注焉而不满，酌焉而不竭；吾将游焉。"

苑风曰："夫子无意于横目之民乎？愿闻圣治。"

谆芒曰："圣治乎？官施而不失其宜，拔举而不失其能，毕见其情事而行其所为，行言自为而天下化，手挠顾指，四方之民莫不俱至，此之谓圣治。"

"愿闻德人。"

曰："德人者，居无思，行无虑，不藏是非美恶。四海之内共利之之谓悦，共给之之谓安；怊乎若婴儿之失其母也，傥乎若行而失其道也。财用有余而不知其所自来，饮食取足而不知其所从，此谓德人之容。"

"愿闻神人。"

曰："上神乘光，与形灭亡，此谓照旷。致命尽情，天地乐而万事销亡，万物复情，此之谓混冥。"

【另类译解】【解读依据】【虞人评读】

谆芒东游到海，刚好在东海边上碰上苑风。苑风说："你要到哪里去？"谆芒说："将去大海。"苑风说："去干什么？"谆芒："大海是这样一种东西，不论注入多少都不会装满，不论舀取多少都不干涸，我想去看看。"

苑风说："听先生的意思，好像对普通老百姓不感兴趣。我想听听您对圣治的高见。"

谆芒说："圣治嘛，设置官吏发布政令不失时宜，选拔人才不会遗漏任何能人，使人人都能看清事情的真相去做自己该做的事情，行为和谈吐自然而然，人人都能自觉；这样一来，挥挥手，示示意，四方的百姓没有不汇聚而来的，这就是圣治。"

苑风说："请谈谈什么是德人。"

谆芒说："德人这种人，安居不会乱想，做事不用心计，心中没有是非美丑，四海之内的人民不管谁获得利益他都开心；他有的财富四海之内的人民都可与之共享；百姓悲伤他像婴儿失去母亲，百姓怅然他像走路迷失了方向；因为寡欲，东西因为节俭多了出来他也不知怎么多的；不图吃喝，食物积压他也不知从哪里省下来的，这就是德人的样子。"

成玄英疏："寡欲止分，故财用有余；不贪滋味，故饮食取足；性命无求，故不知所从来也。都结前义，故云德人之容。"虞人认为，"财用有余而不知其所自来，饮食取足而不知其所从"，现代人由于不了解背景，乱翻译一气。德人，绝不是穷人，也绝不是衣食都有问题的人。衣食无忧是成为德人的物质基础或基本条件，所以德人的物质饮食都是有人保障的。由于德人心思全不在这些方面，所以财产多出来了，饮食的东西积压下来了，他都没有察觉。与前文相一致，就是说明德人心里没有自己与世浮沉。

苑风说："那再请谈谈什么是神人。"

谆芒说："至上的神人像照过的光芒，不见形踪，这就是普照。天命无穷无尽，性情充分发挥，与天地共乐而万事皆无，让万物回归本性，这就是混沌深远。"

【12.14】

门无鬼与赤张满稽观于武王之师，赤张满稽曰："不及有虞氏乎！故离此患也。"门无鬼曰："天下均治而有虞氏治之邪？其乱而后治之与？"

赤张满稽曰："天下均治之为愿，而何计以有虞氏为！有虞氏之药疡也，秃而施髢，病而求医。孝子操药以修慈父，其色燋然，圣人羞之。"

至德之世，不尚贤，不使能；上如标枝，民如野鹿；端正而不知以为义，相爱而不知以为仁，实而不知以为忠，当而不知以为信，蠢动而相使，不以为赐。是故行而无迹，事而无传。

【另类译解】

门无鬼与赤张满稽看了武王伐纣的军队。赤张满稽说："周武王确实是比不上虞舜啊！所以天下才会遭受这样的祸患。"门无鬼说："是天下安定了，有虞氏去治理的呢？还是天下混乱了，有虞氏才去治理的呢？"

赤张满稽说："天下都安定、已满足百姓的愿望了，还要请有虞氏来干什么？有虞氏的作用，就像有人要治疗头疮，秃了头才给人装个假发，也如同有了疾病才去求医。孝子拿药来治他慈父的疾病，即便他的神情十分憔悴，圣人还是不满足要羞他，为什么不能使父亲不生病呢？"

盛德大行的时代，不崇尚贤才，不使用能人；国君如树梢无心居上那样自然居上，百姓就像野鹿一样自由自在；百姓行为端正却不知道这就是道义，相互关爱却不知道这就是仁爱，诚实无伪却不知道这就是忠诚，办事守信却不知道这就是诚信，乐于助人却不认为这是谁对谁在施恩赐。所以做了却没有留下痕迹，事迹成之后也没有流传。

【12.15】

孝子不谀其亲，忠臣不谄其君，臣子之盛也。亲之所言而然，所行而善，则世俗谓之不肖子；君之所言而然，所行而善，则世俗谓之不肖臣。而未知此其必然邪？世俗之所谓然而然之，所谓善而善之，则不谓之道谀之人也。然则俗故严于亲而尊于君邪？谓己道人，则勃然作色；谓己谀人，则怫然作色。而终身道人也，终身谀人也，合譬饰辞聚众也，是终始本末不相坐。垂衣裳，设采色，动容貌，以媚一世，而不自谓道谀，与夫人之为徒，通是非，而不自谓众人，愚之至也。知其愚者，非大愚也；知其惑者，非大惑也。大惑者，终身不解；大愚者，终身不灵。三人行而一人惑，所适者犹可致也，惑者少也；二人惑则劳而不至，惑者胜也。而今也以天下惑，予虽有祈向，不可得也。不亦悲乎！

【另类译解】

　　孝子不故意拍他父母的马屁，忠臣不故意谄媚他的君主，这是做儿子、臣子的最佳做法。父母所做的都说好，所做的都称善，世俗称这样的儿子为不肖之子；君主所说的都说好，所做的都称善，世俗称这样的臣子为不肖之臣。却不知道这样做真的对吗？世俗认为是就跟着说是，世俗认为善就跟着说善，那为什么不说这种人是不肖之人呢？因为他们奉承讨好的是世俗啊！这不是显得世俗在我们心中比父母更可亲，比君主更尊贵了吗？如果我们说一个人拍马屁，这个人一定勃然大怒；如果我们说一个人巴结人，这个人一定翻脸变色。那对那些终身在奉承讨好人、终身在巴结谄媚人的人，用譬喻和浮辞博取大众青睐的名人伟人，却看不出他们的不肖，这不是把开始与终结、本与末都弄错了吗？他们穿上华丽的衣裳，绣上斑斓的文彩，使自己的外貌动人，靠讨好大众过一辈子，但为什么都不自认为这样做是在拍马屁呢？与普通的大众为伍，和他们有一致的是非观念，却要认为自己不是普通百姓，这不是笨到极点了吗？知道自己笨，还不算真正的笨；知道自己迷惑了，还不是真正的迷惑；真正迷惑的人，终身不会醒悟；真正笨的人，终身不会明白。三个人在一起走而有一个人迷惑，要去的地方还能够到达，因为迷惑的人占少数；如果其中两个人迷惑，那就会费尽力气了还到不了，因为迷惑的人占了多数。现在天下的人都已经迷惑了，我虽然给大家指出了方向，但迷惑的人太多也不可能让大家醒悟，这不是非常可悲的事吗？

【12.16】

　　大声不入于里耳，折杨皇荂，则嗑然而笑①。是故高言不止于众人之心，至言不出，俗言胜也。以二缶钟惑，而所适不得矣。而今也以天下惑，予虽有祈向，其庸可得邪！知其不可得也而强之，又一惑也，故莫若释之而不推②。不推，谁其比忧③！厉之人夜半生其子，遽取火而视之，汲汲然唯恐其似己也。

【另类译解】

高雅的音乐普通人是欣赏不了的。《折杨》《皇华》等民间小调一般人听了就会欣然而笑。因此，俗人百姓是听不进高深的理论的，至理名言不会流行于世，俗议会占上风（可见古代就是这样，也分高雅音乐与民乐，百姓就是百姓，喜闻乐见的就是郑卫新声，与今人喜听二人转等小调的情况一致，音乐一出生就有阶级性，古今同然）。三人行中两个人迷惑了，就不能到达目的地了。现在天下人都迷惑了，我虽然给大家指出了方向，可势单力薄，怎么可能纠正过来呢？明知不可能还要勉强去做，这又是一大迷惑啊！所以还不如干脆放弃了不去推究吧！如果真的不去推究了，则物我两忘，我还会与谁在一起忧愁吗？

面相丑陋的人半夜生了个孩子，赶紧取来灯火照看，内心十分着急，唯恐生下的孩子像自己一样丑陋。

【解读依据】

① 成玄英疏："大声，谓咸池大韶之乐也，非下里委巷之所闻。折杨皇华，盖古之俗中小曲也，玩狎陋野，故嗑然动容，同声大笑也。昔魏文侯听于古乐，悦焉而睡，闻郑、卫新声，欣然而喜，即其事也。"

② 成玄英疏："释，放也。迷惑既深，造次难解，而强欲正者，又是一愚，莫若放而不推，则物我安矣。"

③ 成玄英疏：'比，与也。若任物解惑，弃而不推，则彼此逍遥，忧患谁与也！"

【虞人评读】

虞人认为，"不推，谁其比忧！"这与范仲淹《岳阳楼记》中："噫！微斯人，吾谁与归？"异曲同工。或者说范氏即化自庄子。但庄子真的做得到吗？心怀天下者，永远心有戚戚，放心不下。庄子举了一个例子：面相丑陋的人半夜生子，赶紧取灯来照，内心十分着急，就担心生下的孩子跟自己一样丑。虞人认为，此一句说明庄子心里是放不下万千生灵的，这就是庄子内心最大的纠结，也是庄子写作本书的动因。

【12.17】

百年之木，破为牺尊，青黄而文之，其断在沟中。比牺尊于沟中之断，则美恶有间矣，其于失性一也。跖与曾史，行义有间矣，然其失性均也。且夫失性有五：一曰五色乱目，使目不明；二曰五声乱耳，使耳不聪；三曰五臭熏鼻，困惾中颡；四曰五味浊口，使口厉爽；五曰趣舍滑心，使性飞扬。此五者，皆生之害也。而杨墨乃始离跂自以为得，非吾所谓得也。夫得者困，可以为得乎？则鸠鸮之在于笼也，亦可以为得矣。且夫趣舍声色以柴其内，皮弁鹬冠搢笏绅修以约其外，内支盈于柴栅，外重缴缴，睆睆然在缴缴之中而自以为得，则是罪人交臂历指而虎豹在于囊槛，亦可以为得矣①。

【另类解读】

百年的树木，伐倒破开做成祭祀用的酒器，再用青黄彩色来绘上花纹，余下的残木则弃置在沟里。被倒在沟中的弃料与精美的酒器相比较，美丑是有差别的。然而，从它们失去了原有的本性来看，又是一样的。盗跖与曾参史鰌，行为的好坏是有差别的，然后从他们失去人的本性这一点来看，双方又是一样的。人失去本性有五种表现：一是五色扰乱视觉，使人眼花缭乱；二是五音扰乱听觉，使人耳朵不敏；三是五种气味熏扰嗅觉，通过鼻腔直达于颡，使人嗅觉失灵；四是五味败坏味觉，使得口舌的味蕾受损；五是患得患失迷乱心灵，使得本性不宁。这五种情况都是生命之害，但杨朱墨翟之流却努力追求，并很是自负自得，这并不是我所说的那种自得！如果人因为这种"自得"而处于困境，可以把这看作自得吗？如果可以，那么关在笼子里的斑鸠鸮鸟也可以说是自得了。何况内心像柴草一样塞满患得患失那类声色之欲，外面又用冠冕朝笏等夸张的服饰束缚，内心里满是枷锁栅栏，外表又被绳索绑了一道又一道，看着绳捆索缚内外交困而自以为有所得，那么罪犯反绑着双手，虎豹被关在圈槛里，也可以算作自得吗？

【解读依据】

① 成玄英疏："支，塞也。盈，满也。栅，笼也。缴缴，绳也。睆睆，视貌也。夫以取舍塞满于内府，故方柴栅；搢绅约束于外形，取譬缴绳，既外内困弊如斯，而自以为得者，则何异有罪之人。交臂历指，以绳反缚也！又类乎虎豹遭陷，困于囊槛之中，忧危困苦，莫斯之甚，自以为得，何异此乎！"

天　道

【13.1】

　　天道运而无所积，故万物成；帝道运而无所积，故天下归；圣道运而无所积，故海内服。明于天，通于圣，六通四辟于帝王之德者，其自为也，昧然无不静者矣。圣人之静也，非曰静也善，故静也；万物无足以铙心者，故静也。水静则明烛须眉，平中准，大匠取法焉。水静犹明，而况精神！圣人之心静乎！天地之鉴也，万物之镜也。夫虚静恬淡寂漠无为者，天地之平而道德之至，故帝王圣人休焉。休则虚，虚则实，实者伦矣①。虚则静，静则动，动则得矣。静则无为，无为也则任事者责矣。无为则俞俞，俞俞者忧患不能处，年寿长矣。夫虚静恬淡寂漠无为者，万物之本也。明此以南乡，尧之为君也；明此以北面，舜之为臣也。以此处上，帝王天子之德也；以此处下，玄圣素王之道也。以此退居而闲游江海，山林之士服；以此进为而抚世，则功大名显而天下一也。静而圣，动而王，无为也而尊，朴素而天下莫能与之争美②。夫明白于天地之德者，此之谓大本大宗，与天和者也；所以均调天下，与人和者也。与人和者，谓之人乐；与天和者，谓之天乐。

【另类译解】

　　自然的运行是从不停滞的（运动是绝对的），所以万物才能生成；帝王的工作也是从不停息的，天下才能归附（所以做帝王的辛苦，特别想到他们晚上还得照顾那么多老婆）；圣道的运行也是从不停息的，所以四海之内才归服（这件事最难，所以庄子下文还得详细说明）。明白自然规律，通晓圣哲之道，六合四时符合帝王之德的人，会任万物自然运动，万物生长都是静悄悄的自由的啊。圣人的虚寂安静，并非认为安静是有利的所以才安静（非功利行为），而是因为世上万物都不能扰乱他的内心，所以他才安静。

水平静了，人在水中的须眉都可以看清，这样平静的水面可以做水平测度的示范，大工匠效仿而做成水准仪。水平静了则明澈，又何况人的精神！圣人的内心宁静了，可以用来做天地的明鉴、万物的明境（圣人是人的水准仪）。那虚静、恬淡、寂寞、无为就是天地之间的水准仪，也是人的道德的极致，所以古代帝王圣人就始终让自己休憩在这一境界。保有这一境界就会内心虚寂安静，内心虚寂安静就能有真正的充实，心灵充实了就符合自然之理。内心虚空才能寂静，寂静才能感受到运行的大道，这样的运行才是真正有收获的运动。虚空寂静便是无为，无为就是让任事者各尽其责。无为就是从容自得，从容自得的人就会无忧无患、延年益寿。那虚静、恬淡、寂寞、无为是万物的根本。明白了这个道理，假如去做君主，就会做成像尧一样的圣君；明白了这个道理，假如去做臣子，就会做成像舜一样的贤臣；凭借这个彻悟去处尊位，就是有盛德让人称颂的帝王天子；凭借这个彻悟去做布衣，就是那些德行崇高、合乎大道的人；凭借这个彻悟退隐江湖而四处闲游，那山林中的隐士们都会折服跟从；凭借着这个彻悟显迹出仕去安抚天下，就会功勋显著、声名远播而天下一统。清静就能成圣；顺应大道而动就成王；无为也尊崇，淳厚朴素是天下没有什么东西可与之争美的。明白天地以无为为本的规律，就是掌握了大根本、大宗原，而成为和自然保持一致的人；以这个规律来调理天下，就是与人融洽无间的人。与人和谐一致，叫作人乐；与自然和谐一致，叫作天乐。

【解读依据】

① 成玄英疏："既休虑息心，乃与虚空合德；与虚空合德，则会于真实之道；真实之道，则自然之理也。"

② 成玄英疏："夫淳朴素质，无为虚静者，实万物之根本也。故所尊贵，孰能与之争美也！"

【虞人评读】

明白了庄子之道，则人生无往而不利。生而为人，是什么都幸福、做什么都开心！

【13.2】

庄子曰："吾师乎！吾师乎！齑及万物而不为戾，泽及万世而不为仁，长于上古而不为寿，覆载天地刻雕众形而不为巧，此之谓天乐。故曰：'知天乐者，其生也天行，其死也物化①。静而与阴同德，动而与阳同波。'故知天乐者，无天怨，无人非，无物累，无鬼责②。故曰：'其动也天，其静也地，一心定而王天下；其鬼不祟，其魂不疲，一心定而万物服。'言以虚静推于天地，通于万物，此之谓天乐。天乐者，圣人之心，以畜天下也。"

【另类译解】

庄子说："我的大宗师啊！我的大宗师啊！凋敝万物却不是暴戾（素秋摇落而凋零者不怨），施恩万世却不为仁爱（兹泽万物而不偏爱），生长于远古却不算长寿（不生不灭，何夭何寿），承托苍天覆盖大地生养万物却无人称巧（皆自尔，何得称巧？），这就叫天乐。所以说：'得到天乐的人，他生存时顺应自然而动，他死后便和万物融为一体。安静时与阴气同隐寂，行动时和阳气同波动。'所以，得到天乐的人，不怨天尤人，无人事是非，无外物牵累，无鬼神责备。所以说：'他动时如天在运行，他静时如大地沉寂，内心安定而驾驭天下，他的形体没有病痛，他的精神不觉疲乏，内心安宁而万物归服。'这是将虚静推广到天地，通达于万物，这就叫天乐。天乐，就是圣人的至心，用来养育天下。"

【解读依据】

① 成玄英疏："既知天乐非哀乐，既知生死无生死，故其生也同天道之四时，其死也混万物之变化也。"

② 成玄英疏："德合于天，故无天怨；行顺于世，故无人非；我冥于物，故物不累我；我不负幽显，有何鬼责也！"

【13.3】

夫帝王之德，以天地为宗，以道德为主，以无为为常。无为也，则用天下而有余；有为也，则为天下用而不足。故古之人贵夫无为也。上无为也，下亦无为也，是下与上同德。下与上同德则不臣；下有为也，上亦有为也，是上与下同道，上与下同道则不主。上必无为而用天下，下必有为为天下用。此不易之道也。

故古之王天下者，知虽落天地，不自虑也；辩虽雕万物，不自说也；能虽穷海内，不自为也。天不产而万物化，地不长而万物育，帝王无为而天下功。故曰：莫神于天，莫富于地，莫大于帝王。故曰帝王之德配天地。此乘天地，驰万物，而用人群之道也。

【另类译解】

帝王的德行，以天地为宗，以道德为主，以无所作为为常态。帝王无所作为，统治天下就悠闲自在；帝王如果有为，则天下有忙不完的事、操不完的心。所以，古代的圣人很看重无所作为。上面的人无为，臣下也会无为，这就是下面效法上面，在下位的效法上位就是不臣。臣下有为，居上位的统治者也有为，这就是上面与下面一致，上与下一致，上面的人就没有了尊严。因此，上面的君主必须无所作为才能治好天下，臣下则必须忙忙碌碌努力工作，这是千古不变的准则。古代统治天下的人，智慧虽能上达于天、下通于地，但并不费心劳神；口才虽能阐述清楚世间万物，但并不亲自言说；才干虽然天下无双，但并不亲自去做；上天并没有有意去做什么，但万物却自然变化发生；大地并没有有意培育什么，但万物却自然而然孕育。帝王无所作为，天下就会大治。所以说，没有什么能比上天神妙，没有什么能比大地富足，没有什么能比帝王伟大。所以说，帝王的德行与天地相配，这就是顺应天地驾驭万物、管理百姓的原则。

【虞人评读】

虞人曰：读庄子之书，信庄子之文非一人之笔，因为一会儿说尧舜为圣人，一会儿又说是俗人；一会儿说他们已得道了，一会儿又说还在人治阶段，这是虞人约略的印象。而读到这段，虞人更吓了一跳，文章意味完全变了，便感到迷惑。因而找其他文本来看。虞人发现郭象注、成玄英疏都有此几段文字。但有的书中已没有这几段，自"夫帝王之德"直到"非上之所以畜下也"均不录入。

欧阳修说："此以下（指'夫帝王之德'以下这些文字），俱不似庄子。"王船山说："此篇之说，有与庄子之旨迥不相侔者。盖秦汉间学黄老之术以干人主者之所作也……以无为为君道，有为为臣道，则剖道为二。且既以有为臣道矣，又曰：'以此南乡，尧之为君也；以此北面，舜之为臣也。'则自相刺谬……定非庄子之书，且非善学庄子者所拟作，读者宜辨也。"

钱穆说："此皆晚世儒生语耳，岂诚庄生之言哉！"

虞人得到证实，此非庄子之作，然既在《庄子》之书中，虽不同道，也当尊重，既云："其生也天行，其死也物化"，则一切随顺，故保留其文字且继续译注，文或不是，而行则庄道也！

【13.4】

本在于上，末在于下；要在于主，详在于臣。三军五兵之运，德之末也；赏罚利害，五刑之辟，教之末也；礼法度数，形名比详，治之末也；钟鼓之音，羽旄之容，乐之末也；哭泣衰绖，隆杀之服，哀之末也。此五末者，须精神之运，心术之动，然后从之者也。

末学者，古人有之，而非所以先也。君先而臣从，父先而子从，兄先而弟从，长先而少从，男先而女从，夫先而妇从。夫尊卑先后，天地之行也，故圣人取象焉。天尊，地卑，神明之位也；春夏先，秋冬后，四时之序也。万物化作，萌区有状，盛衰之杀，变化之流也。夫天地至神矣，而有尊卑先后之序，而况人道乎！宗庙尚亲，朝廷尚尊，乡党尚齿，行事尚贤，大道之序也。语道而非其序者，非其道也；语道而非其道者，安取道！

【另类译解】

天道在上，人道在下。治世要领由帝王把握，具体事务由臣子落实。动兵动刀，是德行已衰落；用赏罚来让百姓知道利害，设立五刑进行威吓，是教化已衰落；讲究礼法，各种名堂繁复，是政治已衰落；用钟鼓来凑音，用羽旄来装容，是声乐已衰败；用悲哭表示哀泣，用衰绖规范丧服，是哀情已衰退。上述五点需要精神和心智都自然率性地运行之后，才能摒除矫伪，不振而自举。

这五末之学，在中古就有，事涉浇伪终非根本。君王为尊而臣下从之，父亲为尊而子女从之，哥哥为尊而弟弟从之，年长的为尊而年轻的从之，男性为尊而女性从之，丈夫为尊而妻妾从之。尊卑主从，是天地的运行规律，所以为古代圣人所效法。天尊贵，地卑下，这是神明的位次；春夏在前，秋冬在后，这是四季的秩序。万物变化运作，萌生时的差异形成各异的形态。盛衰交替，是事物自然的变化。那神圣无比的上天和大地，都有尊卑先后的次序，何况人世间的治理呢！宗庙以亲缘关系为重，朝廷崇尚尊贵，乡里尊重年长，做事尊崇贤明，这是大道的秩序。谈论大道却不顺从大道的秩序，并不是真正地推崇大道；谈论大道却不实行大道的人，怎么可能推行大道呢！

【13.5】

是故古之明大道者，先明天而道德次之，道德已明而仁义次之，仁义已明而分守次之，分守已明而形名次之，形名已明而因任次之，因任已明而原省次之，原省已明而是非次之，是非已明而赏罚次之，赏罚已明而愚知处宜，贵贱履位；仁贤不肖袭情，必分其能，必由其名。以此事上，以此畜下，以此治物，以此修身，知谋不用，必归其天，此之谓大平，治之至也。

【另类译解】

因此，古代通晓大道的人，先弄明白自然，然后弄明白道德，道德弄明白以后才是仁义，仁义弄明白以后才分清本分，分清本分以后才关注外在的各类事物，分清了各类事物才因人而任用。因人而用之后才顾及原有的还是后改的，原有的还是后改的确定了才谈是非，是非明确后才行奖赏惩罚。赏罚公平就会使愚智相处得宜，尊贵的和卑贱的各安其位，仁爱贤明的人和不肖之徒都使用他们的长处。一定要区分不同的才能，一定要顺从各自不同的名分，用这种方式上侍君主，用这种方式下驭百姓，用这种方式治理万物，用这种方式修身养德，就会不用心机，顺其自然，这就叫天下太平。这是天下治理的最高境界。

【13.6】

故书曰："有形有名。"形名者，古人有之，而非所以先也。古之语大道者，五变而形名可举，九变而赏罚可言也。骤而语形名，不知其本也；骤而语赏罚，不知其始也。倒道而言，迕道而说者，人之所治也，安能治人！骤而语形名赏罚，此有知治之具，非知治之道；可用于天下，不足以用天下，此之谓辩士，一曲之人也。礼法数度，形名比详，古人有之，此下之所以事上，非上之所以畜下也。

【另类译解】

所以古书上说："事物有形态，有名称。"根据事物的形态而给它们取名称，古代人就这么做了。古代谈论大道的人，经过五个阶段考证后才确定事物的形态和名称，经过九个阶段的观察后才谈及奖赏和处罚。突然就谈一种事物的形态和名称，往往无法了解事物的根本；贸然进行赏罚，就不能搞对赏罚。颠倒事物的先后次序，或违背大道而乱言论的人，只能被别人统治，怎能统治别人呢？冒失地谈论事物的形态和名称以及随意惩罚，这是有治理天下的机会却没有掌握治理天下的原则；这种人可以为天下所用，但却不能用来治理天下，这就是那些善于诡辩的人，只了解事物局部而没有把握整体的人。讲究礼法，搞各种繁复的名堂，这些方法古人就有，只不过适合臣下用来做具体操作，并不适合君主用来治理百姓。

【13.7】

昔者舜问于尧曰："天王之用心何如？"尧曰："吾不敖无告，不废穷民，苦死者，嘉孺子而哀妇人，此吾所以用心已。"舜曰："美则美矣，而未大也。"尧曰："然则何如？"舜曰："天德而出宁，日月照而四时行，若昼夜之有经，云行而雨施矣。"尧曰："胶胶扰扰乎！子，天之合也；我，人之合也。"

夫天地者，古之所大也，而黄帝尧舜之所共美也。故古之王天下者，奚为哉？天地而已矣。

【另类译解】

以前舜问过尧："您作为天子是如何用心任事的呢？"尧回答道："我不轻慢孤苦无依的人，不放弃处境困厄的贫民，抚恤死者家属，培养小孩和同情妇女，这都是我的用心所在。"舜说道："好是很好，但还是说不上伟大。"尧问道："那应该怎么做才更好呢？"舜说道："像太阳将万物普照，明递嬗四季交替，天然而然大地安宁；自然得就似昼夜的每天更换，云随着风飘浮，天空中水分充足了就会下雨一般。"尧听了叹道："我真是整日里扰乱多事啊！你能与自然相符，而我至多做到了与人事相合。"

天和地，自古以来都被认为是最伟大的，黄帝、尧、舜都赞美它。所以，古来治理天下的人，他们都做些什么呢？效法天地而已！

【13.8】

孔子西藏书于周室。子路谋曰："由闻周之征藏史有老聃者，免而归居，夫子欲藏书，则试往因焉。"孔子曰："善。"

往见老聃，而老聃不许，于是繙十二经以说。老聃中其说，曰："大谩，愿闻其要。"孔子曰："要在仁义。"老聃曰："请问：仁义，人之性邪？"孔子曰："然。君子不仁则不成，不义则不生。仁义，真人之性也，又将奚为矣？"老聃曰："请问：何谓仁义？"孔子曰："中心物恺，兼爱无私，此仁义之情也。"

老聃曰："意，几乎后言！夫兼爱，不亦迂乎！无私焉，乃私也。夫子若欲使天下无失其牧乎？则天地固有常矣，日月固有明矣，星辰固有列矣，禽兽固有群矣，树木固有立矣。夫子亦放德而行，遁道而趋，已至矣；又何偈偈乎揭仁义，若击鼓而求亡子焉？意，夫子乱人之性也！"

【另类译解】

孔子想西去周王室将他宝贝的经书储藏在国家图书馆。子路出主意道："我听说周王室管理典籍的史官中，有个叫老聃的，归隐在家（看来，老聃是前国家图书馆馆长，现在内退了，而以前图书保存，是相当困难的，孔子要保存图书，还得找关系开后门呢？庄子所写的事往往惟妙惟肖，我们不仅看它的内涵和寓意，也可从庄子的叙事中窥见当时的社会生活状态），先生想保藏经书，可以请他帮忙。"孔子说："这个主意好！"

孔子去拜见老聃，但老聃不答应帮忙。孔子就反复引用经书的内容强调其具有的收藏价值。老聃就打断孔子的解释说："太啰唆了，请拣要点讲！"孔子说："要点就是'仁义'。"老聃说："请问，'仁义'这个东西，是人的本性吗？"孔子回答道："是的，君子不仁就不能成就事业，不义就不能立足于社会。仁义，确实是人的本性，这难道还有什么值得怀疑的吗？"老聃就再问："那请问什么是'仁义'？"孔子回答道："内心慈爱，爱所有人无偏私，这就是仁义的实情！"

老聃说道："噫，你后面这几句话真虚伪！爱所有人，不是太迂腐了吗？说是没有私心，其实是希望获得更多人爱的另一种私心。先生如果是想使天下的人都不失去生养之根，那就让人们遵守自然之本性吧！日月本来就是有光的，星辰本来就是排列有序的，禽兽本来就是各自结群的，树木本来就是直立在地上成长的。先生只要因循本性去行事，顺着自然规律去处世，就最好了，又何必奋力扛起'仁义'的大旗！这岂不是像敲着鼓去追寻那个逃跑的人吗？唉！先生扰乱了人的本性啊！"

【13.9】

士成绮见老子而问曰："吾闻夫子圣人也。吾固不辞远道而来愿见，百舍重趼而不敢息。今吾观子，非圣人也，鼠壤有余蔬，而弃妹之者，不仁也，生熟不尽于前①，而积敛无崖。"老子漠然不应。

士成绮明日复见，曰："昔者吾有刺于子，今吾心正却矣，何故也？"老子曰："夫巧知神圣之人，吾自以为脱焉。昔者子呼我牛也而谓之牛，呼我马也而谓之马。苟有其实，人与之名而弗受，再受其殃②。吾服也恒服，吾非以服有服。"

【另类译解】【虞人评读】

士成绮见到老子后说道："我听说您是圣人，我坚定不移远道而来希望见到您。我走了一百天的路，脚后跟磨出厚厚的老茧也不敢停下来休息。现在我看您，不是圣人。我见到你家里的老鼠洞里有许多粮屑，你不管不顾，这是浪费不仁啊！穿的吃的多得不得了，可还是有人往里面送，这是贪婪无度啊！"（不过，虞人在此也有疑惑，不知老子如何解释？见成玄英等疏注，不过是为圣人讳，或是文过饰非呢？）老子沉默没有回应。

士成绮第二天又去见老子，说道："昨天我对您语中带刺，现在我心里觉得很不踏实（虞人觉得士成绮倒是个圣人），这是什么原因呢？"老子回答说："机巧、聪明、神圣这类词，我远离已经很久了。先前你叫我牛，我就是牛；你叫我马，我就是马。万物本是一个实体，别人给你取名已经是一次人为了；如果你再抗拒声辩不接受，那不是二次人为了吗？这不是在自然之上蒙上了二层灰尘吗？（虞人认为，成氏他们于此的疏注还是在为圣人讳，或至少有讳意在内，而虞人认为，此句中牛马不过是指主体对客体的命名，圣人或牛或马，都是人心中的产物，是人为的东西，所以老子不屑，老子说的意思是，说我是圣人，是你自己说的，我不需理会，就像你说我是牛，我就是牛；说我不是圣人，也是你说的，就像你又说我是马，我就是马，这都是你心在动。而我还是那个'苟有其实'的存在，什么都没变，什么都没动，而动的是你的心；如果我与你争辩，我不是牛而是马，或我不是马而是牛，那我们就会起了争执争辩之心。所以老子'漠然不应'）老子说，我常常是顺其自然去接受世上万事万物，而不是以有心的态度勉强去接受。（老子在这里也回答了老鼠洞里的余粮与衣食问题，即在士成绮的眼里，衣食与鼠洞余蔬不正常，而老子认为这是天然之事、自然之物，无一不正常。因为正常不正常你首先要建立人为的标杆，然后作出判断。而老子认为不需人为，故不必心动！）"

《庄子》另类解读——用世界的眼光读《庄子》

【解读依据】

① 成玄英疏："生，谓粟帛；熟，谓饮食。充足之外，不复概怀，所以饮食资财，目前狼藉。且大圣宽弘而不拘小节，士成庸琐，以此为非。细碎之间，格量真圣，可谓以螺酌海，焉测浅深也！"

② 成玄英疏："昨日汝唤我作牛，我即从汝唤作牛；唤我作马，我亦从汝唤作马，我终不拒。且有牛马之实，是一名也。人与之名，讳而不受，是再殃也。讥刺之言，未甚牛马，是尚不讳，而况非乎！"

【13.10】

士成绮雁行避影，履行遂进而问："修身若何？"老子曰："而容崖然，而目冲然；而颡頯然，而口阚然，而状义然，似系马而止也。动而持，发也机，察而审，知巧而睹于泰，凡以为不信。边竟有人焉，其名为窃。"

【另类译解】

士成绮像雁一样侧行不敢正视自己羞愧的身影，轻手轻脚地小心前行问道："那怎样修行才能达到这种境界呢？"老子说："如果有那个容貌神态自命不凡的，如果有那个眼睛咄咄逼人的，如果有那个额头高亢露出华饰的，如果有那个语言雄猛的，如果有那个形状大义凛然的，他们看上去像系住的奔马，身虽被拴住而心犹在奔驰；虽然表面安静，可一旦出现情况就会像箭发弩机；他们明察而精审，智巧于心而面露骄恣之态，凡事凡物他们都不会真的相信，很远很远的偏僻之地有这种人，他们被人们称作强盗！"

【虞人评读】

自成玄英起，均将这个而字解作汝，虞人认为不妥，"好像因为昨天士成绮讥刺了老子两句，老子今天反唇相讥报复他，进行人身攻击，并且对他的容貌言谈进行挖苦与攻击。一如专门模仿残疾人的某笑星，这绝非老子所为。所以虞人认为，看到士成绮虚心想学习的样子，老子就教他如何看待红尘中的一些现象及人物，而最重要的一句就是，这些汲汲于各种物求而'凡以为不信'的，实乃人类的盗贼。

【13.11】

夫子曰:"夫道,于大不终,于小不遗,故万物备。广广乎其无不容也,渊渊乎其不可测也。形德仁义,神之末也,非至人孰能定之[①]!夫至人有世,不亦大乎!而不足以为之累。天下奋柄而不与之偕,审乎无假而不与利迁,极物之真,能守其本。故外天地,遗万物,而神未尝有所困也。通乎道,合乎德,退仁义,宾礼乐,至人之心有所定矣!"

【另类译解】

先生说(这个"先生"成玄英认为是老子,庄子师老君。虞人认为不然,这个夫子是指庄子,本篇是庄子弟子所作):"那个道,说它大,它大到无穷无尽;说它小,小到没有漏缝。它具备在万物之中。广大啊!没有什么是道不包容的。渊深啊!道是那么的深不可测。推行刑赏仁义,已是精神衰落了,如果不是有定力的至人谁能够做得好这些事呢?如果至人有了这个世界的统治权,那他的责任不就重大了吗?所以至人是不会去领受这个世界的统治权的(这与庄子的人生经历一致),因为他不想有起心动念的累(想想历代帝王宵衣旰食也要争这个帝位,而且还是一帮智力能力平庸的人。虞人不禁为他们怎么有的这种高觉悟而疑惑万分)!而天下的群人与至人不一样,他们奋起争夺权柄,作假逐利,而至人看得非常清楚,他不为所动;他考察事物的本原,并能持守根本。所以至人能把天地置之度外,忘却万物,而精神从来不曾有过什么困扰。通达于道,融合于德,抛弃仁义,摈斥礼乐。所以至人的内心是非常安宁和有定力的。"

【解读依据】

① 成玄英疏:"夫形德仁义者,精神之末迹耳,非所以迹也,救物之弊,不得已而用之。自非至圣神人,谁能定其粗妙耶!"

【13.12】

世之所贵道者书也,书不过语,语有贵也。语之所贵者意也,意有所随。意之所随者,不可以言传也,而世因贵言传书。世虽贵之,我犹不足贵也,为其贵非其贵也。故视而可见者,形与色也;听而可闻者,名与声也。悲夫!世人以形色名声为足以得彼之情!夫形色名声果不足以得彼之情，则知者不言，言者不知，而世岂识之哉^①！

【另类译解】

世人比说话更看重的是文字，文字不过是人的语言的书面记录，语言有它的紧要之处。语言紧要的地方是它的意思，意思有它的指向。意思指向的最微妙所在是无法用语言来表达的。世人因为看重语言，因而希望用文字来传达意思。虽然世人重视文字，我却认为世人有点过分看重这些文字了。因为世人所看重的是文字描述的事物表象，并不是真正值得看重的事物的本质（为什么？因为真正值得看重的是道，而道，无论是用语言还是用文字均不足以传神），所以世人用眼睛看见的，不过是形和色；用耳朵听见的，不过是名和声。很可悲啊！世上的人认为，从形、色、声、名就足以获得事物的实情！那个形、色、声、名确实不足以得到事物的本质。这就是得道的人说不出，说出来的人没得道，然后世上的人又怎么知道是这么一回事呢？

【解读依据】

① 成玄英疏："知道者忘言，贵德者不知，而聋俗愚迷，岂能识悟！唯当达者方体之矣。"

【虞人评读】

虞人认为，综合整段文字来看，"世之所贵道者书也"中的"道"是"说话"的意思；而"书"是"文字"的意思（不仅本段，下段接续的文字也说的是同一件事，就是语言或文字都不能准确传"道"这一人类困境）。而无论是"说话"还是"文字"，都不足以言传的才是"道"，这个"道"是"大道"的"道"了。由于"道"的这个不可言传的特点，所以得"道"的人说不出，说出来的又不是"道"，所以世人实在难于把握和得"道"。

【13.13】

桓公读书于堂上，轮扁斫轮于堂下，释椎凿而上，问桓公曰："敢问，公之所读者何言邪？"公曰："圣人之言也。"曰："圣人在乎？"公曰："已死矣。"曰："然则君之所读者，古人之糟魄已夫！"桓公曰："寡人读书，轮人安得议乎！有说则可，无说则死。"

【另类译解】

齐桓公在堂上读书，轮扁在堂下砍削轮子。他放下锥凿走到堂上，问齐桓公道："请问，您读的是什么书？"桓公说："是记载圣人话语的书。"轮扁又问："那圣人还健在吗？"桓公回答道："已经不在了。"这时，轮扁突然神气起来，他说："那您所读的这些文字，不过是古人的糟粕罢了！"桓公被他呛了一下有点下不了台，便没好气地说："我做国君的正在读书，你一个做车轮的工匠瞎议论什么？今天你给我说个道理出来，若说得出道理，我便饶了你乱议论的罪。若说不出来，我就处死你！"

【13.14】

轮扁曰："臣也以臣之事观之。斫轮，徐则甘而不固，疾则苦而不入。不徐不疾，得之于手而应于心，口不能言，有数存焉于其间。臣不能以喻臣之子，臣之子亦不能受之于臣，是以行年七十而老斫轮。古之人与其不可传也死矣，然则君之所读者，古人之糟魄已夫！"

【另类译解】

轮扁说道："我是从我的职业经验来看您读书这件事的。我是个砍削车轮的，我砍削得慢了就松滑而不坚固，砍削得快了就滞涩难削入，只有不快不慢，才能得心应手。这种感受，虽然我口里不能说出来，但奥妙却是存在的。我不能仅用语言将这个奥秘说明白，我的儿子也不能仅因为我的传授就能明白或掌握这个奥秘。因此，我现在都七十岁了还在做车轮，那无法传授的精华，随古人的死去已经不存在了。那么您现在阅读的这些文字，不就只是古人的糟粕吗？"

【虞人评读】

将前后两段文字放在一起看，就能明白作者大概是在表达何种哲理了。郭象注曰："当古之事，已灭于古矣，虽或传之，岂能使古在今哉！古不在今，今事已变，故绝学任性，与时变化而后至焉。"

古人，特别是儒家希望从历史经验的传承中来总结，然后通过吸取历史的经验教训来解决现实生活的一切问题。而庄子在此认为，这是不现实的，真正的精华由于无法用语言传承，很难原原本本地让后人继承，所以必须研究自然并发现其规律，也就是道。只有真正得道，回归到自然状态，恢复人类本性，才能解决世上所有的问题。理解偏颇，尽信经书，行事机械，上下乖谬，其"道"难得，而误后世多矣！

天 运

【14.1】

"天其运乎？地其处乎？日月其争于所乎？孰主张是？孰维纲是？孰居无事推而行是？意者其有机缄而不得已邪？意者其运转而不能自止邪？云者为雨乎？雨者为云乎？孰隆施是？孰居无事淫乐而劝是？风起北方，一西一东，有上仿徨，孰嘘吸是？孰居无事而披拂是？敢问何故？"

巫咸袑曰："来，吾语女。天有六极五常，帝王顺之则治，逆之则凶。九洛之事，治成德备，临照下土，天下戴之，此谓上皇。"

【另类译解】

"天在运转吗？地是静止的吗？日月交替是在争夺居所吗？这一切是谁在幕后操纵？谁是这里的头儿？谁闲着无事在推着天体转圈？或者是有机关发动天体身不由己只能转动吧？或者是天体在自行运转自己停不下来吧？云彩是雨水蒸发而形成的吗？雨水是因为乌云降落造成的吗？是谁在空中操纵双方的转换？是谁闲着无聊贪玩似的在那兴云布雨？风从北方吹起来，一会儿西一会儿东，在天上回转往来，是谁在天上呼吸吗？是谁闲着无事在吹动天上的空气吧？请问这些问题的答案？"

巫咸袑说道："来！我告诉你。天有六极五常。帝王依顺它的六合五行，天下就得到顺理；违背它，天下就会多事。九州的事务，如果风调雨顺，就是治成德备，好似光芒照耀大地，所有人都沐浴在阳光里，这就是最大的治理。"

【虞人评读】

此段文字，一似屈原《天问》。有几点虞人觉得需要特别说明：

（1）天体为何始终不停地在运转？是否有什么机关发动还是自转不已？虞人最近看到一本奇书《天才在左疯子在右》，虞人认为这里面有一位被称为老师的精神病院的"镇院之宝"与作者的对答最形象和清楚地说清了这个问题，而且说明了空间弯曲和黑洞等现代人对天际更深刻的观察。虞人由于喜欢这一段文字，现转录如下：

他（指"镇院之宝"）："你知不知道我们生活在扭曲的空间？"

我（《天才在左疯子在右》一书作者）："不知道。"

他："不知道没关系，打个比方说的话会很容易理解。假如多找几个人，我们一起拿着很大的一张塑料薄膜，每个人拉着一个边，把那张薄膜绷紧……这个可以想象得出吗？"

我："这个没问题，但是绷紧薄膜干吗？"

他："我们来假设这个绷紧的薄膜就是宇宙空间好了。这时候你在上面放一个橘子，薄膜会怎么样呢？"

我："薄膜会怎样？会陷下去一块吧？"

他："对，没错，是有一个弧形凹陷。那个弧形的凹陷，就是扭曲的空间。"

我："弧形凹陷就是？我们说的是宇宙啊？空间怎么会凹陷呢？"

老头微笑着不说话。

我愣了一下，明白了："呃，不好意思，我忘了，万有引力。"

他继续："对，万有引力。那个橘子造成了空间的扭曲。这时候你用一颗小钢珠滚过那个橘子凹陷，就会转着圈滑下去吧？如果你的力度和角度掌握得很好，小钢珠路过那个橘子造成的弧形时，橘子弧形凹陷和小钢珠移动向外甩出去的惯性达到了平衡，会怎么样？"

我："围着橘子不停地在转？有那么巧吗？"

他："当然了，太阳系就是这么巧，月亮围着地球也是这么巧的事啊，不对吗？"

我："嗯，是这样……原来这么巧……"

他："现在明白扭曲空间了？我们生活的环境，就是扭曲的空间，对不对？"

我不得不承认。

他："明白了就好说了。我们这时候再放上去一个很大的钢珠，是不是会出现一个更深的凹陷？"

我："对，你想说那是太阳？"

他："不仅仅是太阳，如果那个大钢珠够重，会怎么样？"

我："薄膜会破，是黑洞吗？"

他："没错，就是黑洞。这也是科学界认为的'黑洞质量够大，会撕裂空间'。如果薄膜没破，这会有个很深很深的凹陷，就是虫洞。"

我："原来那就是虫洞啊……撕裂后……钢珠……呃，我是说黑洞去哪儿了？"

他："不知道，也许还在别的什么地方，也很可能因为撕裂空间时候的自我损耗已经被中和了，不一定存在了。但是那个凹陷空间和撕裂空间还会存在一阵子。"

我："这个我不明白，先不说它去哪儿了的问题。钢球都没有了怎么还会存在凹陷和撕裂的空间？"

他笑了："这就是重力惯性。如果一个星球突然消失了，周围的扭曲空间还会存在一阵子，不会立刻消失。"

我："科学依据呢？"

他："土星光环就是啊！虽然原本那颗卫星被土星的重力和自身的运转惯性撕碎了，但是它残留的重力场还在，就是这个重力场，造成了土星光环还在轨道上。不过几亿年之后就没了，也许几十万年吧？"

自古以来，就有一半是疯子一半是天才的一帮人在思考这些问题，由于虞人认为庄子的书是本哲学类著作，对天体宇宙的探索是其很大的特色，故录入这段精彩对话供读者对照与理解。

（2）本段文字的第二个问题是，这些问题的提问者是谁？如果本篇作者是庄子，那么他显然不是屈原；如果本篇作者是庄子的后代继承者，那原问的作者可能就是屈原了！我们不管是谁问的，说明春秋战国时期是一个求知探索的时代，一批知识分子开始思考宇宙空间与人类社会。庄子的思考就是围绕这些展开的，无论是他还是其弟子，都很重视这段仰望星空的文字所表达的探索精神，所以录入书中珍藏。

（3）巫咸祒的回答。帝王"顺之则治"，如果我们将之译成"统治"，虞人认为不妥，庄子也不会同意。所谓顺天应人，于庄子而言不过就是按照自然规律行事，不是人治。人治，不管这个圣人是多么有道德品德的人，庄子都不赞成。庄子只赞成自由自在的生活，从来没对帝王的统治投过赞成票。所以虞人将"临照下土，天下戴之"译成"好似光芒照耀大地，所有人都沐浴在阳光里"，译成自然之光，而不是帝王之光。在庄子与虞人眼里，帝王何来光芒？帝王的荣光也不过是天地与人民之光亮的投射和反光罢了！

【14.2】

商大宰荡问仁于庄子。庄子曰："虎狼，仁也。"曰："何谓也?"庄子曰："父子相亲，何为不仁?"曰："请问至仁。"庄子曰："至仁无亲。"大宰曰："荡闻之，无亲则不爱，不爱则不孝。谓至仁不孝，可乎?"

庄子曰："不然。夫至仁尚矣，孝固不足以言之。此非过孝之言也，不及孝之言也。夫南行者至于郢，北面而不见冥山，是何也? 则去之远也。故曰：以敬孝易，以爱孝难；以爱孝易，以忘亲难；忘亲易，使亲忘我难；使亲忘我易，兼忘天下难；兼忘天下易，使天下兼忘我难。夫德遗尧舜而不为也，利泽施于万世，天下莫知也，岂直大息而言仁孝乎哉! 夫孝悌仁义，忠信贞廉，此皆自勉以役其德者也，不足多也。故曰：至贵，国爵并焉；至富，国财并焉；至愿，名誉并焉①。是以道不渝。"

外篇

【另类译解】

宋国的太宰荡问庄子如何看待仁这个问题，庄子是这样回答的："虎与狼也有仁爱之心。"荡不解，问："为什么这样说?"庄子反问道："虎狼也是父子相亲的，为什么它们就不是仁呢?"荡又问："我想问的是最高境界的仁。"庄子答："最高境界的仁就是没有亲情。"荡进一步进逼，追问："我听说，没有亲就不会有爱，没有爱就不会有孝，说最高境界的仁爱就是不孝，您是这个意思吗?"

（这个眼药水给点的，看来，荡这个家伙不愧是太宰，老奸巨猾）庄子一眼就看透了这家伙不怀好意，立即否定："不是这个意思! 最高境界的仁是高尚的，孝的概念本来就不能覆盖它。这并不是我在此非议孝，我想说明的是我现在说的不涉及孝这个话题（庄子对偷换概念的荡进行了反击，将问题扳回原点）。如果一个人往南走到达楚国都城郢城，那他就一定看不到位于北方的冥山，这是为什么呢? 因为他离冥山距离已经很远了啊! 所以说，用尊敬来尽孝大家容易做到，但用爱来尽孝就已经有难度了；用爱来尽孝大家容易做到，但用淡泊来对待自己的双亲就很少人做得到了；以淡泊来对待自己的双亲本来容易，但让双亲用淡泊来对待自己就凤毛麟角了；使双亲用淡泊来对待自己相对容易，要做到淡泊忘怀天下就难而又难了；使自己淡泊忘怀天下还相对容易，要让天下的人都淡泊忘我就艰难无比了。一个真正的人，他的德行继承尧舜，勤政爱民却好似什么都不是自己所做，利益与恩泽施及万世，天下却没有人知道是他所为，难道他还会以一副忧郁叹息的样子大谈什么仁和孝吗？孝悌仁义，忠信贞廉，这些都是人用来鼓励自己但却改变本身真性的，不值得提倡。所以说，最尊贵的，是抛弃一国的爵位；最富有的，是放弃一国的财产；最显赫的，是抛却名誉。这样，大道才不会被歪曲。"

【解读依据】

① 成玄英疏："夫至愿者，莫过适性也。既一毁誉，混荣辱，忘物我，泯是非，故令闻声名，视之如涕唾也。"

【14.3】

北门成问于黄帝曰："帝张咸池之乐于洞庭之野，吾始闻之惧，复闻之怠，卒闻之而惑；荡荡默默，乃不自得。"

帝曰："汝殆其然哉！吾奏之以人，征之以天，行之以礼义，建之以大清。夫至乐者，先应之以人事，顺之以天理，行之以五德，应之以自然，然后调理四时，太和万物。四时迭起，万物循生；一盛一衰，文武伦经；一清一浊，阴阳调和，流光其声；蛰虫始作，吾惊之以雷霆；其卒无尾，其始无首；一死一生，一偾一起；所常无穷，而一不可待。汝故惧也。"

【另类译解】

北门成问黄帝道："你在广漠的原野上演奏《咸池》乐章，我刚听时感到惊讶不已，再听时就觉得松缓下来，听到最后却又觉得困惑了，心神恍惚，不能自持。"

黄帝说道："你大概会那样的！我用人之情弹奏，以天籁之音伴奏，中间回旋着礼义，以清越做主旋律。最美妙的乐曲，先是以人的情感来启奏，但要与天理相融合，有五德在其中运行，有自然在其中应和，然后调理出分明的四季，与天地万物同一。这时再一一演奏四季，四季相继而起，万物依次生发；忽盛忽衰，生杀循序；一清一浊，阴阳调和，声光交流；这时候犹如冬眠后的虫子复苏，我用雷霆之声惊醒了它们；乐声终了时却寻不到结尾，乐声开始时却寻不到源头；忽而消逝忽而兴起，忽而低回忽而高亢；变化的方式无穷无尽，都不可预测。因此，你会感到惊讶不已。"

【14.4】

"吾又奏之以阴阳之和，烛之以日月之明；其声能短能长，能柔能刚；变化齐一，不主故常。在谷满谷，在坑满坑。涂郤守神，以物为量。其声挥绰，其名高明。是故鬼神守其幽，日月星辰行其纪。吾止之于有穷，流之于无止。子欲虑之而不能知也，望之而不能见也，逐之而不能及也；傥然立于四虚之道，倚于槁梧而吟。目知穷乎所欲见，力屈乎所欲逐，吾既不及已夫！形充空虚，乃至委蛇。汝委蛇，故怠。

"吾又奏之以无怠之声，调之以自然之命。故若混逐丛生，林乐而无形；布挥而不曳，幽昏而无声。动于无方，居于窈冥；或谓之死，或谓之生；或谓之实，或谓之荣；行流散徙，不主常声。世疑之，稽于圣人。圣也者，达于情而遂于命也。天机不张而五官皆备，此之谓天乐，无言而心说。故有焱氏为之颂曰：'听之不闻其声，视之不见其形，充满天地，苞裹六极。'汝欲听之而无接焉，而故惑也。

"乐也者，始于惧，惧故祟；吾又次之以怠，怠故遁；卒之于惑，惑故愚；愚故道，道可载而与之俱也。"

【另类译解】

"我又演奏阴阳的交替与和谐，在乐声中透出日月的光辉明亮；这时的乐声要能短能长，能柔能刚，都按照内容的需要来变化安排，不拘泥于旧态和常规；乐声传入山谷，你好似听到山谷的回应；乐声传入高岗，你好似听到高岗的绝响；杜绝纷扰，凝守心神，顺其自然。那乐声绵远悠扬，节奏高亢清朗。这时鬼神退回到它们幽隐的居处，日月星辰各安其位，万物凝神屏息。我又将乐声有意停下片刻，但余音却流泛无穷让人遐想不已。你想捉摸它却不知它的方向，你想看清它却又看不见，你想抓住它却又抓不到，你既像惘然四顾置身无涯的大道，又像靠倚着几案在吟咏，直到眼睛再也捕捉不动了，对于音声终于精疲力竭了，你承认自己再也跟不上音乐的脚步了！这时候的你形体充实而内心已虚，达至随顺应和了。你开始随顺应和，你的精神就松弛下来了。

"我又用忘我无忌的境界来演奏，用自然的节奏加以调和，所以音调就像丛林中各种野兽混杂驰奔，你只听到各种杂乱的叫声而看不见它们的形状；有各种布帛在你眼前飘舞而清晰不乱，音声不断低微直至幽昏无息。乐声启奏于变化莫测的地方，缭绕于深远暗昧；或以为它已经消逝了，可是它

193

却又突然再度兴起；或以为它在哪里，可是它却浮飘不定；流播散徙，不拘泥于旧调。世人困惑不解，就到处找圣人去请教。其实所谓圣，不过就是通达本性顺应天命，自然的枢机没作扩张又五官俱全，不说话而内心喜欢，这就是天乐。所以神农氏有颂曰：'听不到声音，看不见影儿，充满天地，包覆六极。'你想听却发现这时你听不到了，所以你就困惑了。

"这样的音乐，初听时内心惊讶不已，因为惊讶不已就感到害怕；我接着又演奏使人心情松弛的乐声，心情松弛，所以惊讶之情就渐渐隐退；最后终于让你陷入迷惑，迷惑了才放弃种种固有进入愚朴之中，愚朴无识就合于道了。到达了这种程度，道就与你合为一体俱入自然之中了。"

【14.5】

孔子西游于卫。颜渊问师金曰："以夫子之行为奚如？"师金曰："惜乎，而夫子其穷哉！"颜渊曰："何也？"师金曰："夫刍狗之未陈也，盛以箧衍，巾以文绣，尸祝齐戒以将之。及其已陈也，行者践其首脊，苏者取而爨之而已；将复取而盛以箧衍，巾以文绣，游居寝卧其下，彼不得梦，必且数眯焉。今而夫子，亦取先王已陈刍狗，聚弟子游居寝卧其下。故伐树于宋，削迹于卫，穷于商周，是非其梦邪？围于陈、蔡之间，七日不火食，死生相与邻，是非其眯邪？

"夫水行莫如用舟，而陆行莫如用车。以舟之可行于水也而求推之于陆，则没世不行寻常。古今非水陆与？周鲁非舟车与？今蕲行周于鲁，是犹推舟于陆也，劳而无功，身必有殃。彼未知夫无方之传，应物而不穷者也。

"且子独不见夫桔槔者乎？引之则俯，舍之则仰。彼，人之所引，非引人者也，故俯仰而不得罪于人。故夫三皇五帝之礼义法度，不矜于同而矜于治。故譬三皇五帝之礼义法度，其犹柤梨橘柚邪！其味相反而皆可于口。

"故礼义法度者，应时而变者也。今取猿狙而衣以周公之服，彼必龁啮挽裂，尽去而后慊。观古今之异，犹猿狙之异乎周公也。故西施病心而颦其里，其里之丑人见之而美之，归亦捧心而颦其里。其里之富人见之，坚闭门而不出；贫人见之，挈妻子而去之走。彼知颦美而不知颦之所以美。惜乎，而夫子其穷哉！"

【另类译解】【虞人评读】

孔子想西行到卫国去游说，颜渊问师金道："你认为我老师的此次游说

194

卫国结果会怎样呢?"师金说道:"可惜啊,你老师在卫国一定碰壁从而处境窘困!"颜渊追问:"为什么?"师金说:"祭祀时的刍狗在还没有摆上去供祭之前,用竹筐小心翼翼地盛着,用绣有花纹的头巾覆盖着,巫师斋戒后才恭敬地来迎接它。等到献祭完成以后,路过的人就踩踏着它的头和背脊,拾草的人捡去烧火煮饭罢了。如果谁再拿去小心翼翼地用竹筐盛着,用绣有花纹的头巾覆盖着,不管走到哪里,吃饭睡觉都带它在身边,那他不做噩梦,心情也必会受到梦魇般的影响。现在你的老师,就好比是取古代圣人用过的刍狗,召集弟子抱持着,吃饭睡觉都带它在身边。因此,在宋国时遭到伐树被人威吓的屈辱,在卫国游说时被拒绝居留,在商、周等地不断遭受困厄,这不是像在做噩梦吗?在陈、蔡两国交界处遭到当地百姓的围攻,七天没吃上饭,濒临死亡的边缘,这不是心情受到梦魇般影响吗?"(虞人认为,此段文字的辩才无碍、犀利无比,有庄子之风但非庄子本人本意,因为过于具体细碎,不及庄子汪洋恣肆。下文则更像战国时代辩士之风格)

"在水上旅行没有比船更好的了,在陆地上旅行没有比马车更好的了。将在水上航行的船用到陆地上来推着走,那一辈子也走不了多少路。古和今的差异不就像水和陆的差异吗?周和鲁的不同不就像船和车的不同吗?现在祈求将周朝的制度搬到鲁国使用,那就好比在陆地上推舟,不但劳而无功,而且肯定要身受灾祸!他不知道无穷的变化,永远适应客观情况才能立于不败之地啊!"(虞人尊崇庄子,然而这样的真知灼见却不像出自庄子之口,适应世俗的演变,适者生存倒像是达尔文说出来的话。庄子是要人回归而不是积极用世。此段文字的功利心过于强烈,虽然是至理名言,但与庄子超然之风格有差异矣!)

"而且你没有见过汲水的桔槔吗?要取水了就压下去,放松抬手时水就会回落。桔槔是人引导着它,而不是它引导着人。因此不论俯仰都不会得罪人,所以那三皇五帝的礼义法度,为人看重的是它们如桔槔般有用的地方,而不是礼义法度本身的形式(这更不是庄子了,功利性太烈,近乎势利——虞注)。所以,即便是三皇五帝的礼义制度,也是各个不同的。打个比方吧,它们都是水果没错,但可以说是水果中的山楂、梨、橘、柚,虽然都很可口,但还是各自味道有所不同的(三皇五帝之间就已有差别了,更不用说三皇五帝的时代与当今之世的差别了,如果三皇五帝之间的差别是山楂、梨、橘、柚的差别,那么当今之世与三皇五帝时代的差别就是水果与蔬菜的差别了)。"

"所以,礼义法度应当随着时代的需要而改变。如果你现在牵来猿猴给它穿上周公的衣服,猴儿肯定会咬裂或撕坏,全部扯掉后它才会称心满意。

考察古今的差别，就像猿猴不同于周公一样。西施心口疼而蹙着眉走过，邻居中有个丑女看见西施这个样子，认为很美，回去后也在村里学着西施那样捂着胸口走路。村里的富人看见后，紧闭着门户不想见到她；穷人看见后，拉着妻子儿女嫌恶地远离她。她只知道西施皱眉的样子很美，但不知道皱眉很美的原因。可惜啊，你老师那套行不通呵！"（本段两例形象生动，比喻有超世之才。然内容不类庄子，但与庄子尚近矣！）

【14.6】

孔子行年五十有一而不闻道，乃南之沛见老聃。老聃曰："子来乎？吾闻子，北方之贤者也，子亦得道乎？"孔子曰："未得也。"老子曰："子恶乎求之哉？"曰："吾求之于度数，五年而未得也。"老子曰："子又恶乎求之哉？"曰："吾求之于阴阳，十有二年而未得。"

老子曰："然，使道而可献，则人莫不献之于其君；使道而可进，则人莫不进之于其亲；使道而可以告人，则人莫不告其兄弟；使道而可以与人，则人莫不与其子孙。然而不可者，无佗也，中无主而不止，外无正而不行。由中出者，不受于外，圣人不出；由外入者，无主于中，圣人不隐。名，公器也，不可多取。仁义，先王之蘧庐也，止可以一宿而不可久处。觏而多责。

【另类译解】

孔子已活到五十一岁了，还没有得道，于是南往沛地去拜见老聃。老聃说道："你来了吗？我听说你是北方的圣人，你也得道了吗？"孔子老实回答："还没有。"老子又问："你是怎么去求道的呢？"孔子回答说："我从规则术数上去求取，下了五年功夫但没有得道。"老子再问："你后来又怎么做的呢？"孔子说："我从阴阳的变化上去求取，到现在十二年了可还没有得道。"

老子于是说："对了，如果道可以献出去，那么谁都会把道献给君王求利；如果道可以奉送，那么没有谁不送给自己的爹娘的；如果道可以说给别人听，那么谁都会说给自己的兄弟听的；如果道可以给予别人，那么没有谁不给予自己的子孙的。但上述这些都是不可能的，没有其他原因，如果这人没有道心，就是听了真道他也不会当一回事的；现在外面也确实没有正道可供人们施行的。道只能出自内心的领悟，不能由外界强加，道不需要圣；由外在进入的，不会是真的可以扎根的道，这时就会出现所谓圣人。名声，是公众的器皿，不可以多取；仁义，是古代先王的施舍，只能隔夜而不可久留。如果你执着就会招来道的责备。"

【虞人评读】

这段文字有两处难于理解。第一句是："然而不可者，无佗也，中无主而不止，外无正而不行。由中出者，不受于外，圣人不出；由外入者，无主于中，圣人不隐。"虞人认为，这句话是对孔子通过术数或阴阳求道不得的回答。老子的意思是，道不可外求，只能自悟，与佛教所说的自性俱足是一个道理，就是你本身就有，但必须开悟体道。你如果内心没有以道作主宰，那外界的所谓道是不可能留驻你心中的；外面也根本没有正道，所有的外在求道方法都是行不通的；只有出自内心，不受外界影响的悟道才是真的得道，而这样的行为根本不需要也不会产生圣人；如果是外在灌输的，那根本不可能在你心中留下来，这个就是邪魔外道，这种社会或组织才会不断出现"圣人"。当时没有标点符号，所以老子无法给我们做个记号，导致阅读的混乱。第二句是："名，公器也，不可多取。仁义，先王之蘧庐也，止可以一宿而不可久处。觏而多责。"为什么老子在给孔子解答道的时候会说到这个"名"与"仁义"？读者应该记得并注意，老子见到孔子说的第一句实质性的话就是：听说你是北方的圣人？孔子要求道，老子就要孔子去名声除仁义。为什么要这样呢？因为孔子名声太响了，这使孔子求道更难。因为你占有了太大的名声，就是多占了公共资源，而得道就首先得退还公共资源，落到零基础，才最可能实现；至于仁义，更是人为的东西，虽然美好如画，但老子认为仅可稍作欣赏，不可长相共处，否则仁义之烟火熏得你早已只知人欲与物欲，怎么还有可能得道？

【14.7】

"古之至人，假道于仁，托宿于义，以游逍遥之虚，食于苟简之田，立于不贷之圃。逍遥，无为也；苟简，易养也；不贷，无出也。古者谓是采真之游。

"以富为是者，不能让禄；以显为是者，不能让名。亲权者，不能与人柄。操之则栗，舍之则悲，而一无所鉴，以窥其所不休者，是天之戮民也。怨恩取与谏教生杀。八者，正之器也，唯循大变无所湮者为能用之。故曰：正者，正也。其心以为不然者，天门弗开矣①。"

【另类译解】

"古代的至人，仁，对他来说就像借路，过了就忘了；义，对他而言就像借宿，暂住一夜就好了（与上文呼应）。他们遨游于自由自在的虚空之境，在田地里简朴谋食，立身于独立的园圃中。自由就在，不搞人为的折腾。简朴，就容易满足；独立，也就不耗费什么。古代把这种情况称为追求内心真实的遨游。（成玄英对'不贷'这个词疏解道：'不损我以益彼，故无所出。'）

"贪求财富的，不会让利于人；追求显赫的，不会让名于人；迷恋权力的，不会放权给别人。这种人有了名利权势，操持它们时天天提心吊胆，失掉一点就会感到悲伤。他们心中全无鉴识，只盯着名利权势追个不休，他们好像是自然的戮民。怨恨、恩惠、获取、施与、谏诤、教化、生存、杀戮，这八种做法全是人为的刑具，只有顺应天理、不为外物所诱的人，才能偶一运用。所以说，能正己的人才能正人，如果内心对道不以为然，天机之门不会开启，也就根本不能用对地方。"

【解读依据】

① 成玄英疏："循，顺也。湮，塞也。唯当顺于人理，随于变化，达于物情而无滞塞者，故能用八事治之。正变合于天理，故曰正者正也。其心之不能如是者，天机之门拥而弗开。天门，心也。"

【虞人评读】

虞人认为，老子运用这段文字告诫孔子，非但仁义不应大力提倡，诸凡人间的一切怨恩取与谏教生杀，都只是暂假，顺循天理之人也仅能偶一用之，方可不作天之戮民！

【14.8】

孔子见老聃而语仁义。老聃曰："夫播糠眯目，则天地四方易位矣；蚊虻嚼肤，则通昔不寐矣。夫仁义憯然乃愤吾心，乱莫大焉。吾子使天下无失其朴，吾子亦放风而动，总德而立矣，又奚杰然若负建鼓而求亡子者邪？夫鹄不日浴而白，乌不日黔而黑。黑白之朴，不足以为辩；名誉之观，不足以为广。泉涸，鱼相与处于陆，相呴以湿，相濡以沫，不若相忘于江湖。"

【另类译解】

孔子见了老聃谈及仁义。老聃说："筛糠时秕糠进入眼睛，天地四方看起来就会易位。蚊虻叮咬皮肤，会整夜烦得人睡不好觉。那仁义就像秕糠与蚊虻一样毒化扰乱人心，天下没有比这更大的祸乱了。如果你使天下人不丧失本来的质朴，你就能顺其自然地行事，让人们保持本性而立身，那你又何必还要似背着大鼓，敲打着去追赶逃跑的人那样急吼吼地去宣扬仁义呢？那天鹅没有天天洗浴便周身雪白，乌鸦也不是天天染黑才满身漆黑的。黑、白是它们的本色，哪里需要去争辩嘛！名誉等外在的东西，不值得广为人知（老子还是对孔子的名声耿耿于怀，灭山中贼易，灭心中贼难，不灭了孔子名誉之心，孔子便断难体道，故老子谆谆）。泉水干涸了，鱼儿就一块困在陆地上，它们互相吸着对方身上湿漉漉的水汽，用唾沫互相滋润，看起来相亲相爱，然而你要是问它们的话，它们肯定宁愿回到江湖中，纵然让它们再也见不到对方。"

【14.9】

孔子见老聃归，三日不谈。弟子问曰："夫子见老聃，亦将何规哉？"孔子曰："吾乃今于是乎见龙！龙，合而成体，散而成章①，乘云气而养乎阴阳。予口张而不能嗋，予又何规老聃哉？"子贡曰："然则人固有尸居而龙见，雷声而渊默，发动如天地者乎？赐亦可得而观乎？"遂以孔子声见老聃。老聃方将倨堂而应，微曰："予年运而往矣，子将何以戒我乎？"子贡曰："夫三皇五帝之治天下不同，其系声名一也。而先生独以为非圣人，如何哉？"老聃曰："小子少进！子何以谓不同？"

对曰："尧授舜，舜授禹。禹用力而汤用兵，文王顺纣而不敢逆，武王逆纣而不肯顺，故曰不同。"

老聃曰："小子少进，余语汝三皇五帝之治天下。黄帝之治天下，使民心一，民有其亲死不哭而民不非也。尧之治天下，使民心亲。民有为其亲杀其杀而民不非也②。舜之治天下，使民心竞，民孕妇十月生子，子生五月而能言，不至乎孩而始谁，则人始有夭矣。禹之治天下，使民心变，人有心而兵有顺，杀盗非杀，人自为种而天下耳，是以天下大骇，儒墨皆起。其作始有伦，而今乎妇女，何言哉！余语汝，三皇五帝之治天下，名曰治之，而乱莫甚焉。三皇之知，上悖日月之明，下睽山川之精，中堕四时之施。其知憯于蛎虿之尾，鲜规之兽，莫得安其性命之情者，而犹自以为圣人，不可耻乎，其无耻也?"

子贡蹴蹴然立不安。

【另类译解】

孔子拜见老子回来，三天不说话。学生们问他："老师见了老聃，对他做了何种规劝呢? 孔子说："我如今竟然见到龙，龙，合起来就是一个整体，散开来焕烂。乘驾云气而翱翔在阴阳之间，我惊讶得大张着嘴不能合拢，我又怎么去规劝老聃呢!"

子贡说道："那么真有形体不动而又像龙一样神采飞扬，既沉默又雷响，一旦行动起来如天地运行那样的人吗? 我也能够见见这样的人吗?"于是以孔子的名义求见老聃。

老聃刚好盘腿坐在堂上，声音悠悠如遥远的天际飘来："我已活得差不多了，你来是对我有什么指教吗?"

子贡说："三皇五帝治理天下的方法不同，但却都有好名声。而您独独认为他们不是圣人，这是为什么呢?"

老聃说："年轻人，你稍微往前走近一点! 你凭什么说他们的方法各有不同呢?"

子贡说："尧传位给舜，舜禅让给禹，禹用力治水而汤用兵征伐，文王顺从商纣王而没有违逆，武王违逆商纣王而不肯顺从，所以说他们的方法各不相同。"

老聃说道："年轻人你再向前进来点，我和你说说三皇五帝统治天下的事。黄帝治理天下，是使百姓心思单一，老百姓死了爹娘不哭，没有人会责备他（即一切顺从自然，看成自然现象坦然接受生老病死）。尧治理天下，使百姓之间产生亲疏，父子兄弟日益亲近而疏远没有血亲的人，大家都认为挺自然的。舜治理天下，是让老百姓竞争，孕妇怀胎十月生产，婴儿五个月就诱他说话，不到两三岁就让他辨别是自己人还是外人，于是开始出现短命夭折的现象了。禹治理天下，是让民心多变，人人各怀私心，以用兵作为天经地义的事，认为杀死盗贼不算杀人，人们各自拉帮结伙横行天下，所以天下大受震惊，才有儒家墨家等各种学说纷起。他们治理开始时还讲点伦理，现在却淫乱好色，还有什么可说的呢? 我告诉你，三皇五帝治理天下，名义上是治理天下，实际上是扰乱天下。三皇那种心智，对上而言掩蔽了日月的光明，对下而言违弃了山川的精华，对中而言破坏了四时的运行。他们的心智比那蝎子尾巴还毒，连小动物都无法保持自己的天性，却自认为是圣人，不可耻吗？他们真可耻啊！"

子贡听了这番叛逆万分的话，震惊不已，惶惶然站立。

【解读依据】

① 成玄英疏："夫龙之德，变化不恒。以况至人隐显无定，故本合而成妙体，妙体窈冥；迹散而起文章，文章焕烂。"

② 成玄英疏："五帝行德，不及三皇，使父子兄弟更相亲爱，为降杀之服以别亲疏，既顺人心，亦不非毁。"

【14.10】

孔子谓老聃曰："丘治《诗》、《书》、《礼》、《乐》、《易》、《春秋》六经，自以为久矣，孰知其故矣；以奸者七十二君，论先王之道而明周、召之迹，一君无所钩用。甚矣夫！人之难说也，道之难明邪？"

老子曰："幸矣子之不遇治世之君也！夫《六经》，先王之陈迹也，岂其所以迹哉！今子之所言，犹迹也。夫迹，履之所出，而迹岂履哉！夫白鶂之相视，眸子不运而风化；虫，雄鸣于上风，雌应于下风而风化①。类自为雌雄，故风化。性不可易，命不可变，时不可止，道不可壅。苟得于道，无自而不可；失焉者，无自而可。"

孔子不出三月，复见曰："丘得之矣。乌鹊孺，鱼傅沫，细要者化，有弟而兄啼。久矣夫丘不与化为人！不与化为人，安能化人！"

老子曰："可，丘得之矣！"

【另类译解】

孔子对老聃说："我研究《诗》《书》《礼》《乐》《易》《春秋》六部书，自认为很长时间了，对这几部书都非常熟悉，并用书中之道拿来进谏七十二个国君，讲解先王的治世方法，彰明周公、召公的业绩，然而没有一个国君听得进去，真是啊！是这些人难以说服呢，还是治世之道已无法在当今倡明呢？"

老子说："万幸啊！你还没有遇到治理天下的国君！六经，只不过是先王留下的陈旧遗迹，哪里是先王治世的真迹！如今你所说的那些，不过是足迹。足迹是鞋踩出来的痕迹，然而足迹怎么可以当鞋呢？白鹢雌雄相视，眼珠一动也不动便相诱生子；虫子，雄的在上方鸣叫，雌的在下方应和而生育；物种雌雄自分，所以自行生育。本性不可改移，天命不可更改，时光不可停留，大道不可堵塞。如果得道，无论怎样都顺；如果失去了道，无论怎样都不会顺。"

孔子不出门已有三个月了，然后再去见老聃，说："我得道了，乌鹊孵化而生，鱼儿濡沫而生，蜜蜂自化而生。弟弟出生，哥哥会因分了父母之爱而啼哭。很久了，我没有能遵循自然造化去行事做人，不按自然造化去行事做人，怎么可以去感化他人呢！"

老子说："可以了，孔丘得道了。"

【解读依据】

① 郭象注："鹢以眸子相视，虫以鸣声相应，俱不待合而便生子，故曰风化。"

《庄子》

——另类解读

——用世界的眼光读《庄子》

刻　意

【15. 1】

　　刻意尚行，离世异俗，高论怨诽，为亢而已矣；此山谷之士，非世之人，枯槁赴渊者之所好也。语仁义忠信，恭俭推让，为修而已矣；此平世之士，教诲之人，游居学者之所好也。语大功，立大名，礼君臣，正上下，为治而已矣；此朝廷之士，尊主强国之人，致功并兼者之所好也。就薮泽，处闲旷，钓鱼闲处，无为而已矣；此江海之士，避世之人，闲暇者之所好也。吹呴呼吸，吐故纳新，熊经鸟申，为寿而已矣；此道引之士，养形之人，彭祖寿考者之所好也。

【另类译解】

　　磨砺心志崇尚修行，异凡远俗，清谈高论、怨时诽世，不过是表面高傲而已；这是山谷隐士，愤世嫉俗、孤岸耿介，杀身成仁一类人罢了，何足以悟道！出言即仁义忠信，行为则温良恭俭让，不过是修养自身而已；这是平时治世之士、施教诲物之人，讲学游说的学人罢了，良非可语道者！大谈建功业，立声名，致君臣主上下，不过是为了安定天下而已；这是朝廷那帮人，尊君主强国家，希望建功立业吞并他国一类人罢了，也不足以论道！栖隐山薮，放旷皋泽，闲居而事事纶钓，避世而无所事事罢了，也未足道。唏嘘呼吸，吐浊纳新，像野熊攀援，似鸟儿飞翔的一类人，不过是努力延命罢了；这是导引神气、养形保命的人，不过是彭祖、高寿者一类人的喜欢罢了。此前几类人，虽然志向不同各有优胜，但均各只知其一不知其二，只执其一偏滞一方，不是真正的完全得道之人。

【15. 2】

　　若夫不刻意而高，无仁义而修，无功名而治，无江海而闲，不道引而寿，无不忘也。无不有也^①，淡然无极而众美从之。此天地之道，圣人之德也。

【另类译解】

如果不刻苦自励而能高尚，不讲求仁义而能身修，不贪图功名而天下自理，远离江海而闲庭信步，不有意锻炼而寿延年益，没有什么萦怀而万物齐备，恬淡虚旷而万德云集，这才是天地的大道，圣人的德行。

【解读依据】

① 成玄英疏："夫玄通合变之士，冥真契理之人，不刻意而其道弥高，无仁义而恒自修习，忘功名而天下大治，去江海而淡尔清闲，不导引而寿命无极者，故能唯物与我，无不尽忘，而万物归之，故无不有也。斯乃忘而有之。非有之而有也。"

【15.3】

故曰，夫恬淡寂漠虚无无为，此天地之平而道德之质也。故曰：圣人休休焉则平易矣，平易则恬淡矣。平易恬淡，则忧患不能入，邪气不能袭，故其德全而神不亏。

【另类译解】【解读依据】

所以说："恬淡寂寞，是凝湛之心；虚无无为，是寂用之智；天地以此法为平均之源，道德以此法为质实之本也。"（成玄英疏）所以说，圣人"休心于恬淡之乡，息智于虚无之境，则履艰难而简易，涉危险而平夷也"（成玄英疏）。身心平和了，就处世恬淡。平和恬淡，那么忧患就不会入于心，邪气就不会来侵袭，因而人的本性就能够完美而精神也就不会有亏缺。成玄英疏："夫恬淡无为者，岂唯外形无毁？亦乃内德圆全。形德既安，则精神无亏矣。"

【15.4】

故曰，圣人之生也天行，其死也物化；静而与阴同德，动而与阳同波。不为福先，不为祸始；感而后应，迫而后动，不得已而后起。去知与故，遁天之理。故无天灾，无物累，无人非，无鬼责。其生若浮，其死若休。不思虑，不豫谋。光矣而不耀，信矣而不期。其寝不梦，其觉无忧。其神纯粹，其魂不罢。虚无恬淡，乃合天德。

【另类译解】

所以说，圣人其生与自然运行一致，其死也类万物变化，凝神静虑则和阴气相交换，应感而动则与阳气同波澜。善恶双遣，祸福两忘，故不为福禄的先导，也不作灾祸的源头；外有所感而内有所应，事有所迫而后起应，从不预为之谋；抛弃心知巧辩，遵循自然天理。所以没有自然天灾，没有外物牵累，没有人非议，也没有鬼神上门。他在生时如漂浮于水面那么随顺，他去世后像人在休息，不思虑什么，也不预谋什么。用天下之光而不自我显耀，用天下之信而非期求自信，入寝后不做梦，醒来后无牵挂。他的精神纯净精粹，恬淡无为，心神闲逸，精魂应用而永不疲劳。虚空恬淡，与自然本性完全吻合。

【15.5】

故曰：悲乐者，德之邪也；喜怒者，道之过也；好恶者，德之失也。故心不忧乐，德之至也；一而不变，静之至也；无所于忤，虚之至也；不与物交，淡之至也；无所于逆，粹之至也。故曰：形劳而不休则弊，精用而不已则劳，劳则竭。

【另类译解】【解读依据】

所以说："违心则悲，顺意则乐，不达违从，是德之邪妄；称心则喜，乖情则怒，喜怒不忘，是道之罪过。"（成玄英疏）将无好视好，将无恶视恶，此已是心妄，是德丧失的标志。因此，心中没有忧乐，这是最高的德行，抱真一玄道而不生变化，是宁静的至境。大顺群生无所乘逆，是虚空的极致；不与外物有什么牵连，是恬淡的极点；混同万物，是纯粹的极境。所以说，身体劳碌不休息就会疲惫不堪，精力使用过度就会劳损，劳损就会导致枯竭。

【15.6】

水之性，不杂则清，莫动则平；郁闭而不流，亦不能清；天德之象也①。故曰，纯粹而不杂，静一而不变，淡而无为，动而以天行，此养神之道也。夫有干越之剑者，柙而藏之，不敢用也，宝之至也。精神四达并流，无所不极，上际于天，下蟠于地，化育万物，不可为象，其名为同帝。

【另类译解】

水的本性，没有杂质就很清澈，没有风吹就不起涟漪，闭塞不让它流动，就无法保持清澈。这是自然本性的外在显示。因此说，纯粹精粹而不混质，纵使外界千变万化而心恒宁静抱一，恬淡无为，同于天道之运行，这是养神的方法。

现有一柄吴越出产的良剑，我们因为非常珍贵它，所以用匣子保存起来，不敢随便轻用。而我们的精神"通达四方，并流无滞，既而下蟠薄于厚地，上际逮于玄天，四维上下，无所不极，动而常寂，非轻用之者也"（成玄英疏）。此谓人的精神比宝剑要贵重万分，所以更不能拘于某物某事某形某域。"化导苍生，含育万物，随机俯应，不守一方，故不可以形象而域之也。"（成玄英疏）这样的情况才可称得上与天地一致。

【解读依据】

① 成玄英疏："象者，法效也，言水性清平，善鉴于物。若混而杂之，拥郁而闭塞之，则乖于常性，既不能涟漪流注，亦不能鉴照于物也。唯当不动不闭，则清而且平，洞照无私，为物准者，天德之象也。以况圣人心灵皎絜，鉴照无私，法象自然，与玄天合德，故《老经》云'上善若水'也。"

【15.7】

纯素之道，唯神是守；守而勿失，与神为一；一之精通，合于天伦。野语有之曰："众人重利，廉士重名，贤士尚志，圣人贵精。"故素也者，谓其无所与杂也；纯也者，谓其不亏其神也①。能体纯素，谓之真人②。

【另类译解】

精纯素朴的道，就是持守人的精神，持守而不丧失本性，身体与精神合而为一；浑一就会使精智通达，而与自然之理相吻合。俗话有这样的说法：

"一般人重视利益，廉洁的人看重名声，贤人注重立志，圣人看重精神。"所以，所谓素，就是没有污染；所谓纯，就是本性不受损伤。能够体悟纯和与无污染的，就是得道的真人。

【解读依据】

① 成玄英疏："夫混迹世物之中而与物无杂者，至素者也；参变嚣尘之内而其神不亏者，至纯者也；岂复独立于高山之顶，拱手于林籁之间而称纯素哉？"

② 成玄英疏："妙契纯素之理，则所在皆真道也，故可谓之得道之人也！"

缮　性

【16.1】

缮性于俗学，以求复其初；滑欲于俗思，以求致其明；谓之蔽蒙之民。

古之治道者，以恬养知；知生而无以知为也，谓之以知养恬。知与恬交相养，而和理出其性。夫德，和也；道，理也。德无不容，仁也；道无不理，义也；义明而物亲，忠也；中纯实而反乎情，乐也；信行容体而顺乎文，礼也。礼乐遍行，则天下乱矣。彼正而蒙己德，德则不冒，冒则物必失其性也。

【另类译解】

人性本自然，如果浸世已深却还是用世俗的方法来调治，以求复归本性，是调治得越多而道离得越远；用仁义礼智儒俗之学说来求思虑的澄明，这种人可以称之为蔽塞蒙暗之人。

古代修道的人，用恬静之法养真实之知；智慧生成却不用来做世俗所谓聪明的事，这样才是用智慧育养恬静。智慧与恬静互相养育，中和之道自然之理就与本性契合。德，就是中和；道，就是天理；玄德深远，无不包容，就是仁爱；道能通物，物各其理，就是义功；义理明显，万物相附，就是忠诚；志性诚实之人涉物境而恒归于本真，就是和乐；信行显著行为得体而顺乎天文，就是礼天。用人为的制礼作乐来扰攘天下，那么天下反而被弄得混乱了。万物各自端正自身而收敛自己的心志，那么就不会将自己的意志强加于他物，将自己意志强加于他物，万物都会因此而丧失天性。

【16.2】

古之人，在混芒之中，与一世而得澹漠焉。当是时也，阴阳和静，鬼神不扰，四时得节，万物不伤，群生不夭，人虽有知，无所用之，此之谓至一。当是时也，莫之为而常自然。

逮德下衰，及燧人伏羲始为天下，是故顺而不一。德又下衰，及神农、黄帝始为天下，是故安而不顺。德又下衰，及唐、虞始为天下，兴治化之流，澆淳散朴①，离道以善，险德以行，然后去性而从于心。心与心识知，而不足以定天下，然后附之以文，益之以博。文灭质，博溺心，然后民始惑乱，无以反其性情而复其初。

由是观之，世丧道矣，道丧世矣。世与道交相丧也，道之人何由兴乎世，世亦何由兴乎道哉！道无以兴乎世，世无以兴乎道，虽圣人不在山林之中，其德隐矣②。

【另类译解】

古代的人，淳风未散，都处在混沌蒙昧之中，整个世界都是一种生活，大家都生活在恬淡寂寞无为之中。这个时候，阴升阳降，二气和谐而交泰，鬼幽人显，各守本分。四季清晰万物有序，群生各尽天年没有夭折，人即便具备智慧，也没有用武之地；天下万物彼此无为，恬淡不二，故谓之至一。这个时候没有人瞎折腾，大家不知所以然的自然（人怀无为之德，物含自然之道）。

等到了本性衰退的时候，燧人伏羲开始在天下有所作为，就只能顺应自然而做不到自然而然。本性进一步衰退，神农黄帝开始管理天下，这个时候更是只能做到安于自然而做不到顺应自然。到了唐虞开始治理天下，提倡治理教化之类的东西，毁淳素散朴质，只能用所谓的善来替代道，矫情行事，"离虚通之道，舍淳和之德，然后去自然之性，从分别之心"（成玄英疏）。人们各自猜疑谋虑，也就无法使天下太平。这之后又附加上浮夸的文字，增益上各种心计伪饰，文华灭掉了本质，伪饰沉溺了心智，于是百姓就被完全搞得迷惑混乱了，无法返璞归真、一似当年的恬淡自然了。

从这一点可以看出，时世浇讹废弃无为之道，无为之道也就废弃淳和之世，世与道是互相影响着失去的。得道的人如果能在世上出现，世上就会兴起道来！现在世道，无为之道在世上已经很少看见。人们也已经不懂得用道。纵然出现了得道的圣人，人们也看不见听不进。得道圣人虽然不在山林中隐居，也已很难影响到他人了。

【解读依据】

① 成玄英疏："夫唐尧虞舜，居五帝之末，而兴治行化，冠三王之始。

是以设五典而纲纪五行，置百官而平章百姓，百姓因此而浇讹，五行自斯而荒殆。枝流分派，迄至于兹，岂非毁淳素以作浇讹，散朴质以为华伪！"

②成玄英疏："浇季之时，不能用道，无为之道，不复行世，假使体道圣人，降迹尘俗，混同群生，无人知者，韬藏圣德，莫能见用，虽居朝市，何异山林矣！"

【16.3】

隐，故不自隐。古之所谓隐士者，非伏其身而弗见也，非闭其言而不出也，非藏其知而不发也，时命大谬也。当时命而大行乎天下，则反一无迹；不当时命而大穷乎天下，则深根宁极而待。此存身之道也。

【另类译解】

隐，不是自己躲起来让别人看不见。古代的所谓隐士，不是伏下身藏起来，不是闭上嘴巴不说话，也不是掩藏智慧不外露，只是碰上时局昏乱，他的道行不易显形。当时机出现、大道大行于天下时，人人返一，物物归根，圣人混一大众而无迹可寻；当时局不利、大道窘困时，他深根宁静持道而待。这样才保持道不会丧失。

【虞人评读】

虞人曰："非让我们苟全生命，而是让我们永葆道涵！"存身之道，在春秋战国之后两千余年时世下，变成了苟活的智慧的代名词，这实在不符庄子本意。庄子本意是指人永葆全自己身上的本色，无论世道是何种状况。而由于此后中华民族的生存环境极大恶化，士所处地位的险恶，生存本身成了必须想方设法的最高技巧。这种生存不过是苟活之道，绝对不是庄子的存身之道的道。由于贪生怕死的士大夫把持历史的话语权，他们既贪生怕死又怕丢丑，所以故意曲解"存身之道"的意思。今天的读者万勿被其迷惑而坠入非道之途——"离道以善，险德以行，然后去性而从于心。"

【16.4】

古之行身者，不以辩饰知，不以知穷天下，不以知穷德，危然处其所而反其性，己又何为哉！道固不小行，德固不小识。小识伤德，小行伤道。故曰，正己而已矣。乐全之谓得志①。

【另类译解】

古代以道驾驭自身的人，从不用巧辩来文过饰非，也从不用智慧来困累苍生，不用计巧而累损自性，即便处于乱世之中而能安然自乐，率性而动回反自然之性，又何必刻意去做什么呢？大道当然不需要推行，德行当然不需要推崇；推崇就伤害了德行，推行就损毁了大道。所以说，万物自己端正就行了，乐全本性就叫作得道。

【解读依据】

① 成玄英疏："夫己身履于正道，则所作皆虚通也，既而无顺无逆，忘哀忘乐，所造皆适，斯乐之全者也。至乐全矣，然后志性得焉。"

【16.5】

古之所谓得志者，非轩冕之谓也，谓其无以益其乐而已矣。今之所谓得志者，轩冕之谓也。轩冕在身，非性命也，物之傥来，寄者也。寄之，其来不可圉，其去不可止。故不为轩冕肆志，不为穷约趋俗，其乐彼与此同，故无忧而已矣。今寄去则不乐。由是观之，虽乐，未尝不荒也。故曰，丧己于物，失性于俗者，谓之倒置之民。

【另类译解】

古代人所说的自适快意，不是指戴冕乘轩，而是指自然的无以复加的欣悦。现代人所说的自适快意，是指戴冕乘轩。轩冕荣华，是身外之物；外在的东西不过是偶然，非我性命中固有，不过是暂寄而已。暂寄偶来之物，来时阻挡不住，离去也制止不了。所以不要因为戴冕乘轩而放纵心气，不要因为困厄窘迫而与世嚣俗，处境好坏都内心欣悦，所以就无忧无虑。现在的人，不过是暂寄于身的东西离去后就悒然不乐，由此看来，即使偶有快乐而内心还是荒凉的。因此说，使自己沉溺物欲丧失自己，使自己失去本性同乎流俗，这样的人，就叫作本末倒置的人。本末倒置，就是逆其性命而不顺。

秋　水

【17.1】

秋水时至，百川灌河，泾流之大，两涘渚崖之间，不辩牛马。于是焉，河伯欣然自喜，以天下之美为尽在己。顺流而东行，至于北海，东面而视，不见水端。于是焉河伯始旋其面目，望洋向若而叹曰："野语有之曰，'闻道百，以为莫己若者。'我之谓也。且夫我尝闻少仲尼之闻而轻伯夷之义者，始吾弗信；今我睹子之难穷也，吾非至于子之门则殆矣，吾长见笑于大方之家①。"

【另类译解】

秋天的雨水来了，许多支流的水都汇集灌注入黄河，河面一下子变得特别宽阔。河的两岸与河中沙洲之间已经连牛马都分辨不清。于是河伯洋洋得意，以为天下的盛美都聚集在自己这边。他顺着水流向东而行，来到了北海边上，面朝东方极目远眺，海面无边无际。这个时候，河伯满面得意之色才消失了。望着浩瀚无比的海洋，对海神感叹道："'俗语说，听了一百个人的称颂，就以为天下谁也比不上自己'，说的就是我这种情况啊！以前我听人家说孔子的学问未必大，伯夷的义行未必重，起初我对这些言论都不以为然。今天我看见您的浩瀚无涯无边无际，我才真相信天外有天人外有人了！我要是不到您这儿来瞧瞧，那我就糟了，我一定会永远被懂得大道的人所耻笑了。"

【解读依据】

① 成玄英疏："方，犹道也。世人皆以仲尼删定《六经》为多闻博识，伯夷让国清廉，其义可重。复有通人志士，议论高谈，以伯夷之义为轻，仲

尼之闻为寡，即河伯尝闻，窃未之信。今见大海之弘博，浩汗难穷，方觉者之所闻，谅不虚矣。河伯向不至海若之门，于事大成危殆。既而所见狭劣，则长被嗤笑于大道之家。"

【17.2】

北海若曰："井蛙不可以语于海者，拘于虚也；夏虫不可以语于冰者，笃于时也；曲士不可以语于道者，束于教也。今尔出于崖涘，观于大海，乃知尔丑，尔将可与语大理矣。天下之水，莫大于海，万川归之，不知何时止而不盈；尾闾泄之，不知何时已而不虚；春秋不变，水旱不知。此其过江河之流，不可为量数①。"

【另类译解】

北海神若说道："无法对长年生活在井底的青蛙谈大海的事，这是因为井底的青蛙眼界太小；也无法对一个夏天就是它全部生命的夏虫谈论冬天的事，因为夏虫受到它生存时间的局限；也不能和知识固陋的人讨论大道，因为他受礼教的束缚太深。现在你从河岸边出来，看见了大海，就知道了好坏，你已经是可以谈论大道的对象了！天下的水面，再大也没有大过海面的了，无数的河水汇流大海，也不知道什么时候停止，但海水从来没有盈满过；海底尾闾是泄漏海水的地方，它从来没有停止过，但海水却并不见减少；无论是春季还是秋季，海水都不会有变化；无论是天旱或是天涝，海水也从来不会有感觉。这大海的容量远远超过江河的水量，简直不可用数量来计算。"

【解读依据】

① 成玄英疏："尾闾者，泄海水之所也；在碧海之东，其处有石，阔四万里，厚四万里，居百川之下尾而为闾族，故曰尾闾。海水沃着即焦，亦名沃焦也。《山海经》云，羿射九日，落为沃焦，此言迂诞，今不详载。春雨少而秋雨多，尧遭水而汤遭旱。故海之为物也，万川归之而不盈，沃焦泻之而不虚，春秋不变其多少，水旱不知其增减。论其大也，远过江河之流，优劣悬殊，岂可语其量数也！"

【17.3】

"而吾未尝以此自多者，自以比形于天地而受气于阴阳，吾在于天地之间，犹小石小木之在大山也，方存乎见少，又奚以自多！计四海之在天地之间也，不似礨空之在大泽乎？计中国之在海内，不似稊米之在太仓乎？号物之数谓之万，人处一焉；人卒九州，谷食之所生；舟车之所通，人处一焉；此其比万物也，不似豪末之在于马体乎？五帝之所连，三王之所争，仁人之所忧，任士之所劳，尽此矣。伯夷辞之以为名，仲尼语之以为博，此其自多也，不似尔向之自多于水乎[①]？"

【另类译解】

"但我不因为如此就认为自己了不起，我明白自己不过是天地之间的一个存在，是阴阳之气作用而造成的一种现象，相比于天地而言，犹如一块小石头、一棵小树苗在大山上。当你内心认为自己是渺小的时，哪里又会表现出很多很大的样子呢？掂量一下四海在天地之间的位置，不就像是小小的石隙缝处于大泽之中吗？再估量一下中国在四海之内的位置，不就像是一粒小米放在一个大粮仓里吗？有名号的事物动辄以万计数，而人只不过是其中的一种。中原的人住在九州，农耕为生，以舟车作为交通工具，也只不过是人的一个处在特定区域的群体，这样的一个群体与其身处的整个世界相比，不就像一根毫毛存在于一匹马身上吗？我们所说的五帝所管辖的、三王所争来争去的、仁人们日夜所担忧的、贤德之士每天所操心的，全部不就是这样一根毫毛吗？伯夷辞让博得的正直名声、孔子讲学获得的渊博赞颂，如果将这些用来自重与自夸，不就像河水暴涨时洋洋得意的你吗？"

【解读依据】

① 成玄英疏："伯夷让五等以成名，仲尼论六经以为博，用斯轻物，持此自多，亦何异乎向之河伯自多于水！此通合前喻，并释前事少仲尼之闻轻伯夷之义也。"

【17.4】

河伯曰："然则吾大天地而小豪末，可乎？"

【另类译解】

河伯说："事是这么个事，理是这么个理。那么，我可不可以就只认定天地之理，而不关心人类这个毫末世界呢？"

【虞人评读】

如果单纯从字面上理解这一句，将其译成"把天地看成最大，毫末看成最小"是根本没有意义的；如果从意思上来解析，好像我们认定了一个最大的官，下面的办事员就可以不管不顾了，这样有点儿意思，但还是没有理解到家。河伯是聪明的，他已有所领悟，我们平常所言的一切的渺小。但进一步如何来看待来理解，北海神会作出解释，物我均齐，大小同一，所以下文北海神马上说"不可不可"。

【17.5】

北海若曰："否。夫物，量无穷①，时无止，分无常，终始无故。是故大知观于远近，故小而不寡②，大而不多，知量无穷③；证向今故，故遥而不闷，掇而不跂④，知时无止；察乎盈虚，故得而不喜，失而不忧，知分之无常也；明乎坦涂，故生而不说，死而不祸⑤，知终始之不可故也⑥。计人之所知，不若其所不知；其生之时，不若未生之时；以其至小求穷其至大之域，是故迷乱而不能自得也。由此观之，又何以知毫末之足以定至细之倪，又何以知天地之足以穷至大之域⑦！"

【另类译解】

北海神说："这样做是不可以的。世间的物是无大无小无穷的，随时推移是无死无生无住的，得与失之分分合合是随时变易的，事物的终结与起因是周而复始的，所以具备大智慧的人观察事物从不受距离的影响。毫末虽小，不以为少，天地虽大，不以为多；知道物量是没有穷尽的。我们知道了小大并非真的小大，同时明白了古今也当然不是真的古今，即万物同齐、古今同一。那么我们对于遥不可及的事物不会感到闷闷不乐，对于近在眼前的事物也不会有特别的偏好，知道时间是无死无生无住的，事物的盈虚仅是天道之运行，所以一切所谓的得到都不会欢欣鼓舞，一切所谓的失去也不会悔恨忧伤；这是因为知道得与失都是相对的而且随时会变易。明白了死与生之间并无任何隔阻，所以对于生存并不感到特别的喜悦，对于死亡也并不感到是天大的灾祸，这是因为知道终始不是真正的终始。考察人知道的，一定不如他所不知道的多；人活着的时间，一定比他死去的时间短；如果我们想以有限的生存时间、有限的脑容量去掌握无限的宇宙各领域，我们一定会被搞

215

得疲惫不堪而内心茫然还无所得。由此看来，小的有小的好处，小的与小的配；大的有大的好处，大的与大的配。即便是小的，你也不可以拎着毫毛就认为自己懂得小了；即便是大的，你也不可以占着天地就认为自己懂得大了。

《庄子》另类解读——用世界的眼光读《庄子》

【解读依据】

① 成玄英疏："夫物之器量，禀分不同，随其所受，各得称适，而千差万别，品类无穷，称适之处，无大无小，岂得率其所知，抑以为定！"

② 成玄英疏："以大圣之知，视于远理，察于近事，故毫末虽小，当体自足，无所寡少也。"

③ 成玄英疏："以大人之知，知于物之器量，大小虽异，各称其情，升降不同，故无穷也。这句话颇难说清，故引成疏作注，依虞人之理解，大小之谓都不过是暂时的状态，本是一物，而且互相转化，故物量实为无穷。

④ 成玄英疏："遥，长也，掇，短也。既知古今无古今，既知寿夭无寿夭，是故年命延长，终不厌生而悒闷；禀龄夭促，亦不欣企于遐寿，随变任化，未始非吾。"

⑤ 成玄英疏："夫明乎坦然之道者，其生也不足以为欣悦，其死也不足以为祸败，达死生之不二，何忧乐之可论乎！"

⑥ 郭象注："明终始之日新也，则知故之不可执而留矣，是以涉新而不愕，舍故而不惊，死生之化若一"。

⑦ 成玄英疏："夫物之禀分，各自不同，大小虽殊而咸得称适。若以小企大，则迷乱失性，各安其分，则逍遥一也，故毫末虽小，性足可以称大；二仪虽大，无余可以称小，由此视之，至小之倪，何必定在于毫末！至大之域，岂独理穷于天地！"

【虞人评读】

本节文字是什么意思？做人，什么山割什么柴就行了，关键要懂得其中至理：万物同一、死生同一、小大同一。如果如河伯所谓大天地而小毫末，是其悟一而未悟其二也。我们不需对外妄求、舍本逐末，只要明白大不是真的大、小也不是真的小，就能逍遥心灵，快意人生，这才是真正的大与至道！

【17.6】

　　河伯曰："世之议者皆曰：'至精无形，至大不可围。'是信情乎？"

　　北海若曰："夫自细视大者不尽，自大视细者不明。夫精，小之微也；垺，大之殷也；故异便。此势之有也。夫精粗者，期于有形者也；无形者，数之所不能分也；不可围者，数之所不能穷也[①]。可以言论者，物之粗也；可以意致者，物之精也；言之所不能论，意之所不能察致者，不期精粗焉[②]。"

外篇

【另类译解】

　　河伯又提出了一个新的疑问："世人都说：'那最精微的东西是看不见它的形状的，那最大的东西是找不到外围的。'这是不是真实的呢？"

　　北海神说："从小有的角度去看庞大的物体不能全面，从大有的角度去视细小的物体不能明晰，你的问题说明你还处于有的境地，怎么能彻底了解至无之义呢！那个精，是微小中最微小的；那个垺，是庞大中最庞大的。所谓精微与庞大，还是局限在有形的东西。这样谈事物的角度还是未超出有的世界。谈精粗，必局限在形啊名啊，不能超越出来。至于没有形迹的事物，是不方便用数啊量啊来加以分析的。不可用范围来界定的事物，也是无法用数啊量啊来计取的。可以用语言来表述的，往往只是事物的表象；用心神来传达的，往往才是事物的内核。而到达那个语言所不能说清、心神所不能会意的地方时，是已经没有精细的更高一级的世界了！"

【解读依据】

　　① 成玄英疏："无形不可围者，道也。至道深玄，绝于心色，故不可以名数分别，亦不可以数量穷尽。"

　　② 成玄英疏："夫可以言辨论说者，有物之粗法也；可以心意致得者，有物之精细也；而神口所不能言，圣心所不能察者，妙理也。必求之于言意之表，岂期必于精粗之间哉！"

【17.7】

　　"是故大人之行，不出乎害人，不多仁恩；动不为利，不贱门隶；货财弗争，不多辞让；事焉不借人，不多食乎力，不贱贪污；行殊乎俗，不多辟异；为在从众，不贱佞谄；世之爵禄不足以为劝，戮耻不足以为辱[①]；知是非之不可为分，细大之不可为倪。闻曰：'道人不闻，至德不得，大人无己。'约分之至也[②]。"

【另类译解】

"因此，有德行的人，无意而天行，不会伤害他人；一切顺乎天然，也不刻意施惠；应机而动，不为利动，守门仆隶，不以为贱；寡欲知足，不争货物，率性谦和，不虚多礼；事情亲力亲为，食物不贪求多，不贱贪污因为不贵清廉，行为与世俗不同。居正体道，而不多邪辟；没有私念，大顺群生，不贱佞谄因为不贵正直，世间的高官厚禄不会使他有感，刑戮不足使他感到羞辱。有德行的人懂得是与非没有定评，小与大没有标准，我听人说过：'有道之人不图名声，最高的德好似一无所得，大圣之人，有感斯应，方圆任物，完全没有自己。'将一切限缩在分内却又无边无际，这才是德之至者啊！"

【解读依据】

①"世之爵禄不足以为劝，戮耻不足以为辱"，此言有点难解，不是指不屑或麻木。成玄英疏："夫高官重禄，世以为荣，刑戮黜落，世以为耻。既而体荣枯之非我，达通塞之有时，寄来不足以劝励，寄去不足以羞辱也。"家世父曰："世之爵禄不足以为劝，戮耻不足以为辱，承上，言无为而民自化，仁让无所施，贪谄无所庸，又何以爵禄戮耻为也！郭象云'外事不栖于心'，误。"这说明了一点，不是指人在现实层面上对这些物理层面上的事一无所感，而是指心里超越后已没有区分之心境。

② 成玄英疏："约，依也。分，限也。夫大人利物，抑乃多涂，要切而言，莫先依分。若视目所见，听耳所闻，知止所知，而限于分内者，斯德之至者也。"

【17.8】

河伯曰："若物之外，若物之内，恶至而倪贵贱？恶至而倪小大？"

【另类译解】

河伯还是没有彻底明白，再问："那么，对于一件事物，我们又如何来界定它的贵贱？又如何来区分它的大小？从它的外表吗？还是从它的内在？"

【虞人评读】

虞人感到这河伯的智商与虞人有得一拼，北海之神讲了半天，似乎在对牛弹琴。

【17.9】

北海若曰："以道观之，物无贵贱；以物观之，自贵而相贱；以俗观之，贵贱不在己。以差观之，因其所大而大之，则万物莫不大；因其所小而小之，则万物莫不小；知天地之为稊米也，知毫末之为丘山也，则差数睹矣。以功观之，因其所有而有之，则万物莫不有；因其所无而无之，则万物莫不无；知东西之相反而不可以相无，则功分定矣。以趣观之，因其所然而然之，则万物莫不然；因其所非而非之，则万物莫不非。知尧桀之自然而相非，则趣操睹矣。"

【另类译解】

北海神若说道："从道的视角看，万物没有贵贱之分；万物之所以有贵贱意识，是因为它们都将自己看得重因而显得别人就相对轻了；而从第三方的眼光看来，其实贵贱都不是万物自己决定的（这里讲了一个相对主义的哲学观点。一种观点没有绝对的对与错，只有因立场不同、条件各异而相互的对立）。从差别的角度来比较，与它相对的一方是小时则没有一样事物不可以说是大的，与它相对的一方是大时则没有一样事物不可以说是小的；由此可以知道，如果与银河系相比天地可能只是大粮仓中的一粒小米，与纳米相比毫末就像是一座高高的山丘。所以，对照物不同，差别就不同。从功用的角度来观察，如果我们从一物可用的地方去使用它，那么世上的万物就没有一样是没有用的；但如果我们从一物没用的地方却偏偏要去使用它，那你一定觉得世上的事物没有一样是有用的；现在人们的知，就是将事物无用的一面当作有用的一面来使用，所以人们永远认识不到那个高深的本源的无，所以那个功用就没有得到真正的落实（也就是人们没有以道处物，而最终没有得到真正的物类的功用）。现在人们对事物的使用，完全是从自己的需要出发来应用的，因着自己需要使用它有用的一面时，那没有一物不是对的；因着自己需要使用它无用的一面时，那没有一物不是错的；由此可以推知尧与桀的区别也只不过是他们各自拣自己有利的去肯定而选拣对自己不利的去否定，这就可以看出人们对事物的使用带着自我的功利色彩已是极大地背离道了！"

【虞人评读】

虞人认为，自己的这一段译注是比较正确地理解了原文本意的。作者是通过北海若的口来批评世俗的现象，从而也指出河伯所谓贵贱大小之分，仅是人类有物之境狭隘眼界的产物。人类的偏狭正使人类在不断失去正道大道的光辉！

【17.10】

"昔者尧、舜让而帝，之、哙让而绝；汤、武争而王，白公争而灭。由此观之，争让之礼，尧、桀之行，贵贱有时，未可以为常也。梁丽可以冲城，而不可以窒穴，言殊器也；骐骥骅骝，一日而驰千里，捕鼠不如狸狌，言殊技也；鸱鸺夜撮蚤，察毫末，昼出瞋目而不见丘山，言殊性也。故曰，盖师是而无非，师治而无乱乎？是未明天地之理，万物之情者也。是犹师天而无地，师阴而无阳，其不可行明矣。然且语而不舍，非愚则诬也。帝王殊禅，三代殊继。差其时，逆其俗者，谓之篡夫；当其时，顺其俗者，谓之义之徒。默默乎河伯！女恶知贵贱之门，小大之家！"

【另类译解】【虞人评读】

从前的尧舜因禅让而完成了帝位的交接，万民蒙获其利；燕王哙与子之之间也搞禅让，却导致战乱而亡国；商汤、周武王都是靠争夺结束了前朝的残暴统治而顺利称王；楚国的白公却因争王位而导致败亡。由此看来，是争好还是让好，是禅让好还是不禅让好，结果是贵是贱因时而异，不可认为其中有固定的规律。栋梁之材可以用来冲撞城门而破门而入，却无法用它来堵塞小洞，这是器物使用的地方不同啊！骏马良驹一天可以奔驰一千里，捉老鼠的本事却不如野猫和黄鼠狼，这是使用它们的方面不同啊！猫头鹰晚上能抓跳蚤，看清毫毛，但是大白天张着眼睛也看不到山丘，这是使用它的对与不对啊！所以说，怎么能只看到有利的一面而忽略不利的一面呢？只想学人家的成功却忽略了失败的可能？这些做法都是没有明白天地之理，忽视了万物的实际情况啊！这种只重视天而忽视地，只重视阴而忽视阳，那行不通做不好也是明显的啊！然而现在还是有人在一直谈论不已，他们不是愚笨就是在乱说啊！远古时帝王的禅让各有各的情况，夏商周三代的更迭也各有各的差别，人们根本没有搞清楚是怎么一回事（就像今天的人们根本没有人真正研究或研究明白），却创造了一套所谓的体系，不合他们胃口，只因时机不对没有成功的，就被他们当作篡位独夫；那合乎他们的胃口，侥幸机缘凑巧成了大事的，就被捧为高义之士！闭嘴沉默吧，河伯老弟，你哪里去搞清楚贵贱的标准和对大小进行分辨呢（因为它们在客观世界并不存在，人不能两次踏进同一条河流，你又何处可找那个标准呢？不是说河伯蠢，而是说由上述论述及例证可以说明，标准不存在，大小仅相对）？

【17.11】

河伯曰："然则我何为乎，何不为乎？吾辞受趣舍，吾终奈何？"

北海若曰："以道观之，何贵何贱，是谓反衍①；无拘而志，与道大蹇。何少何多，是谓谢施②；无一而行，与道参差。严乎若国之有君，其无私德；繇繇乎若祭之有社，其无私福；泛泛乎其若四方之无穷，其无所畛域。兼怀万物，其孰承翼？是谓无方。万物一齐，孰短孰长？道无终始，物有死生，不恃其成；一虚一满，不位乎其形。年不可举，时不可止；消息盈虚，终则有始。是所以语大义之方，论万物之理也。物之生也，若骤若驰。无动而不变，无时而不移。何为乎，何不为乎？夫固将自化③。"

【另类译解】

河伯终于有所领悟，然还是感到不好实行，理论上好像懂了，可如何实际应用还是懵懵懂懂。于是再问："那么，现实生活中遇到各类事情时，我是应该做些什么呢？还是不应该去做什么呢？是推辞还是接受，趋就还是舍弃？我到底应该怎么办呢？"

北海神若说："从道的观点来看，什么是贵什么是贱，与人们普遍的观念是反过来的，不要去束缚你自然的心志，这样会与大道相违碍的。什么是少什么是多，与人们普遍的理解是有出入的。不要偏执于某一方面行事，弄到与大道不合。端庄严肃要像一国的国君，没有一点偏私待人处事；悠远超然像祭祀的社神，对所有求福的人一视同仁；广大普及的要像无边无际的四方，没有彼此的界限可供区分。兼蓄并包容纳万物，由于一视同仁哪里需要你特地去拯救或扶翼谁吗？这个就叫作一碗水端平，没有偏向。世上万物本是齐一的，谁为短谁为长呢？大道是没有终结和开始的，万物却有死有生的变化，因而得道之人不会将自己的生命依托于世俗的所谓成功上！万物时而虚空，时而充盈，从来没有固定不变的形态。年岁不能存留，时光不会停息，阴消阳灭夏盈冬虚，气序循环周而复始，终结之后又再开始。这样才是正确理解大道的方法，也是条分理析万物的最佳途径。万物的生长，如同快马奔驰，没有一个动作不引发变化，没有一个时刻不发生移动，你怎么可能跟着所有的事物亦步亦趋呢？你应该做什么，不应该做什么，不是非常清楚了吗？你用得着刻意去选择干什么不干什么吗？你应该随顺自然与物自化啊！"

【解读依据】

① 成玄英疏："反衍，犹反覆也。夫贵贱者。生乎妄执也。今以虚通之理照之，则贵者反贱而贱者复贵，故谓之反衍也。"

② 成玄英疏："谢，代也。施，用也。夫物或聚少以成多，或散多以为少，故施用代谢，无常定也。"

③ 成玄英疏："万物纷乱，同禀天然，安而任之，必自变化，何劳措意为与不为！"

【17.12】

河伯曰："然则何贵于道邪？"北海若曰："知道者必达于理，达于理者必明于权，明于权者不以物害己。至德者，火弗能热，水弗能溺，寒暑弗能害，禽兽弗能贼。非谓其薄之也，言察乎安危，宁于祸福，谨于去就，莫之能害也。故曰，天在内，人在外，德在乎天。知天人之行，本乎天，位乎得；踯躅而屈伸，反要而语极①。"曰："何谓天？何谓人？"北海若曰："牛马四足，是谓天；落马首，穿牛鼻，是谓人。故曰，无以人灭天，无以故灭命，无以得殉名。谨守而勿失，是谓反其真。"

【另类译解】

河伯说："那再问一个问题，道有什么可贵的使人受益的地方呢？"北海神若回答道："了解了道的人必定通达事物运动的规律，通达事物运动的规律的人遇到各类情况必然能区分和应变，能正确区分并且作出适当应变的人就不会因为外物而伤害自己。有极高道的修养的人，火来了由于知道是怎么一回事所以不会被烧伤，水来了由于知道水性也不会被淹溺，寒来了知道如何御寒，暑来了知道如何防暑，飞禽走兽由于知道它们的习性懂得预防因而也不会被它们侵害。这不是说他们可以接近这些东西而不受害（非专业人士不要模仿），而是因为他们能够提早明察安危，机智地选择了应对之道，从而趋福避祸。他们面对事态谨慎地选取了自己应当离开或接近的进退之路，就没有什么外在事物的伤害能落到他们头上。所以说：'天机蕴含于内心，人事显露在身外，极高的修养匹配自然。'明白了人的行为，本于自然，处于自得的境地，就可以在进退中屈伸自如，回归根本而体悟源头了。"

河伯还是未达玄妙，更有疑问："什么是自然？什么又是人为？"

北海神说："牛马出生时就有四只脚，这就叫自然；给马头套个辔头，给牛鼻子穿个孔，这就是人为。所以说，不要用人为去毁灭天然的东西，不要操弄事态去改变自然的命数，不因贪得名声而汲汲营营。谨守这些道理而不违失本性，这就叫从人为回到自然。"

【解读依据】

① 郭象注："知虽落天地，事虽接万物，而常不失其要极，故天人之道全也。"

【17.13】

夔怜蚿，蚿怜蛇，蛇怜风，风怜目，目怜心。

夔谓蚿曰："吾以一足趻踔而行，予无如矣。今子之使万足，独奈何？"

蚿曰："不然。子不见夫唾者乎？喷则大者如珠，小者如雾，杂而下者不可胜数也。今予动吾天机，而不知其所以然。"

蚿谓蛇曰："吾以众足行，而不及子之无足，何也？"

蛇曰："夫天机之所动，何可易邪？吾安用足哉！"

蛇谓风曰："予动吾脊胁而行，则有似也。今子蓬蓬然起于北海，蓬蓬然入于南海，而似无有，何也？"

风曰："然。予蓬蓬然起于北海而入于南海也，然而指我则胜我，鰌我亦胜我。虽然，夫折大木，蜚大屋者，唯我能也。”故以众小不胜为大胜也。为大胜者，唯圣人能之。”

【另类译解】

独脚的夔羡慕那多脚的蚿，多脚的蚿羡慕那无脚的蛇，蛇则羡慕那风，风羡慕眼睛，眼睛却羡慕心灵。

夔对蚿说：“我只有一只脚，因此我只能跳着走，我是没有办法啊！真羡慕你有这么多只脚可用，要是你只有一只脚你可以走吗?”夔看来很好奇。

蚿说：“估计走不了！你见过吐口水的情形吗？一口口水，喷出来的唾沫大的像珠子，小的像雾露，混杂而下数都数不清。现在我与你的情况就类似这种。你就是那一口口水，而我呢，就是那数也数不清的星沫。我们都不过是动用了自己的天然机能在走路，如果我用一只脚走而你用万只脚走，我们可能都不知道会怎么别扭呢！”

蚿对蛇说：“我用这么多脚走路，却还是不如你这没脚的家伙走得快，这究竟是怎么一回事呢?”

蛇的觉悟似乎比夔和蚿都高，它说：“天生的机能给予我们的各自的能力，这怎么可以自己去改变呢？我走路哪里用得着脚呢?”

不过蛇也有困惑，它羡慕风。它对风说：“我鼓动我的脊椎和胸肋行走，虽然不用脚，可是还是像有脚似的。现在你呼呼地从北海刮过来，又呼呼地吹入南海，然而却没有任何行走的痕迹，你是怎么做到的呢?”

风说：“对啊！我是呼呼地从北海刮起而入于南海，可是人们不知道是怎么看到我的。他们都伸出手指指着我从而避开我，他们在我到达之前都跑赢了我躲过了我，我真是羡慕他们的眼睛。虽然刮不到人，但我还是能折断大树，吹飞大屋屋顶，这样的事也只有我能够做得到！”

所以，小胜都是有形的，而越是无形的能量就越大。蚿比夔能量大，蛇比蚿能量大，风明显比蛇能量大，而人的眼睛比风能量更大。由于心灵能感知的事物更深，所以心灵比眼睛的能量更大。世间的事物越是放弃了具体的实在的有形的胜利，反而越能获得抽象的虚空的无形的更大的胜利。而真正能够完成最伟大的胜利的，只有调和所有的人心灵的圣人才能够做到！

【17.14】

孔子游于匡，宋人围之数匝，而弦歌不惙。子路入见，曰：“何夫子之娱也?"

孔子曰："来！吾语女。我讳穷久矣，而不免，命也；求通久矣，而不得，时也。当尧舜而天下无穷人，非知得也；当桀纣而天下无通人，非知失也；时势适然。夫水行不避蛟龙者，渔父之勇也，陆行不避兕虎者，猎夫之勇也；白刃交于前，视死若生者，烈士之勇也；知穷之有命，知通之有时，临大难而不惧者，圣人之勇也。由处矣，吾命有所制矣。"

无几何，将甲者进，辞曰："以为阳虎也，故围之。今非也，请辞而退。"

【另类译解】

孔子周游列国到达匡地，一层又一层的宋国人将他团团包围要攻打他。孔子并不理睬围攻他的宋人，取出琴来自顾自地弹个不停。这不但镇住了宋国人，而且子路也感到非常惊奇。他挤进车内入见孔子，问："老师为什么还这么快乐充满娱乐精神?"

孔子说："来！你过来，我来告诉你！我希望避开事业上的窘困不顺已经很久了，可今天还是遇到了这样的困境，这都是命中注定的啊！我希望事业通达已经很久了，但至今没有得到，这就是时运啊！在尧舜的时代，天下就没有窘困不顺的人，并不是那时的人都是智力超卓之士；在桀纣的时代，天下没有顺达的人，并不是那时的人突然失去了智慧；是时势造成了这种现象。在水中行走不避开蛟龙的，是渔夫的勇敢；在陆地上行走不避开犀牛与老虎的，是猎人的勇敢；明晃晃的刀剑交错在胸前，脸不改色心不跳的，是烈士的勇敢；认识到窘困不顺是命中注定，知道通达自有定数，碰上大灾大难而毫无畏惧的，是圣人的勇敢。子路，一切都不会有问题的，你回去好好休息吧！我的命运自有定数。"

没过多久，一个将领模样的人跑了过来，对孔子解释并表示歉意："误会误会，大家错将先生您当作我们的敌人阳虎了，所以大家才将您团团围住，现在知道认错了，特来道歉，我们这就撤围退兵。"

【17.15】

公孙龙问于魏牟曰："龙少学先王之道，长而明仁义之行；合同异，离坚白；然不然，可不可；困百家之知，穷众口之辩；吾自以为至达已。今吾闻庄子之言，汒焉异之。不知论之不及与？知之弗若与？今吾无所开吾喙，敢问其方。"

【另类译解】

　　公孙龙问魏牟说："我年少的时候就学习三皇五帝的治世之道，长大后又学习了仁义方面的知识，能看出不同的事物中相同的地方，可以把一块又白又硬的石头说成一块白石加一块坚石而无人能及，我可以将不对的说成对，将不可的说成可，能为难百家的学识，能使众辩之口词穷，我自认为是非常厉害的高手了。如今我听了庄子的言谈，怪异的使我感觉非常茫然。我不知道是我的辩才不如他好呢，还是我的智慧不及他。现在我好像没有办法再开口了，请问这是什么原因呢？"

　　子秉先生（公孙龙，字子秉），你不知道吗？你是遇上高士道人了，你那一套坚白理论，在世俗中逞一时口舌之快可以望风披靡，可真的遇到天道人道宇宙之道这类顶级学问，就如井底之蛙听闻大海之苍茫。不信？下面就是例证。

【17.16】

　　公子牟隐机大息，仰天而笑曰："子独不闻夫埳井之蛙乎？谓东海之鳖曰：'吾乐与！出跳梁乎井干之上，入休乎缺甃之崖；赴水则接腋持颐，蹶泥则没足灭跗；还虾蟹与科斗，莫吾能若也。且夫擅一壑之水，而跨跱埳井之乐，此亦至矣，夫子奚不时来入观乎！'东海之鳖左足未入，而右膝已絷矣。于是逡巡而却，告之海曰：'夫千里之远，不足以举其大；千仞之高，不足以极其深。禹之时，十年九潦，而水弗为加益；汤之时八年七旱，而崖不为加损。夫不为顷久推移，不以多少进退者，此亦东海之大乐也。'于是埳井之蛙闻之，适适然惊，规规然自失也。"

【另类译解】

　　公子魏牟靠着桌案深深地叹了一口气，又仰天大笑起来，然后开口说道："你难道没有听说过坎井之蛙的故事吗？浅井里的一只青蛙对东海里的一只大鳖说：'我好快乐啊！我出来活动就在水井的栏杆上跳跃；回去就在缺损了块砖的井壁边上休息；跳到水里，水就接着我的双臂，托着我的两腮；踩进泥里，泥就淹没我的双脚，盖过我的脚背。我看看井里的赤虫、螃蟹和蝌蚪，没有谁比得上我的。况且我独占一坑水，盘踞一口水井的快乐，这可算是到顶了。先生何不进来参观一下体验体验？'东海的大鳖左脚还没有跨入井里，右腿就已经被卡住下不去了。于是它只好摇晃着退回去，重新站在井沿上告诉青蛙大海的情形。大鳖说：'用一千里的距离作单位，根本无法来形容它的大；用七千尺的高度作单位，根本无法描述它的深。当年大禹的时候，十年有九年发过洪水，然而海面却没有因此而上升；而商汤王的时候，八年有七年闹过旱灾，然而海面却没有因此而下降；不因为时间的长短而有所改变，不因为水量的多少而忽浮忽沉，这也是东海里最大的快乐（在此译成东海最大的快乐或东海给鳖带来了最大快乐，虞人认为都不尽妥，东海之大就是天地之道，而人在道中物在道中方是乐在其中）！'浅井里的那只青蛙听了，张口结舌，半天合不上嘴，一副茫然若失的神情。"

【17.17】

"且夫知不知是非之竟，而犹欲观于庄子之言，是犹使蚊负山，商蚷驰河也，必不胜任矣。且夫知不知论极妙之言，而自适一时之利者，是非埳井之蛙与？且彼方跐黄泉而登大皇，无南无北，奭然四解，沦于不测；无东无西，始于玄冥，反于大通。子乃规规然而求之以察，索之以辩，是直用管窥天，用锥指地也，不亦小乎！子往矣！且子独不闻夫寿陵余子之学于邯郸与？未得国能，又失其故行矣，直匍匐而归耳。今子不去，将忘子之故，失子之业。"公孙龙口呿而不合，舌举而不下，乃逸而走。"

【另类译解】

"现在我们来说你，公孙龙先生，你的智慧达不到破除是非的境界，而想弄清楚庄子的学问，这就像是让蚊子去背一座大山，商蚷去河海里游泳，必定是不能胜任的。而且你的智慧不足以了解极其玄妙的理论，你适合的仅是逞一时口舌之快的诡辩，你不就是那个在坎井里感到快乐无比的井底之蛙吗？庄子的学问下可抵达黄泉，上可登临仙界，不论东西南北，已弥天塞地，高深莫测。已没有了时间空间，从玄远幽深之境出发，到天地相通的大道归并。你不过是在人间寻章摘句，变着花样搞点雕虫小技的诡辩，用你那套方法想搞懂庄子的学问，这就好比想通过竹管去观察天，想用锤子去测量地一样，不是太不自量力了吗？你还是走吧！你难道没有听过寿陵的少年去邯郸学赵国人走路的故事吗？他不但没有学会赵国人的走法，而且将自己原来的步法也忘了，最后只好爬着回去。现在你还不走开，你就会忘记你世俗里混饭吃的看家本领，把自己的饭碗都弄没了！"

公孙龙听得目瞪口呆，口张着不知道合拢，舌抬起不知道放下，慌里慌张地赶紧逃走了。

【17.18】

庄子钓于濮水，楚王使大夫二人往先焉，曰："愿以境内累矣！"

庄子持竿不顾，曰："吾闻楚有神龟，死已三千岁矣。王巾笥而藏之庙堂之上。此龟者，宁其死为留骨而贵乎？宁其生而曳尾于涂中乎？"

二大夫曰："宁生而曳尾涂中。"庄子曰："往矣！吾将曳尾于涂中。"

【另类译解】

庄子在濮水边钓鱼玩儿。楚王派了两个大夫找了过来传达楚王的意思："楚王愿意将国家政事委托先生打理，这下要劳累先生您了！"

庄子手持钓竿继续钓鱼，头也没有回，说："我听说楚国有只神龟，已经死了三千年了，楚王用竹盒盛着它，用布巾盖着它，珍藏在庙堂之上。要是你们是这只神龟，你们是愿意死了变成遗骸被人供在庙堂里呢，还是愿意活着拖着尾巴在泥水里爬行呢？"

二大夫不知庄子何意，有点丈二和尚摸不着头脑。但他们按照普通人贪生惧死的习性作了诚实的回答："我们宁愿活着拖着尾巴在泥水里爬行！"

庄子被两人的神情逗得忍俊不禁，哈哈大笑："你们回去告诉楚王，我还是喜欢拖着尾巴在泥水里爬行。"

【虞人评读】

这则故事精彩绝伦。但不是一个蔑视权贵的故事，而是一个得道高人视四海如无物，抛弃名利权位，重视天地自然，珍视生命的故事。虞人相信，凭乱哄哄的战国，凭庄子的家世地位及学问口碑，此事极有可能是真实的。庄子牛！不仅为后代树立了永远不朽的绝世飘逸的形象，而且其文章的精彩立意之非凡也将光芒永射于中华文明史！

【17.19】

惠子相梁，庄子往见之。或谓惠子曰："庄子来，欲代子相。"于是惠子恐，搜于国中三日三夜。庄子往见之，曰："南方有鸟，其名为鹓鹓，子知之乎？夫鹓鶵，发于南海而飞于北海，非梧桐不止，非练实不食，非醴泉不饮。于是鸱得腐鼠，鹓鶵过之，仰而视之曰'吓！'今子欲以子之梁国而吓我邪？"

【另类译解】

惠子在梁惠王手下做宰相，庄子前去看他。这时有小人挑拨离间，他们警告惠子说："庄子这次来，是有企图的，他是冲着你的相位而来的。"即庄子准备游说梁惠王取代惠子出任宰相。于是惠子一时疑惑，连着三天三夜在全国范围内搜索庄子，准备堵住庄子。庄子躲过搜捕后来到惠子家中，见到惠子后对他说："我听说南方有一种鸟，名叫鹓鶵，你知道这种鸟吗？鹓鶵这种鸟，从南海出发，一直可以飞到北海，途中不是梧桐树它从不肯栖身，不是竹子结成的果实它从不肯吃，不是甘美的泉水它从不肯喝。有一只猫头鹰抓到了一只腐烂的老鼠，正巧这时鹓鶵从天空中飞过。猫头鹰紧张得抱住腐烂的老鼠对着天上大叫：'你快走开！'现在你就是用你的梁国来喊我快走开吧！"

惠子这时恨不得有个地洞好钻进去。

【17.20】

庄子与惠子游于濠梁之上。庄子曰："鲦鱼出游从容，是鱼之乐也。"惠子曰："子非鱼，安知鱼之乐？"庄子曰："子非我，安知我不知鱼之乐？"惠子曰"我非子，固不知子矣；子固非鱼也，子之不知鱼之乐，全矣。"庄子曰："请循其本。子曰'汝安知鱼乐'云者，既已知吾知之而问我。我知之濠上也。"

【另类译解】

庄子与惠子在濠水的桥上游玩。玩，是庄子生命的核心。庄子看着水中的鱼说道："白鱼在水中，从容地游来游去，这鱼过得真快乐啊！"不料这种无心的感叹触发了惠子敏锐的神经。惠子立即将了庄子一军："你又不是鱼，你怎么知道鱼是快乐的呢？"庄子被惠子一抢白，来了兴致，立即反唇相讥："你又不是我，你怎么知道我不知道鱼是快乐的呢？"惠子说："我不是你，当然不知道你的感觉。你也不是鱼，你也不知道鱼的感觉，这总可以了吧？"惠子想息事宁人。庄子可来了情绪，他可不想就这样放过惠子：

"好，现在让我们复原到话的起点。你刚才说'你怎么知道鱼是快乐的'这句话时，你显然是已经知道我知道鱼是快乐的了才来问的我，这一点也没错啊！我是在濠水的桥梁上知道的鱼是快乐的啊！"

【虞人评读】

　　从这段极其有趣的著名对话中，大家惊异于庄子的敏锐与机智，然鲜少去想其中的"道"理。悠然自得，存乎天地之间，一切纯粹自然，无拘无束，鱼儿昭示的不就是得"道"的状态吗？得"道"的状态能不乐吗？鱼儿至乐，庄子至乐，作为得"道"高人的庄子当然知道鱼儿之乐，在什么时候什么地方知道的呢？在濠水之上的无心之间。而惠子作为庄子同类，同样本能地知道庄子是乐的，鱼儿是乐的。庄子知道鱼儿是乐的，脱口而出的状态才是自然态健康品——前半部分是一幅天然行乐图；后半部分，两人一旦进入针尖对麦芒的思辨之争，则争端之心即起，无论惠子的息事宁人，还是庄子的咄咄逼人，均已失却自然之道。所以末了，庄子立即醒悟，要求复原本源，再回本体，说出"道"之真谛——濠水之上白云之下无心之间！

至 乐

【18.1】

天下有至乐无有哉？有可以活身者无有哉？今奚为奚据？奚避奚处？奚就奚去？奚乐奚恶？夫天下之所尊者，富贵寿善也；所乐者，身安厚味美服好色音声也；所下者，贫贱夭恶也；所苦者，身不得安逸，口不得厚味，形不得美服，目不得好色，耳不得音声；若不得者，则大忧以惧。其为形也亦愚哉！

【另类译解】

天下有到达顶点的快乐呢？还是没有呢？有永远活下去的方法呢？还是没有呢？有的话，应该怎么做？其根据又是什么？应该回避什么又该去接受什么？该做些什么又该怎么去做？该喜欢什么又该厌恶什么？

天下人所看重的，是财富、显贵、长寿、名声；所喜爱的，是身处安适、饮食丰美、服饰华丽、绚丽的色彩和美妙的音乐；所看不上的，是贫穷、卑贱、短命、恶名；所苦恼的，是身体不安逸、吃不上丰美的食物、穿不上华丽的衣服、看不见绚丽的色彩、听不到美妙的音乐。如果得不到这些，就会非常忧愁甚至到害怕的地步，这样对待自己生命的人，真是太愚蠢了啊！

【18.2】

夫富者，苦身疾作，多积财而不得尽用，其为形也亦外矣。夫贵者，夜以继日，思虑善否，其为形也亦疏矣。人之生也，与忧俱生，寿者惛惛，久忧不死，何之苦也！其为形也亦远矣。烈士为天下见善矣，未足以活身。吾未知善之诚善邪，诚不善邪？若以为善矣，不足活身；以为不善矣，足以活人。故曰："忠谏不听，蹲循勿争。"故夫子胥争之以残其形，不争，名亦不成。诚有善无有哉？

【另类译解】

那些能够富裕起来的人，平时苦心操劳，比普通人工作辛勤很多，这样才积攒下许多家财，但最后离开世界时，却不能全部享用，就是赵本山小品中说的"钱还在人没了"。这样的人，对他的身体来说，岂不是将身体当作别人的东西在拼命耗用吗？那些能够显贵的人，夜以继日，考虑方方面面的人与事是否都安排妥当，这样对待自己的身体，岂不是太疏忽了吗？人来到世界的第一件事就是大哭，说明人生的忧愁是与生俱来的。那些一心冀望长寿的人实在是糊涂啊，受忧愁病痛久久折磨而不能死去，你想那是何等的痛苦啊！这样对待自己的生命，与善待自己的初衷不是南辕北辙了吗？"忠诚的谏言如果得不到接纳，就退下来不再去强求进谏。"伍子胥因为谏诤而遭刑戮；如果他不一味死谏，也就不会成就后来的名声。这样看来也没有绝对的所谓好啊？

【虞人评读】

郭象对此作注曰："善则适当，故不周济。"此节文字是针对前文"天下之所尊者，富贵寿善也"而言的。作者一一分析，认为富、贵、寿、善都是有缺陷的事物，一味追求追逐反重创人最重要、最基本的作为人的存在——用现代法律术语来说就是健康权、人身权、生命权、生存权。过度地追求物追求末却危害到根本了，此诚不智也！

【18.3】

今俗之所为与其所乐，吾又未知乐之果乐邪？果不乐邪？吾观夫俗之所乐，举群趣者，诳诳然如将不得已，而皆曰乐者，吾未之乐也，亦未之不乐也。果有乐无有哉？吾以无为诚乐矣，又俗之所大若也。故曰："至乐无乐，至誉无誉。"

【另类译解】

现在世俗的所作所为和所快乐的，我又不知道这种快乐是真的快乐呢，还是其实并不快乐（虞人知道，确有乐，但最终也不乐，短暂的快乐始终无法掩盖生命之疲惫）。我看世俗所快乐的，人们一窝蜂地追逐的，竞争相逐好像不得不去做的，又都说是快乐的，我没有感到这有什么快乐，也没有感到这有多么不快乐（即无感，实在话）。那么世上有没有快乐这件事呢？我认为是有的，清静无为就是真正的快乐，但这又是世俗偏偏认为最苦的。所以说："最大的快乐好似了无快乐，最大的声誉好像了无声誉。"

【18.4】

天下是非果未可定也。虽然，无为可以定是非。至乐活身，唯无为几存。请尝试言之。天无为以之清，地无为以之宁，故两无为相合，万物皆化生。芒乎芴乎，而无从出乎！芴乎芒乎，而无有象乎！万物职职，皆从无为殖①。故曰："天地无为也而无不为也。"人也孰能得无为哉！

【另类译解】

天下的是非确实是无法成定论的。虽然是这样，但处于虚静无为状态却可以最大限度地明辨是非。要想实现至乐与全身养生的目标，只有无为或许可以做得到。请让我试着说明一下：天无为因而清澈，地无为因而安宁，天地两个无为合到一起，就有了万物的变化衍生。恍恍惚惚之间万物就存在了，你都搞不清是从哪儿长出来的！惚惚恍恍之间万物就已经在那儿了，你都似乎寻不出过去的一点痕迹来！万物繁多，都是从无为中自然繁衍而来。所以说："天地无所作为，却没有一样东西不是从它们那儿来的。"这是多么宏大的境界啊！人，又有谁能做得到呢？又有谁能真正理解无为呢？

【解读依据】

① 成玄英疏："职职，繁多貌也，夫春生夏长，庶物繁多，孰使其然？皆自生耳。寻其源流，从无为种植。既无为种植，岂有为耶！"

【虞人评读】

至乐是存在的。至乐存在于哪里？只有一个人虚静无为，将自己与世界整体同而为一，那么世界才成为他的组成部分或者说他才成了世界，由于万物之化无穷无尽，他的快乐也就无穷无尽。因此，将自己升格为与世界同体的境界是达至至乐的关键。

庄子妻死，惠子吊之，庄子则方箕踞鼓盆而歌。惠子曰："与人居，长子、老、身死，不哭亦足矣，又鼓盆而歌①，不亦甚乎！"庄子曰："不然。是其始死也，我独何能无概然！察其始而本无生，非徒无生也而本无形，非徒无形也而本无气。杂乎芒芴之间，变而有气，气变而有形，形变而有生。今又变而之死，是相与为春秋冬夏四时行也。人且偃然寝于巨室，而我噭噭然随而哭之，自以为不通乎命，故止也。"

【另类译解】

庄子的妻子死了。惠子去吊唁，看见庄子两腿分开呈簸箕状坐在地上，一边敲着瓦盆一边在唱歌。

惠子说道："你与妻子一起生活了那么久，她把孩子抚养长大，现在年老了死了，你不哭泣也就罢了，竟然还敲打着盆子唱歌，你这不是太过分了吗？"

庄子说道："不是这样的。当初她刚死的时候，我又怎么会不伤心呢？可是我静下来一想，察觉她起初本来是没有生命的，本来不但没有生命，而且本来还没有形体，不但没有形体，而且本来也没有气息。间杂在恍惚之中，变化而有了元气，元气变化而生成形体，形体变化而有了生命，现在又变化回到死亡，这就好像春夏秋冬四季交替运行一样。死去的人已经安静地卧在天地这大房间里了，我却呜呜咽咽地围着她哭，我自认为这么做是不明白生命的表现，所以就停止了哭泣。"

【解读依据】

① 成玄英疏："庄子知生死之不二，达哀乐之为一，是以妻亡不哭，鼓盆而歌，垂脚箕踞，敖然自乐。"

【18.6】

支离叔与滑介叔观于冥伯之丘，昆仑之虚，黄帝之所休。俄而柳生其左肘，其意蹶蹶然恶之。支离叔曰："子恶之乎？"滑介叔曰："亡，予何恶！生者，假借也；假之而生生者，尘垢也。死生为昼夜。且吾与子观化而化及我，我又何恶焉！"

【另类译解】

支离叔和滑介叔一道去冥伯山上、昆仑的旷野游览，那里是黄帝休息过的地方。忽然间，滑介叔左肘上长出一个瘤子，他感到很惊异，露出很厌恶的样子。

支离叔就问："你讨厌它吗？"

滑介叔说道："不，我讨厌它干什么！身体本来是外在的物质假合而形成的，借用其他物质而形成的生命，不过是像尘垢一样暂时因缘聚合的东西。死与生就好像交替的昼夜一样。而且我与你就是来这荒野观察万物的变化的，现在这变化来到了我的身上，我又为什么要厌恶呢？"

【虞人评读】

支离，寓意身体离析，表示忘形；滑介，寓意滑稽愚朴，表示忘智，初则瘤生肘间，蹶然惊动，人之常情，然迅即感悟，黄帝之境，相与观化，本求虚忘，何来嫌恶？故即安之若素，坦然受之，而乐观面对，观化之理，脱颖而出：我本无身，何恶之有？读者诸君，阅读此节，当明细腻之笔，变化之理，乃为然也！

【18.7】

庄子之楚，见空髑髅，髐然有形。撽以马捶，因而问之，曰："夫子贪生失理，而为此乎？将子有亡国之事，斧钺之诛，而为此乎？将子有不善之行，愧遗父母妻子之丑，而为此乎？将子有冻馁之患，而为此乎？将子之春秋故及此乎？"

于是语卒，援髑髅，枕而卧。夜半，髑髅见梦曰："子之谈者似辩士，视子所言，皆生人之累也，死则无此矣。子欲闻死之说乎？"庄子曰："然。"

髑髅曰："死，无君于上，无臣于下，亦无四时之事，从然以天地为春秋，虽南面王乐，不能过也。"

庄子不信，曰："吾使司命复生子形，为子骨肉肌肤，反子父母妻子闾里知识，子欲之乎？"

髑髅深矉蹙额曰："吾安能弃南面王乐而复为人间之劳乎！"

【另类译解】

庄子到楚国去，路边见到了一个骷髅，形骸枯槁、骨头洞露。庄子用马鞭敲打着它，对着骷髅自言自语："你是贪欲悖理致使折夭了性命才这样的吧？还是国有大难，惨遭斧钺才这样的呢？或者你是恶贯满盈，做了愧对父母和妻子儿女的丑事才这样的呢？还是因为遭遇冻饿之灾才这样的呢？还是你的年寿到了，寿终正寝才到了这个地方的？"

说完这些话后，庄子就拉过骷髅，枕在头下睡起觉来。到了半夜，骷髅来托梦，梦中他对庄子说："从您的言谈看您像是个善辩的人。白天您对我所说的话，都只是人活着时的俗累呵，死了就没有那些了。您想不想听听人死后的情形呢？"

庄子来了兴致，说："想听。"

骷髅说道："死后，上面没有了君王，下面没有了臣子；也没有四季变化要去适应，自由自在与天地并生共存，即便是当君王的快乐，也超不过这个。"

庄子不相信，说道："如果让管理生死的司命神恢复你的原来形体，再生你的骨肉肌肤，让你返回到父母、妻子、儿女、乡邻、熟悉的故交那儿去，你愿意吗？"

骷髅听了忧郁地说道："我怎么能放弃做君王一样的快乐，而再去承受人世间的辛苦呢！"

【18.8】

颜渊东之齐，孔子有忧色。子贡下席而问曰："小子敢问，回东之齐，夫子有忧色，何邪？"

孔子曰："善哉汝问！昔者管子有言，丘甚善之，曰'褚小者不可以怀大，绠短者不可以汲深。'夫若是者，以为命有所成而形有所适也，夫不可损益。吾恐回与齐侯言尧、舜、黄帝之道，而重以燧人、神农之言。彼将内求于己而不得，不得则惑，人惑则死。"

"且女独不闻邪？昔者海鸟止于鲁郊，鲁侯御而觞之于庙，奏《九韶》以为乐，具太牢以为膳。鸟乃眩视忧悲，不敢食一脔，不敢饮一杯，三日而死。此以己养养鸟也，非以鸟养养鸟也。夫以鸟养养鸟者，宜栖之深林，游之坛陆，浮之江湖，食之鳅鲦，随行列而止，委蛇而处。彼唯人言之恶闻，奚以夫诜诜为乎！《咸池》《九韶》之乐，张之洞庭之野，鸟闻之而飞，兽闻之而走，鱼闻之而下入，人卒闻之，相与还而观之。鱼处水而生，人处水而死。彼必相与异，其好恶故异也。故先圣不一其能，不同其事。名止于实，义设于适，是之谓条达而福持[①]。"

【另类译解】

颜渊向东到齐国去了，孔子面显忧色，子贡就离席上前问道："学生斗胆请问，颜回东去齐国，先生面露忧色，这是为什么？"

孔子说道："你问得好！以前管子说过一句话，我很欣赏。他说：'小布袋不可以让它装大东西，短绳子不可以用它来汲深井水。'他这样说，是明白人的命定已经先天成型，而每个人的能力都有他的局限，这是很难改变的。我担心颜回会与齐侯谈论尧、舜、黄帝的道理，并且强调燧人氏、神农氏的言论。齐侯将以这些标准对照着反省自己，可是发现他一件也不符合做不到时，齐侯就会疑惑不安，疑惑不安就会猜疑心重，猜疑心一重，颜回就会有生命危险。"

"况且你没有听说过吗？从前有只海鸟飞到鲁国都城郊外栖息，鲁侯将它迎进太庙，送酒给它喝，演奏《九韶》的音乐给它听，宰杀猪、牛、羊招待它。那海鸟却目光迷离神情悲戚，不敢吃一小块肉，不敢饮一杯酒，结果三天后就死了。这是用养自己的方法去养鸟，而不是以养鸟的方式去养鸟。用养鸟的方式去养鸟，应当让它在森林中栖息，在沙洲上散步，在江湖中飞翔，啄食泥鳅小鱼，随着群鸟止息，自由自在地生活。鸟儿就是讨厌听到人的声音，为什么还要给它弄得那么嘈杂喧闹呢？《咸池》《九韶》这样的乐曲，在广阔的旷野上演奏时，鸟一听就惊走了，兽一听就吓跑了，鱼一听就潜入水中了。只有人听到了，会慢慢地围拢过来欣赏。鱼只有在水中才能生存，人在水中就会淹死。本性不同，好恶习性自然也不同。所以，古代的圣人已认识到人们的能力是不一样的，从而对不同的人安排不同的事。只有名实相符，安排的事情适人适时，才能称作条理通达，从而福德长在。"

【解读依据】

① 成玄英疏："夫因实立名，而名以召实，故名止于实，不用实外求名。而义者宜也，随宜施设，适性而已，不用舍己效人。如是之道，可谓条理通达，而福德扶持者矣。"

【18.9】

列子行食于道从，见百岁髑髅，攓蓬而指之曰："唯予与汝知而未尝死，未尝生也。若果养乎？予果欢乎？"

种有几，得水则为继，得水土之际则为蛙蠙之衣，生于陵屯则为陵舄，陵舄得郁栖则为乌足，乌足之根为蛴螬，其叶为胡蝶。胡蝶胥也化而为虫，生于灶下，其状若脱，其名为鸲掇。鸲掇千日为鸟，其名为干余骨。干余骨之沫为斯弥，斯弥为食醯。颐辂生乎食醯，黄軦生乎九猷，瞀芮生乎腐蠸，羊奚比乎不箰，久竹生青宁；青宁生程，程生马，马生人，人又反入于机。万物皆出于机，皆入于机。

【另类译解】

列子旅游时，在路边就餐，看见一个上百年的骷髅头，就拔去周围的杂草，指着骷髅头说道："只有我和你知道没有生，也没有死的道理。你真的伤心吗？我真的欢乐吗？"

物种中有一种极细小的生物"几"，"几"获得水以后就变成继草，在水和土的交界处就变成青苔。落在丘陵上就变成车前草，车前草浇灌粪土后就长成乌足草，乌足草的根变成金龟子的幼虫，叶子则变成蝴蝶。蝴蝶不久就又变成小虫，生活在炉灶底下，形状好像蜕了皮，名叫鸲掇。鸲掇过了一千天后就变成鸟，名叫干余骨。干余骨吐出的口沫变成斯弥虫，斯弥虫又变成蠛蠓虫。颐辂虫从蠛蠓虫中诞生，黄虫从九猷虫中生出来，蠓子从萤火虫中生出来。羊奚草与不长笋的老竹子一块，老竹子又生成青宁虫，青宁虫生成豹子，豹子生成马，马生成人，人又复归于最初的"几"。世上万物都从"几"而来，又都复归于"几"。

达　生

【19.1】

达生之情者，不务生之所无以为；达命之情者，不务知之所无奈何。养形必先之以物，物有余而形不养者有之矣；有生必先无离形，形不离而生亡者有之矣。生之来不能却，其去不能止。悲夫！世之人以为养形足以存生①，而养形果不足以存生②，则世奚足为哉！虽不足为而不可不为者，其为不免矣③。

【另类译解】

通晓生命真义的，不会去追求生命所不需要的东西；明白命运实情的，不会去强求自己命中所没有的那些。保养身体必须要靠物质，但物质条件绰绰有余而身体却未保养好的，大有人在啊！保全生命，必须首先使身心健康，但也有人身体好端端的，生气却没有了。生命来时不能拒绝，离去无法阻止。可悲呵！世人以为保养好皮囊就算保全了生命。如果他们知道了保养皮囊是没有什么用处的，那他们就一定无所事事了！尽管外求之事不值得做，但作为人还是有不能不做的事，天性之事还是不免要面对的。

【解读依据】

① 成玄英疏："夫寿夭去来，非己所制。而世俗之人，不悟斯理，贪多资货，厚养其身，妄谓足以存生，深可悲叹。"

② 成玄英疏："厚养其形，弥速其死，故决定不足以存生。"

③ 成玄英疏："分外之事，不足为也；分内之事，不可不为也，夫目见耳听足行心知者，禀之性理，虽为无为，故不务免也。"

【19.2】

　　夫欲免为形者，莫如弃世。弃世则无累，无累则正平，正平则与彼更生，更生则几矣。事奚足遗弃而生奚足遗？弃事则形不劳，遗生则精不亏。夫形全精复，与天为一。天地者，万物之父母也，合则成体，散则成始。形精不亏，是谓能移^①；精而又精，反以相天^②。

【另类译解】

　　想完全免为这身体所累，不如放弃俗世生活。放弃俗世生活，就没有牵累；没有牵累，就心正气平；心正气平，就能与自然一起变化更生；与自然一道变化更生，就与"道"接近了。俗事为何应当舍弃？生命为何必须遗忘？舍弃俗事，那么身体就不再受辛劳；遗忘生命，精神就不会亏损。身体健全，精神充足，就是与自然的原始状态再度合而为一。天地，是万物产生的源头，两者结合就衍生物体，分开就回归混沌。人的身体精神两不亏损，就能随顺天地而变化，精神饱满又吸纳了天地的精华，就能还辅自然。

【解读依据】

　　① 成玄英疏："移者，迁转之谓也。夫不劳于形、不亏其精者，故能随变任化而与物俱迁也。"
　　② 成玄英疏："相，助也。夫遣之又遣，乃曰精之又精，是以反本还元，辅于自然之道也。"

【19.3】

　　子列子问关尹曰："至人潜行不窒，蹈火不热，行乎万物之上而不栗。请问何以至于此？"关尹曰："是纯气之守也，非知巧果敢之列。居，予语女！凡有貌象声色者，皆物也，物与物何以相远？夫奚足以至乎先？是色而已^①。则物之造乎不形而止乎无所化，夫得是而穷之者，物焉得而止焉！彼将处乎不淫之度，而藏乎无端之纪，游乎万物之所终始，壹其性，养其气，合其德，以通乎物之所造^②。夫若是者，其天守全，其神无郤，物奚自入焉！"

【另类译解】

　　列子问关尹道："至人在水中潜行也不会窒息，在火上踩步也不会灼伤，面对世间万物从来不会害怕。请问他是怎么达到这种境界的?"

关尹说："这是因为他保持住纯和之元气，不是靠智巧、果敢之类的办法做到的。你坐下，让我来告诉你! 凡是具有形、像、声、色的，都是物。不过是形体颜色不同罢了，物与物之间能有多大的差距? 如果永远在形色之物间（即形色界）打转，则没有超越的可能! 有一种物（此处指至人——这种我们认为特殊的存在，实也是天地万物之一物），存在于不露形色之中，达到无生无灭的化境; 能达到这个境界而穷理尽性的，外物（此处的物，指外在的事物）哪能阻挠得了他呢? 他处于虚淡本性之内，隐于无端无绪的恍惚之乡，神思遨游于万物终结与诞生交织的造化之场，专一自己的心性，保养自己的精神，融和自己的德行，以此达到与自然相通。像这样去做，他的天性盈满健全，他的精神没有缺憾，外物怎能侵入他呢!"

【解读依据】

① 成玄英疏："夫形貌声色，可见闻者，皆为物也。而彼俱物，何足以远，亦何足以先至乎? 俱是声色故也。唯当非色非声，绝视绝听者，故能超貌象之外，在万物之先也。"

② 成玄英疏："物之所造，自然也。既一性合德，与物相应，故能达至道之原，通自然之本。"

【19.4】

"夫醉者之坠车，虽疾不死。骨节与人同而犯害与人异，其神全也，乘亦不知也，坠亦不知也，死生惊惧不入乎其胸中，是故迕物而不慑。彼得全于酒而犹若是，而况得全于天乎? 圣人藏于天，故莫之能伤也。复仇者不折镆干，虽有忮心者不怨飘瓦，是以天下平均。故无攻战之乱，无杀戮之刑者，由此道也。

"不开人之天，而开天之天。开天者德生，开人者贼生[1]。不厌其天，不忽于人[2]，民几乎以其真!"

【另类译解】

"酒醉的人从车上摔下，虽然受伤却不会摔死。他的骨骼关节与别人的相同，但受到的伤害却不一样，这是什么原因呢? 是因为他的精神处于混沌状态的缘故啊! 他乘车时没有知觉，坠车时也不知道，死与生的惊吓没能进入他的心中，因此突遭意外而全然没有恐惧。因为醉酒失去知觉尚且能这样，何况因为自然的力量得以保全呢？圣人与自然融为一体，所以没有什么能伤害他。复仇者不会去折断刺伤他的宝剑，因为宝剑本身是无心的。被落瓦砸中脑袋的人，即便身上有痛，也不会去抱怨飘落的瓦片，因为瓦片本身是无情的。能够做到这样，天下就可以太平安定了。所以，国家要没有战争的祸害，没有杀戮的刑罚，就得遵守这个道啊！

"不要开启人为知谋，而要开启本性本源。顺应本性会使生命圆满，人谋知伪会使生命受害。完全满足于自然所赋予我们的，不加上人为的伪饰，这样就率土尽真，苍生无伪了啊！"

【解读依据】

① 成玄英疏："夫率性而动，动而常寂，故德生也。运智御世，为害极深，故贼生也。"

② 郭象注："任其天性而动，则人理亦自全矣。"

【19.5】

仲尼适楚，出于林中，见痀偻者承蜩，犹掇之也。仲尼曰："子巧乎，有道邪？"曰："我有道也。五六月累丸二而不坠，则失者锱铢；累三而不坠，则失者十一；累五而不坠，犹掇之也。吾处身也，若厥株拘；吾执臂也，若槁木之枝；虽天地之大，万物之多，而唯蜩翼之知。吾不反不侧，不以万物易蜩之翼，何为而不得！"孔子顾谓弟子曰："用志不分，乃凝于神，其痀偻丈人之谓乎！"

【另类译解】

孔子到楚国去，穿过一片树林，看见一个弯腰驼背的老人正在用竹竿粘蝉，粘起来就像在地上拾一样容易。

孔子叹服道："老先生您的手真巧啊！这有什么诀窍吗？"

老人说："没什么诀窍，只是要知道其中的道！开始不要就粘蝉，先用五六个月的时间练习，做到能在竹竿头上放两个弹丸而不会掉落，这样去粘蝉就很少失手了；接着，练习放三个弹丸而不掉落，这样粘蝉时失手的可能就只剩十分之一了；等到放五个弹丸而不掉落，那么粘蝉就会跟在地上拾东西一样容易了。我站稳身体，就像直立的枯树桩，我举起手臂，就像枯树的枝干；天地再大，万物再多，此时我心中只有蝉翼。我不会东想西想，不因万物而影响我对蝉翼的专注，这样怎么还会粘不到呢！"

孔子大受启发，回头对弟子们说："用心专一而不分散，聚精能会神，说的不就是这位驼背老丈嘛！"

【19.6】

颜渊问仲尼曰："吾尝济乎觞深之渊，津人操舟若神。吾问焉，曰：'操舟可学邪？'曰：'可。善游者数能。若乃夫没人，则未尝见舟而便操之也。'吾问焉而不吾告，敢问何谓也？"

仲尼曰："善游者数能，忘水也。若乃夫没人之未尝见舟而便操之也，彼视渊若陵，视舟若履犹其车却也。覆却万方陈乎前而不得入其舍，恶往而不暇！以瓦注者巧，以钩注者惮，以黄金注者殙。其巧一也，而有所矜，则重外也。凡外重者内拙①。"

【另类译解】

颜渊问孔子道："我曾经渡过一处叫觞渊的河流，摆渡的人划船的技术出神入化，看得我都呆了。我当时问他：'划船可以学吗？'摆渡人说：'可以。会游泳的人很快就学得会；假如会潜水的，就是从未见过船也能立刻就划。'我再问他为什么，他就不说话了。请问这其中究竟是何缘故？"

孔子说："会游泳的人学得快，是因为他熟悉水性而心中没有对水的恐惧。至于会潜水的人没见过船便会划船，那是因为在他眼里，深水宛如山丘，翻船不过就像倒车一样。翻船倒车的各种状况呈现在他眼前，他也不会放在心上，他怎么不拿过桨来就划且从容自得呢！同一个人，用瓦片做赌注时心灵技巧，用带钩做赌注时就心存恐慌，用黄金做赌注时会头昏脑涨。这个人的技巧实际没有变化，只是因为赌的这个外在的东西不同时，他的心中顾惜程度不同因而心神就会不同。凡是过分重视外物的人，内心就会变得笨拙。"

【解读依据】

① 郭象注曰："夫欲养生全内者，其唯无所矜重也。"

【19.7】

田开之见周威公。威公曰："吾闻祝肾学生，吾子与祝肾游，亦何闻焉?"田开之曰:"开之操拔篲以侍门庭,亦何闻于夫子!"威公曰:"田子无让,寡人愿闻之。"开之曰:"闻之夫子曰:'善养生者,若牧羊然,视其后者而鞭之。'"威公曰:"何谓也?"田开之曰:"鲁有单豹者,岩居而水饮,不与民共利,行年七十而犹有婴儿之色,不幸遇饿虎,饿虎杀而食之。有张毅者,高门县薄,无不走也,行年四十而有内热之病以死。豹养其内而虎食其外,毅养其外而病攻其内,此二子者,皆不鞭其后者也。"

仲尼曰:"无入而藏,无出而阳,柴立其中央。三者若得,其名必极。夫畏涂者,十杀一人,则父子兄弟相戒也,必盛卒徒而后敢出焉,不亦知乎!人之所取畏者,衽席之上,饮食之间;而不知为之戒者,过也^①!"

【另类译解】

田开之谒见周威公。周威公说:"我听说祝肾在学习养生,你与祝肾一起游学,也学到些什么吧?"

田开之说:"我只是在老师那里做些扫扫弄弄的服务工作,哪里从老师那儿学过东西呀!"

周威公说:"田先生不要谦虚,我非常想听听。"

开之说:"我只是有次听老师说过:'善于养生的人,就像牧羊那样,看见落后的羊就鞭打它们。'"

这是两个风马牛不相及的事项,突然一下子被联结到一起,威公一下子被吊起了兴趣,问:"这话怎么理解?"

田开之说:"鲁国曾有个叫单豹的人,他住在岩洞里,饮山泉水,一生不与人们争利,活到七十岁时脸色还像婴儿那样,不幸遭到一只饿虎,被饿虎咬死吃掉了。另外有个叫张毅的人,凡高门大宅,县城胥吏,他都结交示好,结果只活到四十岁就患内热病死了。单豹修养内心,身体却便宜了老虎;张毅注意搞好外部安全,可内脏却被疾病攻下。这两位,都是没有及时'鞭打'他们落后的那只'羊'啊。"

孔子说:"不要深入荒山到人迹罕至的地方(指单豹),不要行走世间到趋利显扬的地步(指张毅),要像栅木一样稳立于内外之中(中庸),若能领悟这三点,其养生一定很圆满。现在假设有一段非常危险的路,路过的十个人中有一人被杀害了,那个父子兄弟肯定会互相告诫,一定要成群结伴才敢经过,这不需要多聪明的啊!人们应该真正感到担心的,是卧榻之上与饮食之间。这种看不见危险的地方是最容易缺乏警惕的啊，实在是最容易出问题的地方！"

【解读依据】

① 成玄英疏："衽，衣服也。夫涂路患难，十杀其一，犹相戒慎，不敢轻行。况饮食之间，不能将节，衽席之上，恣其淫荡，动之死地，万无一全。举世皆然，深为罪过。"

【19.8】

祝宗人玄端以临牢笑，说彘曰："汝奚恶死？吾将三月豢汝，十日戒，三日齐，藉白茅，加汝肩尻乎雕俎之上，则汝为之乎？"为彘谋，曰不如食以糠糟而错之牢笑之中，自为谋，则苟生有轩冕之尊，死得于豚楯之上、聚偻之中则为之。为彘谋则去之，自为谋则取之，所异彘者何也？

【另类译解】

祭祀官穿好祭祀的礼服，来到猪圈面前，对着猪说："你为什么不想死呢？我花三个月的时间精心喂养你，还要守戒十天，做斋三天，再铺上白色茅草，把你的肩和臀供奉在雕着花纹的器皿内，这样你还有什么不满意的？"但此人心里在想，你这头猪啊，死了就都是空的，什么也没有了，你还真不如吃糠食槽继续被关在猪圈里烂活着呢！这是我们对猪的感受。但我们作为人，如果我们像这头祭祀用的猪，活着时乘轩戴冕享受安富尊荣，死后能装入雕着花纹的棺椁中，那我们就心满意足得不得了了。面对猪时替猪打算，则拒绝这样做；临到自己为自己打算，却愿意这样做，那这不是认为自己还不如猪吗？这实在是愚痴颠倒，非达生之性也！

【19.9】

桓公田于泽，管仲御，见鬼焉。

公抚管仲之手曰："仲父何见？"

对曰："臣无所见。"

公反，诶诒为病，数日不出。

齐士有皇子告敖者，曰："公则自伤，鬼恶能伤公！夫忿滀之气，散

245

而不反，则为不足；上而不下，则使人善怒；下而不上，则使人善忘；不上不下，中身当心，则为病[①]。"

桓公曰："然则有鬼乎?"

曰："有。沉有履，灶有髻。户内之烦壤，雷霆处之；东北方之下者，倍阿鲑蠪跃之；西北方之下者，则泆阳处之。水有罔象，丘有峷，山有夔，野有彷徨，泽有委蛇。"公曰："请问委蛇之伏状何如?"皇子曰："委蛇，其大如毂，其长如辕，紫衣而朱冠。其为物也，恶闻雷车之声，则捧其首而立。见之者殆乎霸。"

桓公辴然而笑曰："此寡人之所见者也。"于是正衣冠与之坐，不终日而不知病之去也。

【另类译解】

齐桓公在野泽打猎，管仲替他驾着车，他们突然遇见了鬼。桓公急忙抓住管仲的手，心惊胆战地说："仲父您看见什么了吗?"管仲迅速扫了一眼，悠然地回道："我什么也没有看见。"

他们返回以后，桓公由于惊吓生起病来，好几天都失魂落魄的，不敢出门。

齐国有一位贤人，叫皇子告敖，听说了这事就来看望桓公。他对桓公说道："桓公您是自己伤害自己，鬼怎么能伤到您呢! 人，不过是一团结聚在一起的气，因此，有时这气散而不还，人就会感到精力不足；有时气只上不下攻于头，人就会郁闷而好怒；有时下而不上阳伏阴散，人就会精神恍惚而好忘；若不上不下阴阳相争，气闭塞在体内和心中，人就会生病。"

桓公有点放松，然还是心有余悸："即便这样，但是否真有鬼呢?"

皇子告敖说："有啊! 污泥中有履鬼，灶堂上有髻神。门户内的粪壤之中，也有鬼藏着，叫雷霆鬼；东北方的墙下，有倍阿鲑蠪在跳动；西北方的墙下，住着泆阳鬼。水里有罔象，山丘有峷神，高山有夔神，原野上有彷徨，水泽里有委蛇。"

桓公又问："等等，我想问一下，委蛇是什么样的?"

皇子回答说："委蛇这东西，体形像车轮那么大，身高像车辕那么长，紫色衣裳，红色帽子。这个鬼啊，讨厌听到雷车的声音，一听到这种声音，它就会抱着自己的脑袋站起来。一般人看不见它，看见它的人，大概会成为人间的霸主。"

桓公舒服得开怀大笑起来，说："这正是我那天看见的。"于是穿好衣裳起床，坐着与皇子告敖谈话聊天。不到一天时间，病就不知不觉好了。

【解读依据】

① 成玄英疏："夫心者，五藏之主，神灵之宅，故气当身心则为病。"

【19.10】

纪渻子为王养斗鸡。十日而问："鸡已乎?"曰："未也，方虚憍而恃气。"十日又问，曰："未也。犹应向景。"十日又问，曰："未也，犹疾视而盛气。"

十日又问，曰："几矣，鸡虽有鸣者，已无变矣，望之似木鸡矣，其德全矣。异鸡无敢应者，反走矣。"

【另类译解】

纪渻子替齐王养斗鸡。

过了十天，齐王问："鸡可以上场去斗了吗?"纪渻子回答说："还不行，它现在志得意骄血气方刚。"

过了十天，齐王又问，纪渻子又答道："还不行。它对外在的声音和影子，还会有响应。"

又十天以后，宣王又问，回答是："还不行。它现在还是怒目而视，盛气凌人。"

再过了十天，宣王再问。这次的回答是："差不多了。虽然边上别的鸡在鸣叫，它已经充耳不闻了，看上去像呆鸡似的，它的德性圆满了。别的鸡没有敢对它挑战的，一看见它就回头跑掉了。"

【19.11】

孔子观于吕梁，县水三十仞，流沫四十里，鼋鼍鱼鳖之所不能游也。见一丈夫游之，以为有苦而欲死也。使弟子并流而拯之。数百步而出，被发行歌而游于塘下。

孔子从而问焉，曰："吾以子为鬼，察子则人也。请问：蹈水有道乎?"曰："亡，吾无道。吾始乎故，长乎性，成乎命。与齐俱入，与汩偕出，从水之道而不为私焉。此吾所以蹈之也。"

孔子曰："何谓始乎故，长乎性，成乎命?"曰："吾生于陵而安于陵，故也；长于水而安于水，性也；不知吾所以然而然，命也。"

孔子在吕梁游览，见一条瀑布飞落二三十丈，激流溅起的泡沫奔流四十里，水汹涌的鼋鼍鱼鳖都无法上游。这时只见一个男子在里面忽浮忽沉，大家以为他是有什么苦处想自杀的人。孔子急忙叫弟子沿流跟着想去救他。可是，那男子卷入水中好几百步后却露出水面，他游上了岸，在堤岸上披头散发一边唱歌一边闲荡。

孔子赶上他，问："这么大的水能在里面游泳，起初我们以为你是鬼，细看你确是个人。想请教你，游泳有什么特别的诀窍吗？"

男子答道："没有。我没什么诀窍的。我开始只是出于熟练，后来成为习性，最终自己成了自然。与旋涡一起进入，与激流一道涌出，随波逐流而不自作主张。这就是我能在水中遨游的原因。"孔子说："什么叫作开始出于熟练，后来成为习性，最终自己成了自然？"

男子说："我生长于山丘就天天熟悉山丘，这就是熟练；生长于水边就适应水性，这就是习性；不知道自己为什么要这样做就这样去做了，这就是自己成了自然。"

【19.12】

梓庆削木为鐻，鐻成，见者惊犹鬼神[①]。鲁侯见而问焉，曰："子何术以为焉？"对曰："臣工人，何术之有！虽然，有一焉：臣将为鐻，未尝敢以耗气也，必齐以静心。齐三日，而不敢怀庆赏爵禄；齐五日，不敢怀非誉巧拙；齐七日，辄然忘吾有四枝形体也。当是时也，无公朝。其巧专而外滑消，然后入山林，观天性；形躯至矣，然后成见鐻，然后加手焉；不然则已。则以天合天，器之所以疑神者，其是与！"

木匠梓庆刨削木头做鐻，鐻做成了，看过的人都十分惊奇，感叹其鬼斧神工，不是人能做得出来的。鲁侯看过了，就叫梓庆过来，问他："你是用什么秘法做出来的？"梓庆回道："我，不过一个工匠，哪有什么秘法！话是这么说，还是有一点讲究的：我要做鐻时，不曾敢消耗元气，必定要斋戒静心。斋戒三天后，不敢有奖赏爵禄之类俗念；斋戒五天后，不敢想毁誉巧拙这些东西；斋戒七天后，心已寂然不动好像忘记了自己还有四肢形体。在这个时候，我不再去想这是在为朝廷做鐻，心神技巧专一，外部的纷攘都消失了；然后进入山林，观察树木的形状，看到形态躯干合适的，一只成形的鐻就已经浮现在眼前，这时候才开始动手做。如果没有出现这种状态，就还是不动手。这样就用我的自然之态，契合天然树态，进入天合天的化境，做成的鐻器之所以被怀疑为鬼斧神工，大概就是这个缘故吧！"

【解读依据】

① 成玄英疏："鐻者，乐器，似夹钟。"

【19.13】

东野稷以御见庄公，进退中绳，左右旋中规。庄公以为文弗过也。使之钩百而反。

颜阖遇之，入见曰："稷之马将败。"公密而不应。少焉，果败而反。公曰："子何以知之?"曰："其马力竭矣，而犹求焉，故曰败。"

【另类译解】

东野稷因为驾车技术高超而被鲁庄公召见。他驾着车表现，进退笔直得像绳墨，左右旋转，转的圈圆得像圆规画的一样。庄公认为就是绘画也不过如此，令他转一百个圈再返回来。

颜阖正好进来遇见了，见到庄公，说道："东野稷的马要失足了。"庄公默不作声。不一会儿，东野稷的马果然支撑不住折回来了。庄公就问颜阖："你刚才是凭什么知道马要失足了的?"

颜阖说："马已经精疲力竭了，却还要让它转圈，所以我说它快支撑不住了。"

【19.14】

工倕旋而盖规矩，指与物化而不以心稽，故其灵台一而不桎。忘足，履之适也；忘要，带之适也；知忘是非，心之适也；不内变，不外从，事会之适也。始乎适而未尝不适者，忘适之适也。

【另类译解】

工倕随手画个圆圈就可以合乎规矩，他的手指在画，可他根本没用心思，因为这样出神专一反而能够入化。忘记脚的人，是因为鞋刚刚好；忘记腰的人，是因为腰带恰到好处；忘记是与非的人，心灵自然安适；内心不起变化，外在不作盲从，处世就自如舒适；一直生活得舒适，不去找不舒适，是不知舒适的舒适，这样度过一生岂不舒适？

【19.15】

有孙休者，踵门而诧子扁庆子曰："休居乡不见谓不修，临难不见谓不勇；然而田原不遇岁，事君不遇世，宾于乡里，逐于州部，则胡罪乎天哉？休恶遇此命也？"

【另类译解】

有个叫孙休的人，登门来到扁庆先生的家，愤愤不平地说："我住在乡下一辈子，没有人说我德行差；碰到危难要出头的事，没有人说过我不勇敢。但是我耕作种地一辈子却从来没有遇到好年成，为国家出力又没遇到开明的官员。乡间邻里现在排斥我，地方长官现在驱逐我。我是什么地方得罪了上天？我为什么遭遇这样的命运？"

【19.16】

扁子曰："子独不闻夫至人之自行邪？忘其肝胆，遗其耳目，芒然彷徨乎尘垢之外，逍遥乎无事之业，是谓为而不恃，长而不宰。今汝饰知以惊愚，修身以明污，昭昭乎若揭日月而行也。汝得全而形躯，具而九窍，无中道夭于聋盲跛蹇而比于人数，亦幸矣，又何暇乎天之怨哉！子往矣！"

【另类译解】

扁庆先生说："你难道没有听说过至人是怎么做的吗？至人忘却了自己的身体，忽略了自己的视听，混混沌沌地徘徊在尘世之外，逍遥于无为之境。这就是我们常说的顺应自然而不自恃有功，长养万物而不自为主宰。现在你把自己看得很高大，以此来区分身边的乡间邻里；用所谓德行来比拼别人；一点芝麻样的本事，举得像太阳月亮那么高。你现在还能保全你的躯体，拥有你的九窍，没有半途夭折于耳聋、眼瞎、腿瘸，而可以算一个正常人，这已是万幸了。你怎么还在那里抱怨上天呢！你快走吧！"

【19. 17】

孙子出。扁子入，坐有间，仰天而叹。

弟子问曰："先生何为叹乎？"扁子曰："向者休来，吾告之以至人之德，吾恐其惊而遂至于惑也。"弟子曰："不然。孙子之所言是邪？先生之所言非邪？非固不能惑是。孙子所言非邪？先生所言是邪？彼固惑而来矣，又奚罪焉！"

扁子曰："不然。昔者有鸟止于鲁郊，鲁君说之，为具太牢以飨之，奏《九韶》以乐之，鸟乃始忧悲眩视，不敢饮食。此之谓以己养养鸟也。若夫以鸟养养鸟者，宜栖之深林，浮之江湖，食之以委蛇，则平陆而已矣。今休，款启寡闻之民也，吾告以至人之德，譬之若载鼷以车马，乐鴳以钟鼓也。彼又恶能无惊乎哉！"

【另类译解】

孙休走了。扁庆子走进屋去，坐了一会儿，仰天叹了一口气。弟子问道："老师为什么叹气啊？"

扁庆子说："刚才孙休来，我将至人的要求跟他说了。我怕他受到惊吓而陷于迷惑。"

弟子说："不会。孙休所说的话是对的吗？当然不对！老师所说的话是错的吗？肯定不错！那么错的肯定不能使对的迷惑。孙休所说的话是错的对不对？先生所说的话是对的是不是？他本来就是因为有迷惑才来求教的，您解答了怎会有什么过失呢！"

扁子说："不是这样的。从前有只鸟飞停在鲁国都城郊外，鲁君很喜欢它，就宰杀牛羊猪来款待它，演奏《九韶》乐曲来取悦它。鸟却开始目光迷离，忧戚悲哀，不吃不喝。这就叫用养自己的方式去养鸟。如果用养鸟的生活方式去养鸟，就应该让它栖息在深幽的树林，让它飞掠在江河湖泊之中，自由自在地啄食泥鳅小鱼，那就平安无事了。现在孙休，只是个孤陋寡闻的老百姓，我却告诉他至人的作为，这就好比用车马载运老鼠、用钟鼓之乐来取悦小鸟，他又怎么能不受到惊吓呢！"

山　木

【20.1】

　　庄子行于山中，见大木，枝叶盛茂，伐木者止其旁而不取也。问其故，曰："无所可用。"庄子曰："此木以不材得终其天年。"

　　夫子出于山，舍于故人之家。故人喜，命竖子杀雁而烹之。竖子请曰："其一能鸣，其一不能鸣，请奚杀？"主人曰："杀不能鸣者。"

　　明日，弟子问于庄子曰："昨日山中之木，以不材得终其天年；今主人之雁，以不材死；先生将何处？"

　　庄子笑曰："周将处乎材与不材之间。材与不材之间，似之而非也，故未免乎累。若夫乘道德而浮游则不然。无誉无訾，一龙一蛇，与时俱化，而无肯专为，一上一下，以和为量，浮游乎万物之祖；物物而不物于物，则胡可得而累邪！此神农、黄帝之法则也。若夫万物之情，人伦之传，则不然。合则离，成则毁，廉则挫，尊则议，有为则亏，贤则谋，不肖则欺，胡可得而必乎哉！悲夫！弟子志之，其唯道德之乡乎！"

【另类译解】

　　庄子在山里行走，看见一棵大树，枝叶十分茂盛。有伐木的人经过它旁边时却绕了过去没有砍伐它。庄子感到有点奇怪，便问伐木人为什么不砍这棵大树。伐木人回答道："这棵树没什么用！"庄子回过头来对弟子们说："这棵树因为不成材，得以享受到自然的长寿！"

　　庄子从山里出来，住在一个老友家里。老友很高兴，叫童仆杀鹅来款待客人。童仆问："两只鹅，一只会叫，一只不会叫。请问杀哪一只？"主人说："杀那只不会叫的。"

　　第二天，弟子请教庄子说："昨天山里的大树，因为不成材而得以保全生命；现在主人的鹅，因为不成材而先送了性命。先生将怎么解释这个问题呢?"

　　庄子开玩笑道:"我选择使自己处于成材与不成材之间。"说完怕弟子误会,马上正色说:"成材与不成材之间,说说容易,其实无法掌握,所以仍然不能免去麻烦。如果能顺其自然而自由遨游,那就不一样了!没有赞誉,没有诋毁。进可以腾跃,退可以隐伏,随顺外界的变化而变化,不再拘泥于材与不材的框架;可以向上也可以往下,以和谐自然作考量,精神遨游于万物之初的境地;驾驭万物而不被万物所驾驭,这样做又怎么会有麻烦呢?这是神农黄帝的法则啊!像那俗物的性情,人类的传习,就做不到这样。有聚合就会有分离,有成功就会有失败;锐利的就会被挫折,崇高的就会被猜疑,有所作为就会有相应亏损,贤能的人会遭到暗算,无能的人会受到欺侮。哪里可能只得到某一方面呢?可悲呵!弟子们请记住,只有归向自然才是唯一的出路啊!"

【20.2】

　　市南宜僚见鲁侯,鲁侯有忧色。市南子曰:"君有忧色,何也?"

　　鲁侯曰:"吾学先王之道,修先君之业;吾敬鬼尊贤,亲而行之,无须臾离居;然不免于患,吾是以忧。"

　　市南子曰:"君之除患之术浅矣!夫丰狐文豹,栖于山林,伏于岩穴,静也;夜行昼居,戒也;虽饥渴隐约,犹且胥疏于江湖之上而求食焉,定也;然且不免于罔罗机辟之患。是何罪之有哉?其皮为之灾也。今鲁国独非君之皮邪?吾愿君刳形去皮,洒心去欲,而游于无人之野。南越有邑焉,名为建德之国。其民愚而朴,少私而寡欲;知作而不知藏,与而不求其报;不知义之所适,不知礼之所将;猖狂妄行,乃蹈乎大方;其生可乐,其死可葬。吾愿君去国捐俗,与道相辅而行。"

【另类译解】

　　市南宜僚谒见鲁侯,鲁侯一副郁闷的面色。市南宜僚问:"您看起来面色忧郁,为什么事啊?"

　　鲁侯说:"我学习先王的治理之道,打理先君的事业殚精竭虑;我敬奉鬼神,尊崇贤能,身体力行,没有片刻的懈怠,但是仍然无法避免各种祸患。我为此而心忧。"

　　市南子说:"您免除祸患的方法太表面了啊。我举个例子吧:皮毛诱人的狐狸、漂亮花纹的豹子,它们住在山林中,藏在岩洞里,可以算安静了吧？它们夜晚才出来，白天躲藏在洞里林中，可以算警惕了吧？即使饥渴难忍，却还是远离人迹的江湖之上去觅求食物，可以算是精明了吧？可是它们仍然不能避免各种罗网与机关的祸患！难道它们有什么过错吗？是它们那层漂亮的皮毛给它们招来的祸患啊！现在鲁国不正是您的皮毛吗？我希望您能挖空形体，舍弃皮毛，洗涤心智，摒除欲望，想象自己遨游在空无一人的旷野荒郊。南越有一个地方，名叫建德国，那里的百姓厚道淳朴，少有私心和欲望；他们只知耕作，不知收藏积蓄，给予别人而不求回报；不知道义是什么，也不明白礼做什么用；自由奔放无拘无束，任性自然合于大道；他们生时快乐，死后安息。我希望您能舍弃所谓国政，抛开俗务，用大'道'辅佐着生活。"

【20.3】

君曰："彼其道远而险，又有江山，我无舟车，奈何？"

市南子曰："君无形倨，无留居，以为君车。"君曰："彼其道幽远而无人，吾谁与为邻？吾无粮，我无食，安得而至焉？"

市南子曰："少君之费，寡君之欲，虽无粮而乃足。君其涉于江而浮于海，望之而不见其崖，愈往而不知其所穷。送君者皆自崖而反，君自此远矣！故有人者累，见有于人者忧。故尧非有人，非见有于人也。吾愿去君之累，除君之忧，而独与道游于大莫之国。方舟而济于河，有虚船来触舟，虽有褊心之人不怒；有一人在其上，则呼张歙之；一呼而不闻，再呼而不闻，于是三呼邪，则必以恶声随之。向也不怒而今也怒，向也虚而今也实。人能虚己以游世，其孰能害之！"

【另类译解】

鲁侯说："那个道，遥远又艰险，中隔千山万水，我没有车和船，怎么去得成啊？"

市南子说："您不要自恃尊贵而倨傲，不要贪恋现在的权位不肯移步，这样你的车与船就出现了。"

鲁侯说："那条道，幽静遥远又不见人迹，谁跟我一起去？我没有米粮，没有吃的，怎么到得了？"

市南子说："削减您的耗费，减损您的欲望，即使不带粮食路上也会有充足食物。您渡过大江漂流到海上，放眼望去无边无涯，越往前走，越不知道尽头在哪里。给您送行的人都从岸边往回走了，您从此远离尘嚣了！所以做国君就少不了麻烦，说是统治百姓实质是为民役使，有操不完的心。因此尧就不去统治人民，也就不受百姓牵累。我希望去掉您的麻烦，解除您的忧累，让您与'道'一起在广漠的无有之国遨游。这就好比我们正坐船过河，这时一只空船漂过来撞上我们的渡船，即使是最急躁的人也不会发怒；但如果有一个人在那只船上，就会喊他将船撑开后退；若喊一次不听，喊两次不听，于是在喊第三次时，就肯定会骂出难听的话。刚才都不发怒而现在发怒，是因为刚才那船上无人而现在那船上有了人。人若是能够以空虚自由的心境去对待世间的一切，那么谁能伤害他呢！"

【20.4】

北宫奢为卫灵公赋敛以为钟，为坛乎郭门之外，三月而成上下之县。王子庆忌见而问焉，曰："子何术之设？"

奢曰："一之间，无敢设也。奢闻之，'既雕既琢，复归于朴。'侗乎其无识，傥乎其怠疑；萃乎芒乎，其送往而迎来；来者勿禁，往者勿止；从其强梁，随其曲傅，因其自穷，故朝夕赋敛而毫毛不挫，而况有大涂者乎！"

【另类译解】

北宫奢替卫灵公募款欲造编钟，在城门外设下祭坛，三个月就募到了款项，做成了上、下两层钟架。

王子庆忌见到北宫奢，就问他："您真厉害，想请教您用了什么法术？"

北宫奢说："泊然抱一罢了，哪敢用什么法术。我听说过，'又雕又琢的，实用的都是本性。'我傻傻地不用心机，怔怔地混沌无虑，心无地当茫然不知。当人们聚成一堆，送往迎来任其自然；来捐的人不拒绝，要去的人不挽留；顽固反对拒不出资的，顺从着他自去；态度委婉意图难明的，也随他的便，纯任自然因其自穷。所以尽管从早到晚地募款，人们却感觉不到任何损失，更何况还有大道在其中起着作用呢！"

【虞人评读】

虞人曰：如果国家治理也能如此，理想之境也！

【20.5】

孔子围于陈蔡之间，七日不火食。大公任往吊之曰："子几死乎？"

曰："然。""子恶死乎?"曰："然。"

任曰："予尝言不死之道。东海有鸟焉,其名曰意怠。其为鸟也,翂翂翐翐,而似无能;引援而飞,迫胁而栖;进不敢为前,退不敢为后;食不敢先尝,必取其绪。是故其行列不斥,而外人卒不得害,是以免于患。直木先伐,甘井先竭。子其意者饰知以惊愚,修身以明污,昭昭乎如揭日月而行,故不免也。昔吾闻之大成之人曰:'自伐者无功,功成者堕,名成者亏。'孰能去功与名而还与众人!道流而不明居,得行而不名处;纯纯常常,乃比于狂;削迹捐势,不为功名。是故无责于人,人亦无责焉。至人不闻,子何喜哉?"孔子曰:"善哉!"辞其交游,去其弟子,逃于大泽,衣裘褐,食杼栗;入兽不乱群,入鸟不乱行。鸟兽不恶,而况人乎!

【另类译解】

孔子被围困在陈国、蔡国交界的地方,七天不能生火做饭。

太公任前往慰问他,说:"先生差点饿死吧?"孔子回答:"差一点。"太公任又问:"先生不喜欢死吧?"孔子回答:"不喜欢。"

太公任又说:"让我试着来谈谈不死的方法。东海有一种鸟,名叫意怠。这种鸟,飞得很慢,看上去很无能;它们成群结队了才肯飞,挨挤成一团了才放心地栖息;前行时从来不敢飞在前面,后退时也从不敢掉队;吃食时不敢去抢那第一口,一定只吃其他鸟吃剩的东西。因此它们在鸟群中不会受到排斥,人的伤害也总是落不到它们头上,因而免除了祸患。挺拔的树木最先被砍伐,甘甜的井水最早被汲干。您现在的做法是夸耀自己的智慧来惊吓愚人,以所谓修养去凸显别人的污浊,张扬的好像举着日月在行走,所以不能免于灾难。从前我听得道之人说过:'自我夸耀对人一点没有好处,认为自己功成的人很快会完蛋,名声很大的人很快就会有毁辱。'能够做到抛弃功业而回归众人行列的才算高人!传播大道却不显山露水,广布德行却不张扬自己;纯朴平常,几乎可比愚憨呆狂的傻人;隐匿形迹,抛弃权势,不追求功名。因此对别人没有怨恨,别人对自己也没有怨责。至人不求闻名于世,您为什么满世界乱跑那么喜欢名声呢?"

孔子说:"说得好啊!"于是断绝了朋友故交,遣散了弟子门人,躲到无人的大泽之中;穿着粗布衣裳,吃着杼栗野果。他进入兽群,野兽不受惊;他接近鸟群,鸟再也不惊飞。连鸟兽都不再躲着他,何况人呢?

【20.6】

孔子问子桑雽曰："吾再逐于鲁，伐树于宋，削迹于卫，穷于商周，围于陈蔡之间。吾犯此数患，亲交益疏，徒友益散，何与？"

子桑雽曰："子独不闻假人之亡与？林回弃千金之璧，负赤子而趋。或曰：'为其布与？赤子之布寡矣；为其累与？赤子之累多矣；弃千金之璧，负赤子而趋，何也？'林回曰：'彼以利合，此以天属也。'夫以利合者，迫穷祸患害相弃也；以天属者，迫穷祸患害相收也。夫相收之与相弃亦远矣。且君子之交淡若水，小人之交甘若醴；君子淡以亲，小人甘以绝。彼无故以合者，则无故以离。"

孔子曰："敬闻命矣！"徐行翔佯而归，绝学捐书，弟子无挹于前，其爱益加进。

【另类译解】

孔子请教桑雽道："我两次被鲁国驱逐出境，在宋国树下讲学连累那棵树都被砍了，被卫国禁止居留，在商周的国度里穷途末路，在陈国蔡国的边界又受到围困。我遭遇这么多次厄运，亲戚故交日渐疏远，弟子朋友日益离散。为什么会是这种结果呢？"

桑雽说："先生难道没听说过假国人逃亡的故事吗？林回舍弃价值千金的璧玉，背着婴儿逃难。有人说：'你是考虑价值吗？婴儿的价值太小了；你是考虑拖累吗？婴儿的拖累太多了；舍弃价值千金的璧玉，背着婴儿逃难，你是怎么算的账啊？'林回说：'璧玉跟我之间不过是利益的结合，婴儿跟我之间却是本性相连。'那因利益而结合的，遭到穷困祸患就会相互抛弃；以本性相连的，遭到穷困祸患就会相互收容。相互收容与相互抛弃，两者差得太远了。而且君子之间的交往淡泊得像清水一样，小人之间的交往甜腻得像美酒一样；君子之间淡泊而能相亲，小人之间甜腻却易绝情。不因为利益而结合的，才不会因利益而分离。"

孔子说："我今天才听到上天的纶音！"于是慢慢起身，悠适地步行回去，从此终止讲学，抛弃书籍。弟子们虽然不再在他面前侍学，但他们对孔子的敬爱之心却日益深厚。

【20.7】

异日，桑雽又曰："舜之将死，真泠禹曰：'汝戒之哉！形莫若缘，情莫若率。'缘则不离，率则不劳；不离不劳，则不求文以待形。不求文以待形，固不待物。'"

【另类译解】

另一天，桑雽又说："舜在临死前，告诉禹道：'你要当心呵！形体最好随顺，情感最好是真诚。随顺就没有灾难，真诚就不会劳累；没有灾难没有劳累，就不用虚假的一套来对待身体；不用虚假的一套来对待身体，自然就不会需求外物了。'"成玄英疏："缘，顺也。形必顺物，情必率中。昔虞舜将终，用此真教命大禹，令其戒慎，依语遵行。故桑雽引来以告孔子。"

【20.8】

庄子衣大布而补之，正緳系履而过魏王。魏王曰："何先生之惫邪？"庄子曰："贫也，非惫也。士有道德不能行，惫也；衣弊履穿，贫也，非惫也，此所谓非遭时也。王独不见夫腾猿乎？其得柟梓豫章也，揽蔓其枝而王长其间，虽羿、蓬蒙不能眄睨也。及其得柘棘枳枸之间也，危行侧视，振动悼栗，此筋骨非有加急而不柔也，处势不便，未足以逞其能也。今处昏上乱相之间，而欲无惫，奚可得邪？此比干之见剖心征也夫！"

【另类译解】

庄子穿着一件打了补丁的粗布衣裳，用麻绳将破鞋绑在脚上，然后去见魏王。魏王问："先生为什么这副德行？"庄子说："我这是贫困，不是德行不好。读书人有理想却不去实行，才是德行不好；穿着破衣破鞋，是贫困，不是德行不好；这就是所谓生不逢时啊！大王难道没见过猿猴腾跃吗？它们在柟、梓、豫、樟等大树上时，抓着树枝跳上跳下特别活泼，即使是后羿、蓬蒙这样的神射手也不能轻视它们。但等它们到了柘棘枳枸这些多刺的灌木丛中，就要小心行动，瞻前顾后，内心恐惧得发抖；这并不是它们的筋骨突然变僵硬了，是它们所处的情势不利，不能够使它们施展身手啊！现在处于昏君乱臣的时代，要想德行良好，怎么可能呢？比干被纣王剖心一事，就是一个例证啊！"

【20.9】

孔子穷于陈、蔡之间，七日不火食，左据槁木，右击槁枝，而歌猋氏之风，有其具而无其数，有其声而无宫角，木声与人声，犁然有当于人之心。

颜回端拱还目而窥之。仲尼恐其广己而造大也，爱己而造哀也，曰："回，无受天损易，无受人益难。无始而非卒也，人与天一也。夫今之歌者其谁乎①？"

【另类译解】

孔子在陈、蔡交界处被围困，七天没生火做饭。左手拿着枯木，右手用枯枝敲击，唱起神农氏时代的歌谣。有击节的道具而没有音乐的节奏，有声音却没有音律。但是击木声与人的歌声，依然清晰而清悠，入于人心。

颜回拱手直立，不时回头偷看。孔子生怕他将自己看得太伟大崇高，爱护自己以致陷入哀伤之中。就开口道："颜回啊，我对你说，一个人一生，不受到自然的伤害还算是容易做到的，不受到他人的伤害就不太容易做到了。世间的事，你找不到开始也看不到终结。人与自然是一个整体。你知道现在唱歌的人又究竟是谁？"

【解读依据】

① 郭象注："任其自尔，则歌者非我也。"成玄英疏："夫大圣虚忘，物我兼丧。我既非我，歌是谁歌！我乃无身，歌将安寄也！"

【20.10】

回曰："敢问无受天损易。"

仲尼曰："饥渴寒暑，穷桎不行，天地之行也，运物之泄也，言与之偕逝之谓也。为人臣者，不敢去之。执臣之道犹若是，而况乎所以待天乎！"

"何谓无受人益难？"

仲尼曰："始用四达，爵禄并至而不穷，物之所利，乃非己也，吾命有在外者也。君子不为盗，贤人不为窃。吾若取之，何哉！故曰：鸟莫知于鹢鸸，目之所不宜处，不给视，虽落其实，弃之而走。其畏人也，而袭诸人间，社稷存焉尔。"

"何谓无始而非卒？"

仲尼曰："化其万物而不知其禅之者，焉知其所终？焉知其所始？正而待之而已耳。"

"何谓人与天一邪？"

仲尼曰："有人，天也；有天，亦天也。人之不能有天，性也，圣人晏然体逝而终矣！"

【另类译解】

颜回说："不受到自然的伤害还算是容易做到的，这句话怎么理解？"

孔子回答道："饥饿、干渴、寒冷、暑热，穷困不通，都是自然的运行，万物的流转，说的是与自然一起变化的意思。做臣子的人，不能违逆离开臣道，作为臣子尚应遵守官场秩序（虞人：大大的私货，已无庄子），更何况是对待自然秩序呢！"

"怎么理解'不受到他人的伤害就不太容易做到了'这句话？"颜回又问。

孔子说："人一出生就很顺利，以后官位俸禄一起来，前途无量！这看起来一切都好，但要明白这好处只是外物，不是自己，只是我命有好运遇上这些外物而已。君子不会去做强盗，贤人不会去偷窃。我如果欲望无边地不断去获取外物，你想结果会是怎样呢？因此说，鸟类中没有比燕子更聪明的，看见不宜停留的地方，不会再看第二眼，即使掉落口衔的食物，也舍弃不要而立即逃走。它们害怕人，但却安全地生活在人的屋舍里，并且在那里筑窠做巢呢！"

"怎么理解'你找不到开始也看不到终结'？"颜回再问。

孔子说："万物一直在互相转化，我们不知道它们之间是怎么转化的。我们看到的那个终结并不是真的终结。我们又根本不知道它们的开始在哪儿，只能随顺自然的变化罢了。"

"'人与自然是一个整体'又怎么理解？"颜回非要打破砂锅问到底。

孔子回答说："人类的存在，是自然决定的；天地的存在，也是自然决定的。人不能决定自然，是人的本性决定了的。只有圣人能够安然随顺自然变化，一直到人身消失。"

【虞人评读】

颜回不耻下问，问得努力；孔子诲人不倦，答得辛苦。但这是孔子的道，与庄子之道已有了千百里的距离。不过，还是在道中！

【20.11】

庄周游于雕陵之樊，睹一异鹊自南方来者，翼广七尺，目大运寸，感周之颡，而集于栗林。庄周曰："此何鸟哉，翼殷不逝，目大不睹？"蹇裳躩步，执弹而留之。睹一蝉，方得美荫而忘其身；螳螂执翳而搏之，见得而忘其形；异鹊从而利之，见利而忘其真。庄周怵然曰："噫！物固相累，二类相召也。"捐弹而反走，虞人逐而谇之。

庄周反入，三日不庭。蔺且从而问之："夫子何为顷间甚不庭乎？"

庄周曰："吾守形而忘身，观于浊水而迷于清渊。且吾闻诸夫子曰：'入其俗，从其令。'今吾游于雕陵而忘吾身，异鹊感吾颡，游于栗林而忘真，栗林虞人以吾为戮，吾所以不庭也。"

【另类译解】

庄子在雕陵的栗园里游玩，看见一只怪鹊从南边飞来，翅膀有七尺宽，眼睛有一寸长，触碰到庄子的额头，停歇在栗树之上。庄子说："这是什么鸟啊，翅大无力，眼大无光？"于是提起衣裳，快步走上前，拿着弹弓等候机会。这时看见一只蝉，正为找到美妙的树荫而乐得忘记了自身的安危。这时一只躲在树叶后面的螳螂，一下子扑出来抓住了蝉，一看得到猎物，螳螂就开心得忘了自身的安危。正好怪鸟停在旁边见此情形，乘机就逮住了螳螂，逮住螳螂后，怪鸟得意忘形将自己的身体完全暴露在庄子面前。庄子面对此情此景，心生惊惧："啊！万物原来就是这样相互牵累，因为利害而一个招引另一个啊！"他扔掉弹弓转身离开。这时栗园的守园人追出来大声地骂庄子（此虞人非本虞人也！不过本虞人羡慕此虞人，还能见到与骂骂庄先生，本虞人只能上蒙城去拜谒先生的衣冠冢了）。

庄子回去以后，三天都不开心。弟子蔺且跟在他后面问道："老师为什么最近总是不开心呢？"

庄子说："我只顾守护外在身体而忘记了本性，常年看浊水遇到清澈的水潭反而感到困惑。我曾听先生说过：'到一个地方，就要顺从那里的风俗习惯。'现在我在雕陵游玩却忘记了本性，怪鸟碰了我的头；我在栗树林中想偷袭它时忘了自己的本真，栗林的守园人以为我是个可耻的小偷在后面大声骂我。我是为自己的不争气生自己的闷气呢！"

【虞人评读】

写得好玩儿，也可爱。

【20.12】

阳子之宋，宿于逆旅。逆旅人有妾二人，其一人美，其一人恶，恶者贵而美者贱。阳子问其故，逆旅小子对曰："其美者自美，吾不知其美也；其恶者自恶，吾不知其恶也。"阳子曰："弟子记之！行贤而去自贤之行，安往而不爱哉！"

【另类译解】

阳朱到宋国去，路上投宿在一家旅店。旅店主人有两个妾，其中一个漂亮，一个丑陋。丑陋的受主人宠爱，漂亮的却受到冷落。阳朱询问其中的缘故，旅店的主人说："那个长得漂亮的自以为漂亮，我反不觉得她漂亮；那长得丑陋的自以为丑陋，我倒不觉得她丑陋。"

阳朱于是对弟子们说道："弟子们，请记住这一番话！做好事，但要抛弃在做好事的意识，这样到哪里去会不受人欢迎呢？"成玄英疏："夫种德立行而去自贤轻物之心者，何往而不得爱重哉！故命门人记之云耳。"

田子方

【21.1】

田子方侍坐于魏文侯，数称谿工。文侯曰："谿工，子之师邪?"子方曰："非也，无择之里人也；称道数当，故无择称之。"

文侯曰："然则子无师邪?"子方曰："有。"曰："子之师谁邪?"子方曰："东郭顺子。"文侯曰："然则夫子何故未尝称之?"子方曰："其为人也真，人貌而天，虚缘而葆真，清而容物。物无道，正容以悟之，使人之意也消。无择何足以称之!"

子方出，文侯傥然终日不言。召前立臣而语之曰："远矣，全德之君子! 始吾以圣知之言、仁义之行为至矣。吾闻子方之师，吾形解而不欲动，口钳而不欲言。吾所学者，直土梗耳! 夫魏真为我累耳!"

【另类译解】

田子方陪坐在魏文侯身旁，谈话时好几次称赞谿工。

文侯问："谿工是你的老师吗?"

子方说："不，他是我的老乡。他的言谈议论常常中肯，所以我称赞他。"

文侯又问："那么，你没有老师吗?"

子方道："有。"

文侯问："你的老师是谁?"

子方说："东郭顺子。"

文侯再问："既然这样，那你为什么不曾称赞过他?"

子方回答说："他为人很真诚，外表与普通人一样平常，可内心与自然相合，顺应外物而保持纯真，清静无为而包容一切。遇到无道的人，他用严正的态度给他们开导，使他们打消邪念，我哪里有资格去称道他呢!"

子方退下后，文侯若有所失，整天不说话。他召来侍候他的近臣，告诉他们："遥不可及了啊！德行健全的君子！当初我以为圣智的言论和仁义的行为是高明的极限，现在我听到还有子方老师一种人，我被震撼得身体像是散了似的动弹不得，嘴巴像被钳住似的说不出话。我以前所学的东西，简直是土坷草梗！这魏国，看来真成了我的累赘啊！"

【虞人评读】

虞人：这好学的魏文侯，真令人佩服，故魏国能在他手上强盛！

【21.2】

温伯雪子适齐，舍于鲁。鲁人有请见之者，温伯雪子曰："不可。吾闻中国之君子，明乎礼义而陋于知人心，吾不欲见也。"

至于齐，反舍于鲁，是人也又请见。温伯雪子曰："往也蕲见我，今也又蕲见我，是必有以振我也。"出而见客，入而叹。明日见客，又入而叹。其仆曰："每见之客也，必入而叹，何耶？"曰："吾固告子矣：'中国之民，明乎礼义而陋乎知人心。'昔之见我者，进退一成规，一成矩，从容一若龙，一若虎。其谏我也似子，其道我也似父，是以叹也①。"

仲尼见之而不言。子路曰："吾子欲见温伯雪子久矣。见之而不言，何邪？"仲尼曰："若夫人者，目击而道存矣，亦不可以容声矣。"

【另类译解】

温伯雪子自楚国到齐国去，中途投宿鲁国。鲁国有个人求见他。温伯雪子说："不见。我听说鲁国的君子，都只是讲究礼义的形式，但不懂得人心，我不想见。"

到了齐国，又返回时，再次投宿鲁国。上次求见的人又请求见面。温伯雪子说："去的时候求见我，现在又求见我，这人肯定有什么特别的东西，想要来启发我。"

雪子出来会见客人，因到房间后就叹气。第二天又见了这客人，进屋时又叹气。仆人问："每次见了这个客人，您进屋后都必然叹气，这是为什么啊？"

雪子说："我本来告诉你了：'鲁国的人，都只是讲究礼义的形式，却不懂人心。'刚才见我的人，进退有规有矩，举止从容得像龙又像虎。他劝谏我时，像儿子的神情；他开导我时，又很像父亲。我因此而叹气。"仲尼见到温伯雪子，没说任何话。子路后来问他："先生很早就想见温伯雪子了，见到他了却不说话，为什么呢？"

仲尼说："像这样一个人，看见他，道就自然有了，就用不着出声了。"

【解读依据】

① 成玄英疏："匡谏我也，如子之事父；训导我也，似父之教子。夫远近尊卑，自有情义，既非天性，何事殷勤！是知圣迹之弊，遂有斯矫，是以叹之也。"

【虞人评读】

体悟之人，得理忘言。

【21.3】

颜渊问于仲尼曰："夫子步亦步，夫子趋亦趋，夫子驰亦驰；夫子奔逸绝尘，而回瞠若乎后矣！"

夫子曰："回，何谓邪？"

曰："夫子步，亦步也；夫子言，亦言也；夫子趋，亦趋也；夫子辩，亦辩也；夫子驰，亦驰也；夫子言道，回亦言道也；及奔逸绝尘而回瞠若乎后者，夫子不言而信，不比而周，无器而民滔乎前，而不知所以然而已矣。"

仲尼曰："恶！可不察与！夫哀莫大于心死，而人死亦次之。日出东方而入于西极，万物莫不比方，有目有趾者，待是而后成功，是出则存，是入则亡。万物亦然，有待也而死，有待也而生。吾一受其成形，而不化以待尽，效物而动，日夜无隙，而不知其所终；薰然其成形，知命不能规乎其前。丘以是日徂①。

吾终身与汝交一臂而失之，可不哀与！女殆著乎吾所以著也。彼已尽矣，而女求之以为有，是求马于唐肆也。吾服女也甚忘，女服吾也亦甚忘。虽然，女奚患焉！虽忘乎故吾，吾有不忘者存②。"

【另类译解】

颜渊问仲尼说："先生慢走，我也慢走；先生快走，我也快走；先生奔跑，我也奔跑；先生奔走如飞，绝尘而去，我只好在后面干瞪眼了！"

仲尼问："颜回，你这话说的是什么？"

颜渊说："先生慢走，我也能慢走；先生说话，我也能说话；先生快步向前，我也能快步向前；先生辩论，我也可以辩论；先生奔跑，我也可以奔跑；先生谈论道，我也可以像先生一样谈论道。只有先生奔走如飞绝尘而去时，我只能在后面干瞪眼。这话指的是，先生不说话却能让人信任，不跟人接近却能让人亲附，没有权势人民却不断地聚集过来。我就是不知道为什么我做不到。"

仲尼说："嗨！这还不清楚吗！最悲哀的莫过于心死，身死还在其次。太阳从东方升起而从西边落下，万物莫不顺此生长变化。有眼有脚的人，都要顺着这规律行事。太阳出来了，大家就做事，太阳落山了，大家就休息。万物都是这样，顺着太阳而消逝，顺着太阳而生长。我们一旦禀受了人形，就错误地理解为不再变化一直熬到生命尽头，他们不知道我们的身体依然效法万物在运动，日夜没有间断过，而且根本不知道这身体将来要到何地去！我呢？虽然也有了人形，但我明白人生并非可以人为规划的，我因此不拘泥现状而天天与万物一同顺变。

我长期与你相处在一起，可你却没有了解这个道理，真是让人感到悲哀！你大概只看见我所看到的现象，它们已经消逝，而你还在继续追寻，以为它们还在，这就好比在空空如也的市场上寻找马匹。人变化太快，我脑子里的你其实已不是你，你已经变化了；你脑子里的我其实也不是现在的我了，我也已经早变化了；虽然变化从不停息，但你也不要担心，过去的那个我已经找不到了，但那个新的我又出现在你面前了啊！"

【解读依据】

① 成玄英疏："徂，往也，达于时变，不能预作规模，体于日新，是故与化俱往也。"

② 成玄英疏："夫变化之道，无时暂停，虽失故吾而新吾尚在，斯有不忘者存也，故未始非吾，汝何患也！"

【虞人评读】

孔子这里的言论，类似古希腊哲学家德谟克利特所说的"人不能两次踏进同一条河流"。孔子之所以能奔逸绝尘，而回瞪若乎后矣，关键在于孔子知道这个"道"，所以超越超脱而拥有了"桃李不言，下自成蹊"的

"道"境。颜回功力还未至,还没有掌握这一华夏独门"轻功秘籍"!

【21.4】

孔子见老聃,老聃新沐,方将被发而干,慹然似非人。孔子便而待之,少焉见,曰:"丘也眩与,其信然与? 向者先生形体掘若槁木,似遗物离人而立于独也。"

老聃曰:"吾游心于物之初。"孔子曰:"何谓邪?"

曰:"心困焉而不能知,口辟焉而不能言。尝为汝议乎其将。至阴肃肃,至阳赫赫;肃肃出乎天,赫赫发乎地;两者交通成和而物生焉,或为之纪而莫见其形。消息满虚,一晦一明,日改月化,日有所为,而莫见其功。生有所乎萌,死有所乎归,始终相反乎无端,而莫知乎其所穷。非是也,且孰为之宗!"

【另类译解】

孔子去拜见老聃。老聃刚洗完头,正披散着头发等它晾干,一动不动的样子好像不是活人。孔子退到门外去等候。过了一会儿见了面,孔子说:"我刚才是眼花了吗? 还是真的这样? 刚才先生的身体僵直不动,有如枯木,好像超然物外脱离了人间而独立存在。"

老聃说:"我正遨游在万物初始的境地。"

孔子说:"这怎么说?"

老聃说:"我的心好像被困住没有了感觉,我的口好像张开着但不能说话。我试着为你描述一下刚才万物初始的境地吧:至阴之气寒冷肃肃,至阳之气热浪赫赫;寒气从天而下,热浪从地向上;二者互相交流融合,万物竞相生长。也许有什么力量在安排着这一切,却又看不见它的形体。万物有消有长,时盈时虚,时而晦暗,时而明亮,天天改变,月月变化,每天都在那里演变,但不知道它们究竟要干什么。生,好似有出发的地方;死,好似有收敛的归宿。但始和终并没有明确的端绪,只见双方相反着运动,也不知它们要到哪里去将终止于何处。根本找不到确定的东西,又有谁是这一切的主宰呢?"

【21.5】

孔子曰:"请问游是。"老聃曰:"夫得是,至美至乐也。得至美而游乎至乐，谓之至人。"孔子曰："愿闻其方。"

曰："草食之兽不疾易薮，水生之虫不疾易水。行小变而不失其大常也，喜怒哀乐不入于胸次。夫天下也者，万物之所一也。得其所一而同焉，则四支百体将为尘垢，而死生终始将为昼夜而莫之能滑，而况得丧祸福之所介乎！弃隶者若弃泥涂，知身贵于隶也。贵在于我而不失于变。且万化而未始有极也，夫孰足以患心！已为道者解乎此。"

孔子曰："夫子德配天地，而犹假至言以修心，古之君子，孰能脱焉？"

老聃曰："不然。夫水之于汋也，无为而才自然矣。至人之于德也，不修而物不能离焉，若天之自高，地之自厚，日月之自明，夫何修焉！"

孔子出，以告颜回曰："丘之于道也，其犹醯鸡与！微夫子之发吾覆也，吾不知天地之大全也。"

【另类译解】

孔子说："请问翱翔在万物之初是种什么感觉？"

老聃说："那种境地，是最美好最快乐的了。到达那最美好的境界而又翱翔在最快乐的境地之中的，都是些至人。"

孔子被老子说得心痒痒，说："我非常想了解有什么途径可以到达那境地。"

老聃说："吃草的动物不怕更换草泽，水里生活的虫类不怕变换水塘。因为只是小的变动，而没有失去最根本的生活条件。在这种情况下，喜怒哀乐这些情绪都不会进入它们的胸中。天下，是万物所形成的一个整体。理解万物是同一的存在是非常关键的，理解了，即便四肢百骸都要化为尘垢，你也知道死与生的关系不过就是昼与夜的关系，是一体的两个方面罢了，心里就不会有什么波动。更何况得失祸福这些小事呢？抛弃得失祸福这些累赘，就像舍弃稀泥一样，因为知道自己比这些累赘可贵，可贵的是我这个客观存在，不会因为变化而失去。更何况即便变上一万次都不是你的尽头，那么还有什么值得担心呢？已经得道的人，他们了解这一点。"（这么清楚的意思，太多的译注让人根本看不懂他们在说什么，要不断地演绎引申解析，老子讲的几乎就是我们通常讲的白话了啊！）

孔子叹道："先生的德行可以与天地相媲美，却还要借用至人之口（指前文老子讲的"已为道者解乎此"）来讲养修性，古往今来的君子，谁能如此洒脱呢！"

老聃说："不是的。水波澄湛荡漾，无心而自成。至人对于德行，不用刻意修为，德性自然离不了身。就像天本来就高，地本来就厚，太阳月亮本来就亮，哪里要修要养呢？"

孔子告辞出来，告诉颜回说："我对于道的了解，就像酒瓮里的小飞虫，要不是先生给我揭开盖子，我还不知道天地的完整样子呢。"

【21.6】

庄子见鲁哀公，哀公曰："鲁多儒士，少为先生方者。"庄子曰："鲁少儒。"哀公曰："举鲁国而儒服，何谓少乎？"庄子曰："周闻之，儒者冠圜冠者，知天时；履句屦者，知地形，缓佩玦者，事至而断。君子有其道者，未必为其服也；为其服者，未必知其道也。公固以为不然，何不号于国中曰：'无此道而为此服者，其罪死！'"于是哀公号之五日，而鲁国无敢儒服者，独有一丈夫儒服而立乎公门。公即召而问以国事，千转万变而不穷。庄子曰："以鲁国而儒者一人耳，可谓多乎？"

【另类译解】

庄子拜见鲁哀公。哀公说："鲁国有很多儒士，但研习先生学说的不多。"

庄子说："鲁国儒士很少。"

哀公说："整个鲁国到处都是穿儒服的，怎么能说儒士很少呢？"

庄子说："我听说过，儒士中戴圆顶帽的，懂得天时；穿方形麻鞋的，明白地理；腰带上佩玉块的，处理事情当机立断。但对于真正的君子来说，有某种真本事，未必就要穿某种衣服显摆；而穿某种衣服显摆的人，未必就真有某种真本事。哀公如果认为我这话不实，何不在国内发布政令说：'没有某种本领而穿某种衣服的人，处以死刑。'"

于是，哀公发布这个政令仅五天，鲁国就没有再敢穿儒服的人。只有一个男子穿着儒服站在哀公的门前。哀公把他召进去，考问他许多国家事务，无论问题千变万化，他总是能从容应对（哈哈，亏得庄子手下留情，让鲁国还有此"独生子"，也增加了戏剧张力），没有被难住过。

庄子说："鲁国只有一个人是儒士，这可以算多吗？"

【21.7】

百里奚爵禄不入于心，故饭牛而牛肥，使秦穆公忘其贱，与之政也。

269

有虞氏死生不入于心，故足以动人。

宋元君将画图，众史皆至，受揖而立，舐笔和墨，在外者半。有一史后至者，儃儃然不趋，受揖不立，因之舍。公使人视之，则解衣槃礴臝。君曰："可矣，是真画者也。"

【另类译解】

百里奚官位俸禄不入于心，所以养牛牛就很肥，秦穆公忘记了他的卑贱出身，把国家政事交付给他。舜从不把生与死放在心上，所以能够感动世人。

宋元君打算征召个画师给自己作画，好多画师闻讯都涌来了，行礼作揖后恭敬地站着，有的舐着画笔，有的捧着墨汁，门外还站了一多半人。有一个晚到的画师，悠闲地走进来，受命揖拜后却不站在一旁恭候，就直接进入画室去了。宋元君派人去察看，只见他解开衣襟，裸露上身，又开腿坐着，宋元君说："行了，这才是真正的画师。"

【21.8】

文王观于臧，见一丈夫钓，而其钓莫钓；非持其钓有钓者也，常钓也。

文王欲举而授之政，而恐大臣父兄之弗安也；欲终而释之，而不忍百姓之无天也。于是旦而属之大夫曰："昔者寡人梦见良人，黑色而髯，乘驳马而偏朱蹄，号曰：'寓而政于臧丈人，庶几乎民有瘳乎！'"

诸大夫蹴然曰："先君王也。"文王曰："然则卜之。"诸大夫曰："先君之命，王其无它，又何卜焉！"

遂迎臧丈人而授之政。典法无更，偏令无出。三年，文王观于国，则列士坏植散群，长官者不成德，斔斛不敢入于四竟。列士坏植散群，则尚同也；长官者不成德，则同务也；斔斛不敢入于四竟，则诸侯无二心也。

文王于是焉以为大师，北面而问曰："政可以及天下乎？"臧丈人昧然而不应，泛然而辞，朝令而夜循，终身无闻。

颜渊问于仲尼曰："文王其犹未邪？又何以梦为乎？"仲尼曰："默，汝无言！夫文王尽之也，而又何论刺焉！彼直以循斯须也。"

【另类译解】

文王在臧地视察，看见一个老人在钓鱼，但他的钓钩上没有钓铒。他不是拿着钓竿有意钓鱼，只是总这样钓着而已。

文王想举用他，把政事托付给他，又害怕大臣和父兄们会猜测引发不安；想作罢放弃他，又不忍心百姓失去庇荫。于是，早晨起来对大夫们说："昨夜我梦见一个贤人，面色黝黑，长白胡须，骑着杂色马，马蹄半边是红的。他吩咐我说：'把你的政事交给臧地的老人，人民就会得到良好的治理！'"

大夫们惊惧地说："对你说话的是老君王啊！"

文王说："那么，占卜一下看一看。"

大夫们说："先君下了命令，大王若没有其他想法，又占卜它做什么呢！"

于是去迎接臧地老人，将政事托付给他。典章制度全无变更，偏激政令从不发布。过了三年，文王在国内视察，就看到谏官们都散伙回了家，官吏们再也不操弄虚头虚脑的小恩泽了，外国的奇装异物不再有进入四境的。谏官们都散伙回了家，因为大家同心同德；官吏们不操弄虚头虚脑的小恩泽，因为大家都诚恳务实；外国的奇装异物没有进入境内，因为诸侯没有别出心裁的攀比。

文王于是拜他为太师，面朝北方，向他请教道："我们的政令可以推广到天下吗？"臧地老人沉默着没有回答，似乎有点漫不经心地起身辞别，早上还在处理政事，夜里就逃遁而去了，从此再无消息。

颜渊问仲尼道："文王的威信难道还不够吗？又为什么要用假托做梦的方式去叫别人相信呢？"

仲尼说："保持安静！你别说话！文王做得很完美了，你又为什么去苛求他这件事呢！他只不过为随顺人们短暂权变罢了。"

【21.9】

列御寇为伯昏无人射，引之盈贯，措杯水其肘上，发之，适矢复沓，方矢复寓。当是时，犹象人也。

伯昏无人曰："是射之射，非不射之射也。尝与汝登高山，履危石，临百仞之渊，若能射乎？"

于是无人遂登高山，履危石，临百仞之渊，背逡巡，足二分垂在外，揖御寇而进之。御寇伏地，汗流至踵。

伯昏无人曰："夫至人者，上窥青天，下潜黄泉，挥斥八极，神气不

271

变。今汝怵然有恂目之志，尔于中也殆矣夫！"

【另类译解】

列御寇给伯昏无人表演射箭，将弓拉满弦，把一杯水放在肘弯上，开始射箭。发出的箭一支接着一支呼啸而去，欲射的箭一支支扣在弦上，接连不断。这个时候，列御寇像个木偶一般，纹丝不动。

伯昏无人说："你这还属有心之射，不过是技巧好，还不是忘怀无心，不射之射。我要是试与你一起去登上高山，脚踏危石，面临万仞深渊。你如果再射得这样镇定自若我就服了你！"

于是无人就登上高山，脚踩危石，下临百仞的深渊，再背转身来向后退行，脚三分中已有二分悬空在外。他招呼列御寇一同上前。列御寇吓得伏在地上，冷汗一直流到脚后跟。

伯昏无人说："那至人，向上可以窥见青天，向下可以潜入黄泉，四面八方，恣意遨游，而神情气色丝毫不变。现在看你心中惊慌，眼神错乱，你再射中目标的可能恐怕是非常小的了！"

【21.10】

肩吾问于孙叔敖曰："子三为令尹而不荣华，三去之而无忧色。吾始也疑子，今视子之鼻间栩栩然，子之用心独奈何？"

孙叔敖曰："吾何以过人哉！吾以其来不可却也，其去不可止也，吾以为得失之非我也，而无忧色而已矣。我何以过人哉！且不知其在彼乎？其在我乎？其在彼邪，亡乎我；在我邪？亡乎彼。方将踌躇，方将四顾，何暇至乎人贵人贱哉！"

仲尼闻之曰："古之真人，知者不得说，美人不得滥，盗人不得劫，伏戏黄帝不得友。死生亦大矣，而无变乎己，况爵禄乎！若然者，其神经乎大山而无介，入乎渊泉而不濡，处卑细而不惫，充满天地，既以与人，己愈有。"

【另类译解】

肩吾问孙叔敖说："你三次做宰相却并不以为荣耀，三次被罢官却也没有愁容。我开始还怀疑你，现在看你一派怡然自得的样子。你的想法到底是怎样的？"

孙叔敖说："我哪有什么过人之处呢？我认为，要来的事情不可抗拒，要去的东西不可阻止，我认为得与失都由不得我，因为理解了就没有忧愁的必要罢了。我哪有什么过人之处呢？再说我不知道人们认的是宰相这个位置呢，还是我这个人。如果认的是宰相这个位置，那没我什么事；如果认的是我这个人，那没宰相什么事。我正忙着考虑各类事情，我正忙着环顾四方安排事务，哪有工夫去管别人的所谓贵与贱呢！"

仲尼听到这些，说："古时的真人，智者不能迷惑他，美人不能色诱他，强盗不能劫夺他，伏羲、黄帝也不能结交他，死与生这么大的事都无法改变他，何况仅是爵位俸禄呢！像这样的人，他的精神穿越大山而没有阻碍，潜入深水而不会沾湿，身处卑微而不感到灰心，道德充满于天地之间，给予别人的越多，自己就越富有。"

【21.11】

楚王与凡君坐，少焉，楚王左右曰凡亡者三。凡君曰："凡之亡也，不足以丧吾存。夫'凡之亡不足以丧吾存'，则楚之存不足以存存。由是观之，则凡未始亡而楚未始存也。"

【另类译解】

楚文王与凡僖侯同坐，论合纵会盟之事。当时楚大凡小，而且楚国有吞并凡国的想法。所以两人在谈话的时候，楚王故意让自己的侍从前来屡次报告，说凡国已经亡国了。凡国国君心知肚明地站起来对楚王说："如果凡国真的亡国了，也不可能让凡国失去存在。既然说'凡国的亡国不可能让凡国失去存在'，那么楚国的存在，也不足以证明楚国真的存在。"

【解读依据】

①郭象注："存亡更在于心之所措耳，天下竟无存亡。"成玄英疏："夫存亡者，有心之得丧也；既冥于得丧，故亡者未必亡而亡者更存，存者不独存而存者更亡也。"

【虞人评读】

这样看来，那么凡国不曾真亡国，而楚国也不曾真存在。郭象成玄英两位都讲得复杂，而据虞人看来，何来凡国？何来楚国？既无凡又无楚，何得存亡？

知北游

【22.1】

知北游于玄水之上，登隐弅之丘，而适遭无为谓焉。知谓无为谓曰："予欲有问乎若：何思何虑则知道？何处何服则安道？何从何道则得道？"三问而无为谓不答也，非不答，不知答也。

知不得问，反于白水之南，登狐阕之上，而睹狂屈焉。知以之言也问乎狂屈。狂屈曰："唉！予知之，将语若。"中欲言而忘其所欲言。

知不得问，反于帝宫，见黄帝而问焉。黄帝曰："无思无虑始知道，无处无服始安道，无从无道始得道。"

知问黄帝曰："我与若知之，彼与彼不知也，其孰是邪？"

黄帝曰："彼无为谓真是也，狂屈似之；我与汝终不近也。夫知者不言，言者不知，故圣人行不言之教。道不可致，德不可至。仁可为也，义可亏也，礼相伪也。故曰，'失道而后德，失德而后仁，失仁而后义，失义而后礼。'礼者，道之华而乱之首也。"

【另类译解】

知去北方游历，到了玄水上，登上隐弅山丘，恰好在那里遇到无为谓。知问无为谓道："正巧碰到先生了，我想请教你几个问题：怎样去思索怎样去考虑才能掌握'道'？怎样去处事怎样去行为才能安于'道'？由什么途径用什么方式才能得到'道'？"接连三个问题，无为谓都没有回答。不是他不回答，而是无法用语言来回答。

知没有得到答案，随后返回白水的南岸，在登上狐阕山时，在那儿看见了狂屈。知又用原先问过无为谓的话去问狂屈。狂屈说："唉！我知道，让我来告诉你。"他正想说的时候，突然忘记自己想说什么了。

知得不到答案，随后回到黄帝的帝宫，看见了黄帝，就又问他。黄帝说：“没有思索没有考虑才能够悟到'道'，没有行事没有行动才是安于'道'，不要途径不需方法才能得到'道'。”

知对黄帝说：“听你一说，我理解了，我与你是这么理解道的，但无为谓和狂屈是不是理解呢？他们二人究竟谁对呢？”

黄帝说：“那个无为谓是真正对的，狂屈接近对了；我和你终究是隔了一层了。在知觉中的人无法说话，在说话的人无法感知，所以圣人实行不言之教。'道'在自然不是靠语言可以获取的，上德不'德'，如称德就失去了德。'仁'是可以靠有所为而得到的；'义'是可以靠有所不为而得到的；'礼，更不真实，易相互虚伪。因此说，'失去了道而后才有德，失去了德，然后才有仁，失掉了仁，然后才有义，失去了义，然后才有礼。'礼这个东西，是道的矫饰，是乱的开端。”

【虞人评读】

非常巧妙，本节的主人公说是知，一个求知的人。关于"知者不言，言者不知"这句著名的话，瑞士学者毕来德先生有精彩的论述："庄子说，人都误以为言语能让他们把握到事物的真实情况。他说，这一错误是因为'知者不言，言者不知'，即人在知觉的时候，就不曾言说，在言说时，就不能知觉。庄子这句话描述了一种我们自己也可以观察到的关系。当我们用心关注一种外在的或内在于我们有感性现实的时候，言语便从我们意识的中心消失了。反过来，当我们使用言语的时候，虽然我们并不曾停止知觉，但是我们的知觉却变成外围周边的东西，我们不能再把注意力放到上面。"

【22.2】

"故曰：'为道者日损，损之又损之，以至于无为，无为而无不为也。'"

【另类译解】

"所以说：'修道的人，所有人为的要一天天地减少，减少又减少，直到再也没有人为的境地，没有人为才能自由自在。'"

【虞人评读】

一次虞人和女儿聊天（她现在给外国人做法律顾问）。她说：外国人的思维很有意思，他们就是在家里也担心这样做那样做有没有违法——实际上外国人的文明与法治也失去了许多他们一直在声称并自豪的人权，从出生至死亡，他们是陷于法网之中小心翼翼度过一生的。我感到很有意思，这就是悖论。庄子讲的"无为而无不为也"，现在的人几乎都能背出这句话来。但虞人认为鲜少有人说得出庄子这句话的本意。人们往往将这句话作为自己不做事不会做事不肯做事的借口。这里，庄子讲的其实特别清楚，没有人为的因素的社会才是理想社会。

【22.3】

"今已为物也，欲复归根，不亦难乎！其易也，其唯大人乎！"

【另类译解】

现在，人类已经变成物类了，要想回复到道的本源，不也太难了吗！还能说容易还能做得到的人，大概只有了不起的人吧！

【22.4】

"生也死之徒，死也生之始，孰知其纪！人之生，气之聚也；聚则为生，散则为死。若死生为徒，吾又何患！故万物一也，是其所美者为神奇，其所恶者为臭腐；臭腐复化为神奇，神奇复化为臭腐。故曰'通天下一气耳。'圣人故贵一。"

知谓黄帝曰："吾问无为谓，无为谓不应我，非不我应，不知应我也。吾问狂屈，狂屈中欲告我而不我告，非不我告，中欲告而忘之也。今予问乎若，若知之，奚故不近？"

黄帝曰："彼其真是也，以其不知也；此其似之也，以其忘之也；予与若终不近也，以其知之也。"

狂屈闻之，以黄帝为知言。

【另类译解】

"生是死的同类；死不过是生的开始，谁弄得清其中多少次的转化历史呢？人的出生，是精气的聚结；精气聚结就显示出生，精气逆散就显示死亡。如果生与死是同类的，我们又有什么要担心的呢！因为万物是一体的。人们把自己欣赏的赞为神奇，把自己厌恶的视为臭腐。臭腐可以再化为神奇，神奇又再次化为臭腐。所以说，'整个天下，是一气贯通的！'圣人因此看重同一。"

知对黄帝说："关于'道'这个问题，我问无为谓，无为谓不回答我。他不是不回答我，而是不知道怎样回答我。我问狂屈，狂屈心里想告诉我，可忘记了要告诉我什么。现在我请教你，你说得清清楚楚，为什么还说与'道'隔了一层呢？"

黄帝说："无为谓是真正对的，因为他不会用语言表达；狂屈接近对的，因为他忘记了表达；我与你终究是隔了一层，因为我们认为能表达清楚。"

狂屈听说了这件事，认为黄帝是真正了解了"道"的人。

【22.5】

天地有大美而不言，四时有明法而不议，万物有成理而不说。圣人者，原天地之美而达万物之理，是故至人无为，大圣不作，观于天地之谓也。

今彼神明至精，与彼百化。物已死生方圆，莫知其根也，扁然而万物自古以固存。六合为巨，未离其内；秋豪为小，待之成体。天下莫不沉浮，终身不故；阴阳四时运行，各得其序。惛然若亡而存，油然不形而神，万物畜而不知。此之谓本根，可以观于天矣。

【另类译解】

天地存在伟大的美，可是它们不言语；四季存在着明显的规律，可是它们不议论；万物都存有既定的道理，可是它们自己却不加以说明。"至人"，就是模仿伟大的天地而通达万物道理的人啊！所以圣人是没有人为的，"大圣"不妄自造作，正是他们效法天地的做法啊！

那些神圣明灵非常精妙，随着天地千变万化，万物或死、或生、或方、或圆，没有谁了解它们的根源。万物翩然生育，自古就存在着。六合虽然巨大，却犹居至道之中；秋毫虽然细微，却也依托道的力量而生。天下的万物，没有不是上下沉浮的，始终没有停止的时候；阴阳之气的变化、春夏秋冬的运行，各自有着自己的秩序。朦朦胧胧的样子，好像虚无却又存在，自动自发的样子，没有实形却充满神力，万物受到养育却毫不知情。这就叫万物的根本，可以用它来考察天道。

【22.6】

啮缺问道乎被衣，被衣曰："若正汝形，一汝视，天和将至；摄汝知，一汝度，神将来舍。德将为汝美，道将为汝居，汝瞳焉如新生之犊而无求其故！"

言未卒，啮缺睡寐。被衣大说，行歌而去之，曰："形若槁骸，心若死灰，真其实知，不以故自持。媒媒晦晦，无心而不可与谋。彼何人哉！"

【另类译解】

啮缺问被衣什么是"道"，被衣说："你端正形体，专注你的视听，自然的和谐之气就会来到；收敛你的聪明，集中你的思绪，神明就会来到你面前。'德'将为你增加光彩，'道'将与你同在，你的眼睛真纯质朴如初生的牛犊，并不去思考事物的缘故！"

话还未说完，啮缺就睡着了。被衣大为高兴，一路唱着歌离开了，说："身形像枯骨，心灵像死灰，确实领悟了道的真实，不因成见而自执。蒙蒙昧昧的样子，全然无心，与他谋划什么事他都毫不在心。他到底是怎样的一个人呢！"

【虞人评读】

现在看来，我们老是责怪许多人丢三落四，不能做任何事情，可这些人活得也挺好。原来他们是啮缺。那个"缺心眼"还是一种比我们更近"道"的表现呢！难怪其人生过得滋滋润润啊！

【22.7】

舜问乎丞曰："道可得而有乎？"曰："汝身非汝有也，汝何得有夫道？"舜曰："吾身非吾有也，孰有之哉？"

曰："是天地之委形也；生非汝有，是天地之委和也；性命非汝有，是天地之委顺也；子孙非汝有，是天地之委蜕也。故行不知所往，处不知所持，食不知所味。天地之强阳气也，又胡可得而有邪！"

【另类译解】

舜问丞道："'道'可以获得而拥有吗？"丞说："你的身体都不是你所

拥有的，你怎么能拥有'道'呢?"舜说："我的身体不属我所有，那属于谁呢?"丞说："这是天地所赋予的形体。它的生存，不是你所能掌控的，不过是天地赋予你的淳和之气罢了；性命，不归你所有，不过是天地赋予你的顺应过程罢了；子孙，不归你所有，不过是天地赋予你的蝉蜕结果罢了。所以人的一生不知未来要到哪去，你将来的居所不知道在哪里，你将来吃的东西是什么滋味，你都根本不知道。一切不过是天地之间的气在起作用，你又怎么可能得到并拥有它呢!"

【22.8】

孔子问于老聃曰："今日晏闲，敢问至道。"

聃曰："汝齐戒，疏瀹而心，澡雪而精神，掊击而知! 夫道，窅然难言哉! 将为汝言其崖略。

"夫昭昭生于冥冥，有伦生于无形，精神生于道，形本生于精，而万物以形相生；故九窍者胎生，八窍者卵生。其来无迹，其往无崖，无门无房，四达之皇皇也。邀于此者，四肢强，思虑恂达，耳目聪明，其用心不劳，其应物无方。天不得不高，地不得不广，日月不得不行，万物不得不昌，此其道与!

"且夫博之不必知，辩之不必慧，圣人以断之矣。若夫益之而不加益，损之而不加损者，圣人之所保也。渊渊乎其若海，魏魏乎其终则复始也，运量万物而不匮。则君子之道，彼其外与! 万物皆往资焉而不匮，此其道与!"

【另类译解】

孔子问老聃说："今天比较清闲，请讲讲什么是至高的'道'。"

老聃说："你先斋戒，疏通你的心灵，洗净你的精神，去除你的知识! 那个'道'，深奥得难以表达呵! 我只能为你说个大概吧。

"光明从黑暗之中诞生，有形从无形之中诞生，精神从'道'中诞生，形体从精气中诞生。然后万物再借着形体代代相生。所以有九个孔窍的动物是胎生的，有八个孔窍的动物是卵生的。道，到来没有行迹，消失没有界限，没有进口，没有归宿，四通八达，无所不在。在道之中的人，就四肢强健，思想通达，耳聪目明，即使用心也不会疲劳，顺应外物而不受拘束；在道之中的物，天空不可能不高远，大地不可能不广袤，日月不可能不运行，万物不可能不昌盛，这就是'道'呵!

279

"再说，博学的不一定睿智，善辩的不一定聪明，圣人早就弃绝智慧了。至于那种增加了却看不出增加，减少了却看不出减少的道，才是圣人所要保有的。'道'渊深啊像大海一样，巍然啊像高山一样，到了终结又回复到开始，涵养万物而从不匮乏的，这就是'道'啊!"

【22.9】

"中国有人焉，非阴非阳，处于天地之间，直且为人，将反于宗。自本观之，生者，暗噫物也。虽有寿夭，相去几何？须臾之说也。奚足以为尧、桀之是非！果蓏有理，人伦虽难，所以相齿。圣人遭之而不违，过之而不守。调而应之，德也；偶而应之，道也；帝之所兴，王之所起也。"

"人生天地之间，若白驹之过郤，忽然而已。注然勃然，莫不出焉；油然漻然，莫不入焉。已化而生，又化而死，生物哀之，人类悲之。解其天弢，堕其天袠。纷乎宛乎，魂魄将往，乃身从之。乃大归乎！不形之形，形之不形，是人之所同知也，非将至之所务也，此众人之所同论也。彼至则不论，论则不至。明见无值，辩不若默。道不可闻，闻不若塞。此之谓大得。"

【另类译解】

"中原所存在的人这个群体，不完全属于阴，也不完全属于阳，存在于天地之间，只是暂时具有人形，将来都会归返本宗。从本源上来看，所谓人的生存，只是自然之气聚结的产物。尽管有长寿和夭折之分，但是相差是有限的！人生只是一瞬间呵，哪里值得去判定尧和桀的是与非呢？水果瓜类各有各的生长之理，人的类别虽然复杂些，但两者还是可以相类比的。圣人遇到什么事，不去违拗；错过什么事，也不执着。调整自己以顺应万物，就是'德'；比对着万物顺其自然，就是'道'；'道'便是盛大事业所以兴起的依据。

"人生存于天地之间，就像白马飞驰掠过细小的墙缝，极其短暂的刹那而已。万物蓬蓬勃勃，没有不从'道'诞生的；万物变化消亡，没有不回归于'道'之中的。既由变化而生，又由变化而死，生物的哀伤、人类的痛苦都不过是变化的一种啊！不过是我们脱去一件天然外衣（指生死），解除一桩天然的束缚（指痛苦）。纷纷婉转，灵魂将往生时，身体也随之消失，这是回归大本啊！由无形到有形，由有形到无形，这是人们都明了的，并不是得'道'的至人所追求的。这是人们共同的常识。那得'道'的人，就再也不会多说什么；那些还在多说的，是还没有得'道'的人。想从明处寻找'道'是徒劳的，争辩不如沉默。'道'是听不见的，听见的部分肯定不如无法听见的部分高妙。这才叫真正的有所得。"

【22.10】

东郭子问于庄子曰："所谓道，恶乎在？"庄子曰："无所不在。"东郭子曰："期而后可。"

庄子曰："在蝼蚁。"曰："何其下邪？"曰："在稊稗。"曰："何其愈下邪？"曰："在瓦甓。"曰："何其愈甚邪？"曰："在屎溺。"东郭子不应。

庄子曰："夫子之问也，固不及质。正获之问于监市履狶也，每下愈况。汝唯莫必，无乎逃物。至道若是，大言亦然。周遍咸三者，异名同实，其指一也。

"尝相与游乎无有之宫，同合而论，无所终穷乎！尝相与无为乎！澹而静乎！漠而清乎！调而闲乎！寥已吾志，无往焉而不知其所至。去而来而不知其所止，吾已往来焉而不知其所终；彷徨乎冯闳，大知入焉而不知其所穷。物物者与物无际，而物有际者，所谓物际者也；不际之际，际之不际者也。谓盈虚衰杀，彼为盈虚非盈虚，彼为衰杀非衰杀，彼为本末非本末，彼为积散非积散也。"

【另类译解】

东郭子问庄子说："所谓的'道'，在哪里？"庄子说："无处不在。"东郭子说："可否说具体点？"庄子说："'道'在蝼蚁身上。"东郭子又问："怎么在这样卑下的东西身上呢？"庄子说："在稊谷稗草里。"东郭子说："怎么越来越卑下了？"庄子又说："砖瓦块中。"东郭子说："越说越不像话了？"庄子说："在屎尿中。"东郭子不接茬了。

庄子说："先生的问题，本来就没有触及'道'的本质。正如市场经纪人问屠夫怎样了解猪的肥瘦，屠夫说，用脚踩一踩猪的腿脚，越往下踢，猪就越肥。你不要拘泥呆板，任何事物中都有'道'存在。至高的'道'是这样的，伟大的言论也是这样的。'周全''普遍''通通'这三个语词，名称不同，但实义相同，它们所指的均是同一种状况。

"现在让我带着你一起遨游到道的'无何有'之乡，与混同万物的道在一起，就是无穷无尽啊！彼此自由自在啊！淡泊而宁静啊！漠然而清虚啊！调顺而悠闲啊！'道'让我们的心思空虚寂寥，我们的精神已无所去往，出去不知到了哪里；来来往往的，回来了也不知终点在哪里。翱翔于辽阔无边的境界，即使有最聪明的人进入这种境地，也不知道何处才算尽头。主宰万物的'道'与万物之间，是没有任何分际的；而物与物之间是有分际的，就是所谓万物之间的分际。无分际的'道'寄身于有分际的物中，就像有分际的物寄身于无分际的'道'中。说到充盈、虚空、衰亡、肃杀，'道'造成了万物的充盈与虚空，它自身却没有充盈与虚空；'道'造成了万物的衰败与肃杀，它自身却没有衰败与肃杀；'道'形成了万物的开始与终端，它自身却没有开始与终端；'道'形成了万物的聚结与消散，它自身却没有聚结与消散。"

【22.11】

妸荷甘与神农同学于老龙吉。神农隐几阖户昼瞑。妸荷甘日中㟴户而入曰："老龙死矣！"神农隐几拥杖而起，曝然放杖而笑，曰："天知予僻陋慢訑，故弃予而死。已矣，夫子无所发予之狂言而死矣夫！"

弇堈吊闻之，曰："夫体道者，天下之君子所系焉。今于道，秋豪之端万分未得处一焉，而犹知藏其狂言而死，又况夫体道者乎！视之无形，听之无声，于人之论者，谓之冥冥，所以论道，而非道也。"

【另类译解】

妸荷甘与神农一起在老龙吉门下求学。神农靠着桌子、关起门来白天睡觉，妸荷甘中午时分开门进来，说："老龙死了！"神农扶着桌子拄着手杖站起来，又"砰"地一声摔掉手杖，大笑道："老天爷了解我孤僻、愚陋又荒唐，因此让老师丢下我而死了。完啦！老师没有留下启发我的玄妙之言就死了啊！"

弇堈吊听到这事，说："那悟'道'了的人，是天下的君子归附的对象。现在，老龙吉对于'道'，连一根秋毫的万分之一都没有领悟的人，却还懂得藏起他的至理之言而死，又何况是悟'道'了的人呢！'道'，要看没有形状，听它没有声音，在人们的交谈中，就叫作'幽暗无名'的存在，所以可以谈论的道，并不是真的'道'啊！"

【22.12】

　　于是泰清问乎无穷，曰："子知道乎？"

　　无穷曰："吾不知。"

　　又问乎无为，无为曰："吾知道。"

　　曰："子之知道，亦有数乎？"

　　曰："有。"曰："其数若何？"

　　无为曰："吾知道之可以贵，可以贱，可以约，可以散，此吾所以知道之数也。"

　　泰清以之言也问乎无始曰："若是，则无穷之弗知与无为之知，孰是而孰非乎？"无始曰："不知深矣，知之浅矣；弗知内矣，知之外矣。"

　　于是泰清仰而叹曰："弗知乃知乎，知乃不知乎！孰知不知之知？"

【另类译解】

　　于是，泰清请教无穷说："您知道'道'吗？"

　　无穷说："我不知道。"

　　泰清又请教无为。无为说："我知道'道'。"

　　泰清问："您所知道的'道'，可以说清吗？"

　　无为道："可以说清。"

　　泰清又问："那请你简单地说一下。"

　　无为说："我了解的'道'既可以高贵，也可以卑贱；既可以聚合，又可以离散。这就是我所知道的'道'的描述。"

　　泰清拿与无穷无为的这一番对话来请教无始说："像这样的情况，无穷的不知与无为的知，究竟谁对谁错呢？"

　　无始说："说不知道的，表明悟性深沉；说知道的，表明知识浅薄；说不知道的，是有点内涵了；说知道的，还只知道皮毛。"

　　于是泰清仰天而叹说："不知道就是知道啊！知道就是不知道啊！谁能理解这不知道的知道呢？"

【22.13】

　　无始曰："道不可闻，闻而非也；道不可见，见而非也；道不可言，言而非也。知形形之不形乎！道不当名。"

无始曰："有问道而应之者，不知道也。虽问道者，亦未闻道。道无问，问无应。无问问之，是问穷也；无应应之，是无内也。以无内待问穷，若是者，外不观乎宇宙，内不知乎大初，是以不过乎昆仑，不游乎太虚。"

【另类译解】

无始说："'道'不可能被听见，可听见的就不是'道'了；'道'不可能被看见，可看见的就不是'道'了；'道'是不能言说的，说出来的就不是'道'了。谁知道主宰一切形体的，是没有形体的呢！'道'是不应该有名称的。"

无始说："当有人问'道'就作出回答的，其实是不懂'道'的。虽然那个问'道'的人，也是不懂'道'的（因为如懂道就不会问了）。'道'不能问的，问也无法答。无法问还硬要问，这种问没有任何意义；无法答还硬要答，这种答是空的。用空答去对待虚问，像这样的人，对外不了解宇宙，对内不了解本源，因此他的思想越不过昆仑山，更不用说翱翔于太虚之境了。"

【22.14】

光曜问乎无有曰："夫子有乎？其无有乎？"光曜不得问而孰视其状貌，窅然空然，终日视之而不见，听之而不闻，搏之而不得也。

光曜曰："至矣！其孰能至此乎！予能有无矣，而未能无无也；及为无有矣，何从至此哉！"

【另类译解】

光曜问无有道："先生是'存在'的呢，还是'不存在'的呢？"

光曜得不到回答，就细细地看无有的形貌，只觉得深幽渺茫，空虚恍惚，整天看他却看不见、听他却听不着、摸他也摸不到。

光曜说："太棒了！谁能达到这种境界呢！我可以做到'有无'，却不能做到'无无'；我就算已做到了'无有'，何时才能达到这'无无'的境界呢？"

【22.15】

大马之捶钩者，年八十矣，而不失豪芒。大马曰："子巧与？有道与?"曰:"臣有守也。臣之年二十而好捶钩,于物无视也,非钩无察也。是用之者,假不用者也,以长得其用,而况乎无不用者乎!物孰不资焉!"

【另类译解】

大司马家中有个捶制钩戟的工匠,年龄已到八十了,可他干的活儿分毫不差。大司马问他:"您是凭技巧呢,还是有道术?"

工匠说:"我有持守的原则。我二十岁时开始喜欢打制钩戟,对于别的事物好像看不见。不是钩戟,我就视而不见。我用心于此,就等于增加了用在打钩戟上的时间,这样终身长期坚持打钩戟就成了现在这个样子,更何况完完全全心无旁骛的人呢!万物怎能不助他成功呢!"

【22.16】

冉求问于仲尼曰:"未有天地可知邪?"

仲尼曰:"可。古犹今也。"

冉求失问而退,明日复见,曰:"昔者吾问'未有天地可知乎?'夫子曰:'可。古犹今也。'昔日吾昭然,今日吾昧然。敢问何谓也?"

仲尼曰:"昔之昭然也,神者先受之;今之昧然也,且又为不神者求邪?无古无今,无始无终。未有子孙而有子孙,可乎?"

冉求未对。仲尼曰:"已矣,末应矣!不以生生死,不以死死生。死生有待邪?皆有所一体。有先天地生者物邪?物物者非物。物出不得先物也,犹其有物也。犹其有物也,无已。圣人之爱人也终无已者,亦乃取于是者也。"

【另类译解】

冉求问孔子说:"没有天地以前的情形,可以知道吗?"

孔子说:"可以知道,古代就跟现在一样。"

冉求没有再问,便退出去了。第二天又见先生,问:"昨天我问'没有天地以前的情形是否可以知道',先生说:'可以知道,古代跟现在一样。'昨天我好像明白了,今天却糊涂了,请问这是什么原因?"

孔子说:"昨天明白,是心神领悟了;今天糊涂,是被心神以外的东西阻塞了吧?没有古时就没有现在,没有开始就没有终止。以前没有子孙现在就不可能有子孙。这样说你明白了吧？"

冉求没有回答。孔子说："算了！不必回答了。不因为有诞生才有了生死，也不因为有死亡才有了死与生的转化。死与生本来就是一张纸的两面，它们其实是同一个整体。有在天地产生之前就产生的物吗？主宰万物的不是物，万物的出现不会先于它们之前的'道'，它使宇宙之间好像本来就已有万物。宇宙，好像本来就已有万物，且永远没有止境。圣人对人类的爱也永无止境，就是从这里受到的启发啊！"

【22.17】

颜渊问乎仲尼曰："回尝闻诸夫子曰：'无有所将，无有所迎。'回敢问其游。"

仲尼曰："古之人，外化而内不化，今之人，内化而外不化。与物化者，一不化者也。安化安不化，安与之相靡，必与之莫多。狶韦氏之囿，黄帝之圃，有虞氏之宫，汤武之室。君子之人，若儒墨者师，故以是非相赍也，而况今之人乎！圣人处物不伤物。不伤物者，物亦不能伤也。唯无所伤者，为能与人相将迎。山林与，皋壤与！使我欣欣然而乐与！乐未毕也。哀又继之，哀乐之来，吾不能御，其去弗能止。悲夫，世人直为物逆旅耳！夫知遇而不知所不遇，知能能而不能所不能。无知无能者，固人之所不免也。夫务免乎人之所不免者，岂不亦悲哉！至言去言，至为去为。齐知之所知，则浅矣。"

【另类译解】

颜渊请教孔子说："我曾听先生说过：'不要送往，不要迎来。'请问其中的道理。"

孔子说："古时的人，随外物变化而内心不变化；现在的人，内心多变而不能随外物变化。能随外物一起变化的人，就是因为内心持守不变。安于变化，就能安于不变化，安于与自然相随顺，必须与自然不相游离。狶韦氏的苑林、黄帝的园圃、舜的宫殿、汤王武王的屋宇，他们就都是常客与过客。君子之类的人，像儒家墨家的老师们，尚且还常用是非相互攻击，何况现在的人呢！圣人与万物相处而不伤害万物，不伤害外物的人，外物也不伤害他。正因为无所伤害，才可以与他人相送相迎啊！山林啊！原野啊！都能使我欣欣然快乐啊！快乐还没结束，悲哀又接着而来。悲哀与欢乐的来临我不能抗拒，而它们的离开我也不能阻止。可悲啊，世上的人仅仅是外物寄居的旅舍罢了！只知道已经遇到的，而不知道还没有遇到过的；只知道能够做到所能做到的，而不知道不能做到所不能做到的。有所不知，有所不能，本来是人不能回避的状况。总想避免人们所不能避免的，难道不是很可悲吗！最好的言辞就是没有言辞，最大的作为就是没有作为。要想使自己知道的与别人所知道的一样，那就太浅陋了。"

杂篇

庚桑楚

【23.1】

老聃之役有庚桑楚者，偏得老聃之道，以北居畏垒之山，其臣之画然知者去之，其妾之挈然仁者远之；拥肿之与居，鞅掌之为使。居三年，畏垒大壤。畏垒之民相与言曰："庚桑子之始来，吾洒然异之。今吾日计之而不足，岁计之而有余。庶几其圣人乎！子胡不相与尸而祝之，社而稷之乎①?"

庚桑子闻之，南面而不释然。弟子异之。庚桑子曰："弟子何异于予？夫春气发而百草生，正得秋而万宝成。夫春与秋，岂无得而然哉？天道已行矣。吾闻至人，尸居环堵之室，而百姓猖狂不知所如往。今以畏垒之细民，而窃窃焉欲俎豆予于贤人之间，我其杓之人邪！吾是以不释于老聃之言。"

【另类译解】

老聃的弟子中，有个叫庚桑楚的人，独得老聃的本事，就去北方住在畏垒山中。在他的仆从中，那些自作聪明爱炫耀自己的，都被他辞退了；在他的侍妾中，那些标榜爱心或者假装仁义的，都被他疏远了；而那些愚钝的人，反被留下跟他住在一起，那些面貌丑陋的反而与他比较亲近。住了三年，畏垒一带大丰收。畏垒的人们互相议论道："庚桑子刚来时，我们都对他感到惊异。现在我们的收入，以日计算或许不是每天都有结余，但以年计算却肯定有剩余。他大概是圣人吧！给我们带来这样的好运！我们为什么不拥戴他，并建立宗庙敬奉他呢？"

庚桑子听说了这件事，朝南坐着，神情不悦。弟子们觉得奇怪。庚桑子说："你们是不是觉得我有点奇怪？春气勃发而百草丛生，秋季来临而硕果累累。春天和秋季，难道无缘无故就能这样吗？这是天道运行的结果。我听说德性最高的人，安居于方丈小屋，而百姓自由自在任性自为。现在畏垒的百姓窃窃私语，要把我列在那些贤人之间来敬奉，我难道是自我标榜的人吗？想起老聃的教诲，我就内心深感不安。"

【解读依据】

① 成玄英疏："庶，慕也。几，近也。尸，主也。庚桑大贤之士，慕近圣人之德，何不相与尊而为君，主南面之事，为立社稷，建其宗庙，祝祭依礼，岂不善邪！"

【23.2】

弟子曰："不然。夫寻常之沟，巨鱼无所还其体，而鲵鳅为之制；步仞之丘陵，巨兽无所隐其躯，而蘖狐为之祥。且夫尊贤授能，先善与利，自古尧、舜以然，而况畏垒之民乎！夫子亦听矣！"

庚桑子曰："小子来！夫函车之兽，介而离山，则不免于网罟之患；吞舟之鱼，砀而失水，则蚁能苦之。故鸟兽不厌高，鱼鳖不厌深。夫全其形生之人，藏其身也，不厌深眇而已矣。

"且夫二子者，又何足以称扬哉！是其于辩也，将妄凿垣墙而殖蓬蒿也。简发而栉，数米而炊，窃窃乎又何足以济世哉！举贤则民相轧，任知则民相盗。之数物者，不足以厚民。民之于利甚勤，子有杀父，臣有杀君，正昼为盗，日中穴阫。吾语女，大乱之本，必生于尧、舜之间，其末存乎千世之后。千世之后，其必有人与人相食者也！"

【另类译解】

弟子说："不是这样的。在小水沟里，大鱼没有转身的空间，而泥鳅却自在悠游。在小山包上，巨兽无法隐藏身体，而狐狸却正好栖身。况且尊重贤者、举用能人，推崇善行、施利惠民，从古时尧、舜以来就是这样，何况畏垒的百姓呢！您就听随他们罢！"

庚桑子说："年轻人，你们过来！口能含车的巨兽，独自离开山林，就无法避免罗网的厄运；能吞船的大鱼，离开江河而失水，连蚂蚁也会使它困苦不堪。所以鸟兽不厌山高，鱼鳖不厌水深。全形养生的人，敛藏自己，应当远迹尘俗，深就山泉才是。

"何况尧、舜这两位，又哪里值得称赞呢？他们教人分辨善恶贤愚，就像在好的墙体上胡乱打洞种上蓬蒿之草来作为藩屏一样愚蠢。挑着头发来梳理，数着米粒来煮饭，如此斤斤计较又怎能救世啊！标举贤能则人民会互相倾轧，任用心智则人民会互相诈骗。这些方法，都不足以使人民淳厚。一旦诱以财利，人民的贪婪之心就被激发，于是就会有儿子杀父、臣子弑君的事情出现，大白天抢劫，正午时分盗墙。我告诉你们，大乱的根子，必定产生在尧舜的时代，它的流弊存在于千年之后，必定会有人吃人的事发生。"

【23.3】

南荣趎蹴然正坐曰："若趎之年者已长矣，将恶乎托业以及此言邪？"

庚桑子曰："全汝形，抱汝生，无使汝思虑营营。若此三年，则可以及此言矣。"

南荣趎曰："目之与形，吾不知其异也，而盲者不能自见；耳之与形，吾不知其异也，而聋者不能自闻；心之与形，吾不知其异也，而狂者不能自得。形之与形亦辟矣，而物或间之邪，欲相求而不能相得①。今谓趎曰：'全汝形，抱汝生，无使汝思虑营营。'趎勉闻道达耳矣！"

庚桑子曰："辞尽矣。曰奔蜂不能化藿蠋，越鸡不能伏鹄卵，鲁鸡固能矣。鸡之与鸡，其德非不同也，有能与不能者，其才固有巨小也。今吾才小，小足以化子。子胡不南见老子！"

南荣趎赢粮，七日七夜至老子之所。

老子曰："子自楚之所来乎？"南荣趎曰："唯。"

老子曰："子何与人偕来之众也？"南荣趎惧然顾其后。

老子曰："子不知吾所谓乎？"南荣趎俯而惭，仰而叹曰："今者吾忘吾答，因失吾问。"

老子曰："何谓也？"

南荣趎曰："不知乎？人谓我朱愚。知乎？反愁我躯。不仁则害人，仁则反愁我身；不义则伤彼，义则反愁我己。我安逃此而可？此三言者，趎之所患也，愿因楚而问之。"

老子曰："向吾见若眉睫之间，吾因以得汝矣。今汝又言而信之。若规规然若丧父母，揭竿而求诸海也。汝亡人哉！惘惘乎！汝欲反汝情性而无由入，可怜哉！"

【另类译解】

南荣趎听了这番话，神色惊惧，端坐着身子，说："像我这种年龄已经很大的了，要怎样学习才能达到您说的境界呢？"

庚桑子说："保全你的形体，守住你的本性，不要让自己思虑烦忧。像这样三年下来，就可以达到我所说的境界了。"南荣趎说："从外观上看人的眼睛没有什么差别，但瞎子却是完全看不见的；从外观上看人的耳朵没有什么差别，但聋子却是完全听不见的；心的形态没有什么差别，可是疯子却不能自控。形体与形体之间本是一样的，但也许是外物使它们产生不同，瞎子想看、聋子想听、疯子想理性却没有办法。现在您对我说：'保全你的形体，守住你的本性，不要让自己思虑烦忧。'我由于陋习已深，难以超化，这些道理，恐怕只能耳朵听听罢了。"庚桑子说："我的话已经说完了。小土蜂孵不出大青虫，越国的小鸡孵不成天鹅蛋，但鲁国的大鸡可能行。鸡与鸡之间，本质上没有不同，但能与不能还是有大小之别的。现在我的德行太浅，不足以教导你。你为何不到南边去拜见老子呢！"

南荣趎于是带着干粮，走了七天七夜，走到了老子的住所。

老子问："你是从庚桑楚那里来的？"南荣趎答道："是的。"老子说："你为什么同这么多人一起来呢？"南荣趎惊讶地回头看却并无一人。老子说："你不明白我的话吗？"南荣趎低着头羞惭满面，又仰天叹息道："现在我忘了我的回答，因而也忘了我的问题。"老子说："这话是什么意思？"南荣趎说："显得无知无识吧，别人就说我愚蠢。运用智巧聪明吧，却招来种种祸患，所以我对我这个身体非常忧愁。不仁就会伤害别人，行仁又离道乖真；不义会伤害他人，行义又会伤害自己。我怎样才能逃出这个悖论？这三个问题，是我所忧愁的。我想借着庚桑楚的关系来请教您。"老子道："刚才我看见你眉目间的神色，便知道了你的心思。现在又从你的话中得以证实。你茫然失神的样子宛如失掉父母的小儿，又像拿着竹竿想去测量大海深度的人。你是个迷失的人，惘然昏昧，你想恢复你的本性却找不到途径，真是可怜啊！"

【解读依据】

① 成玄英疏："辟，开也。间，别也。夫盲与不盲，二形孔窍俱开；见与不见，于物遂有间别。而盲聋求于闻见，终不可得也，亦犹南荣求于解悟，无由致之。"

【23.4】

南荣趎请入就舍，召其所好，去其所恶，十日自愁，复见老子。

老子曰："汝自洒濯，熟哉郁郁乎！然而其中津津乎犹有恶也。夫外韄者不可繁而捉，将内揵；内韄者不可缪而捉，将外揵；外内韄者，道德不能持，而况放道而行者乎！"

南荣趎曰："里人有病，里人问之，病者能言其病，然其病，病者犹未病也。若趎之闻大道，譬犹饮药以加病也。趎愿闻卫生之经而已矣。"

老子曰："卫生之经，能抱一乎？能勿失乎？能无卜筮而知吉凶乎？能止乎？能已乎？能舍诸人而求诸己乎？能翛然乎？能侗然乎？能儿子乎？儿子终日嗥而嗌不嗄，和之至也；终日握而手不掜，共其德也；终日视而目不瞚，偏不在外也。行不知所之，居不知所为，与物委蛇，而同其波。是卫生之经已。"

南荣趎曰："然则是至人之德已乎？"曰："非也。是乃所谓冰解冻释者，能乎？夫至人者，相与交食乎地而交乐乎天，不以人物利害相撄，不相与为怪，不相与为谋，不相与为事，翛然而往，侗然而来。是谓卫生之经已。"

曰："然则是至乎？"

曰："未也。吾固告汝曰：'能儿子乎？'儿子动不知所为，行不知所之，身若槁木之枝而心若死灰。若是者，祸亦不至，福亦不来。祸福无有，恶有人灾也！"

【另类译解】

南荣趎请求留在老子馆舍受业，修炼好的，摈弃恶的。十天后还是感到困惑，再去请教老子。

老子说："你在自己洗濯，虽然搞得热气腾腾的。但里面还源源不断地流露出恶念。那外在的声色还是束缚着你，让你失去内在的宁静；内在的思维定势还是束缚着你，让你无法杜绝外在的诱惑。如果外在的声色与内在的思维都受束缚，即使怀道抱德之人都支持不住，何况你这背离大道走了很久的人呢？"

南荣趎说："村里有人病了，同村的人去问候他，病人能够说出自己的病状，知道自己是病了，那么这个病人就还不是重病。像我这样的人听到这至高的大道，却好像吃了药反而加重了病情。能不能有防卫其生使之合道的简单做法与我说一下就够了。"

老子说："防卫其生的道理嘛，就是：你能保持精神形体的浑然一体吗？你能不丧失本性吗？你能不靠占卦就知道凶吉吗？你能不作非分之想吗？你能适可而止吗？你能舍弃外求而反身自求吗？你能无拘无束吗？你能纯真无知吗？能像婴儿那样单纯质朴吗？婴儿成天号哭而嗓子不哑，不过是声气自然的缘故；婴儿整天捏着拳头而手并未卷曲，不过是任其本性的缘故；他终日瞪着眼而眼睛不会歪斜，这是他不驰心外物之故。行动时自由自在，安居时无挂无碍，恬淡顺世，与物同波，这就是防卫其生的道理。"

南荣趎说："这些就是至人的品德了吗？"

老子答道："不是的。这只不过是让冰冻融消而已，能做到吗？那至人无情，随物感兴，他能同苍生同食于地，与万物同乐于天，自无其心，皆与物共，不参与标新立异，不参与图谋策划，不以俗事为事，自由自在地去，无拘无束地来。这就是防卫其生的大道。"

南荣趎又说："这就是全部内容了？"（郭象注："谓己便可得此言而至耶。"）

老子道："还差一点点。我已经告诉过你：'能像婴儿那样吗？'婴儿的行动是无意识的，行走没有目的，身体自然心灵自由。这样，祸也不会到，福也不会来。没有所谓祸福，哪里还会有人为的灾祸呢！"

【虞人评读】

虞人认为：此段文字，老子"卫生之经，能抱一乎"这一段回答，解答得已非常详尽了，后来并没有递进的意思，并不是一层更深于一层，而是南荣趎在受业过程中进一步了解内容，老子怕前面的解释他不明白，过于简略了，后面再详细讲述一下。

【23.5】

宇泰定者，发乎天光。发乎天光者，人见其人，物见其物。人有修者，乃今有恒；有恒者，人舍之，天助之。人之所舍，谓之天民；天之所助，谓之天子。

学者，学其所不能学也；行者，行其所不能行也；辩者，辩其所不能辩也。知止乎其所不能知，至矣；若有不即是者，天钧败之。

【另类译解】

　　心境安泰的人，会发出自然之光。发出自然光辉的，人就显示其人的本性，物就显示物的本样。人能够不断回归，才能具有天德。有天德的人，人来依附他，老天来助他。人来依附的，称为天民；老天来助的，称为天子。

　　人们所谓的学习，不过是在学他不学就能知道的东西；人们所谓做事，不过是在做他不做就会的本能；人们所谓的辩论，不过是在辩他不辩就能明了的是非。将对知的探求停止，使自己处于不求知的境界，这是做人的极高境界。如果不这样，自然的本性就会受到亏损。

【解读依据】

　　① 郭象注曰："意虽欲为，为者必败，理终不能。"而知道"知止乎其所不能知，至矣！"

【23.6】

　　备物以将形，藏不虞以生心，敬中以达彼。若是而万恶至者，皆天也，而非人也，不足以滑成，不可内于灵台。灵台者有持，而不知其所持，而不可持者也。

【另类译解】

　　借助万物养护自己的形体，遇物生心而终不预谋，谨修内智以通达外物。这样做了而各种灾难还要来，那就是天然的安排而不是人为的了，因此不足以影响德性，不应侵扰内心。内有能持之心而不觉是在坚持，不可失了这样的坚持。

【虞人评读】

　　虞人读这几句，认为它们在内容上思想上有庄子的影子，但境界与阅读心情上已完全没有庄子内篇的洒脱与超越、那种飘逸与超凡绝尘的享受。这里的人，几乎有道德的儒家形象了，红尘中的高士，好似《红楼梦》那一首诗："才自精明志自高，生于末世运偏消。清明涕送江边望，千里东风一梦遥。"说什么呢？说的是我们人生在世，要才自精明，"备物以将形"——借助万物来养护自己的形体；"藏不虞以生心"——郭象注曰：

"心自生耳，非虞而出之。虞者，亿度之谓。"成玄英疏："夫至人无情，物感斯应，包藏圣智，遇物生心，终不预谋所为虞度者也。"也就是志向高洁，当然比志向高洁还要高一层，因为志向高洁还是人为，只不过不拘于俗念。而这里是指无意苦争春，零落成泥碾作尘的境界。"敬中以达彼"，成玄英疏："中，内智也。彼，外境也。敬重神智，不敢轻染，智既凝寂，境自虚通。"到这里还是庄子之境界，而下面就是人世了。"若是而万恶至者，皆天也，而非人也"，郭象注曰："天理自有穷通。"成玄英疏："若文王之拘羑里，孔子之困匡人，智非不明也，人非不圣也，而遭斯万恶穷否者，盖由天时运命耳，岂人之所为哉！"这里就与庄子差了千万里。好像现在大变活人的魔术，我们明明看到走进去的是庄子，结果走出来的却是孔子。庄子从不认为自然有恶，也没有所谓穷通，更不会认为自然会给人带来厄运。反之，庄子认为是社会，这个忘记与背叛了自然的人为的产物才有可能产生这些万恶与厄运，所以这里就混淆了庄孔。

这节文字是说，即便遭遇了灾难，你也要坚持。而在庄子的世界里，只有清平世界、朗朗乾坤，是没有罪恶与灾难的。让罪恶与灾难这些词语进入庄子的世界是玷污了庄子。然后面对罪恶与灾难，不放弃而坚守节操，不过是志向高洁的红尘中人。而庄子是不需要高洁的，因为他根本不需要志向。

【23.7】

不见其诚己而发，每发而不当，业入而不舍，每更为失。为不善乎显明之中者，人得而诛之；为不善乎幽闲之中者，鬼得而诛之。明乎人，明乎鬼者，然后能独行。

【另类译解】

如果不是出自真心而妄自发作，每次发作都不合宜。这是外物侵入心中而不能止息的表现，每妄作一次，人的本真就失去一点。光天化日之下做坏事的人，会受到大家的谴责；在暗地里偷偷作恶的人，会受到神鬼的惩罚。能够做到坦然面对人，做到坦然面对天，即便独行也不会惧怕。

【23.8】

券内者，行乎无名；券外者，志乎期费。行乎无名者，唯庸有光；志乎期费者，唯贾人也，人见其跂，犹之魁然。与物穷者，物入焉；与物且者，其身之不能容，焉能容人！不能容人者无亲，无亲者尽人。兵莫憯于志，镆铘为下；寇莫大于阴阳，无所逃于天地之间。非阴阳贼之，心则使之也。

【另类译解】

追求内在道涵的人，行为往往不露声名；追求外在光鲜的人，行为都离不开财用。行为不露声名的人，他的作为自有光辉；行为离不开财用的人，只是个商人而已。踮着脚求名求利站不稳的样子，他还自以为安稳。与外物和谐顺应的人，外物就都来归依他；与外物都龃龉的人，他连自身都不能包容，哪里能包容得下别人呢！不能容忍他人的就没有亲人，无亲人的人就自绝于一切人。兵器再锋利也利不过人心，莫邪利剑都远为不及；人最强大的敌手是阴阳之气，它弥天塞地布满宇宙，不是阴阳侵害了人，而是人自己的内心骚动造成了伤害啊！

【23.9】

道通，其分也，其成也毁也。所恶乎分者，其分也以备；所以恶乎备者，其有以备①。故出而不反，见其鬼；出而得，是谓得死。灭而有实，鬼之一也。以有形者象无形者而定矣。

【另类译解】

道存在于万物之中，万物却是有区分的，区分使它们成了万物。万物一旦定型就在走向毁灭。那些讨厌荣辱寿夭的人，是因为他们欲望太多又难于占全；他们所以厌恶万物繁多是因为都想自己完备但又做不到。

【解读依据】

① 郭象注："本分不备而有以求备，所以恶备也。若其本分素备，岂恶之哉！"

【虞人评读】

所以，仅知道求名求利而不知道回归自身的人，离死期已不远了。求名求利还自以为成功的，就可以说已是行尸走肉了。以有形的生命效法无形的存在，才是正确的人生。郭象注曰："虽有斯形，苟能旷然无怀，则生全而形定也。"成玄英疏："象，似也。虽有斯形，似如无者，即形非有故也。旷然忘我，故心灵和光而止定也。"

【23.10】

出无本，入无窍。有实而无乎处，有长而无乎本剽，有所出而无窍者有实。有实而无乎处者，宇也。有长而无本剽者，宙也。有乎生，有乎死，有乎出，有乎入，入出而无见其形，是谓天门。天门者，无有也。万物出乎无有。有不能以有为有，必出乎无有，而无有一无有。圣人藏乎是。

【另类译解】

产生时没有根源，消逝时没有藏所，实际存在而找不到它的处所，有生长而没有始终，有所出而找不到那实际的孔穴。这个实际存在而找不到的，就叫宇；这个实际生长而找不到的，就叫宙。

有生有死，有出有入。进进出出而不见其形，这叫作自然之门。自然之门，就是"无有"，万物由"无有"产生。"有"不能从"有"中产生，必定来自"无有"，而"无有"又是一切皆无的那种纯净，圣人就置身在这种境界中。

【23.11】

古之人，其知有所至矣。恶乎至？有以为未始有物者，至矣，尽矣，弗可以加矣。其次以为有物矣，将以生为丧也，以死为反也，是以分已。其次曰始无有，既而有生，生俄而死；以无有为首，以生为体，以死为尻；孰知有无死生之一守者，吾与之为友。是三者虽异，公族也，昭、景也，著戴也，甲氏也，著封也，非一也。

【另类译解】

古代的人，他们的知识已是极高的了。高到什么程度呢？首先，认为万物其实都不是物（无妄想之心，现在分子、电子、中子、质子之类的发现就是明证），这是最高明的见解，已经是完美的极限，不可能再超越了。其次，认为万物是存在的，但出生不过是一种丧失，死亡就是一种回归，这已经是在分别了（分别之心）。再次，认为宇宙始于"无有"，后来产生生命，生命产生不久会走向死亡，这是把"无"看作源头，把生命看作主干，把死亡看作尾脊（执着之心）。有谁能知道"无""死""生"实际上只是一个整体的，这样的人才是我的知音啊！这三者虽不同，但却同源于"道"。昭氏、景氏，是楚国公族以官阶而留下的姓氏；而甲氏，则是以封邑所加的姓氏，叫法不同，他们实际不就是同一宗脉的楚国公族吗？

【23.12】

有生，黬也，披然曰移是。尝言移是，非所言也。虽然，不可知者也。腊者之有膍胲，可散而不可散也；观室者周于寝庙，又适其偃焉！为是举移是。请尝言移是。是以生为本，以知为师，因以乘是非；果有名实，因以己为质；使人以为己节，因以死偿节。若然者，以用为知，以不用为愚，以彻为名，以穷为辱。移是，今之人也，是蜩与鹖鸠同于同也。

【另类译解】

宇宙这个存在，晦暗难辨。倘一定要给个说法，只能用"是非难定"，说"是非难定"，又不尽恰当。

我们虽然做了大量区分的努力，但还是无法搞清宇宙的真相。大祭时的牛百叶牛蹄等祭品，这些供品神鬼接受了但为什么还存在着呢？参观宫室的人，上一秒还在肃穆的宗庙虔诚地顶礼，下一秒却又跑到厕所中去方便。这些情形都是"是非难定"。

请允许我谈谈为什么人会觉得"是非难定"。人都是以自己的生存作为根本的出发点，再拜智力为老师，因此造出许多是非。倘若产生名与实的分离，便把自己作为是非的主宰，让别人接受自己的划分，于是便产生以生命的坚执来维护虚名的事。成玄英疏："节者，至操也。既迷名实，又滞是非，遂使无识之人，坚执虚名以为节操也。"

像这样的人，就会把显赫炫耀当作聪明，把明悟透彻当作愚蠢，以通达为荣耀，以穷困为耻辱。"是非难定"，现在的人正是如此。这跟知了、斑鸠是完全相同的见识。

【23.13】

蹴市人之足，则辞以放鹜，兄则以妪，大亲则已矣。故曰，至礼有不人，至义不物，至知不谋，至仁无亲，至信辟金。

彻志之勃，解心之谬，去德之累，达道之塞。贵富显严名利六者，勃志也。容动色理气意六者，谬心也。恶欲喜怒哀乐六者，累德也。去就取与知能六者，塞道也。此四六者不荡胸中则正，正则静，静则明，明则虚，虚则无为而无不为也。

道者，德之钦也；生者，德之光也；性者，生之质也。性之动，谓之为；为之伪，谓之失。知者，接也；知者，谟也。知者之所不知，犹睨也。动以不得已之谓德，动无非我之谓治，名相反而实相顺也。

【另类译解】

踩了街上路人的脚，就用夸张的道歉说自己失礼；若是兄弟的脚，就要怜惜抚慰一番；若是父母的脚，就不必说什么。所以说，最高的礼没有人我之分，最大的义没有物我之分，最高的智慧不用谋略，最大的仁不分亲疏，最好的诚信不用金钱作保证。

去除心志的迷乱，解开心灵的约束，抛弃德性的拖累，打通大道的阻塞。尊贵、富有、显赫、威严、名声、利禄这六项，是扰乱心志的；容颜、举止、颜色、辞理、气息、情意这六项，是束缚心灵的；憎恶、爱欲、欢喜、愤怒、悲哀、快乐这六项，使德性负累重重；取舍、趋就、攫取、施与、智虑、技能六项，是阻塞大道的东西。这四个六项不在心中激荡，就会心正，心正就会安静，安静就会明澈，明澈就会空明，空明就不会乱作为而顺任自然，自然无所不为就会欣欣向荣万物茂盛。

道，是德的极致。天地之大德就是生，生化万物，是盛德之光华；天性，是生的本质。本性的活动就叫作为，活动流于虚伪就叫作失。认识，是对外物的接触；智慧，是内心对接触的外物的谋虑。聪明的人知道有自己不知道的事，因为个人观物就好像眼睛斜视，所见一定有限。行为好像出于不得已，叫作"天德"；行为完全出于天然，叫作"天治"。二者名称不同，但实质是相同的。

【23.14】

羿工乎中微而拙乎使人无己誉。圣人工乎天而拙乎人。夫工乎天而俍乎人者，唯全人能之。虽虫能虫，虽虫能天。全人恶天？恶人之天[1]，而况吾天乎人乎[2]！

【另类译解】

羿精于射细微之物，但对别人对自己射技的颂扬不知所措；圣人长于契合天道，但对应合世人却显得笨拙。善于契合天然而又善于应合世人的，只有全人才能够做到。虫安于虫的生活，因为虫契合天然。全人不会嫌老天给自己的一切，也不会嫌老天给别人的一切，怎么会用自己的意志去区分天与人呢？

【解读依据】

① 成玄英疏："夫全德之人，神功不测，岂嫌己之素分而恶人之所禀哉？盖不然乎，率顺其天然而已矣。"

② 成玄英疏："天乎人乎，不见人天之异，都任之也。前自遭天人美恶，犹有天人。此句混一天人，不见天人之异也。吾者，论主假自称也。"

【23.15】

一雀适羿，羿必得之，威也；以天下为之笼，则雀无所逃。是故汤以庖人笼伊尹，秦穆公以五羊之皮笼百里奚。是故非以其所好笼之而可得者，无有也。

【另类译解】

一只麻雀向羿飞来，羿几乎可射中它，但也不是绝对的。如果把天下当作笼子，麻雀就一定无处可逃了。因此商汤拿厨师笼络来伊尹，秦穆公以五张羊皮笼络来百里奚。因此，不用对方喜欢的东西去笼络而得到你想要的，那是不可能的事。

【23.16】

介者拸画，外非誉也；胥靡登高而不惧，遗死生也。夫复谓不馈，而忘人，忘人，因以为天人矣。故敬之而不喜，侮之而不怒者，唯同乎天和者为然。出怒不怒，则怒出于不怒矣；出为无为，则为出于无为矣。欲静则平气，欲神则顺心，有为也。欲当则缘于不得已，不得已之类，圣人之道。

《庄子》——另类解读
——用世界的眼光读《庄子》

　　受过刖刑的人因为亏残不再将好丑放在心上，这是因为他将毁誉置之度外的缘故。囚徒登高不会感到恐惧，这是因为他已不重视生死的缘故。别人一再给予语言上的骚扰而没有响应，这是忘掉人为社会；忘掉人为社会，这是因为他重视同乎天和的境界。所以受到尊敬而不会欣然自得，遭到侮辱也不会生气，只有那个与自然的淳和之气完全融合的人才能这样。以不生气而舒展心中所生的气，那么这气出来就不会是生着气的；以无为来表现自己的作为，那么这个为出来就是出自无为的！要宁静就须平和气息，想全神就得调顺心志。想恰如其分地有所作为，就需自然而不自我，自然而不自我，这就是圣人之道。

徐无鬼

【24.1】

徐无鬼因女商见魏武侯，武侯劳之曰："先生病矣！苦于山林之劳，故乃肯见于寡人。"

徐无鬼曰："我则劳于君，君有何劳于我！君将盈耆欲，长好恶，则性命之情病矣；君将黜耆欲，掔好恶，则耳目病矣。我将劳君，君有何劳于我！"武侯超然不对。

少焉，徐无鬼曰："尝语君吾相狗也。下之质执饱而止，是狸德也；中之质若视日，上之质若亡其一。吾相狗，又不若吾相马也。吾相马，直者中绳，曲者中钩，方者中矩，圆者中规，是国马也，而未若天下马也。天下马有成材，若卹若失，若丧其一，若是者，超轶绝尘，不知其所。"武侯大悦而笑。

【另类译解】

徐无鬼由女商安排去谒见魏武侯。魏武侯调侃他道："有累先生了！你是因为山林隐居生活太清苦了，所以才肯来见我吧。"

徐无鬼回答道："我是来劝慰君主您的，您有什么可以给我的呢？您如果满足嗜欲，放纵好恶，那么您过的是有害本性的生活，就是生病；您摈弃嗜欲，除去好恶，那么您耳目的享受没有了，您就会痛苦。我正是来劝慰君主您的，您有什么可以劝慰我的呢？"武侯怅然若失，一时没有回过神来。

过了一会儿，徐无鬼说："我来告诉您，我的相狗术。下等资质的狗，只求吃饱肚子就可以了，表现出像猫一样的德性；中等资质的狗，意气高扬，好像一直在昂着头看太阳；上等资质的狗，身心自由，好像忘记了自身的存在。我相狗，还不如我相马的技能。我相马，看马的步法，直的要合乎绳墨，曲的要合乎曲板，方的要合乎矩尺，圆的要合乎圆规，这样的马就是全国最好的马，但还比不上天下最好的马。天下最好的马具有天生的资质，好像疾风，如同奔流，似乎忘掉自身的存在。像这样的马，奔逸绝尘，达到忘我，不知道自己将往何处去。"武侯听罢，非常高兴地大笑起来。

【24.2】

徐无鬼出，女商曰："先生独何以说吾君乎？吾所以说吾君者，横说之则以《诗》、《书》、《礼》、《乐》，从说则以《金板》、《六韬》，奉事而大有功者不可为数，而吾君未尝启齿。今先生何以说吾君，使吾君说若此乎？"

徐无鬼曰："吾直告之吾相狗马耳。"

女商曰："若是乎？"

曰："子不闻夫越之流人乎？去国数日，见其所知而喜；去国旬月，见所尝见于国中者喜；及期年也，见似人者而喜矣；不亦去人滋久，思人滋深乎？夫逃虚空者，藜藋柱乎鼪鼬之径，踉位其空，闻人足音跫然而喜矣，又况乎昆弟亲戚之謦欬其侧者乎！久矣夫，莫以真人之言謦欬吾君之侧乎！"

【另类译解】

徐无鬼出来后，女商问他："先生是如何做到使我们君王这样开心的？我一向告诉君侯的，横向的是与他讲解《诗经》、《尚书》、《礼记》、《乐记》，纵向的是与他讲解《金板》、《六韬》，事奉君王而立了大功的事例，就更是不可计数，但我们君王从未开口笑过。现在先生您对他说了些什么，使他开心成这个样子？"

徐无鬼说："我只是告诉他，我怎样相狗与相马的经验罢了。"

女商惊讶道："就这些吗？"

徐无鬼答道："您难道没有听说过那些被流放到越国的人吗？他们离开自己的国家刚几天时，遇见自己认识的人就高兴；离开国家十天半月时，看见自己在本国曾经见过的东西就高兴；等到离开祖国一年之后，只要见到像是老乡的人便感到欣慰；这不也就是离开故人愈久，对故人的思念就愈深吗？那些逃亡到空山旷野的人，野草把黄鼠狼出没的路径都堵塞了，他在这样荒寂的旷野中长久独居，只要一听见人跫跫而至的脚步声，便禁不住欣喜万分，何况是自己的兄弟亲人在旁边谈笑呢？太长久了啊！我们君王身边没有人用真纯的言语跟他谈笑了。"

【24.3】

徐无鬼见武侯，武侯曰："先生居山林，食芧栗，厌葱韭，以宾寡人，久矣夫！今老邪？其欲干酒肉之味邪？其寡人亦有社稷之福邪？"

徐无鬼曰："无鬼生于贫贱，未尝敢饮食君之酒肉，将来劳君也。"

君曰："何哉，奚劳寡人？"

曰："劳君之神与形。"

武侯曰："何谓邪？"

徐无鬼曰："天地之养也一，登高不可以为长，居下不可以为短。君独为万乘之主，以苦一国之民，以养耳目鼻口，夫神者不自许也。夫神者，好和而恶奸；夫奸，病也，故劳之。唯君所病之，何也？"

武侯曰："欲见先生久矣。吾欲爱民而为义偃兵，其可乎？"

徐无鬼曰："不可。爱民，害民之始也；为义偃兵，造兵之本也；君自此为之，则殆不成。凡成美，恶器也；君虽为仁义，几且伪哉！形固造形，成固有伐，变固外战。君亦必无盛鹤列于丽谯之间，无徒骥于锱坛之宫，无藏逆于得，无以巧胜人，无以谋胜人，无以战胜人。夫杀人之士民，兼人之土地，以养吾私与吾神者，其战不知孰善？胜之恶乎在？君若勿已矣，修胸中之诚，以应天地之情而勿撄。夫民死已脱矣，君将恶乎用夫偃兵哉！"

【另类译解】

徐无鬼去晋见武侯，武侯说："先生你住在深山树林之中，啃着橡树子，吃着各种野菜，而离开我，已经很久了！现在老了吧？是不是想回来尝尝酒肉的味道了？还是我与国家有福气得到你的服务了？"

徐无鬼说："无鬼我生长在贫贱之中，从来不敢想享用君侯的酒肉，我是来劝慰君主您的。"

武侯说："你说什么？你用什么来劝慰我呢？"

徐无鬼说："我是来安定您的精神和身体的。"

武侯问："此话怎讲？"

徐无鬼答道："天地对万物的养育是不偏不倚的。登上高位，不能自以为比别人尊贵；屈居下位，不可自以为比别人卑贱。现在为了您一个万乘之主，害苦了全国的百姓，不过是以此奉养一人耳目口鼻的享乐，却弄得大家的心神都不能安宁。人的心神，喜欢和谐而厌恶偏私。偏私，就是一种病了，所以我来劝慰。只是君侯所生的这种病，该怎么办呢？"

武侯说："我希望见到先生已经很久了。我想爱护人民，为仁义而止战，可以吗？"

徐无鬼说："不可以。说爱护人民，其实已是害民扰民了。为仁义而止战，其实是为发动战争找借口。您从这里入手，就必定没有成效。凡想成就美名的，都是在作恶。您口里讲着仁义，行为几乎等于作伪啊！仁义如果有形式则一定是虚伪的；想要功成名就，就一定会有征伐；想要改变外部世界秩序的，一定会引发争端。如果您不谈所谓的爱民了，也不谈所谓的仁义了，君主也肯定不需要再在高楼下面陈列重兵，不需要再在宫苑里面操练兵马，不需要再违背常理去贪求，不需要再用机巧去胜过别人，不需要再以谋略去取胜他人，不需要再用战争去征服别人了。那种屠杀别国人民、兼并别国土地，以此供养自己的私欲与精神的战争到底有什么好处？所谓胜利究竟在哪里？您不如停止这一切折腾，修养内心的真诚，以顺应天地自然之情而不是去打天扰地。那么，您的人民已经脱离了战争与死亡的阴影，哪里还用得着您去为仁义而止战呢！"

【24.4】

黄帝将见大隗乎具茨之山，方明为御，昌寓骖乘，张若谄朋前马，昆阍滑稽后车；至于襄城之野，七圣皆迷，无所问涂。

适遇牧马童子，问涂焉，曰："若知具茨之山乎？"曰："然。"

"若知大隗所存乎？"曰："然。"

黄帝曰："异哉小童！非徒知具茨之山，又知大隗之所存。请问为天下。"

小童曰："夫为天下者，亦若此而已矣，又奚事焉！予少而自游于六合之内，予适有瞀病，有长者教予曰：'若乘日之车而游于襄城之野。'今予病少痊，予又且复游于六合之外。夫为天下，亦若此而已。予又奚事焉！"

黄帝曰："夫为天下者，则诚非吾子之事，虽然，请问为天下。"小童辞。

黄帝又问。小童曰："夫为天下者，亦奚以异乎牧马者哉！亦去其害马者而已矣！"

黄帝再拜稽首，称天师而退。

【另类译解】

黄帝要去具茨山求见大隗，方明为他驾车，昌㝢做骖乘，张若、谄朋做前导，昆阍、滑稽殿后。到达襄城郊外时，七位圣人都迷失了方向，没有可问路的地方。

正在这时，遇到一个放马的小孩，他们便向小孩问路，说道："你知道具茨山吗？"小孩答道："知道。"

他们又问："你知道大隗住在什么地方吗？"小孩道："知道。"

黄帝说："真奇怪呀，这个小孩！不光知道具茨山，还知道大隗住在什么地方。我想再请问一下怎样去治理天下。"

小孩说："治理天下嘛，也就像这样就行了，又何必硬要去做什么事呢！我小时候就活动在天地四方之内，这时恰好患了目眩症，有个年长的人教导我说：'你天天跟着太阳走，在襄城郊野走着玩就行了。'现在我的病果然好了一点。我又昼作夜息，游心于六合之外。治理天下可能也这样吧，只要我不生事就一切没问题了！"

黄帝说："治理天下，诚然不是你分内的事。尽管这样，我还是要听听你治理天下的想法。"小孩不答。

黄帝又问。小孩就说道："治理天下，与放马有什么差别呢！不就是除掉让马不得安宁的东西罢了！"

黄帝一再叩着拜谢，称小孩为天师，然后才离去。

【24.5】

知士无思虑之变则不乐，辩士无谈说之序则不乐，察士无凌谇之事则不乐，皆囿于物者也。

招世之士兴朝，中民之士荣官，筋力之士矜难，勇敢之士奋患，兵革之士乐战，枯槁之士宿名，法律之士广治，礼教之士敬容，仁义之士贵际。农夫无草莱之事则不比，商贾无市井之事则不比，庶人有旦暮之业则劝，百工有器械之巧则壮。钱财不积则贪者忧，权势不尤则夸者悲。势物之徒乐变，遭时有所用，不能无为也。此皆顺比于岁，不物于易者也，驰其形性，潜之万物，终身不反，悲夫！

【另类译解】

智谋之士，如果没有思虑的变化就不会快活；善辩之士，如果没有能够高谈阔论的机会，就不会快活；明察之士，如果没有琐碎的事情供其发挥，就不会快活。这些都是受外物拘束的人。

招致人才的人立足于朝廷，善治民的人荣享爵禄，身强力壮的人以肌肉显摆，勇敢的人以除患为业，好斗的武士乐于打仗，山林隐士关注名誉，法律人士到处倡导法治，礼教之士到处替人修整仪容，崇尚仁义的人注重人际关系。农夫没有田亩可供耕作就不痛快，商贾没有做成买卖就浑身不自在。平民有了每天的事务就勤奋，工匠有了自己熟悉的器械就气壮。如果一天没有积聚钱财，贪婪的人就会忧心忡忡；如果权势不在一天天扩大，好矜胜的人就感到难过。热衷权势而好逞能的人，喜欢发生变故，遇到用得着他的时候，他就得意洋洋大显身手。这些都是随世俯仰、无法摆脱外物束缚的人。他们放纵自己的形体与本性，沉溺于纷繁的外物之中，到死都不能觉醒，真是可悲啊！

【24.6】

庄子曰："射者非前期而中，谓之善射，天下皆羿也，可乎？"惠子曰："可。"庄子曰："天下非有公是也，而各是其所是，天下皆尧也，可乎？"惠子曰："可。"

庄子曰："然则儒、墨、杨、秉四，与夫子为五，果孰是邪？或者若鲁遽者邪？其弟子曰：'我得夫子之道矣，吾能冬爨鼎而夏造冰矣。'鲁遽曰：'是直以阳召阳，以阴召阴，非吾所谓道也。吾示子乎吾道。'于是乎为之调瑟，废一于堂，废一于室，鼓宫宫动，鼓角角动，音律同矣。夫或改调一弦，于五音无当也，鼓之，二十五弦皆动，未始异于声，而音之君已。且若是者邪？"

惠子曰："今乎儒、墨、杨、秉，且方与我以辩，相拂以辞，相镇以声，而未始吾非也，则奚若矣？"

庄子曰："齐人蹢子于宋者，其命阍也不以完，其求铏钟也以束缚，其求唐子也而未始出域，有遗类矣！夫楚人寄而蹢阍者，夜半于无人之时而与舟人斗，未始离于岑，而足以造于怨也。"

【另类译解】

庄子说："射箭的人，他们射中的目标如果并不是预定的目标，这样就称他善于射箭，那么天下人就都要变成羿了。这句话通吗？"

惠子说："说得通。"

庄子又说："天底下没有公认的是非，如果每个人都认为自己的是非是是非，这样天下的人就都成为尧了，这句话没问题吗？"

惠子说："没问题。"

庄子说："那么，现在有儒、墨、杨朱、公孙龙四家，加上你为五家，究竟谁说得对呢？或者就像鲁遽那样吗？鲁遽的学生说：'我学到老师的道术了，我能够冬天取火而夏天造冰了。'鲁遽说：'这只是用阳气召来阳气，用阴气召来阴气，并不是我所说的道啊。我给你看看我的道。'于是给学生调整琴瑟，放一张在中堂里，放一张在内室，弹奏这一张琴的宫音，那张琴的宫音也动，弹奏这张琴的角音，那张琴的角音也动，这是它们韵律相同的缘故。如果更换堂中琴的一根弦，则室内琴的五音就不能协调了。现在再弹堂中之琴，二十五根弦都随之变动，声音并没有不同，但调子却变了。天下没有公认的调子，就跟这个道理差不多吧？"

惠子说："现在儒、墨、杨朱、公孙龙四家，正在与我争辩，大家用言辞来互相攻击，用声势来互相压抑，这也未必是我的错，像这样该怎么办呢？"

庄子说："齐国有个人在宋国丢失了他的儿子，命令受过刖刑的守门人出去找他。因为家里有个精美的钟器，他怕离开后被人损坏因而不肯出门；他想去寻找丢失的儿子，却又舍不得离开自己的钟器，你们大概是同类吧！那个寻找失子的守门人不去宋国却跑到了楚国，半夜无人的时候他去人家船上，结果与船夫打起架来。那个齐人并没有离开自己的家，却在世间造出这许多的麻烦。你们这五个自以为是的人，难道有什么两样吗？"

【虞人评读】

天下本无事，庸人自扰之。五子纷纷坚信自己的理论才是天下至理，于是强求他人接受，而彼此不服，结果是天下大乱，纷争无解，给人间造成麻烦无数。

【24.7】

庄子送葬，过惠子之墓，顾谓从者曰："郢人垩慢其鼻端若蝇翼，使匠人斫之。匠石运斤成风，听而斫之，尽垩而鼻不伤，郢人立不失容。宋元君闻之，召匠石曰：'尝试为寡人为之。'匠石曰：'臣则尝能斫之。虽然，臣之质死久矣。'自夫子之死也，吾无以为质矣，吾无与言之矣。"

【另类译解】

庄子为友人送葬，路过惠子的坟墓。庄子回头对跟在后面的人说道："有个郢地的人把一点石粉沾在鼻尖上，薄的像苍蝇的翅膀，然后请石匠用斧头替他削下。石匠轮转斧头，呼呼生风，只一下子就将郢人鼻尖上的白粉削下，但鼻尖却一点没伤着。郢人站在那里，面不改色心不跳。宋元君听说这件事以后，把石匠召去说：'请你做给我看看。'石匠说：'我以前曾经能削，但我的对手搭档已经死了。'自从惠子死去，我便没有可以作为对手的搭档了。我没有可以谈得来的人了啊。"

【虞人评读】

情深意长，高山流水知音宛然，惜乎斯人已逝！

【24.8】

管仲有病，桓公问之，曰："仲父之病病矣，可不讳云，至于大病，则寡人恶乎属国而可？"管仲曰："公谁欲与？"公曰："鲍叔牙。"曰："不可。其为人洁廉善士也，其于不己若者不比之，又一闻人之过，终身不忘。使之治国，上且钩乎君，下且逆乎民。其得罪于君也，将弗久矣！"公曰："然则孰可？"对曰："勿已，则隰朋可。其为人也，上忘而下畔，愧不若黄帝而哀不己若者。以德分人谓之圣，以财分人谓之贤。以贤临人，未有得人者也；以贤下人，未有不得人者也。其于国有不闻也，其于家有不见也。勿已，则隰朋可。"

【另类译解】

管仲生病了。齐桓公去探望他，说："仲老，您的病已经很重了，可以不忌讳地说说吗？万一您大病不起，我把国事托付给谁比较合适呢？"

管仲答道："您想托付给谁？"

桓公说："鲍叔牙。"

管仲说："不行。他的为人，是个廉洁的好人。他对于不如自己的人就不来往，而且看到别人的过错，一辈子都不会忘记。如果让他去管理国家，对上会约束国君，对下会得罪有各种缺点的能臣。他得罪国君，不会很长时间的！"

桓公说："那么谁可以托付？"

管仲回答说："实在没办法了，隰朋可以。他的为人，能使居上者忘记他的存在，居下者愿意与他为伴，他自愧比不上黄帝，能怜悯宽容那些不如自己的人。用德行分人的，称为圣人；用钱财分人的，称为贤人。用贤名去傲视他人，没有能得到人心的；用贤心去谦虚待人，没有得不到人心的。他对于国事不会事事干预，对于家事也不件件苛责。实在不得已的话，隰朋可以。"

【24.9】

吴王浮于江，登乎狙之山，众狙见之，恂然弃而走，逃于深蓁。有一狙焉，委蛇攫搔，见巧乎王。王射之，敏给搏捷矢。王命相者趋射之，狙执死。王顾谓其友颜不疑曰："之狙也，伐其巧恃其便以敖予，以至此殛也！戒之哉！嗟乎！无以汝色骄人哉！"颜不疑归而师董梧以锄其色，去乐辞显，三年而国人称之。

【另类译解】

吴王在长江上泛舟，登上猕猴山。群猴看见他，惊惶地逃窜，逃向荆棘丛林中。可有一只猴，从容地在那里来回攀枝跳跃，在吴王前卖弄自己的灵巧。吴王拿出弓箭射它，他敏捷地接住来箭。吴王命令左右的人都上前射它，猴子便被射死了。

吴王回头对他的朋友颜不疑说："这猴子，卖弄它的灵巧、仗着身手敏捷而傲视我，以致就这样送掉了性命！大家要引以为戒呀！唉，不要用倨傲的脸色去对待人啊！"颜不疑回去以后，就拜董梧为老师，帮助减除自己的傲气，并摈弃享乐，谢绝荣华。三年以后，国人都称赞他。

【24.10】

南伯子綦隐几而坐，仰天而嘘。颜成子入见曰："夫子，物之尤也。形固可使若槁骸，心固可使若死灰乎？"

曰："吾尝居山穴之中矣。当是时也，田禾一睹我，而齐国之众三贺之。我必先之，彼故知之；我必卖之，彼故鬻之。若我而不有之，彼恶得而知之？若我而不卖之，彼恶得而鬻之？嗟乎！我悲人之自丧者，吾又悲夫悲人者，吾又悲夫悲人之悲者，其后而日远矣！"

【另类译解】

南伯子綦靠着几案坐着，仰面向天叹息。颜成子进来看见了，说："老师，真是了不起啊。人的形体真的可以变得像枯骨一般，心神真的可以变得像死灰一样吗？"

南伯子綦说道："我曾经住在山洞里。那时候，齐君田禾一来看望我，齐国的大臣们便要再三地祝贺他。我一定是名声在先，他才会知道我；我必定是爱卖弄名声，他才来收买我。如果我没有名声，他怎么会知道我呢？如果我没有爱卖弄名声，他怎么会跑去收买我呢？唉！我为迷失本性的人悲哀，我又为替别人悲哀的人悲哀，我又为替别人悲哀的人的悲哀而悲哀。从此以后，我就一天天远离这些尘嚣了。"

【24.11】

仲尼之楚，楚王觞之。孙叔敖执爵而立，市南宜僚受酒而祭，曰："古之人乎！于此言已。"

曰："丘也闻不言之言矣，未之尝言，于此乎言之。市南宜僚弄丸而两家之难解，孙叔敖甘寝秉羽而郢人投兵，丘愿有喙三尺。"

【另类译解】

孔子去楚国，楚王为他设宴。孙叔敖手捧酒器站着，市南宜僚接过酒来致祭，说："古代的人啊！在这种时候要说话的。"（应该指祈祷吧！）

孔子说道："我听说过无声之言，可是没有试过，在这儿说说吧。市南宜僚玩着弹丸淡泊自若解除了两家的危难，孙叔敖高卧逍遥得意妄言，羽扇自得而使敌国不敢相侵。二位高明之人在此，我即便想说又能说些什么呢？"

【24.12】

彼之谓不道之道，此之谓不言之辩，故德总乎道之所一。而言休乎知之所不知，至矣。道之所一者，德不能同也；知之所不能知者，辩不能举也；名若儒墨而凶矣。故海不辞东流，大之至也；圣人并包天地，泽及天下，而不知其谁氏。是故生无爵，死无谥，实不聚，名不立，此之谓大人。狗不以善吠为良，人不以善言为贤，而况为大乎！夫为大不足以为大，而况为德乎！夫大备矣，莫若天地；然奚求焉，而大备矣。知大备者，无求，无失，无弃，不以物易己也。反己而不穷，循古而不摩，大人之诚。

【另类译解】

市南宜僚和孙叔敖二位的行为可以称为"不言之言"，孔子刚才说的可以叫作"不言之辩"。所以，德总的来源于统一的"道"。想要用言论去求道实在是没有知识啊，这是愚蠢到家了。成玄英疏："夫至道之境，重玄之域，圣心所不能知，神口所不能辩，若以言知索真，失之远矣。故德之所总，言之所默息者，在于至妙之一道也。"道是同一虚玄的，德却有上下之分；道的知识妙绝不可言传，语言是无法表达的；因此像儒家、墨家那样论辩汹汹执是竟非是愚蠢到家了。大海不排斥东流的水才能大到极致；圣人的胸怀包容天地，恩泽天下，而人民不知道他是谁。因此，生前没有爵位，死后没有谥号，不积聚财货，不建立名声，这才叫大人。狗不因为它叫得响就好，人不因为他会说话就算杰出，更何况是成就伟大呢！有心求取伟大的就已不足以伟大，更何况是求取大德呢！说到大，没有比天地更大了。但是天地从无所求，因而成为最完备的存在。现在我们知道了最完备的存在，它是无所希求，无所丧失，无所舍弃，不因为外物而改变自己的产物。反本还原就妙极无穷，顺应自然则常性不摩自至，这才是我们所说的大人的真实之德。

【24.13】

子綦有八子，陈诸前，召九方歅曰："为我相吾子，孰为祥？"

九方歅曰："梱也为祥。"

子綦瞿然喜曰："奚若？"曰："梱也将与国君同食以终其身。"

子綦索然出涕曰："吾子何为以至于是极也！"

九方歅曰："夫与国君同食，泽及三族，而况父母乎！今夫子闻之而泣，是御福也。子则祥矣，父则不祥。"

子綦曰："歅，汝何足以识之。而梱祥邪？尽于酒肉，入于鼻口矣，而何足以知其所自来？吾未尝为牧而牂生于奥，未尝好田而鹑生于宎，若勿怪，何邪？吾所与吾子游者，游于天地，吾与之邀乐于天，吾与之邀食于地。吾不与之为事，不与之为谋，不与之为怪；吾与之乘天地之诚，而不以物与之相撄，吾与之一委蛇而不与之为事所宜。今也然有世俗之偿焉！凡有怪征者，必有怪行，殆乎！非我与吾子之罪，几天与之也！吾是以泣也。"

无几何而使梱之于燕，盗得之于道，全而鬻之则难，不若刖之则易，于是乎刖而鬻之于齐，适当渠公之街，然身食肉而终。

【另类译解】

子綦有八个儿子，他让他们站成一排，请来了以看相闻名的九方歅，说："你替我相相我这几个儿子，看哪一个最有福分。"

九方歅看完后说："梱的福分最好。"

子綦惊喜地问："他会怎么样呢？"九方歅说："梱呢，他将会与国君一起吃饭，直到终身。"

子綦听罢，黯然流泪说："我的儿啊，为什么会弄到这种绝境呀！"

九方歅说："和国君一起吃饭，恩泽会普及三族，更何况父母呢！现在先生听到这些却哭起来，这是拒绝福分呢。看来儿子有福分，父亲却没有福分。"

子綦说："歅，你怎么能够了解其中的道理啊，梱真的福分好吗？只不过尽情享受酒肉到口鼻而已，但你知道酒肉是从哪里来的吗？我没有养家畜可是羊却出现在我家的圈里；我没有去打猎可是屋角却出现死鹌鹑。这不是怪事又是什么呢？我教我的儿子遨游，是要遨游于天地之间。我教他们同乐于天，我教他们求食于地；我不教他们去求取功业，我不教他们学会谋略，我不教他们装神弄鬼；我教他们顺从天地的实况，不因外物而与自然相违背；我教他们顺任自然而不要人为地选择适宜自己的事物。现在，我居然得到世俗的报偿作回报！凡是有奇怪的征兆的，必定有奇怪的事情出现。危险了，这不是我和儿子的罪过（就冲此言，还是当有灾祸降身，认罪不清，此世虽修，殆前世有衍尚未祈解乎？），大概是上天降给我们的吧！我因此而哭泣。"

没过多久，子綦派梱到燕国去，在路上梱被强盗掳走。强盗认为四肢健全的人很难卖出去，如果截断他的脚就容易卖了。于是强盗将他的脚砍断，把他卖到了齐国。梱做了齐国富室渠公的看门人，正好吃了一辈子的肉食。

【24.14】

啮缺遇许由曰："子将奚之？"

曰："将逃尧。"

曰："奚谓邪？"

曰："夫尧畜畜然仁，吾恐其为天下笑。后世其人与人相食与！夫民，不难聚也；爱之则亲，利之则至，誉之则劝，致其所恶则散。爱利出乎仁义，捐仁义者寡，利仁义者众。夫仁义之行，唯且无诚，且假乎禽贪者器。是以一人之断制利天下，譬之犹一觊也。夫尧知贤人之利天下也，而不知其贼天下也。夫唯外乎贤者知之矣。"

【另类译解】

啮缺遇到许由，说："先生要到哪里去？"

许由回答说："我将逃离尧。"

啮缺又问："这是怎么回事呢？"

许由说："尧那个人，孜孜不倦地推广他的仁义，我担心他将被天下人嗤笑。后世大概要出现人吃人的惨事了！人民，是不难聚集的；你爱护他们，他们就亲近你；你给他们好处，他们就过来；你称赞他们，他们就会勤快；你做他们憎恶的事情，他们就离你而去。现在爱护和利益都打着仁义的旗号，可献身仁义的人很少，利用仁义的人却很多。那所谓仁义的行为，实际上虚伪的多，并且还会成为凶残贪婪者的道具。这是只凭一个人的判断来决定什么对天下有利，就好像要求眼睛一瞥却要看清一切一样。尧知道贤人对天下有利，却不知道贤人也会残害天下，只有不在乎贤人的人，才知道这个道理啊！"

【24.15】

有暖姝者，有濡需者，有卷娄者。

所谓暖姝者，学一先生之言，则暖暖姝姝而私自说也，自以为足矣，而未知未始有物也，是以谓暖姝者也。

濡需者，豕虱是也，择疏鬣自以为广宫大囿，奎蹏曲隈，乳间股脚，自以为安室利处，不知屠者之一旦鼓臂布草操烟火，而己与豕俱焦也。此以域进，此以域退，此其所谓濡需者也。

卷娄者，舜也。羊肉不慕蚁，蚁慕羊肉，羊肉膻也。舜有膻行，百姓悦之，故三徙成都，至邓之墟而十有万家。尧闻舜之贤，举之童土之地，曰冀得其来之泽。舜举乎童土之地，年齿长矣，聪明衰矣，而不得休归，所谓卷娄者也。

【另类译解】

世上的人，有快活愚昧的人，有苟且偷安的人，有辛苦劳顿的人。

所谓快活而愚昧的人，他只学到一家之言，就快快乐乐、混混沌沌地暗中高兴，自己感到很满足，而不知道老师的一家之言实际上只是虚无宇宙中的一个人为的句点。这样的人就叫作快活而愚昧的人。

苟且偷安的人，就像猪身上的虱子一样，它选择猪鬃稀疏的地方待着，自以为那里是广阔的宫室园林。寄居在猪的蹄边、胯下、乳房或股沟处，自己认为已是安全舒适的住所。却不知道屠夫一旦挽起胳膊，放好柴草，生起烟火，自己就会与猪一起被烧焦。这就是随环境而生存，随环境而毁亡，这就是所谓的苟且偷安者。

辛劳困顿的人，舜就是一个。羊肉并不喜欢蚂蚁，蚂蚁却喜欢羊肉，因为羊肉有膻腥的味道。舜常做带膻味的行为，所以蚁民都喜欢他，所以三次迁徙都在荒野上自成都邑，在邓地这个荒野之地就聚集了十万户人家。尧听说舜的贤能以后，就把他从荒野之地提拔上来，希望他给百姓带来恩泽。可是舜被从荒野之地提拔上来时，年岁已经大了，耳目都衰退了，却不能退休回家，这就是所谓的辛劳困顿的人。

【24.16】

是以神人恶众至，众至则不比，不比则不利也。故无所甚亲，无所甚疏，抱德炀和以顺天下，此谓真人。于蚁弃知，于鱼得计，于羊弃意。

以目视目，以耳听耳，以心复心。若然者，其平也绳，其变也循。古之真人，以天待人，不以人入天。古之真人，得之也生，失之也死；得之也死，失之也生。

药也，其实堇也，桔梗也，鸡雍也，豕零也，是时为帝者也，何可胜言！

【另类译解】

因此，神人讨厌招引众人来归附自己，众人来了就不和睦，不和睦就失去天道。所以没有特别亲近的人，没有特别疏远的人，抱守着天德，保养着淳和，以顺应自然，这样的人才能称作真人。真人就像摒弃智慧的蚂蚁，在水中悠然自得的鱼儿，自由自在的羊儿。

用眼睛去看眼睛所能看见的，用耳朵去听耳朵所能听见的，用心灵去关照心灵所能关照的。能做到这样的人，他的平静像绳墨一样平直，他的变化自然随顺。古时候的真人，以自然来对待人事，不用人事去干扰自然。古时候的真人，以得为生以失为死，还是以得为死以失为生，完全由自然安排。这就好比药材，当其所须则无贱，非其时则无贵，乌头、桔梗、鸡雍、猪苓等这些寻常药草，在需要其当作主药的时候，就珍贵了。像这样的例子哪里列举得完呢？

【24.17】

句践也以甲楯三千栖于会稽。唯种也能知亡之所以存，唯种也不知其身之所以愁。故曰：鸱目有所适，鹤胫有所节，解之也悲。

故曰，风之过河也有损焉；日之过河也有损焉①。请只风与日相与守河，而河以为未始其撄也，恃源而往者也。故水之守土也审，影之守人也审，物之守物也审②。

【另类译解】

勾践在被吴王打败以后率领三千士卒退守在会稽山，当时只有文种知道越国灭亡之后怎样图存，可文种却不知道自己被勾践杀身的未来。所以说，猫头鹰的眼睛只适合看夜里，仙鹤的腿胫一定要长，截短了它就悲哀。

所以说，风吹过河面，河水就有所减损。太阳照过河面，河水也会有所减损。但如果让风和太阳天天相互吹晒着河水，我们却认为河水从未有过减损，这是因为河水恃着有水源在不停地流入所以不觉。所以，水守住了土，可水还是在流动；影子守住了人，影子还是时刻在移动；此物守住了它物，万物仍时时在融合变化。

【解读依据】

① 成玄英疏："而风吹日累，必有损伤，恃源而往，所以不觉。亦犹吴得越之后，谋臣必恃其功勋，以无后虑遭戮，是知物相利者必相为害也。"

② 成玄英疏："审，安定也。夫水非土则不安，影无人则不见，物无造物则不立，故三者相守而自以为固。而新故不住，存亡不停，昨日之物，于今已化，山舟潜遁，昧者不知，斯之义也。"

【24.18】

故目之于明也殆，耳之于聪也殆，心之于殉也殆。凡能其于府也殆，殆之成也不给改。祸之长也兹萃，其反也缘功，其果也待久。而人以为己宝，不亦悲乎！故有亡国戮民无已，不知问是也。

【另类译解】

所以，眼睛太明察事物，就会多危害；耳朵太过灵敏，就会多危害；心灵思虑过度，就会多危害；凡是能藏之于心胸的，就都可能有危害。危害一旦形成，悔改往往很难。祸患的滋长越来越多，要想去祸得福就需要修养功夫，要见到成果就需要更长的时间。而人们还往往将耳、目、心智这些东西当作宝贝，不也是太可悲了吗？所以，世上总是有无休无止的亡国杀人这类事，就是人们不知道探讨这些问题的缘故啊。

【24.19】

故足之于地也践，虽践，恃其所不蹍而后善博也；人之于知也少，虽少，恃其所不知而后知天之所谓也。知大一，知大阴，知大目，知大均，知大方，知大信，知大定，至矣。大一通之，大阴解之，大目视之，大均缘之，大方体之，大信稽之，大定持之。

尽有天，循有照，冥有枢，始有彼。则其解之也似不解之者，其知之也似不知之也，不知而后知之。其问之也，不可以有崖，而不可以无崖。颉滑有实，古今不代，而不可以亏，则可不谓有大扬榷乎！阖不亦问是已，奚惑然为！以不惑解惑，复于不惑，是尚大不惑。

【另类译解】

所以，脚踩到的地方很小，就是因为很小，才有了那么多没有踩到的地方供人远行；人所知道的东西很少，就是因为很少，才能通过对未知世界的探索来充分了解自然。知道了天，知道了地，知道了自见，知道了本性，知道了守分，知道了命运，知道了自定，人的造诣就算到顶点了。天能够导通万物，地能够化解万物，自见能够观照万物，本性能够理顺万物，守分能够体现万物，命运能够验证万物，自定能够持守万物。

万物的生息，有自然主宰；万物的循变，有自然明照；在幽冥之中有机枢在运转，在太始之地，在开始之时。由于这个原因，对自然的解悟，是好像永远不可能解悟的解悟；对自然的知识，是好像永远没有知识的知识，好像不知道，这个不知道才是真正的知道。探问它时，不可能找到边际，但又不可能永无边际。万物纷纭中各有实理，古今实际只是一体，自然也不可能有亏缺，这可不是个显扬伟大妙理的实论吗！为什么不问问这个妙理呢？这有什么可迷惑不解的呢！用不迷惑来解释清迷惑，然后又面对新的迷惑，这就是人最大的清醒。

【虞人评读】

关于本节文字中的"大一"等七大之名，郭象、成玄英有说明："大一"，一是阳数，大一，天也，能通生万物。故曰通（成疏）。"大阴"，地也，无心运载而无分解，物形之也（成疏）。"大目"，各视其所见谓大目（成疏）。"大均"，因其本性，令各自得，则大均也（郭象注）。"大方"，体之使各得其分，则万方俱得，所以为大方也（郭象注）。"大信"，信，实也，稽，至也，循而任之，各至其实，斯大信也（成疏）。"大定"，真不挠则自定，故持之以大定，斯不持也（郭象注）。

则 阳

【25.1】

则阳游于楚，夷节言之于王，王未之见。夷节归。

彭阳见王果曰："夫子何不谭我于王？"

王果曰："我不若公阅休①。"

彭阳曰："公阅休奚为者邪？"

曰："冬则擉鳖于江，夏则休乎山樊。有过而问者，曰：'此予宅也。'夫夷节已不能，而况我乎！吾又不若夷节。夫夷节之为人也，无德而有知，不自许，以之神其交，固颠冥乎富贵之地②，非相助以德，相助消也③。夫冻者假衣于春，暍者反冬乎冷风④。夫楚王之为人也，形尊而严；其于罪也，无赦如虎；非夫佞人正德，其孰能桡焉⑤。"

【另类译解】

鲁国人彭则阳想在楚国谋个富贵就进入楚国。楚国大臣夷节将则阳入楚的事禀告了楚王，但楚王没有接见则阳，夷节所进未遂，只好罢朝归家了。

则阳就自己跑去拜见楚国的贤人王果，说："先生为什么不在楚王面前推荐我呢？"

王果回答说："我不如公阅休。"

则阳感到有点不解，就问："公阅休是干什么的？"

王果说："他嘛，冬天在江河中刺鳖，夏天在山林里休憩。有过路的人问他为何这样生活，他回答道：'这里就是我的家园。'你的事，那夷节都帮不上忙，更何况是我啊！我又比不上夷节。夷节的为人，虽然没有高的境界，但他有巧智，与人交往时懂得节制，机智使他的交际显得神通广大，长期周旋于富贵场中。况且如果正如先生所托由我推荐于楚王，我这样去做不是用德操在帮助人，而是在败坏别人的令名。请托求荣，犹如受冻的人想马上进入春天，中暑的人期待立即就回到冬天。那楚王的为人，形貌高贵而威严；他对于有过失的人，犹如暴虎般凶狠，决不宽赦。不是口齿伶俐善于拍马的人很难与他相处。哪个品德刚正的人，能舒舒服服与他在一起呢？"

【解读依据】

① 成玄英疏："公阅休，隐者之号也。王果贤人，嫌彭阳贪荣情速，故盛称隐者，以抑其进趋之心也。"

② 成玄英疏："颠冥，犹迷没也。言夷节交游坚固，意在荣华；颠倒迷惑，情贪富贵；实无真德，而有俗知；不能虚淡以从神，而好任知以干上。数数如此，犹自不能，况我守愚，若为堪荐！此是王果谦逊之辞也。"

③ 成玄英疏："消，毁损也。言则阳凭我谈己于王者，此适可败坏名行，必不益于盛德也。"。

④ 郭象注："言己顺四时之施，不能赴彭阳之急。"成玄英疏："夫遭冻之人，得衣则暖，被喝之人，遇水便活。乃待阳和以解冻，须寒风以救喝，虽乖人事，实顺天时。履道达人，体无近惠，不进彭阳，其义亦尔。"

⑤ 成玄英疏："仪形有南面之尊，威严据千乘之贵，赫怒行毒，犹如暴虎，戮辱苍生，必无赦宥，自非大佞之人，不堪任使。若履正怀德之士，谁能屈挠心志而事之乎！"

【25.2】

故圣人，其穷也使家人忘其贫①；其达也使王公忘爵禄而化卑②；其于物也，与之为娱矣③；其于人也，乐物之通而保己焉；故或不言而饮人以和，与人并立而使人化。父子之宜，彼其乎归居，而一闲其所施。其于人心者，若是其远也。故曰待公阅休④。"

【另类译解】

因此，真正的圣人，他身处贫困的时候，能让家人忘记贫困；他显达的时候，能让王公贵族忘记显位而变得谦卑。对于万物，他与它们都能相处愉悦；对于人们，他乐于与他们和光同尘而又能保存自我。所以，他能做到即使不发一言人们却感到和谐，与人并肩站立，人们就能感受自化。他让人们与天地的关系就如同父子，各归其所；清静无为、闲暇从容，从不去施作人为。他的生活态度与一般人的急功近利之心完全不同，相差何止千万里！所以，上一节王果面对彭则阳时说：只有你等到了公阅休你的事才能解决，说的是这个意思啊。

【解读依据】

① 郭象注："淡然无欲，乐足于所遇，不以侈靡为贵，而以道德为荣，故其家人不识贫之可苦。"

② 郭象注："轻爵禄而重道德，超然坐忘；不觉荣之在身，故使王公失其所以为高。"

③ 成玄英疏："同尘涉事，与物无私，所造皆适，故未尝不乐也。"

④ 郭象注："欲其释楚王而从阅休，将以静泰之风镇其动心也。"

【25.3】

圣人达绸缪，周尽一体矣，而不知其然，性也。复命摇作而以天为师①，人则从而命之也②。忧乎知而所行恒无几时，其有止也若之何！

【另类译解】

圣人明白深奥的玄道，知道万物不过是一个整体，一切都是自然而然的，人类无法彻底弄清其来龙去脉，这才是自然的真实状态。因此，圣人在人间的任何行为举止，都动静无心、顺势而为，人们仰慕他的清尘脱俗才追随他。人如果贪图有为就必须要动用智谋，而智谋之事终不能长久，因此又必然以智谋不足为忧，这样恶性循环何时是个尽头呢？

【解读依据】

① 成玄英疏："反乎真根，复于本命，虽复摇动，顺物而作，动静无心，合于天地，故师于二仪也。"

② 成玄英疏："命，名也。合道圣人，本无名字，为有清尘可慕，故人从后而名之。"

【虞人评读】

清代郭庆藩的《庄子集释》是个高质量的注释本，郭庆藩对这句话的注释是："忧乎智，谓有为者以形智不至为忧也，不知用智必丧，丧而更以不智为忧，及其智之所行有弊无济，故其忧患相接无须臾停息，故曰恒无几时其有止也，不能遗智去忧，非可忧如何！"

【25.4】

生而美者，人与之鉴，不告则不知其美于人也。若知之，若不知之，若闻之，若不闻之。其可喜也终无已，人之好之亦无已，性也。圣人之爱人也，人与之名，不告则不知其爱人也。若知之，若不知之；若闻之，若不闻之。其爱人也终无已，人之安之亦无已，性也。

旧国旧都，望之畅然；虽使丘陵草木之缗，入之者十九，犹之畅然。况见见闻闻者也，以十仞之台县众闲者也。

【另类译解】

生来漂亮的人，别的人就成为了他的镜子，如果别人不与他们说，他们就不知道自己比其他人漂亮。他们好像有点感觉，又好像不确定；像是听人议论过，又不肯定听过。他们的可爱之处就没有终止的时间，别人对他的喜欢也就没有终止的时间，这是自然的天性。圣人对世人的爱，世人就成为了他的参照，如果世上的人都不与他说，他便不会意识到自己是在爱人。他好像有点感觉，又好像不确定；像是听人议论过，又不肯定听过。圣人对人的爱就没有终止的时间，别人对他的信赖也就没有终止的时间，这也是自然的天性。

自己的故国、故乡，看见了就心里舒畅。即使被丘陵草木掩蔽了十分之九，还是觉得心里舒畅。何况是让人亲眼见识到事物的本来面目，像矗立的十仞高台那样明显的自然之性呢！

【25.5】

冉相氏得其环中以随成，与物无终无始，无几无时。日与物化者，一不化者也，阖尝舍之！夫师天而不得师天，与物皆殉，其以为事也若之何？夫圣人未始有天，未始有人，未始有始，未始有物，与世偕行而不替，所行之备而不洫，其合之也若之何！汤得其司御门尹登恒为之傅之，从师而不囿，得其随成；为之司其名；之名赢法，得其两见①。仲尼之尽虑，为之傅之②。容成氏曰："除日无岁③，无内无外④。"

【另类译解】

古之圣王冉相氏得真空之道，体环中之妙，道顺万物，一切事物没有了过去未来，也没有了现在未来时间的分别。每天随顺万物变化，但内心却始终如一，从未离开过天道！刻意效法自然就得不到效法自然的效果，而同样会丧失本性，因为这同样是在追逐外物，那又怎么真做得到效法自然呢？圣人心中，并不曾想到自然，不曾想到人事，不曾想到开始，不曾想到外物，他与整个世界一起运行而没有自己的人为；他的所作所为圆满通达没有淤塞，这种与天道相冥合的境界，又如何能仿效得来呢？商汤得到他的司御门尹登恒，就拜门尹登恒做他的师傅，但他跟随师傅却又不受师傅局限，领悟了随物自成的天理。商汤推崇登恒，登恒却无心居师授法，君臣两人的名声与事业反而为众人熟知。孔子说天下何思何虑，这话是可以拿来作为座右铭的。容成氏说："除去时日没有年岁，没有内也没有外。"

【解读依据】

①成玄英疏："嬴然，无心也。见，显也。成物之名，圣迹之法，并是师傅而不与焉。故名法二事，俱显于彼，嬴然闲放，功成弗居也。"

②郭象注："仲尼曰：'天下何思何虑！虑已尽矣。'若有纤芥之虑，岂得寂然不动，应感无穷，以辅万物之自然也！"

③郭象注："今所以有岁而存日者，为有死生故也。若无死无生，则岁日之计除。"

④郭象注："无彼我则无内外也。"

【25.6】

魏莹与田侯牟约，田侯牟背之。魏莹怒，将使人刺之。

犀首公孙衍闻而耻之曰："君为万乘之君也，而以匹夫从仇！衍请受甲二十万为君攻之，虏其人民，系其牛马，使其君内热发于背，然后拔其国。忌也出走，然后抶其背，折其脊。"

季子闻而耻之曰："筑十仞之城。城者既十仞矣，则又坏之，此胥靡之所苦也。今兵不起七年矣，此王之基也。衍乱人也，不可听也。"

华子闻而丑之曰："善言伐齐者，乱人也；善言勿伐者，亦乱人也；谓伐之与不伐乱人也者，又乱人也。"

君曰："然则若何？"

曰："君求其道而已矣！"

惠子闻之而见戴晋人。戴晋人曰："有所谓蜗者，君知之乎？"

曰："然。""有国于蜗之左角者曰触氏，有国于蜗之右角者曰蛮氏，时相与争地而战，伏尸数万。逐北，旬有五日而后反。"

　　君曰："噫！其虚言与？"

　　曰："臣请为君实之。君以意在四方上下有穷乎？"

　　君曰："无穷。"

　　曰："知游心于无穷，而反在通达之国，若存若亡乎？"

　　君曰："然。"

　　曰："通达之中有魏，于魏中有梁，于梁中有王。王与蛮氏，有辩乎？"

　　君曰："无辩。"客出而君惝然若有亡也。

　　客出，惠子见。君曰："客，大人也，圣人不足以当之。"

　　惠子曰："夫吹筦也，犹有嗃也；吹剑首者，映而已矣。尧、舜，人之所誉也；道尧、舜于戴晋人之前，譬犹一映也。"

【另类译解】

　　魏王莹与田侯牟订立过盟约，但田侯牟违背了盟约。魏王莹大为恼火，打算要派人去刺杀田侯牟。

　　公孙衍将军听到这个消息，认为是种耻辱，就去对魏王莹说："您是拥有万辆兵车的国君，却用一个平民百姓的方式去报仇！我请求您给予我甲兵二十万，替您去攻打田侯的齐国，俘虏他的人民，掠夺他的牛马，使齐国的田侯内心焦虑到背上生疮，然后倾覆他的国家，迫使田忌逃离，然后抓住田侯，鞭打他的后背，折断他的脊骨。"

　　季子听到公孙衍的这番语，认为是种耻辱，就进谏魏王莹说："修筑十仞高的城墙，已经修到七仞了，却又把它拆毁，这是修城的役徒们感到最痛苦的事。现在我们已经七年不打仗了，这正是您建立的德业。公孙衍是个喜欢捣乱的人，他的话是不能听从的。"

　　华子听到公孙衍和季子这些话，认为他们的想法很愚蠢，就对魏王莹说："头头是道主张您讨伐齐国的人，是好乱之人；将不讨伐齐国说得天花乱坠的人，也是捣乱之人；说主张讨伐与主张不讨伐的人都是作乱之人的人，也是捣乱之人。"

　　魏王莹就说："如果是这样，那怎么办才好呢？"

　　华子说："君王只要追求'道'就可以了。"

　　惠子听了这件事，就引荐戴晋人去见魏王。戴晋人见到魏王，说："有一种东西叫作蜗牛，君王知道吗？"

魏王莹说："知道。"

戴晋人说："有个国家在蜗牛的左角上，名叫触氏。另一个国家在蜗牛的右角上，叫作蛮氏。两国经常因争夺土地而发动战争，战场上横尸遍野，尸首有几万人。得胜的一方追逐败北的一方，往往要十五天才能回师。"

魏王莹说："啊！这是虚构出来的事吧？"

戴晋人说："我请求为君王证实这番话。君王您认为在天地四方上下之间有没有尽头呢？"

魏王莹说："没有尽头。"

戴晋人说："如果在无边无际的宇宙之中驰骋过后，再回到四通八达的地球，您不会感到这土地已若有若无了吗？"

魏王莹说："是的。"

戴晋人说："在这四通八达的地球上有个魏国，魏国有个梁邑，在梁邑城中有个君王您。君王与我刚才说的蜗牛角上的蛮氏有什么根本区别吗？"

魏王莹说："没根本区别。"

戴晋人告辞出去了，魏王莹怅然若失地呆坐着。

戴晋人出来后，惠子晋见魏王莹。魏王莹说："这位客人，是个了不起的人，圣人也不能与他相比。"

惠子说："那吹奏管乐的，会发出很大的呜呜声；吹剑柄上的小圆孔，就只能听到嗞嗞声了。尧和舜，是人们都称颂的人；在戴晋人面前谈论尧舜，就只能听到嗞嗞之声。"

【25.7】

孔子之楚，舍于蚁丘之浆。其邻有夫妻臣妾登极者，子路曰："是稷稷何为者邪？"

仲尼曰："是圣人仆也。是自埋于民，自藏于畔[①]。其声销，其志无穷，其口虽言，其心未尝言，方且与世违而心不屑与之俱[②]。是陆沉者也，是其市南宜僚邪[③]？"

子路请往召之。

孔子曰："已矣！彼知丘之著于己也。知丘之适楚也，以丘为必使楚王之召己也，彼且以丘为佞人也。夫若然者，其于佞人也羞闻其言，而况亲见其身乎！而何以为存？"

子路往视之，其室虚矣。

【另类译解】

孔子到楚国去，路上投宿在蚁丘山旁一个卖水浆的人家。这户人家的邻居，有一对夫妻、仆人、侍妾都爬上屋顶往这边观望。子路就问："这些人聚在一块看什么？"孔子说："我们旁边有圣人。这些人都是他的仆从。这是个自埋于民、隐藏在田园中的圣人。他使自己的声名沉寂，而心胸却高远无穷。他的嘴应人间，他的心恒凝寂，他正处于与世俗习气相悖的时期，他的内心不屑与世俗为伍。这位寂寥虚淡的隐居之士，大概是市南宜僚吧？"

子路向孔子请求去拜见市南宜僚。

孔子说："算了！他知道我很了解他，又知道我到楚国去，他认为我一定会向楚王推荐素有贤名的他，他已把我看作谄媚世俗的人。像这样的人，对于谄媚世俗的人，连听其言论都会感到羞耻，更何况亲自看到谄媚者本人呢！你又到哪里去见到他呢？"

子路不信，前去探视，他的屋子果然已经空了。

【解读依据】

① 成玄英疏："混迹泥滓，同尘氓俗，不显其德，故自埋于民也；进不荣华，退不枯槁，隐显出处之际，故自藏于畔也。"

② 成玄英疏："道与俗反，固违于世；虚心无累，不与物同，此心迹俱异也。"

③ 成玄英疏："姓熊，字宜僚，居于市南，故谓之市南宜僚也。"

【25.8】

长梧封人问子牢曰："君为政焉勿卤莽，治民焉勿灭裂。昔予为禾，耕而卤莽之，则其实亦卤莽而报予；芸而灭裂之，其实亦灭裂而报予。予来年变齐，深其耕而熟耰之，其禾蘩以滋，予终年厌飨。"

庄子闻之曰："今人之治其形，理其心，多有似封人之所谓。遁其天，离其性，灭其情，亡其神，以众为。故卤莽其性者，欲恶之孽，为性萑苇蒹葭，始萌以扶吾形，寻擢吾性；并溃漏发，不择所出，漂疽疥痈，内热溲膏是也。"

【另类译解】

长梧的封疆人对子牢说："先生你处理政务不要鲁莽，治理人民不能草率。当初我种庄稼，在耕地时鲁莽，于是在收成时作物也用鲁莽的收成来回报我；我锄草时轻慢草率，收成时作物也用轻慢草率来回报我。第二年，我改变做法，深耕细锄，结果庄稼长得繁荣苗壮，所收的粮食我整年都吃不完。"

庄子听完，说道："现在的人在治理他的身体、修养他的心神方面，很多都像封疆人所说的那样，就是逃避自然、脱离本性、灭绝真情、丧失心神，以此迎合众人。因为对待自己的本性鲁莽草率，所以他的各种欲求与憎恶就都被诱发出来，像芦苇一般塞蔽了本性。开始时这些恶习仅是附在正常身体的表层，发展下去，它们就会淹没并败坏人的天性。最后就上溃下漏，到处出问题，疮痍溃烂，脓血乱流，内心发烧，便尿白浊，就是这种情况。"

【25.9】

柏矩学于老聃，曰："请之天下游。"老聃曰："已矣！天下犹是也。"又请之，老聃曰："汝将何始？"曰："始于齐。"至齐，见辜人焉，推而强之，解朝服而幕之，号天而哭之。曰："子乎子乎！天下有大菑，子独先离之，曰：'莫为盗，莫为杀人！'荣辱立，然后睹所病；货财聚，然后睹所争。今立人之所病，聚人之所争，穷困人之身，使无休时。欲无至此，得乎！"

"古之君人者，以得为在民，以失为在己；以正为在民，以枉为在己；故一形有失其形者，退而自责。今则不然。匿为物而愚不识，大为难而罪不敢，重为任而罚不胜，远其涂而诛不至。民知力竭，则以伪继之。日出多伪，士民安取不伪！夫力不足则伪，知不足则欺，财不足则盗。盗窃之行，于谁责而可乎？"

【另类译解】

柏矩跟着老子学道。一天，他对老子说："我想请个假去天下周游一番。"

老子说："算了吧！天下哪儿都是一样的。"

柏矩很固执，再一次请求出游，说是天下这么大，他想去看看。老子不好意思阻拦了，就问："你想先去哪里？"

柏矩答道："先去齐国。"

到了齐国，柏矩看见一具示众的死囚尸体，就放下让它躺平，然后脱下自己的朝服覆盖在尸体上，号啕大哭起来，说："你这个人啊你这个人啊！天下将要有大灾难了，你是先来报信的吧。常言道：'千万不要去做强盗！千万不要有杀人的事出现！'社会一旦有了荣辱的观念，就是生病了啊；人们一旦开始积聚财物了，争夺也就出现了。现在的社会树立的是病态的观念，又聚拢人们争夺的东西，让身处穷困之中的人看不到任何希望，想要避免你这种为盗被杀的悲惨局面出现，这有可能吗（我们知道了，那个被示众的死囚是个被杀的强盗）？"

"远古时候的君主，把圆满的德性放在人民身上，把修行弥失的事放在自己身上；把自然的作为放在人民身上，把人为的差误交由自己去矫枉。所以只要有一个人受苦受难，他就退回去自我反省。现在却不是这样了。现在是隐藏事物的真相愚弄百姓，加重百姓的苦难还指责百姓，增大百姓的负担却用惩罚恐吓他们，无故延长路途的距离却诛杀不能按时到达的人。百姓被逼得走投无路，就只好虚假诈欺来搪塞保命。统治者每天都在发出那些虚伪的政令，百姓不虚伪又怎么活命呢？做事情能量不够又怕惩罚就只能作伪，做事情智慧不足又想做好就只能欺骗，想要活下去却没有钱财就只能偷盗。这个社会盗窃行为的风行，该去责备谁呢？"

【25.10】

蘧伯玉行年六十而六十化，未尝不始于是之，而卒诎之以非也。未知今之所谓是之非五十九非也。万物有乎生而莫见其根，有乎出而莫见其门。人皆尊其知之所知，而莫知恃其知之所不知而后知，可不谓大疑乎！已乎！已乎！且无所逃。此所谓然与，然乎？

【另类译解】

蘧伯玉已经六十岁，而六十年来都在不断与时变化，往往从前认为是对的事，后来却反而认为是错的了。不知道他现在认为的"对"会不会就是五十九岁时认为的"错"呢？万物"有"生长，但没有人能看到它们的根源；万物因"有"而出现，但没有人能看到它们出现的路径。人们都看重自己的理智所能理解的，但不知道依靠自己的知识所达不到的智慧去获取真正的"知"，这难道不是人一种非常大的困惑吗？算了吧！算了吧！人们大概逃不出这种困惑。这大概就是所谓人的宿命吧，真的如此吗？

【25.11】

仲尼问于大史大弢、伯常骞、狶韦曰:"夫卫灵公饮酒湛乐,不听国家之政;田猎毕弋,不应诸侯之际:其所以为灵公者何邪?"

大弢曰:"是因是也。"

伯常骞曰:"夫灵公有妻三人,同滥而浴。史鳅奉御而进所,搏币而扶翼。其慢若彼之甚也,见贤人若此其肃也,是其所以为灵公也。"

狶韦曰:"夫灵公也死,卜葬于故墓不吉;卜葬于沙丘而吉。掘之数仞,得石椁焉,洗而视之,有铭焉。曰:'不冯其子,灵公夺而里之。'夫灵公之为灵也久矣,之二人何足以识之!"

【另类译解】

孔子请教大弢、伯常骞、狶韦三位太史,说:"那卫灵公沉溺于饮酒作乐之中,不过问国家的政事;成天打猎射鸟,不参与诸侯的盟会:他死后为什么还被谥为'灵公'呢?"

大弢的理解是:"这谥号就是因为他有这种行为。"

伯常骞的理解与大弢有所不同:"灵公有三个妻子,他与她们在同一个浴缸中洗澡。贤臣史鳅奉灵公之命进入灵公寓所时,灵公便马上披上衣巾上前搀扶着史鳅。灵公的生活是那样的简慢轻佻,可他见了贤人却又是那样的庄重有礼,这就是他被谥号为'灵公'的缘故。"

狶韦说:"灵公死后,占卜的结果出来,把他葬在祖宗墓地不吉利,要葬在沙丘才是吉利的。在沙丘挖掘墓穴到几仞深时,发现了一副石棺椁。洗刷干净一看,上面有一段铭文,写着:'子孙无能不能保其墓葬,叫灵公的人可以夺取此穴而安葬在这里。'可见灵公的这个'灵'的谥号是早已定好了的,他们两个凡人怎么能知道这一点呢。"

【25.12】

少知问于大公调曰:"何谓丘里之言?"

大公调曰:"丘里者,合十姓百名而为风俗也。合异以为同,散同以为异。今指马之百体而不得马,而马系于前者,立其百体而谓之马也。是故丘山积卑而为高,江河合水而为大,大人合并而为公。是以自外入者,有主而不执;由中出者,有正而不距①。四时殊气,天不赐,故岁成；五官殊职，君不私，故国治；文武殊材，大人不赐，故德备；万物殊理，道不私，故无名。无名故无为，无为而无不为。时有终始，世有变化。祸福淳淳，至有所拂者而有所宜；自殉殊面，有所正者有所差。比于大泽，百材皆度；观于大山，木石同坛。此之谓丘里之言。"

少知曰："然则谓之道，足乎？"

大公调曰："不然，今计物之数，不止于万，而期曰万物者，以数之多者号而读之也。是故天地者，形之大者也；阴阳者，气之大者也；道者为之公。因其大以号而读之则可也，已有之矣，乃将得比哉！则若以斯辩，譬犹狗马，其不及远矣。"

【另类译解】

少知问太公调说："什么叫作丘里之言？"

太公调说："所谓丘里，就是集合十个族姓、百家人口在一起统一成一种习俗，把相异的合在一起就能成为相同的，把相同的分散开来就会成为相异的。举个例子，如果我们将马身体上无数个局部拿出来看，显然都不是马，但把前面各个局部汇聚在一起，合成一体就成了马。这丘里就是一个整马，而每家每户就是各个局部。山丘之所以变成山丘，是由于无数个小土堆的积聚才成为如此高的山丘；江河之所以成为江河，是由于汇聚了无数个小小的水流才成为如此阔大的江河；伟大的人之所以成为伟大的人，是因为他们理解合并各个普通人的需求才成就了大公无私。因此，外物进入内心时，人应当随顺物情；从内心向外物投射时，人不应有所偏执。四时气候不同，自然并没有什么干预，所以有了五谷丰登；春官秋官各有司职，君王玄默委任无私，故宇内清夷国家宁泰；文武将相，量才授职，各任其能，圣人无私，所以他们的道德圆满完备；万物的特性各不相同，自然法则并不特别袒护某些部分，所以它们物各得理，咸能自济，没有需要特别关照的地方。没有需要特别关照的地方，就不需要人为地去做些什么；正是因为没有人为的干预，自然才无所不为欣欣向荣。天时寒暑，流谢不常，人情祸福，何能久定！对有的人说来是乖逆的事可能对别的人是适宜的。人们不过是在固执己见，追逐个人私利时才有了所谓正差。如果你到大泽中去看一看，各种材木都和谐地长在一起；你再看看那个大山，各种木石都从同一块土中拱出。这就是使相异的合在一起成为相同的人类的丘里同一法。"

少知说："那么称丘里之法为'道'，可以吗？"

太公调说："不可以。现在若计算一下天下物类的总数，决不止于

'万'，但只限称为'万物'，是用数目中最多的号来称呼大。所以称呼天地，因为它们是形体中最大的；称呼阴阳，是指气体中最大的；道是化育天下万物的总括。由于它最大，就用'道'这个名号来称呼是可以的；已经称这为丘里之言了，又怎么能够与'道'相提并论呢？如果一定要分辨两者，就好像把狗与马作比较，相差实在太远了。"

【解读依据】

① 郭象注："自外入者，大人之化也；由中出者，民物之性也。性各得正，故民无违心；化必至公，故主无所执。所以能合丘里而并天下，一万物而夷群异也。"

【25.13】

少知曰："四方之内，六合之里，万物之所生恶起？"

大公调曰："阴阳相照相盖相治，四时相代相生相杀①，欲恶去就于是桥起，雌雄片合于是庸有。安危相易，祸福相生；缓急相摩，聚散以成。此名实之可纪，精微之可志也。随序之相理，桥运之相使，穷则反，终则始。此物之所有，言之所尽，知之所至，极物而已。睹道之人，不随其所废，不原其所起，此议之所止。"

少知曰："季真之莫为，接子之或使。二家之议，孰正于其情，孰偏于其理？"

大公调曰："鸡鸣狗吠，是人之所知；虽有大知，不能以言读其所自化，又不能以意其所将为。斯而析之，精至于无伦，大至于不可围。或之使，莫之为，未免于物而终以为过。或使则实，莫为则虚。有名有实，是物之居；无名无实，在物之虚。可言可意，言而愈疏。未生不可忌，已死不可阻。死生非远也，理不可睹。或之使，莫之为，疑之所假。吾观之本，其往无穷；吾求之末，其来无止。无穷无止，言之无也，与物同理；或使莫为，言之本也，与物终始。道不可有，有不可无。道之为名，所假而行。或使莫为，在物一曲，夫胡为于大方，言而足，则终日言而尽道；言而不足，则终日言而尽物。道物之极，言默不足以载；非言非默，议有所极②。"

【另类译解】

少知说："四方之内，六合之中，万物是从哪里冒出来的呢？"

太公调说："阴阳彼此感应，互相滋长，互相抵消；四季轮流循环，互相孕育，互相交替，召感响应由此纷纷运作，雌雄交配由此万物常有。安全之后跟着的是危险，祸患之后接着的是幸福，缓慢是迅疾的兄弟，聚合之后必是分散。这些安排，都是造物相摩相合而成，一切自然而然。由此可见，名称是人用来交流实用的，精微之妙却是要用精神去领悟的。四时交替，阴阳变化，物极则反，终而复始，这是宇宙万物所具有的特征。人的语言所能穷尽的，人的智慧所能达到的，仅是万物的表象罢了。看得懂'道'的人，不会纠结于任何一物的存废，也不会死等任何一物出现，这就是人们认知的极止。"

少知说："季真主张的'无为'，接子主张的'有为'，这两人的观点，谁的符合天地的实至？谁的偏离了天地的正理呢。"

太公调说："鸡鸣狗叫，这是人们都知道的现象；可是即使有大智慧的人，也不能用人的语言说出鸡鸣狗叫是什么意思，也不能靠人的心思去猜测它们鸣叫后将会做什么。由此例可以看出，事物有精微到无与伦比的，有巨大到不可限量的。所以，有为，或无为，都未免陷于具体事物之中，总会有局限。'有为'论太实，'无为'论又太虚。有名有实，说的是物的客观存在；无名无实，说的是物本质的虚空。这些事情既可以用言语去述说，也可以用意象去领悟，但愈用人的语言去说就离真相越远。未生的不可禁止它生，已死的不可阻止它死。生与死相距其实不远，但其间的道理却不易参透。有为与无为，正是人最疑惑的地方。我观察宇宙的本源，它的过去是无穷的；我探求它的终结，它的未来又没有止境。无穷无尽，在这一点上说它是'虚无'的。与万物的运理相同，人的有为与不为，本质上说的不过是在万物上立论。而真正能做到与万物共始终的，是没有实形的'道'，没有实形也不是简单的'虚无'。用'道'这个概念去指称，是不得已假借权用的。'有为'与'无为'之论，都只是站在物的一端感悟到的，怎么能用来理解大道呢？如果说得好，那么一整天所说的只是人的言论；如果说得不好，那么一整天谈的不过是某物罢了。'道'是穷尽万物的，用语言或用沉默都不足以表达；既言说又沉默，这才能达到论'道'的最高境界。"

【解读依据】

①成玄英疏："夫三光相照，二仪相盖；风雨相治，炎凉相代，春夏相生，秋冬相杀。岂关情虑，物理自然也。"

②成玄英疏："默非默，议非议，唯当索之于四句之外，而后造于众妙之门也。"

外 物

【26.1】

外物不可必，故龙逢诛，比干戮，箕子狂，恶来死，桀纣亡。人主莫不欲其臣之忠，而忠未必信，故伍员流于江，苌弘死于蜀，藏其血三年而化为碧。人亲莫不欲其子之孝，而孝未必爱，故孝己忧而曾参悲。木与木相摩则然，金与火相守则流。阴阳错行，则天地大绒，于是乎有雷有霆，水中有火，乃焚大槐。有甚忧两陷而无所逃，蜳蟺不得成，心若县于天地之间，慰暋沉屯，利害相摩，生火甚多，众人焚和①，月固不胜火②，于是乎有僓然而道尽。

【另类译解】

相对于自己，人对外在的事物是无法绝对掌控的。同样是大忠臣，龙逢是被杀的，比干是被剖心的，箕子靠着装疯才保得一命；而作为佞臣，恶来没有躲过死亡，夏桀、商纣这两位著名的暴君也没能掌握自己的命运，最后也被灭亡了。从个人愿意和利益出发，君主没有不希望自己的大臣忠心耿耿的，关键是大臣的忠心耿耿又未必能得到君主的信任。所以，伍子胥对吴王的谏诤尽管出于忠心，却依然浮尸江上；苌弘忠而遭谮，死在蜀国，蜀人为他感动，就将他的血存放起来，三年后竟成了碧玉。所以，世上的事很难说得清，更不用说绝对了。做父母的没有不希望自己的儿女孝顺的，但孝顺的儿女又未必就能被父母钟爱。所以，孝己为此忧苦，曾参为此悲伤。木材与木材相摩擦，结果却是燃烧；金属与火在一起，结果却是熔化；阴阳之气如果运营错乱，结果就是天震地动，于是就出现了雷霆大作，雨中闪电频频，大槐树也被闪电劈中而焚烧起来。人一旦陷入利害冲突就很难逃脱，因而忧虑无度，会惊惶不安而无法凝神成事，心就像悬在半空一样，忧郁苦恼不已，利害在心中纠结摩擦，以致虚火上冘。人与人之间因利害冲突而焚毁了自己平和的本性。志大而多贪的人生无法安宁，于是人的形神败坏而生机尽衰。

【解读依据】

① 成玄英疏："焚，烧也。众人，犹俗人也。不能守分无为，而每驰心利害，内热如火，故烧焰中和之性。"

② 成玄英疏："月虽大而光圆，火虽小而明照。喻志大而多贪，不如小心守分。"

【26.2】

庄周家贫，故往贷粟于监河侯。监河侯曰："诺。我将得邑金，将贷子三百金，可乎？"庄周忿然作色曰："周昨来，有中道而呼者，周顾视车辙中，有鲋鱼焉。周问之曰：'鲋鱼来！子何为者邪？'对曰：'我，东海之波臣也。君岂有斗升之水而活我哉？'周曰：'诺。我且南游吴、越之王，激西江之水而迎子，可乎？'鲋鱼忿然作色曰：'吾失我常与，我无所处。吾得斗升之水然活耳，君乃言此，曾不如早索我于枯鱼之肆！'"

【另类译解】

庄周家里揭不开锅了，因此去向监河侯借粮。监河侯说："好的。等我年终收来赋税以后，就借给你三百金，行吗？"庄周气得脸色都变了，说："我昨天来的时候，半路上听到有人叫我。回头一看，原来在车轮的凹辙处，有一条鲫鱼。我问它道：'鲫鱼啊，你在这里做什么？'它回答道：'我么，是东海龙王手下的水族之臣。先生能弄一点水来救我吗？'我说：'好的。我将到南方去游说吴国越国的国君，引来西江的水来迎接你，这样可以吗？'鲫鱼气得脸色都变了：'我不幸失去了日常生活的条件，没有了安身之水，我现在只要得到一点儿水就能活命。而你竟然这样说，那还不如早点到干鱼铺去找我算了！'"

【26.3】

任公子为大钩巨缁，五十犗以为饵，蹲乎会稽，投竿东海，旦旦而钓，期年不得鱼。已而大鱼食之，牵巨钩，陷没而下，骛扬而奋鬐，白波若山，海水震荡，声侔鬼神，惮赫千里。任公子得若鱼，离而腊之，自制河以东，苍梧已北，莫不厌若鱼者。已而后世辁才讽说之徒，皆惊而相告也。夫揭竿累，趣灌渎，守鲵鲋，其于得大鱼难矣。饰小说以干县令，其于大达亦远矣。饰小说以干县令，其于大达亦远矣。是以未尝闻任氏之风俗，其不可与经于世亦远矣。

【另类译解】

任公子做了一副大钓钩与粗黑的长绳，用五十头犍牛做鱼饵，蹲在会稽山上，把钓竿投放到东海里面，每天在那儿钓，整整一年都没有钓到鱼。后来，有条大鱼去吃鱼饵，牵着大钩沉没海中。然后又急速跃起向上飞腾，张开鱼鳍，掀起的滔滔白浪像山一样高。海水震荡不已，响声有如鬼神的咆哮，方圆千里的人都被震惊了。任公子钓到这条大鱼后，将它剖开、风干，从制河以东到苍梧以北的地区，人们都饱饱地吃了一顿大鱼。这件事出现后，后世那些爱学样的轻薄之徒，都惊诧不已，奔走相告。可他们只是拿着小鱼竿、细钓绳，蹲钓在小沟小溪，守候到的至多是泥鳅、鲫鱼，怎么可能钓到任公子那样的大鱼呢！以浅薄的学说想追求千秋美名，这是哪儿跟哪儿啊？这些人距离领悟大道也太远了吧！因此，没有听说过任公子钓鱼事迹的人，我对他们经邦济世的能力也实在不放心得很啊！

【26.4】

儒以《诗》、《礼》发冢，大儒胪传曰："东方作矣，事之何若？"小儒曰："未解裙襦，口中有珠。《诗》固有之曰：'青青之麦，生于陵陂。生不布施，死何含珠为！'接其鬓，压其顪，而以金椎控其颐，徐别其颊，无伤口中珠！"

【另类译解】

儒士们读的《诗》《礼》，用到盗掘坟墓的时候也挺贴切。不信？我举个例子给你们听（可见知识没有所谓绝对之说，片言只语也没有高下之分）。

大儒问道："太阳快出来了，你干得怎么样了？"小儒回答道："还有裙子短衣没有解下来，他嘴里还含着一颗宝珠。"大儒说：《诗经》中有这样的句子：'青青的麦苗，生长在山坡。生前不肯布施，死了还要珠子干什么呢?'抓住他的头发，按住他的下巴。你用铁锤敲他的下巴，慢慢撬开他的嘴巴，不要弄坏了嘴里的珠子。"

【虞人评读】

这是玩笑话，不是真的嘲讽儒家。是说语言与知识不是绝对的，与上文"饰小说以干县令，其于大达亦远矣"是相呼应的。

【26.5】

老莱子之弟子出薪，遇仲尼，反以告，曰："有人于彼，修上而趋下，末偻而后耳，视若营四海，不知其谁氏之子。"

老莱子曰："是丘也。召而来。"

仲尼至。曰："丘，去汝躬矜与汝容知，斯为君子矣。"

仲尼揖而退，蹵然改容而问曰："业可得进乎?"

老莱子曰："夫不忍一世之伤而骜万世之患，抑固窭邪，亡其略弗及邪? 惠以欢为骜，终身之丑，中民之行易进焉耳，相引以名，相结以隐。与其誉尧而非桀，不如两忘而闭其所誉。反无非伤也，动无非邪也。圣人踌躇以兴事，以每成功。奈何哉其载焉终矜尔!"

【另类译解】

老莱子的弟子外出打柴，遇到孔子，回去后告诉老莱子，说："刚在那里遇到一个人，长得上身长、下身短，躬腰驼背，两耳后贴，目光炯炯洞察四方的模样。不知道他是什么人。"

老莱子说："这个人肯定是孔丘。你去给我把他叫来。"

孔子来了。老莱子说："孔丘，去掉你矜持的行为和睿智的容貌，这样就可以成为君子了。"

孔子作揖后退了退，脸色有点紧张变色，问道："我的德业可得修进而用于世吗?"

老莱子说："不忍心眼前一世人的伤痛，却给后代万世留下了灾祸。这到底是天生的笨呢，还是考虑问题不够深远? 为了讨人欢喜不计后果，结果带来终身的耻辱，那只能算是平庸之人的行径! 以声名互相吸引，用私利互相勾结。与其称赞尧而抨击桀，不如把他们双方都忘掉，不去分辨是非。违反本性，无不造成损伤，心旌动荡，一定会有邪念产生。圣人对人为的任何事情都是非常小心谨慎的，因此他们的人生才总能保持成功。你这是在干什么啊，总喜欢矜持着自己！"

【26.6】

宋元君夜半而梦人被发窥阿门，曰："予自宰路之渊，予为清江使河伯之所，渔者余且得予。"

元君觉，使人占之，曰："此神龟也。"

君曰："渔者有余且乎？"

左右曰："有。"

君曰："令余且会朝。"

明日，余且朝。君曰："渔何得？"

对曰："且之网得白龟焉，其圆五尺。"

君曰："献若之龟。"龟至，君再欲杀之，再欲活之，心疑，卜之，曰："杀龟以卜吉。"乃刳龟，七十二钻而无遗筴。

仲尼曰："神龟能见梦于元君，而不能避余且之网；知能七十二钻而无遗筴，不能避刳肠之患。如是，则知有所困，神有所不及也。虽有至知，万人谋之。鱼不畏网而畏鹈鹕。去小知而大知明，去善而自善矣。婴儿生无石师而能言，与能言者处也。"

【另类译解】

宋元君半夜里梦见有个人披头散发，在侧门边偷偷往里看，并且说："我从宰路水潭来，我在被清江之神派到河神那儿去的路上，被渔夫余且捉住了。"

元君醒来，叫人占卜此梦。

占卜的人说："这是一只神龟。"

元君再问："渔夫中有没有个叫余且的人？"

左右的侍从中有人答："有。"

元君道："传余且明天来见我。"

第二天，余且来朝见元君。元君问："你最近捉到什么没有？"

余且回答说："我最近网到一只白龟，龟体直径有五尺长。"

元君说："把你那只龟献出来吧。"

乌龟拿来后，元君又想杀它，又想养着它，拿不定主意，心中犹豫不决，又叫人进行占卜。占卜的人说："杀了龟，用它的甲占卜，吉利。"于是把龟杀了挖去龟肉，用龟甲占卜了七十二次，每一次都很灵验。

孔子说："神龟能够托梦给宋元君，却不能避开余且的渔网；它的灵性能够七十二次占卜次次应验，却不能免于剖肠挖肉之灾。这样看来，说明智慧总有困乏的时候，神灵也有够不到的地方。人，尽管有最高的聪明，也敌不过万人的算计。鱼躲过了渔网可能躲不过鹈鹕。所以，只有抛弃人为的小的聪明，天地的大智慧才会显示出来；抛弃有意人为的善，那么真正的、先天所有的、人人都有的善才能降临。婴儿出生后，没有高人去教，却自己就会说话了，那是因为他与会说话的大人自然地生活在一起的缘故啊。"

【26.7】

惠子谓庄子曰："子言无用。"

庄子曰："知无用而始可与言用矣。夫地非不广且大也，人之所用容足耳，然则厕足而垫之致黄泉，人尚有用乎？"惠子曰："无用。"

庄子曰："然则无用之为用也亦明矣。"

【另类译解】

惠子对庄子说："你的言论都是无用的。"

庄子说："知道无用了，才可以跟他谈有用的问题。你看这个地，那么广大，人所用的不过是立足大一点地方罢了。但是如果把人立足以外的地方都挖掉，一直挖到黄泉，人立足的这块地方还有用吗？"惠子说："没用。"

庄子说："那么，无用的用处也就很清楚了。"

【26.8】

庄子曰："人有能游，且得不游乎？人而不能游，且得游乎！夫流遁之志，决绝之行，噫，其非至知厚德之任与！覆坠而不反，火驰而不顾，虽相与为君臣，时也，易世而无以相贱。故曰：至人不留行焉。"

"夫尊古而卑今，学者之流也。且以豨韦氏之流观今之世，夫孰能不波，唯至人乃能游于世而不僻，顺人而不失己。彼教不学，承意不彼。"

【另类译解】

庄子又说："人如果能够悠游，他哪会不自在！人如果不能悠游，他哪里会自在！至于流荡隐遁的心志，决绝弃世的行为（庄子自指），唉，这大概不是智谋高深品德深厚的人所选择的人吧（指惠子之类）！这些人啊，身败名裂也不愿回头，身处追名逐利的火海也不肯离开。即使在世间有的做了君王，有的做了大臣，也只不过是一时的时运啊。世转时移，就没有什么风光，甚至反转成贱了。所以说：'境界超越的至人是不会留下来干这些俗事的。'"

"尊崇古代而轻视现代，这是学者的偏颇行为。如果拿狶韦氏时代的眼光来看现在的事，有哪一件事是没有变化了的呢？只有至人才能生活于世俗的世界而不被迷惑，随顺众人但又不丧失自己的天性。世俗的教条他们不入于心，明白众人的观念但不被他们同化。"

【26.9】

"目彻为明，耳彻为聪，鼻彻为颤，口彻为甘，心彻为知，知彻为德。凡道不欲壅，壅则哽，哽而不止则跈，跈则众害生。物之有知者恃息，其不殷，非天之罪。天之穿之，日夜无降，人则顾塞其窦。胞有重阆，心有天游。室无空虚，则妇姑勃谿；心无天游，则六凿相攘。大林丘山之善于人也，亦神者不胜。"

"德溢乎名，名溢乎暴，谋稽乎誸，知出乎争，柴生乎守官，事果乎众宜。春雨日时，草木怒生，铫鎒于是乎始修，草木之到植者过半而不知其然。"

【另类译解】

"眼睛通彻叫作明，耳朵通彻叫作聪，鼻腔通彻叫作颤，口舌清爽叫作甘，心灵豁然叫作智，智慧通彻叫作德。凡是道就不能堵上，堵上了它就会阻塞，阻塞不止就会起冲突，起冲突就会产生种种灾祸。物类之所以有知觉，是依靠气息，气息若不通畅，并不是自然没有给足。自然向万物渗透气息，昼夜不停从未减少，是人们自己阻塞住自己的孔窍。老天给人的胸腔留着不少空隙，心灵也有广阔的虚空任游。住房如果太拥挤，婆媳就会吵架；心灵没有广阔的空间，那么六情就会互相干扰。森林山丘之所以被人喜爱，也是由于它们能使心神舒畅得很的缘故。"

"人之所以有德的名头在外无非是贪求声名，人之所以有声名在外无非是贪求显扬。人之所以要动用计谋无非在于比较，人之所以要有智巧无非出于相争。人的愚蠢都是由于堵塞了感官，做事情就盲目地跟随众人。春雨降落的时节，草木蓬勃生长，人们开始用锄草工具修整田地，但为什么杂草锄掉后又会长出来了，人们却不知道是怎么回事了？这是锄草仅是堵塞了草木生长的通道啊！"

【26.10】

"静默可以补病，眦搣可以休老，宁可以止遽。虽然，若是，劳者之务也，非佚者之所未尝过而问焉。圣人之所以骇天下，神人未尝过而问焉；贤人所以骇世，圣人未尝过而问焉；君子所以骇国，贤人未尝过而问焉；小人所以合时，君子未尝过而问焉。

"演门有亲死者，以善毁爵为官师，其党人毁而死者半。尧与许由天下，许由逃之；汤与务光，务光怒之。纪他闻之，帅弟子而踆于窾水；诸侯吊之，三年，申徒狄因以踣河。

"荃者所以在鱼，得鱼而忘荃；蹄者所以在兔，得兔而忘蹄；言者所以在意，得意而忘言。吾安得夫忘言之人而与之言哉！"

【另类译解】

"心静可以调养病痛，按摩可以防止衰老，宁定可以止息急躁。虽然这些都是事实，但这些仍是劳碌人采用的办法，安逸的人是不需要尝试和过问的。圣人是如何对待天下的，神人不需要来尝试和过问；贤人是如何对待世事的，圣人不需要来尝试和过问；君子是如何对待国政的，贤人不需要来尝试和过问；普通人是如何迎合时宜混日子的，君子不需要来尝试和过问。宋国演门有个人死了父母，这个人便因为孝顺悲哀得形销骨立而得到官职，他同乡的人想仿效他，却有一半的人饿死了。尧想禅让天下给许由，许由逃走了。商汤想传位给务光，务光大为光火。而纪他听说了这件事，怕汤将王位传给自己，便带着他的弟子跑到窾水隐居起来，诸侯知道了纷纷过去看望他。三年之后，申徒狄因仰慕他而跋山涉水地寻找他。"

"鱼篓是用来装鱼的，捕到鱼后渔人便忘了鱼篓，因为注意力全在鱼身上了；兔网是用来捉兔的，捕到兔后猎户便忘了还有兔网，因为注意力全在兔子身上了；言语是用来表达意义的，意义表达出来后就忘记了言语本身，因为人的注意力全在意义上了。我去哪里才能找到忘了语言的人来与他做朋友呢！"

寓　言

【27.1】

寓言十九，重言十七，卮言日出，和以天倪。

寓言十九，藉外论之。亲父不为其子媒。亲父誉之，不若非其父者也；非吾罪也，人之罪也。与己同则应，不与己同则反；同于己为是之，异于己为非之。

重言十七，所以已言也。是为耆艾。年先矣，而无经纬本末以期年耆者，是非先也。人而无以先人，无人道也；人而无人道，是之谓陈人。

【另类译解】

我的写作用寓言来表达意思的占了十分之九，借重他人的话的占了十分之七，无心之言日日有新的感发，和自然浑然一体。

寓言占了十分之九，是假托外物来说清自己的思想。父亲不为自己的儿子做媒，我也不好王婆卖瓜自卖自夸。父亲称赞自己的儿子，不如外人称赞来得可信。这可不是我造成的，而是人之常情造成的。人啊，都有这个毛病，与自己意见相同的就应和，不相同的就会反对；与自己一致的意见，就肯定它，与自己不同的则否定它。所以我无法通过明确的理论论述来说清我的思想，理论论述与争辩式表达非常不适合我要表达的哲理境界，采用寓言的方式是最理想的。

借重他人的言论的占十分之七，说的实际上也是自己想说的话，名义上是长者在说话。长者不仅仅指年事高，没有经纬天地之才了悟人生智慧的年高者，不能算是长者。一个人如果学识才德没有超过其他人，没有人会称道他，做人就没有人在乎他说的话，这就是我们说的庸人。所以，我借助孔子等一帮长者的口来叙述我的思想，夹杂在寓言故事中，这是我写作的第二个需要说明的特点。

【27.2】

厄言日出，和以天倪，因以曼衍，所以穷年①。不言则齐，齐与言不齐，言与齐不齐也，故曰无言。言无言，终身言，未尝不言；终身不言，未尝不言。有自也而可，有自也而不可；有自也而然，有自也而不然②。恶乎然？然于然。恶乎不然？不然于不然。恶乎可？可于可。恶乎不可？不可于不可③。物固有所然，物固有所可④。无物不然，无物不可⑤。非厄言日出，和以天倪，孰得其久⑥！万物皆种也，以不同形相禅⑦，始卒若环⑧，莫得其伦，是谓天均。天均者天倪也⑨。

【另类译解】

无心之言日日有新的感发，和自然浑然一体。这是因为与事物的天性相吻合，同时因循自然变化的内在特质。如果我们不开口分别，宇宙就是一个整体；这个整体碰到我们人用语言分别区隔，它在我们的意识中就不再是一个整体了。即便我们仍然想将它说成一个整体，可我们的意识已恢复不到原来的混沌状态，所以说还是不要进行人为分别的好。人类不说话，万物就会终身自然而然地说着原始物语，实际上它们不是没有说话，只是在说着各自的话；我们看到万物好像终身没有说出一句话来，实际上它们并不是没有说话，只是说的原始物语我们听不懂听不到罢了。由于人都是从自己出发看问题，所以认为有的事情是可以做的，有的事情是不可以做的；有的事情是对的，有的事情是不对的（前一句讲人的行为，所以用可与不可；后一句是讲人的认知，所以用然与不然。）为什么说它是对的呢？因为你的认知认为它是对的。为什么说它是不对的呢？因为你的认知认为它是不对的。为什么说这件事可以做呢？因为你认为它可以做。为什么说这件事不可以做呢？因为你认为它不可以做。这不是太主观而且毫无逻辑的行为吗？事物本来就有它如此"可"的原因，事物本来就有它如此"然"的原因。没有物是不"然"的。没有物是不"可"的（随顺物性，则物皆自然其理，都自有其运营规律）。如果不是无心之言日日有新的感发，与自然之气混为一体，人，谁能获得长生久视之道呢？万物都有它的种类，它们用不同的形式更迭相接。开始与结束好像奥林匹克运动会上的圆环。周而复始没有头尾，这就叫作自然的均衡。自然的均衡就是自然的天然一体。

【解读依据】

①郭象注："夫自然有分而是非无主，无主则曼衍矣，谁能定之哉！故旷然无怀，因而任之，所以各终其天年。"成玄英疏："曼衍，无心也。随日新之变转，合天然之倪分，故能因循万有，接物无心；所以穷造化之天年，极生涯之遐寿也。"

②成玄英疏："夫各执自见，故有可有然，自他既空，然可斯泯。"

③郭象注："自，由也，由彼我之情偏，故有可不可。"成玄英疏："恶乎，犹于何也。自他并空，物我俱幻，于何处而有可不可？于何处而有然不然？以此推穷，然可自息。斯复解前有自而然可义也。"

④郭象注："各自然，各自可。"

⑤成玄英疏："夫俗中之物，倒置之徒，于无然而固然，于不可而执可也。"

⑥成玄英疏："自非随日新之变，达天然之理者，谁能证长生久视之道乎！言得之者之至也。"

⑦郭象注："虽变化相代，原其气则一。"

⑧成玄英疏："物之迁贸，譬彼循环，死去生来，终而复始，此出禅代之状也。"

⑨郭象注："夫均齐者岂妄哉？皆天然之分。"

【虞人评读】

由于文字的简略，虞人发现许多注译本对这段文字的注译实在让人无法理解，连蒙带猜也无法读懂他们在说什么。实际上，明白了庄子的齐物、天下一体、不要人为而让自然自行去作为的思想。这一段文字的理解还是非常清晰明白的。

【27.3】

庄子谓惠子曰："孔子行年六十而六十化，始时所是，卒而非之。未知今之所谓是之非五十九非也。"

惠子曰："孔子勤志服知也。"

庄子曰："孔子谢之矣，而其未之尝言①。孔子云：'夫受才乎大本，复灵以生。鸣而当律，言而当法，利义陈乎前，而好恶是非直服人之口而已矣。使人乃以心服，而不敢蘁立，定天下之定。'已乎，已乎！吾且不得及彼乎！"

【另类译解】

庄子对惠子说："孔子活到六十岁时，觉得六十年来，年年的认识在变化。有些事当初认为是对的，后来却又认为是错的。不知道现在认为的'是'是否就是五十九岁时认为的'非'。"

惠子说："孔子励志勤行，知识广博而精通。"

庄子说："孔子已经弃绝这些了，现在已经不再传播他的学识了。孔子说过：'人从自然的本原中获得本性，含藏着灵气降生。即使你发出的声调符合音律，说出的言语都符合法度，面对利和义时可以分辨好恶是非，也至多做到让人口服而已。要让人从内心服从而自觉自愿遵从而不固执，一定是能使天下安定的那份天然。'得道了！得道了！我将要比不上他啦！"

【解读依据】

① 郭象注："谢变化之自尔，非知力之所为，故随时任物而不造言也。"

【27.4】

曾子再仕而心再化，曰："吾及亲仕，三釜而心乐；后仕，三千锺而不洎，吾心悲。"

弟子问于仲尼曰："若参者，可谓无所县其罪乎？"

曰："既已县矣。夫无所县者，可以有哀乎？彼视三釜三千锺，如观雀蚊虻相过乎前也。"

【另类译解】

曾子第二次做官时，心情起了变化。他说："我先前做官时父母还健在，我可以奉养父母，虽然当时只有三釜粮食的俸禄，心里也觉得非常快乐；现在出来做官，父母已去世了，尽管现在的俸禄已达到三千钟，可是却不能侍奉父母了，我心里十分悲伤。"

孔子的弟子问他道："像曾参这样的人，可以说是不受利禄束缚的人吧？"

孔子说："他已经受到利禄的束缚了。那没有被利禄束缚的人，怎么会有曾子那样的悲叹呢？他们看待三釜、三千钟，有如看到小鸟蚊子飞过去一样，哪里会心动甚至感伤呢！"

【27.5】

颜成子游谓东郭子綦曰："自吾闻子之言，一年而野，二年而从，三年而通，四年而物，五年而来，六年而鬼入，七年而天成，八年而不知死不知生，九年而大妙。"

"生有为，死也劝。公以其死也，有自也；而生阳也，无自也。而果然乎？恶乎其所适？恶乎其所不适[①]？天有历数，地有人据，吾恶乎求之[②]？莫知其所终，若之何其无命也？莫知其所始，若之何其有命也？有以相应也，若之何其无鬼邪？无以相应也，若之何其有鬼邪？"

【另类译解】

颜成子游对东郭子綦说："自从听了先生的讲道以后，我回去实行，一年人就返回到质朴状态，二年看什么事都顺眼了，三年心里豁然贯通，四年而与物混同，五年别人开始归附，六年能感鬼知神，七年跟自然融合无间，八年而不知死生变化，九年就达到了玄妙的境界。"

东郭子綦听了颜成子游的话，感到他还是没有彻悟"道"，就说："人生在世而妄为，会丧其自然之性。我奉劝您一句，死亡是真的存在的，都是有原因的；但人的出生感于阳气，这阳气之源却是找不到源头的。果真是这样的吗？哪里可说是它适合的地方？哪里又可说是它不适合的地方？天有日月星辰、四季更迭的规律，地有人们据以生存的范围，'我'又是到哪里去探求的呢？我们不知道生命的终端在哪里，哪里能断定没有命运呢？我们不知道生命的起源在哪里，又哪里能断定有命运呢？（虞人认为，颜成子游言之凿凿，似乎万物均有次序能升级，看起来分明有度，实际上空洞虚漫，故东郭子綦醍醐灌顶，揭示真谛，捅穿窗户纸来让人觉悟）万物彼此是相互呼应的，你哪里能断定没有鬼神呢？万物彼此又看不出呼应，你又从哪里能断定有鬼神呢？"

【解读依据】

① 成玄英疏："夫气聚为生，生不足乐；气散为死，死不足哀；生死既齐，哀乐斯泯，故于何处而可适，于何处而不可适乎？所在皆适耳。"

② 成玄英疏："夫星历度数，玄象丽天；九州四极，人物依据；造化之中，悉皆具足，吾于何处分外求之也？"

【虞人评读】

虞人认为，这是东郭子綦对颜成子游感鬼知神、不知死生的谬论的诘驳。颜成子游的迷惑，容易自迷迷众，大有妖言惑众之可能，容易沦为后世所称之妖道！东郭子綦认为颜成子游所说的一切大多是空洞不当的，道者不是不可知论者，但也不是可知论者，是诚实的哲学思辨者。而颜成子游过于言之凿凿，过度的确定性不是真道，如果让人依样学样寻求这种确定性容易产生欺诈，故东郭子綦不得不醍醐灌醒之。可惜，由于自古以来的译注均将东郭子綦的驳论当作对颜成子游理论的阐述与铺扬，将驳论当成申论。故本段文字，虞人认为历来解读均存在问题。

【27.6】

众罔两问于景曰："若向也俯而今也仰，向也括撮而今也被发；向也坐而今也起，向也行而今也止，何也？"

景曰："搜搜也，奚稍问也！予有而不知其所以。予，蜩甲也，蛇蜕也，似之而非也。火与日，吾屯也；阴与夜，吾代也。彼吾所以有待邪？而况乎以无有待者乎！彼来则我与之来，彼往则我与之往，彼强阳则我与之强阳。强阳者又何以有问乎！"

【另类译解】

影子旁边的微影对影子说："你刚才低着头，现在又抬起头；刚才束着头发，现在披头散发；刚才还坐着，现在却站起来；刚才走着路，现在又停止了。这都是为什么啊？"

影子说："区区小事，哪用得着问！我从来就是这样也从来不知道原因。我嘛，就像蝉蜕的壳、像蛇蜕的皮，很像却又不是。当火光与日光出现，我就聚拢来；遇到阴暗与黑夜，我又减退了。它们本身也不是我期待的东西，更何况我一无所待所有的事物，它来我就跟它一起来，它离去我也跟着它一起离开。它来回运动，那么我也跟着来回运动。只是来回运动而已，我又有什么要去问的呢？"

【虞人评读】

这就叫随顺万物，混一自然。对照上文，也是诘驳颜成子游之语！

【27.7】

阳子居南之沛，老聃西游于秦，邀于郊，至于梁而遇老子。老子中道仰天而叹曰："始以汝为可教，今不可也。"

阳子居不答。至舍，进盥漱巾栉，脱屦户外，膝行而前曰："向者弟子欲请夫子，夫子行不闲，是以不敢。今闲矣，请问其过。"

老子曰："而睢睢盱盱，而谁与居？大白若辱，盛德若不足。"

阳子居蹴然变容曰："敬闻命矣！"其往也，舍者迎将，其家公执席，妻执巾栉，舍者避席，炀者避灶。其反也，舍者与之争席矣[①]。"

【另类译解】

阳子居前往南方的沛地，正好老子要去西方的秦地游历。阳子居想在沛地的郊外半路迎候老子，可直追到梁国才遇到老子。老子坐在道路中间，仰天长叹说："当初我还以为你是可教之才，现在才知道你根本不行。"

阳子居不敢答腔。到了客店，阳子居将洗漱用具进奉给老子，将鞋脱在门外，跪到老子跟前，说："方才我想请教先生，怕先生要赶路没有空闲，因此不敢问。现在先生有空了，请问我都有些什么过错。"

老子说："你太自傲，谁愿意与你一起相处？真正的洁白，看起来却像有黑点，德行充实的人，会看起来好像德行不足似的。"阳子居的脸色一下子变得庄重起来，说："敬听先生的教诲了！"

阳子居去沛地经过这里时，客店的人都来迎接他，店主亲自安排座席，店主的妻子拿着脸巾梳子侍候，旅舍里的客人见他来了都让出位置，烤火取暖的见他来了也让出火炉。当他从沛地回来时，旅舍里的客人都争着抢位置与他坐在一起了。

【解读依据】

① 成玄英疏："从沛反归，已蒙教戒，除其容饰，遣其矜夸，混迹同尘，和光顺俗，于是舍息之人与争席而坐矣。"

让 王

【28.1】

尧以天下让许由，许由不受。又让于子州支父，子州支父曰："以我
为天子，犹之可也。虽然，我适有幽忧之病，方且治之，未暇治天下
也。"夫天下至重也，而不以害其生，又况他物乎！唯无以天下为者，可
以托天下也。

舜让天下于子州支伯。子州支伯曰："予适有幽忧之病，方且治之，
未暇治天下也。"故天下大器也，而不以易生，此有道者之所以异乎俗
者也。

舜以天下让善卷，善卷曰："余立于宇宙之中，冬日衣皮毛，夏日衣
葛絺；春耕种，形足以劳动；秋收敛，身足以休食。日出而作，日入而
息，逍遥于天地之间而心意自得，吾何以天下为哉！悲夫，子之不知余
也！"遂不受。于是去而入深山，莫知其处。

舜以天下让其友石户之农。石户之农曰："卷卷乎后之为人，葆力
之士也！"以舜之德为未至也，于是夫负妻戴，携子以入于海，终身不反
也。

【另类译解】

尧把天下让给许由，许由不肯接受。尧又想让给子州支父，子州支父
说："让我做天子，可以商量。不过我刚好患了重病，正准备去医治呢，没
有时间去治理天下。"治天下，可以说是最重大的事情，但涉及个体生命，
却没有人愿意用生命去换，那世上还有什么比生命更珍贵的事情呢！只有不
把普天下的好处当回事的人，才适合把天下托付给他。

舜想把天下让给子州支伯，子州支伯找借口说："我最近正巧患了很重
的病，正准备去医治呢，没有时间去治理天下。"天下，应是世上最大的器

物了。可有道的人不愿失去生命的宁静，这是有道的人与俗人迥然不同的地方。

舜想把天下让给善卷。善卷说："我站在宇宙之中，冬天穿皮毛衣服，夏天穿麻布衣衫；春天耕田种地，身体因为劳动而得到锻炼；秋天收割庄稼后，身体又得到充分休息。太阳出来就干活，太阳落山就休息，在广阔天地间逍遥自得而心满意足。我要天下做什么呢？可悲呀，您太不理解我了！"他不肯接受禅让，怕舜再来打扰，就关上门到深山里躲起来了。现在没有人知道他在哪里。

舜又想把天下让给他的朋友石户之农。石户之农说："作君主多么辛苦啊！这是个苦差使！"他觉得舜的德业还修得不够到位，怕舜再来打扰，于是与妻子一起背着行囊，带着儿子到海边隐居去了，再也没见他们回来过。

【28.2】

大王亶父居邠，狄人攻之；事之以皮帛而不受，事之以犬马而不受，事之以珠玉而不受，狄人之所求者土地也。大王亶父曰："与人之兄居而杀其弟，与人之父居而杀其子，吾不忍也。子皆勉居矣！为吾臣与为狄人臣奚以异！且吾闻之：不以所用养害所养。"因杖策而去之。民相连而从之，遂成国于岐山之下。夫大王亶父，可谓能尊生矣。能尊生者，虽贵富不以养伤身，虽贫贱不以利累形。今世之人居高官尊爵者，皆重失之，见利轻亡其身，岂不惑哉！

【另类译解】

大王亶父住在邠地，西北的部族狄来犯境。亶父派人给狄人送去皮货布帛，狄人不要；亶父又派人送去牲畜，狄人不要；送去珍珠宝玉，狄人还是不要。原来狄人想要的是土地。亶父说："跟人家的哥哥住在一起，却杀了人家的弟弟；跟人家的父亲住在一起，却杀了人家的儿子，我不忍心这样做。我不愿意因为我的原因而让你们付出生命的代价。你们在这里好好地生活吧！做我的臣民与做狄人的臣民又有什么差别呢！况且我还听说过：不要为了养生的土地而伤害到所养的人民。"于是就拄着拐杖自动离开了邠地。百姓都扶老携幼地跟在后面，结果在岐山下面形成了一个新国家。大王亶父，可以说是够重视生命的人了。能重视生命的人，即使高贵富有也不会因为物质享受而伤害身体，即使卑贱贫穷也不会因为物质利益而损害身体。现在社会上那些享有高官厚禄的人，都害怕失去外在的事物，见到利益就会轻易地忘记了自己的身躯，这难道不是糊涂吗！

【28.3】

越人三世弑其君，王子搜患之，逃乎丹穴。而越国无君，求王子搜不得，从之丹穴。王子搜不肯出，越人熏之以艾。乘以王舆。王子搜援绥登车，仰天而呼曰："君乎君乎，独不可以舍我乎！"王子搜非恶为君也，恶为君之患也。若王子搜者，可谓不以国伤生矣！此固越人之所欲得为君也。

【另类译解】

越国人已经连续杀掉了三代他们的国君，王子搜深感害怕，就逃到一个山洞里躲了起来。越国人没有了国君，就到处寻找王子搜，最后尾随到了山洞。王子搜不肯出来，越国人就点燃艾草将他熏了出来，硬让他坐上君王的座驾，王子搜抓着扶把登上车时，仰天大叫道："做国君！做国君！难道你们就不能放过我吗？"王子搜并不是讨厌做国君，而是厌恶做国君可能带来的祸害啊。像王子搜这样的人，可以说是不愿因为国事而伤害生命的人了，而这也正是越国人要他做国君的原因。

【28.4】

韩魏相与争侵地。子华子见昭僖侯，昭僖侯有忧色。子华子曰："今使天下书铭于君之前，书之言曰：'左手攫之则右手废，右手攫之则左手废。然而攫之者必有天下。'君能攫之乎？"

昭僖侯曰："寡人不攫也。"

子华子曰："甚善！自是观之，两臂重于天下也，身亦重于两臂。韩之轻于天下亦远矣。今之所争者，其轻于韩又远。君固愁身伤生以忧戚不得也！"

僖侯曰："善哉！教寡人者众矣，未尝得闻此言也。"子华子可谓知轻重矣。

【另类译解】

韩国、魏国为边境的领土打了起来。魏国的贤人子华子去谒见韩国国君昭僖侯，昭僖侯面带愁容。子华子说："现在让天下的人在您面前写下誓约，誓约上写道：'左手取得盟约就剁掉右手，右手取得盟约就剁掉左手，但是取得盟约的人将获得整个天下。'那么，您愿意去取这个盟约吗？"昭僖侯说："我不会去取。"子华子说："说得太对了！由此可以看出，两条手臂比天下还要宝贵，而身体又比两条手臂宝贵。韩国比起天下来就太微乎其微了，而现在魏、韩所争的土地，比起韩国来又微乎其微了。你又何苦这样忧愁伤身，去担心得不到这块土地呢！"昭僖侯说："说得好！劝我的人很多，却从未听到过这么透彻的话阿！"子华子可以说是懂得生命轻重的人了。

【28.5】

鲁君闻颜阖得道之人也，使人以币先焉。颜阖守陋闾，苴布之衣而自饭牛。鲁君之使者至，颜阖自对之。使者曰："此颜阖之家与？"颜阖对曰："此阖之家也。"使者致币，颜阖对曰："恐听谬而遗使者罪，不若审之。"使者还，反审之，复来求之，则不得已。故若颜阖者，真恶富贵也。

故曰：道之真以治身，其绪余以为国家，其土苴以治天下。由此观之，帝王之功，圣人之余事也，非所以完身养生也。今世俗之君子，多危身弃生以殉物，岂不悲哉！凡圣人之动作也，必察其所以之与其所以为。今且有人于此，以随侯之珠弹千仞之雀，世必笑之。是何也？则其所用者重而所要者轻也。夫生者，岂特随侯之重哉！

【另类译解】

鲁国国君听说颜阖是位得"道"高人，就派人送去财物表达敬意。颜阖住在简陋的里巷，穿着粗布衣服，正在给牛喂草。鲁君的使者到了询问时，问到的恰是颜阖自己。使者说："这是颜阖的家吗？"颜阖答道："正是颜阖的家。"使者就拿出财物来。颜阖对他们说："你们恐怕是听错了名字送错了地方，要是这样你们会因过失受到责罚的。你们不如仔细问明白后再说。"使者就出门再去四下打听，查问清楚了，再来找颜阖，却再也找不到人了。所以，像颜阖这样的人，才是真正讨厌世俗的所谓富贵的。

所以说，"道"的真实本质是用来调理生命的，多余下来才用来治理国家，它最差的功用才是治理天下。由此看来，帝王的功业，只是圣人的闲事，不是完善和修养身心的必修课。现在世俗的君子，大多数用危害身体放弃生命来追求外物，岂不是太可悲了啊！圣人的一举一动，一定会明察自己所以去和所以做的原因。现在假若有一个人在这里，用随侯的宝珠去弹射高飞的麻雀，世人一定会取笑他。为什么呢？就是因为他使用的工具太珍贵，而想得到的东西太轻微。人的生命，难道不是比随侯的宝珠更珍贵的吗？

【28.6】

子列子穷，容貌有饥色。客有言之于郑子阳者，曰："列御寇，盖有道之士也，居君之国而穷，君无乃为不好士乎？"郑子阳即令官遗之粟。子列子见使者，再拜而辞。

使者去，子列子入，其妻望之而拊心曰："妾闻为有道者之妻子，皆得佚乐，今有饥色。君过而遗先生食，先生不受，岂不命邪！"

子列子笑，谓之曰："君非自知我也，以人之言而遗我粟；至其罪我也，又且以人之言，此吾所以不受也。"其卒，民果作难而杀子阳。

【另类译解】

子列子很穷困，容貌常带饥色。有人告诉郑国丞相子阳说："列御寇，是一位有道高人，住在您的国家却穷成这样，您莫非是个不喜欢纳士的人吗？"子阳马上命令主管粮食的官员给子列子送粮食去。子列子见了使者，再三推辞而不接受，谢绝了收粮。

使者离开后，子列子进了屋，妻子怨恨地望着他，抚着胸口说："我听人说，做一个有道之士的妻子与孩子，都能得到舒服和安逸的生活，现在我们却面带饥色。相国派人给您送来粮食，您却不肯接受，难道我们就不是一条命吗？"

子列子笑着对她说："相国并不是自己了解我，他是因为听了别人的话才派人送我粮食的，将来他也可能因为听了别人的话而加罪于我，这就是我不接受的原因。"后来，相国子阳果然因为这种性格引起他左右的人害怕，他们作乱杀了子阳。

【28.7】

楚昭王失国，屠羊说走而从于昭王。昭王反国，将赏从者，及屠羊说。屠羊说曰："大王失国，说失屠羊；大王反国，说亦反屠羊。臣之爵禄已复矣，又何赏之有！"

王曰："强之。"

屠羊说曰："大王失国，非臣之罪，故不敢伏其诛；大王反国，非臣之功，故不敢当其赏。"

王曰："见之！"

屠羊说曰："楚国之法，必有重赏大功而后得见，今臣之知不足以存国而勇不足以死寇。吴军入郢，说畏难而避寇，非故随大王也。今大王欲废法毁约而见说，此非臣之所以闻于天下也。"

王谓司马子綦曰："屠羊说居处卑贱而陈义甚高，子綦为我延之以三旌之位。"

屠羊说曰："夫三旌之位，吾知其贵于屠羊之肆也；万锺之禄，吾知其富于屠羊之利也；然岂可以贪爵禄而使吾君有妄施之名乎！说不敢当，愿复反吾屠羊之肆。"遂不受也。

【另类译解】

楚昭王弃国逃亡时，有个名叫说的屠羊人跟着昭王逃亡。昭王后来回国复位，想要奖赏跟他一起逃亡的人。找到屠羊说，屠羊说说："大王丢失王位时，我也丢了宰羊的工作；大王回来复位，我也恢复了宰羊的职业。我的官职俸禄就算已经收回来了，还要什么奖赏呢！"

昭王说："一定要赏！"

屠羊说说："大王失去王位，不是我的过错，所以我不敢领罪自杀；大王回国复位，也不是我的功劳，所以不敢接受奖赏。"

昭王说："让他来见我！"

屠羊说说："楚国的法令规定，一定是受到重赏、立有大功的人才能被君王召见。现在我的智力不足以用来保卫国家，勇气也不足以用来消灭敌寇。吴国军队攻入郢城时，我害怕灾难而四处躲避，不是有心勤王。现在大王要破坏法令条款而召见我，这不是我所愿意让自己在天下出名的事情。"

昭王对司马子綦说："屠羊说处于低贱的地位，但陈述的道理却很高深，您替我延揽他来担任三公的职位。"

屠羊说说："三公之位，我知道它比我那宰羊的铺子尊贵多了；万钟粮食的俸禄，我知道它比宰羊的利润多得多了；但是哪能够因为我的贪图爵禄，而让国君背上滥施恩惠的罪名呢！我不敢接受，我只希望重新回到我那宰羊的铺子。"最后没有接受。

【28.8】

原宪居鲁，环堵之室，茨以生草；蓬户不完，桑以为枢；而瓮牖二室，褐以为塞；上漏下湿，匡坐而弦。

子贡乘大马，中绀而表素，轩车不容巷，往见原宪。原宪华冠縰履，杖藜而应门。

子贡曰："嘻！先生何病？"

原宪应之曰："宪闻之，无财谓之贫，学而不能行谓之病。今宪，贫也，非病也。"子贡逡巡而有愧色。

原宪笑曰："夫希世而行，比周而友，学以为人，教以为己；仁义之慝，舆马之饰，宪不忍为也。"

【另类译解】

原宪住在鲁国，居室只有方丈大小。屋顶盖的是茅草，蓬蒿编的门还不齐整。门枢是桑条做的，用破瓮塞在墙上做窗子，用粗布衣服做帘将屋分为两间。屋顶上面下大雨，屋子里面下小雨。原宪却端坐屋中自顾自地弹琴唱歌。

子贡坐着高大马车，白色轩盖，紫色里子，来拜见原宪。马车太高，小巷里进不来。子贡于是下车走进去。见原宪戴着破帽、趿着破鞋、手柱藜杖前来开门。

子贡说道："嘻！先生得了什么病了？"

原宪回答说："我听人说，没有财富叫作贫，读书而不能实践叫作病。现在的我，是贫，不是病。"

子贡进退不得而面带愧色。原宪笑着说："趋炎附势而行世，拉帮结伙称朋友，学习只是为了讨个出身，讲学只是为了显扬自己，仁义只是作恶时的招牌，还装饰着车马到处炫耀，这些都是我不忍心做的事。"

【28.9】

曾子居卫，缊袍无表，颜色肿哙，手足胼胝。三日不举火，十年不制衣；正冠而缨绝，捉襟而肘见，纳屦而踵决。曳纚而歌《商颂》，声满天地，若出金石。天子不得臣，诸侯不得友。故养志者忘形，养形者忘利，致道者忘心矣。

【另类译解】

曾子住在卫国，棉袄破烂，脸面浮肿，手脚长着厚厚的老茧。经常三天不吃饭，十年不添衣。想正一正帽子，帽带就拉断了。提一提衣襟，胳膊肘就露出来了。穿上鞋子，后跟就裂开了。可他趿着破鞋口中吟唱《商颂》时，歌声洪亮清澈，好像出自金石乐器。天子不能使他为臣，诸侯不能与他交友。所以，修养心态的人往往忘记自己的外形，修养形体的人往往忘掉世俗的外表。得"道"的人，就会忘掉凡人的算计。

【28.10】

孔子谓颜回曰："回，来！家贫居卑，胡不仕乎？"颜回对曰："不愿仕。回有郭外之田五十亩，足以给饣粥；郭内之田十亩，足以为丝麻；鼓琴足以自娱，所学夫子之道者足以自乐也。回不愿仕。"孔子愀然变容曰："善哉回之意！丘闻之，'知足者不以利自累也。审自得者失之而不惧，行修于内者无位而不怍。'丘诵之久矣，今于回而后见之，是丘之得也。"

【另类译解】

孔子对颜回说："回，你过来！你家境贫穷，住处卑陋，为什么不想想出去做个官呢？"

颜回回答道："我不想去做官。我在城外有五十亩田，足以供我喝粥；城内有十亩田，足以让我穿上丝麻衣服了；我弹琴足以自我消遣，跟先生学的东西足以让我自得其乐。因此我不想去做官。"

孔子欣然笑着说："颜回，你的想法真好啊！我听过这样的话，'知足的人不会为了利益困扰自己，明白价值的人对于损失不会恐惧，修养内在的人没有爵位是不会感到羞愧的。'我讲这些话已经很久了，如今在你身上才见到，这是我的收获啊。"

【28.11】

中山公子牟谓瞻子曰："身在江海之上，心居乎魏阙之下，奈何？"

瞻子曰："重生。重生则利轻。"

中山公子牟曰："虽知之，未能自胜也。"

瞻子曰："不能自胜则从，神无恶乎？能自胜而强不从者，此之谓重伤。重伤之人，无寿类矣。

魏牟，万乘之公子也。其隐岩穴也，难为于布衣之士；虽未至乎道，可谓有其意矣。

【另类译解】

　　中山公子牟对瞻子说："人的身体处在江海之上，心思却还在想着朝廷的事，怎么办呢?"

　　瞻子说："看重生命。看重生命就会看轻利禄。"

　　公子牟说："尽管明白这个道理，但还不能克制自己。"

　　瞻子说："不能克制自己就先放松，不要让精神生出厌倦来。不能克制自己，却强迫自己去做不愿意的事情，这就叫双重伤害。双重伤害，对人的寿命会有影响的。"

　　魏牟，是万乘大国的公子，他去岩洞中隐居，比一般的平头百姓要难得多；尽管还未达到"道"的境界，也可以说有点那种意思了。

【28.12】

　　孔子穷于陈蔡之间，七日不火食。藜羹不糁，颜色甚惫，而弦歌于室。颜回择菜，子路、子贡相与言曰："夫子再逐于鲁，削迹于卫，伐树于宋，穷于商、周，围于陈、蔡。杀夫子者无罪，藉夫子者无禁。弦歌鼓琴，未尝绝音，君子之无耻也若此乎?"

　　颜回无以应，入告孔子。孔子推琴，喟然而叹曰："由与赐，细人也。召而来，吾语之。"

　　子路、子贡入。子路曰："如此者，可谓穷矣!"

　　孔子曰："是何言也! 君子通于道之谓通，穷于道之谓穷。今丘抱仁义之道以遭乱世之患，其何穷之为? 故内省而不穷于道，临难而不失其德。天寒既至，霜雪既降，吾是以知松柏之茂也。陈蔡之隘，于丘其幸乎!"

　　孔子削然反琴而弦歌，子路扢然执干而舞。子贡曰："吾不知天之高也，地之下也。"

　　古之得道者，穷亦乐，通亦乐。所乐非穷通也，道德于此，则穷通为寒暑风雨之序矣①。故许由娱于颍阳而共伯得乎共首。

【另类译解】

　　孔子被围困在陈国与蔡国之间，七天没有生火做饭，喝的野菜汤里一点米粒也没有，被折磨得疲惫不堪，但仍在屋里弹琴唱歌。颜回去屋外择野菜，子路与子贡议论道："老师两次被鲁国驱逐，在卫国被禁止居留，在宋国受到伐树的威吓，在商、周不得志，现在在陈国蔡国之间又受到围困。要杀老师的人没有人去治他们的罪，凌辱老师的人没有人出来禁止。可老师却还在弹琴唱歌，不曾停止过，难道君子会这样的无耻吗？"

颜回答不上话，便进屋去告诉了孔子。孔子推开琴，长叹一声道："子路与子贡，没见识的小人呐！叫他们进来，我来告诉他们。"

子路与子贡进了小屋。子路说："我们现在的样子，可以说是穷困了吧。"

孔子说："这是什么话！君子能把'道'弄通了，就叫通；在求'道'的过程中感到困惑的，才叫穷。现在我怀抱着仁义之道，不过是碰到了乱世的灾祸，这怎么能叫'穷'呢！所以，内心自省而与'道'相通，面临灾难而不丧失操守，大寒已来，霜雪降落，由此可以知道繁盛的是松柏。陈蔡之困，不正是一桩考验自己'道''德'的幸运的事吗！"

孔子说完又平静地操起琴来，重新弹奏着唱歌。子路奋然拿着盾牌起舞相应。子贡惭愧地说："我真是不知天有多高、地有多厚啊！"

古代得"道"的人，穷困时也快乐，通达时也快乐。不是因为穷困或通达而快乐，而是因为他们悟到了"道"。所以，所谓穷困与通达不过像是生活中的寒暑风雨，怎么会影响人的生活呢？因此，许由能在颍阳自在度日，共伯在共首山下怡然自得。

【解读依据】

① 成玄英疏："夫阴阳天地有四序寒温，人处其中，何能无穷通否泰耶！故得道之人，处穷通而常乐，譬之风雨，何足介怀乎！"

【28.13】

舜以天下让其友北人无择，北人无择曰："异哉后之为人也，居于畎亩之中而游尧之门！不若是而已，又欲以其辱行漫我。吾羞见之。"因自投清泠之渊。

【另类译解】

舜想把天下让给他的朋友北人无择，北人无择说："奇怪啊！君王你的为人！你出身于农耕之家却游走于帝尧之门！不仅如此，还想把自己可耻的行为传染给我。我真是耻于见到你。"于是投到清水潭那个地方，隐居起来了。

【28.14】

汤将伐桀，因卞随而谋，卞随曰："非吾事也。"

汤曰："孰可?"

曰："吾不知也。"

汤又因瞀光而谋，瞀光曰："非吾事也。"

汤曰："孰可?"

曰："吾不知也。"

汤曰："伊尹何如?"

曰："强力忍垢，吾不知其他也。"汤遂与伊尹谋伐桀，克之，以让卞随。卞随辞曰："后之伐桀也谋乎我，必以我为贼也；胜桀而让我，必以我为贪也。吾生乎乱世，而无道之人再来漫我以其辱行，吾不忍数闻也。"乃自投椆水而死。

汤又让瞀光曰："知者谋之，武者遂之，仁者居之，古之道也。吾子胡不立乎?"

瞀光辞曰："废上，非义也；杀民，非仁也；人犯其难，我享其利，非廉也。吾闻之曰，非其义者，不受其禄；无道之世，不践其土。况尊我乎! 吾不忍久见也。"乃负石而自沉于庐水。

【另类译解】

商汤将攻打夏桀，找卞随出谋划策。卞随说："这不是我的事。"商汤问："那谁可以胜任此事呢?"卞随说："我不清楚。"

商汤又去找务光出谋划策，务光也说："这不是我的事。"

商汤再问："那谁可以胜任此事呢?"务光说："我不清楚。"

商汤又问："伊尹这个人，你看他行吗?"务光说："我只知道他有毅力，是个忍辱负重的人。别的我就不清楚了。"

商汤于是与伊尹谋划攻打夏桀，最后战胜了夏桀。得到天下后，商汤去找卞随，说要把天下让给他。卞随义正词严地说："君王在讨伐夏桀时找我谋划，必定把我当作一个残忍的人；打败夏桀后要让位于我，必定把我视为一个贪婪的人。我生在乱世之中，而无道的人一再用他的可耻行为来玷污我，我不能忍受一再的打扰。"于是就投椆河自尽了。

商汤又找到务光，要把天下让给他，说："有智慧的人出谋献策，有勇气的人完成谋划，有仁道的人居于王位，这是自古以来的天道。您为什么不做天子呢？"务光义正词严地说："废掉君王，这是不义；杀戮人民，这是不仁；别人冒险犯难，我来坐享其成，这是品行不廉。我听过这句话：不讲道义的人，不能接受他的俸禄；没有道义的国家，不要踏上它的土地。何况假惺惺要尊我为君呢！我不能长时间忍受这一切。"于是背着石头自沉于庐水。

【虞人评读】

虞人认为，这是商汤报复杀人吧！卞随、务光之灾，是无妄之灾，是一个身处红尘中的"道"人的血光之灾。一般所谓自投、自沉，虞人认为皆不是自杀，而这里看来是自杀，是被"自杀"，为什么有这一段呢？说明"道"人在世左右为难。要知松高洁，待到雪化时。"道"人视死如生，生死一同，故也无需大惊小怪，于平淡中领悟承受即可。

【28.15】

昔周之兴，有士二人处于孤竹，曰伯夷、叔齐。二人相谓曰："吾闻西方有人，似有道者，试往观焉。"至于岐阳，武王闻之，使叔旦往见之。与盟曰："加富二等，就官一列。"血牲而埋之。

二人相视而笑曰："嘻，异哉！此非吾所谓道也。昔者神农之有天下也，时祀尽敬而不祈喜；其于人也，忠信尽治而无求焉。乐与政为政，乐与治为治，不以人之坏自成也，不以人之卑自高也，不以遭时自利也。今周见殷之乱而遽为政，上谋而下行货，阻兵而保威，割牲而盟以为信，扬行以说众，杀伐以要利，是推乱以易暴也。吾闻古之士，遭治世不避其任，遇乱世不为苟存。今天下暗，周德衰，其并乎周以涂吾身也，不如避之以洁吾行。"二子北至于首阳之山，遂饿而死焉。若伯夷、叔齐者，其于富贵也，苟可得已，则必不赖。高节戾行，独乐其志，不事于世，此二士之节也。

【另类译解】

从前周朝刚建立时，有两位贤士住在孤竹国，名叫伯夷、叔齐。有一天两人商讨道："听说西方有个人，好像是悟了'道'的，我们去看看吧。"到了岐阳，武王听说他们来了，便派叔旦去见他们。叔旦给他俩发誓保证："给你们俩增加俸禄两级，授予一等的官职。"并将誓书蘸上畜生的血，埋在地下。

伯夷、叔齐相视而笑，说："嘻！真稀奇！这不是我们所说的'道'啊。从前神农氏拥有天下时，依据时令祭祀十分虔诚，但是并不求福。他对于别人，是忠诚尽责而没有许诺。喜欢参政的，就让他参政，喜欢做事的，就让他做事，不利用人为去改变各自的天性，不看待别人低贱而使自己显得高贵，不利用时机来谋求私利。现在周朝是看见殷商政局混乱而趁机夺的政，崇尚计谋而且施行贿赂，依仗军队而耀威扬武，杀牲口立约作为信誓，宣扬自己的行为来说服群众，征伐别国来获取利益，这是用祸乱来替代暴政。我听说过古代的贤士，遭逢治世不回避自己的责任，遇到乱世也不苟且偷生。现在天下混乱，周朝道德衰败，我们与其与周朝同处而玷污了自身，不如避世以保持自己的高洁。"两人向北走到首阳山，最终饿死在那里。像伯夷、叔齐这样的人，对于富贵，他们是完全可以得到的，而且还是很不错的富贵。但他们保持高尚的节操，做出背离世俗的非凡行为，以追求自己的志向为乐事，不与世俗同流合污，宁肯饿死而不食周粟，这就是两位贤士的气节。

盗 跖

【29.1】

　　孔子与柳下季为友。柳下季之弟，名曰盗跖。盗跖从卒九千人，横行天下，侵暴诸侯，穴室枢户，驱人牛马，取人妇女，贪得忘亲，不顾父母兄弟，不祭先祖。所过之邑，大国守城，小国入保，万民苦之。

　　孔子谓柳下季曰："夫为人父者，必能诏其子；为人兄者，必能教其弟。若父不能诏其子，兄不能教其弟，则无贵父子兄弟之亲矣。今先生，世之才士也，弟为盗跖，为天下害，而弗能教也，丘窃为先生羞之。丘请为先生往说之。"

　　柳下季曰："先生言为人父者必能诏其子，为人兄者必能教其弟，若子不听父之诏，弟不受兄之教，虽今先生之辩，将奈之何哉！且跖之为人也，心如涌泉，意如飘风，强足以距敌，辩足以饰非，顺其心则喜，逆其心则怒，易辱人以言。先生必无往。"

【另类译解】

　　孔子与柳下季是朋友。柳下季有个弟弟，名叫盗跖。盗跖带着九千土匪，横行天下，侵犯诸侯，打家劫舍，抢人牛马，掳人妇女。疯狂掠杀，背亲弃友，不顾念父母兄弟，也不祭祀祖先。他们所到之处，大国严守城池，小国退守城堡，百姓苦不堪言。

　　孔子对柳下季说："做父亲的人，必定能教诲儿子；做哥哥的人，必定能教导弟弟。如果儿子不听从父亲的教诲，弟弟不接受兄长的匡正，那么父子兄弟这种亲情就没什么可贵的了。现在，先生是当代的才学之士，弟弟却是强盗，成为天下的祸害，但您却不能匡正他，我私下为先生觉得羞耻。我请求替您去劝诫他。"

　　柳下季说："先生说到做父亲的人必定能教诲儿子，做兄长的必定能教导弟弟，如果儿子不听从父亲的教诲，弟弟不接受兄长的劝导，尽管像先生这样会说话，又能把他怎么样呢？况且盗跖的为人，心计像汹涌的江水源源不绝，思想像迅疾的飘风捉摸不透，强悍足以抗拒敌人，辩才足以粉饰错误，随顺他的心愿就高兴，违逆他的心意就发怒，随意就用言语侮辱人。先生千万不要去。"

【29.2】

孔子不听，颜回为驭，子贡为右，往见盗跖。盗跖乃方休卒徒大山之阳，脍人肝而餔之。孔子下车而前，见谒者曰："鲁人孔丘，闻将军高义，敬再拜谒者。"

谒者入通，盗跖闻之大怒，目如明星，发上指冠，曰："此夫鲁国之巧伪人孔丘非邪？为我告之：'尔作言造语，妄称文、武。冠枝木之冠，带死牛之胁。多辞缪说，不耕而食，不织而衣，摇唇鼓舌，擅生是非，以迷天下之主，使天下学士不反其本，妄作孝弟，而侥幸于封侯富贵者也。子之罪大极重，疾走归！不然，我将以子肝益昼餔之膳！"

孔子复通曰："丘得幸于季，愿望履幕下。"

谒者复通，盗跖曰："使来前！"

孔子趋而进，避席反走，再拜盗跖。盗跖大怒，两展其足，案剑瞋目，声如乳虎，曰："丘来前！若所言，顺吾意则生，逆吾心则死。"

孔子曰："丘闻之，凡天下有三德：生而长大，美好无双，少长贵贱见而皆说之，此上德也；知维天地，能辩诸物，此中德也；勇悍果敢，聚众率兵，此下德也。凡人有此一德者，足以南面称孤矣。今将军兼此三者，身长八尺二寸，面目有光，唇如激丹，齿如齐贝，音中黄钟，而名曰盗跖，丘窃为将军耻不取焉。将军有意听臣，臣请南使吴、越，北使齐、鲁，东使宋、卫，西使晋、楚，使为将军造大城数百里，立数十万户之邑，尊将军为诸侯，与天下更始，罢兵休卒，收养昆弟，共祭先祖。此圣人才士之行，而天下之愿也。"

【另类译解】

孔子不听，叫颜回驾车，子贡跟在右边，去见盗跖。盗跖正带着众匪在泰山的南坡上晒太阳，切人肝做饭呢。孔子下车，走到前面，对门口传话的人说："鲁国人孔丘，听说将军义行过人，特地前来拜见。"

传话的人进去通报。盗跖听闻孔子来了大怒，眼睛瞪得像铜铃，怒气冲冲地说："这不就是鲁国那个虚伪奸诈的孔丘吗？替我告诉他：'你制造一些冠冕堂皇的话，毫无根据地标榜文王武王，戴着华丽的帽子，系着死牛的皮带，一天到晚胡言乱语。不耕种却吃饭，不织布却穿衣，摇唇鼓舌，搬弄是非，以此迷惑天下的君主，使天下的读书人不再回归本分，妄想借着孝悌之名，侥幸被封侯以求富贵。你罪大恶极，赶快滚开！不然，我要把你的心肝当作午餐加菜了！'"

孔子又一次请传话人进去通报说："我孔丘有幸与柳下季熟识，希望进帐幕一见。"传话人又进去通报，盗跖说："让他进来！"孔子赶紧进去，又避席倒退几步，两次向盗跖行拜见之礼。盗跖大怒，伸开双腿，手按剑柄，怒目而视，声音像小老虎的吼叫，说："孔丘，你上前来！你所说的话，若我听着顺耳，你今天拣一条命回去；若听着不顺，明年的今天就是你的忌日！"

孔子说："我听说，天下共有三种天赋：身材高大魁梧，面貌俊美无双，不论老少贵贱，见了都喜欢，这是上等天赋；智慧能够贯穿天地，才干能够分辨一切事物，这是中等天赋；勇悍果敢，能够聚众统兵，这是下等天赋。凡是人只要具备其中一种天赋，就可以南面称王了。现在将军兼具这三种天赋，身高八尺二寸，容光焕发，嘴唇红润如朱砂，牙齿齐白像珠贝，声如黄钟，但被人称为盗跖，我私下为将军感到羞耻，认为不应如此。将军如果有心听取我的意见，我愿意向南出使吴国越国，向北出使齐国鲁国，向东出使宋国卫国，向西出使晋国楚国，让他们为将军建造一座方圆几百里的大城，建立一个几十万户的都邑，尊将军为诸侯，与天下一起开始一个新的生活。停战休兵，收养兄弟，一起祭祀祖先。这是圣人才士的行为，也是天下人的愿望啊。"

【29.3】

盗跖大怒曰："丘来前！夫可规以利而可谏以言者，皆愚陋恒民之谓耳。今长大美好，人见而悦之者，此吾父母之遗德也。丘虽不吾誉，吾独不自知邪？

"且吾闻之，好面誉人者，亦好背而毁之。今丘告我以大城众民，是欲规我以利而恒民畜我也，安可久长也！城之大者，莫大乎天下矣。尧、舜有天下，子孙无置锥之地；汤、武立为天子，而后世绝灭；非以其利大故邪？

"且吾闻之，古者禽兽多而人少，于是民皆巢居以避之，昼拾橡栗，暮栖木上，故命之曰有巢氏之民。古者民不知衣服，夏多积薪，冬则炀之，故命之曰知生之民。神农之世，卧则居居，起则于于，民知其母，不知其父，与麋鹿共处，耕而食，织而衣，无有相害之心，此至德之隆也。然而黄帝不能致德，与蚩尤战于涿鹿之野，流血百里。尧、舜作，立群臣，汤放其主，武王杀纣。自是之后，以强陵弱，以众暴寡。汤、武以来，皆乱人之徒也。"

【另类译解】

盗跖大怒说："孔丘，你过来！那些可以被你用利益引诱，并且被你的花言巧语骗过去的，都是愚笨浅陋的老百姓。现在我身材高大、卖相蛮好，人们看了都喜欢，这是我父母留给我的天赋，就算你不说，我难道会不知道吗？况且我听说，喜欢当面称赞别人的人，也喜欢背后诋毁别人。现在你和我说建立大城、统领大伙的话，这是想用利益来引诱我，把我当普通老百姓来收买，这哪里能维持长久呢？说到大城，没有比天下更大的了，你看看，尧舜他们拥有过天下，他们的子孙在哪里呢？在这个世上毫无立锥之地；商汤武王曾贵为天子，后代却被灭绝。这不是因为他们贪图的利益太大的缘故吗？

"并且我还听说，古时候禽兽多而人少，于是人们都在树上筑巢而居以躲避野兽的袭击，白天捡野果，晚上住树上，所以被叫作有巢氏的人。古代的人不知穿衣裳，夏天堆积大量柴草，冬天就烧来取暖，所以叫作知生的人。神农氏的时候，人们睡觉时无忧无虑，起床后悠悠闲闲。人们只知道自己的母亲，不知道自己的父亲。与麋鹿生活在一起，耕地就食，织布就衣，没有相互侵害的念头，这是道德最昌盛的时代。然而黄帝达不到这种境界，与蚩尤大战于涿鹿的郊野，造成血流百里。从此以后，就是以强欺弱、以众侵少的世界，自商汤、周武以来的君主，都是一帮祸害百姓的人啊。"

【29.4】

"今子修文、武之道，掌天下之辩，以教后世。缝衣浅带，矫言伪行，以迷惑天下之主，而欲求富贵焉，盗莫大于子。天下何故不谓子为盗丘，而乃谓我为盗跖？

"子以甘辞说子路而使从之，使子路去其危冠，解其长剑，而受教于子，天下皆曰孔丘能止暴禁非。其卒之也，子路欲杀卫君而事不成，身菹于卫东门之上，是子教之不至也。

"子自谓才士圣人邪？则再逐于鲁，削迹于卫，穷于齐，围于陈蔡，不容身于天下。子教子路菹此患，上无以为身，下无以为人，子之道岂足贵邪？

"世之所高，莫若黄帝，黄帝尚不能全德，而战于涿鹿之野，流血百里。尧不慈，舜不孝，禹偏枯，汤放其主，武王伐纣，文王拘羑里。此六子者，世之所高也，孰论之，皆以利惑其真而强反其情性，其行乃甚可羞也。"

【另类译解】

"现在你修习文王、武王之道，控制着天下的舆论，用这些教育着后代，穿着宽大的儒服，结着浅浅的带子，言行虚伪做作，以此蛊惑天下的君主，从中谋求个人的富贵，最大的强盗莫过于你了。天下人为什么不管你叫盗丘，却叫我为盗跖呢？

"你用花言巧语说动子路，让他跟随你。为此他脱下高帽，解下长剑，接受你的教导。天下人都传说孔丘能够制止暴行，阻止祸害。可是结果呢？子路想杀卫国国君没有成功，在卫国的东门被剁成肉泥，这是你教育的失败啊。

"你自称才士圣人吗？可是你两次被鲁国驱逐，在卫国被禁止居留，在齐国走投无路，在陈国蔡国之间被围困，不容于天下。你教导子路结果害他被剁成肉酱。老师在上无处容身，弟子在下无法活命，你的学说哪有什么价值呢？

"现在世间最为推崇的，没有超过黄帝的。可黄帝的德行怎样呢？在涿鹿之野与人开战，造成血流百里的惨剧。尧不慈爱，舜不孝顺，禹落得半身不遂，汤流放他的君主，武王攻打纣王，文王坐牢羑里。这六位先生，是世人普遍尊崇的。详细讨论起来，他们都是被利益迷乱了真道，从而违反了本性，他们的行为都是十分可耻的。"

【29.5】

"世之所谓贤士：伯夷叔齐。伯夷叔齐辞孤竹之君而饿死于首阳之山，骨肉不葬。鲍焦饰行非世，抱木而死。申徒狄谏而不听，负石自投于河，为鱼鳖所食。介子推至忠也，自割其股以食文公，文公后背之，子推怒而去，抱木而燔死。尾生与女子期于梁下，女子不来，水至不去，抱梁柱而死。此六子者，无异于磔犬流豕操瓢而乞者，皆离名轻死，不念本养寿命者也。

"世之所谓忠臣者，莫若王子比干、伍子胥。子胥沉江，比干剖心，此二子者，世谓忠臣也，然卒为天下笑。自上观之，至于子胥比干，皆不足贵也。

"丘之所以说我者，若告我以鬼事，则我不能知也；若告我以人事者，不过此矣，皆吾所闻知也。

"今吾告子以人之情，目欲视色，耳欲听声，口欲察味，志气欲盈。人上寿百岁，中寿八十，下寿六十。除病瘦死丧忧患，其中开口而笑者，一月之中不过四五日而已矣。天与地无穷，人死者有时。操有时之具而托于无穷之间，忽然无异骐骥之驰过隙也。不能说其志意，养其寿命者，皆非通道者也。

"丘之所言，皆吾之所弃也。亟去走归，无复言之！子之道狂狂汲汲，诈巧虚伪事也，非可以全真也，奚足论哉！"

【另类译解】

"世俗所说的贤士，要推伯夷、叔齐。伯夷、叔齐辞让孤竹国的君位而饿死在首阳山，尸体都没能埋葬。鲍焦故作高洁，非议世俗，最后抱树而死。申徒狄进谏国君不被采纳，背着石头自沉于河，被鱼鳖吃掉。介子推最忠心，割下自己大腿的肉给晋文公吃，文公后来却忘记了他，介子推一怒离去，最后抱着大树被烧死。尾生高与一女子约定在桥下幽会，女子没来，大水涌涨过来他也不肯离开，抱着桥柱被淹死了。这六个人死了后，与被屠宰的狗、浮在水上的死猪、端着破碗乞讨的乞丐死了完全没什么两样，这都是他们重视所谓名誉却轻视死亡、不顾念自身应有寿命的人。

"人们所说的忠臣，要推王子比干和伍子胥。伍子胥沉尸江中，比干被剖心，这两个人，世人说他们是忠臣，然后终究被天下人所耻笑。从上面所说的来看，一直到子胥、比干这些人，都是不值得推崇效法的。

"你用来劝说我的，如果是关于鬼神的，那我不知道真假；如果告诉我的是关于人的，也不过如此罢了，都是我已经听说过的。现在我告诉你人的实情：眼睛想看颜色，耳朵要听声音，口腔想尝到滋味，心志想得到满足。人生在世，上寿一百岁，中寿八十岁，下寿六十岁，除了生病、死亡、忧愁以外，其中开口欢笑的时间，一个月里面也不过四五天罢了。天与地是无穷的，人的生死却有期限，以有限的生命之躯，寄托在无穷的天地之中，匆促得就像骏马闪过空隙一样。凡是不能够使自己的意志自由、不能保养自己寿命的人，都是没有通达大'道'的人啊！你所说的那些，都是我已经抛弃的，快快滚回去，不要再说了！你的那些所谓道理，汲汲惶惶，都是虚伪巧诈的东西，不能用来保全本性与寿命的，哪里值得谈论呢！"

【29.6】

孔子再拜趋走，出门上车，执辔三失，目芒然无见，色若死灰，据轼低头，不能出气。

归到鲁东门外，适遇柳下季。柳下季曰："今者阙然数日不见，车马有行色，得微往见跖邪？"

孔子仰天而叹曰："然。"

柳下季曰："跖得无逆汝意若前乎？"

孔子曰："然。丘所谓无病而自灸也，疾走料虎头，编虎须，几不免虎口哉！"

【另类译解】

孔子再拜行礼，快步离开，赶紧出门上车，手中的马缰绳不觉掉了三次，眼睛一片昏昏然，视而不见，脸色有如死灰，靠着扶手，低垂着头，气差点喘不上来。回到鲁国东门外，恰好遇上柳下季。柳下季说："最近好几天没见你了，看你的车马好像出过门，莫非是去见跖了吗？"

孔子仰天叹了一口气说："是的。"

柳下季说："跖是不是完全和你没有共同语言，就像我从前与你说的那样？"

孔子说："是的。我可以说是自讨苦吃啊，没病找艾草来熏自己，急急忙忙跑去摸老虎的头，捋老虎的胡须，还差点被老虎吃了啊！"

【29.7】

子张问于满苟得曰："盍不为行？无行则不信，不信则不任，不任则不利。故观之名，计之利，而义真是也。若弃名利，反之于心，则夫士之为行，不可一日不为乎！"

满苟得曰："无耻者富，多信者显。夫名利之大者，几在无耻而信。故观之名，计之利，而信真是也。若弃名利，反之于心，则夫士之为行，抱其天乎！"

子张曰："昔者桀纣贵为天子。富有天下。今谓臧聚曰，汝行如桀纣，则有怍色，有不服之心者，小人所贱也。仲尼、墨翟，穷为匹夫，今谓宰相曰，子行如仲尼、墨翟，则变容易色，称不足者，士诚贵也。故势为天子，未必贵也；穷为匹夫，未必贱也；贵贱之分，在行之美恶。"

满苟得曰："小盗者拘，大盗者为诸侯。诸侯之门，义士存焉。昔者桓公小白杀兄入嫂而管仲为臣，田成子常杀君窃国而孔子受币。论则贱之，行则下之，则是言行之情悖战于胸中也，不亦拂乎！故《书》曰：'孰恶孰美？成者为首，不成者为尾。'"

【另类译解】

子张问满苟得："你为什么不修仁义呢？没有仁义就不能取信于人，不能取信于人就不受任用，不受任用就没有利禄。所以用名来考虑，从利来计算，行仁义都是对的。假如丢开名利，进行内心的反省，那个士大夫的修行，也不可一日不行仁义啊！"

满苟得说："现在没有廉耻的人富裕，哗众取宠的人显达。名利很大的人，几乎都靠着无耻与哗众取宠。所以，从名的角度看，从利的角度计算，只有哗众取宠才是赚的。假如丢开名利，进行内心的反省，那个士大夫的修行，抱着空气过日子啊！"

子张说："从前夏桀商纣尊贵到做了天子，富有天下。可现在如果对仆役说：'你的行为像夏桀和商纣'，那么他们会露出羞愧的神色，并产生不服气的心理，这是因为连小人现在都看不起桀纣啊。孔子墨子，贫困到只是普通百姓，可现在如果对宰相说：'你的行为像仲尼墨翟'，那么他会露出受宠若惊的神情，谦称自己还差得很远，这是因为士大夫现在都推崇孔墨啊。所以说，即便权势大到像天子，也未必高贵；即便穷困得像普通平民，也未必卑贱。贵贱的区别，在于行为的好坏。"

满苟得说："小盗贼被拘捕，大盗贼就是诸侯，只要做了诸侯，还怕没有仁义之士登门？从前齐桓公小白谋害哥哥，娶了嫂嫂，可管仲还是在他那做大臣；田成子杀了国君，窃取了国家，可孔子还是接受了他的赏赐。议论时鄙视他，行动时又对他表示谦下与奉迎，这样言与行的矛盾在你们心中不相互冲突吗？这不是很矛盾吗？所以还是《尚书》说得干脆：'谁恶谁美？成功的就美，不成功的就恶。'"

子张曰："子不为行，即将疏戚无伦，贵贱无义，长幼无序；五纪六位，将何以为别乎？"

满苟得曰："尧杀长子，舜流母弟，疏戚有伦乎？"汤放桀，武王杀纣，贵贱有义乎？王季为嫡，周公杀兄，长幼有序乎？儒者伪辞，墨子兼爱，五纪六位将有别乎？

"且子正为名，我正为利。名利之实，不顺于理，不监于道。吾日与子讼于无约，曰'小人殉财，君子殉名。其所以变其情，易其性，则异矣；乃至于弃其所为而殉其所不为，则一也。'故曰：无为小人，反殉而天；无为君子，从天之理。若枉若直，相而天极。面观四方，与时消息。若是若非，执而圆机；独成而意，与道徘徊。无转而行，无成而义，将失而所为。无赴而富，无殉而成，将弃而天。

"比干剖心，子胥抉眼，忠之祸也；直躬证父，尾生溺死，信之患也；鲍子立干，申子不自理，廉之害也；孔子不见母，匡子不见父，义之失也。此上世之所传，下世之所语，以为士者正其言，必其行，故服其殃，离其患也。"

【另类译解】

子张说："你不修仁义，那么就会使得亲疏之间没有伦理，贵贱之间没有礼仪，长幼之间没有次序；五伦六纪你又将怎么区分呢？"

满苟得说："尧杀害长子，舜放逐胞弟，这就是他俩的亲疏伦理？商汤流放夏桀，武王杀了商纣，这就是他俩的贵贱礼仪？王季以庶代嫡，周公杀了哥哥，这就是他俩的长幼次序？儒家言辞虚伪，墨翟兼爱糊涂，这样五伦六纪能区分吗？

"而且你不过是求名，我不过是逐利。名和利的本质，都不合于天理，也不见于大道。我记得以前与跟你争论过，只是没有书面的记录，当时是这么说的：'小人为钱财而牺牲，君子为名声而牺牲。他们拿来交换的东西，和感受的心情是不同的；然而，他们离弃自我而追逐外物，却是一致的。'所以说，什么都不做的小人，反倒合于天性；什么都不做的君子，反倒合于天理；直也好横也好，你尽管由着性子去做；顶立天地间，身随四时息；是也好非也好，将整个身心随顺圆融；完成你心之所感，与道一起运动变化。不要执着什么仁，不要去推什么义，否则你将在有所作为中失去生命。那种人为争来的富不是真的富，那种人为争来的名不是成功的名，这样做将会失去你的本性。

"比干被剖心，子胥被挖眼，这是追求尽忠的灾祸；直躬指证父亲偷羊，尾生赴约抱柱溺死，这是追求守信的祸患；鲍子抱树而死，申徒狄不辩白而自杀，这是追求清廉的祸患；孔子没见到临终的母亲，匡章终生不能见父，这是追求道义造成的过失。这些事情是上一代流传下来，后代所议论的事情，用它们作为士大夫端正自己言行、坚持自己行为的准则，这不是让人遭灾难惹祸害吗。"

【29.9】

无足问于知和曰："人卒未有不兴名就利者。彼富则人归之，归则下之，下则贵之。夫见下贵者，所以长生安体乐意之道也。今子独无意焉，知不足邪，意知而力不能行邪，故推正不妄邪？"

知和曰："今夫此人，以为与己同时而生，同乡而处者，以为夫绝俗过世之士焉，是专无主正，所以览古今之时，是非之分也，与俗化。世去至重，弃至尊，以为其所为也；此其所以论长生安体乐意之道，不亦远乎！惨怛之疾，恬愉之安，不监于体；怵惕之恐，欣欣之喜，不监于心。知为为而不知所以为，是以贵为天子，富有天下，而不免于患也。"

【另类译解】

无足问知和说："人们没有不崇尚名声追求利禄的。谁富有，人们就向谁靠拢，靠拢他就会恭维他，恭维他他就显得高贵起来。被人们以谦卑态度恭维着，这就是生命长寿、身体安适、精神愉快的由来啊。现在发现你竟然独独没有这种想法，是认知不足呢，还是知道而能力不支呢？还是有什么正道要做而没有时间分心呢？"

知和说："现在的富人啊，看了自己周围同年龄的人、同乡而住的人，因为比他们有钱就以为自己是个超绝世俗的人了；这种人其实没有主见，也没有走上正道，不懂得观照古今，不知道分辨是非，不过是随着世俗胡调罢了。放弃了最重要的，抛弃了最尊贵的，以为在追求着应当追求的，与这种人谈生命长寿、身体安适、精神愉快的生活方式，不是太遥远了吗！引发他悲伤的痛苦，恬愉的安适的，不过是身外之事；引起他惊悸的恐惧，欣喜的欢乐的，不过是心外之物；只知跟着去学样却不知道为什么要这样做，所以即便他尊贵得像天子、富裕得有天下，还是不能免于祸患。"

373

无足曰："夫富之于人，无所不利，穷美究势。至人之所不得逮，贤人之所不能及，侠人之勇力而以为威强，秉人之知谋以为明察，因人之德以为贤良，非享国而严若君父。且夫声色滋味权势之于人，心不待学而乐之，体不待象而安之。夫欲恶避就，固不待师，此人之性也。天下虽非我，孰能辞之！"

知和曰："知者之为，故动以百姓，不违其度，是以足而不争，无以为故不求。不足故求之，争四处而不自以为贪；有余故辞之，弃天下而不自以为廉。廉贪之实，非以迫外也，反监之度。势为天子而不以贵骄人，富有天下而不以财戏人。计其患，虑其反，以为害于性，故辞而不受也。非以要名誉也。尧、舜为帝而雍，非仁天下也，不以美害生；善卷、许由得帝而不受，非虚辞让也，不以事害己。此皆就其利，辞其害，而天下称贤焉，则可以有之，彼非以兴名誉也。"

【另类译解】

无足说："拥有财富，会让人无往而不利，它可以阅尽天下美色、抖尽天下威势，这是圣人无法达到、贤人不能企及的。他可以买别人的勇力来显示威严和强势，让别人出谋划策替自己明察事物，借他人的德行来显示自己的贤良，即使没有国家也能像国君一样威严。而且人们对于音乐、女人、美味、权力、地位，不用学习内心就喜欢，不需模仿身体就习于享受。欲望、厌恶、闪避、趋就这些行为，不需人教就会，这是人的本能。天下人虽然抨击我，但谁又能拒绝这些东西呢？"

知和说："智慧的人做事，以百姓之心为心，不另搞自己的一套，百姓感到满足，也没有任何争执。没有目的就没有什么贪求。不满足才会贪求，四处争夺却认识不到自己贪婪；而得道的人感到内心充裕，有多余才会推辞，哪怕放弃了天下却没有感觉自己的清廉。决定清廉和贪欲的，并不是外物，而是内心的坚守。有道的人，即便有天子的权势，却不用自己的尊贵骄人；即便富有天下，却不以钱财来役使他人。对一件事情，有利时想到其中可能的祸患，考虑到它的反面，认为对自己的本性会有伤害的，就推辞而不受，并不去想博取什么名声。所以，尧舜做了帝王还要禅让，不是要让天下充满仁义才想让位，而是不愿因为享受伤害到自己的本性；善卷、许由可以得到帝位却不接受，不是假意的推辞谦让，而是不想因为政事而伤害身体。

这些都是趋就益处而拒绝害处，但天下人都称颂他们贤明，固然可以说是贤明，但不是大家所说的那种贤明。"

【29.11】

无足曰："必持其名，苦体绝甘，约养以持生，则亦久病长厄而不死者也[1]。"

知和曰："平为福，有余为害者，物莫不然，而财其甚者也。今富人，耳营钟鼓管箫之声，口嗛于刍豢醪醴之味，以感其意，遗忘其业，可谓乱矣；侅溺于冯气，若负重行而上阪也，可谓苦矣；贪财而取慰，贪权而取竭，静居则溺，体泽则冯，可谓疾矣；为欲富就利，故满若堵耳而不知避，且冯而不舍，可谓辱矣；财积而无用，服膺而不舍，满心戚醮，求益而不止，可谓忧矣；内则疑劫请之贼，外则畏寇盗之害，内周楼疏，外不敢独行，可谓畏矣。此六者，天下之至害也，皆遗忘而不知察，及其患至，求尽性竭财，单以反一日之无故而不可得也。故观之名则不见，求之利则不得。缭意绝体而争此，不亦惑乎！"

【另类译解】

无足说："如果一定按照你的标准来对待贤名，那不但身体受苦，还要弃绝甘美的饮食。俭约度日仅是获得一条生命，这就像长久躺在病床上而又不死的人，虽然活着，与死又有什么差别呢？

知和说："平和就是福，富余就是祸，万物没有不是这样的，钱财更是如此。现在的富人，耳朵追求音乐美声，嘴巴享受肉食美酒，以此刺激自己的感官，遗忘自己的本性，可以说是迷乱了；沉溺于强烈的欲望中，像背着重物爬着山坡，可以说是累苦了；贪财而弄到生病，贪权而耗尽心血，闲居无事时沉溺于淫乐，精力充沛时气焰嚣张，可以说是有病了；为了求富争利，财货堆积得高过墙了，却还不知足，而且贪得无厌，可以说是耻辱了；钱财聚积而没有用处，一味营求而不肯放弃，满心焦虑，还在贪求不止，可以说是操碎了心；放在家里担心被小偷来偷，出门又害怕强盗来劫，住宅遍设高墙，出门不敢单独走路，可以说活得恐惧万分。乱苦疾辱忧畏这六种情况，是天下最大的祸害，可人们都好像忘了去省察，等到祸事发生了，哪怕是用尽心思竭尽财物，只求过一天从前那样平安的日子也不可得。所以，既没有名的收益又没有利的好处，精神和身体却备受困扰去争取这些情况的缠绕，这不是太糊涂了吗！"

【解读依据】

① 成玄英疏："必固将欲修进名誉，苦其形体，绝其甘美，穷约摄养，矜持其生者，亦何异乎久病固疾，长厄不死，虽生之日，犹死之年！此无足之辞，以难知和也。"

说 剑

【30.1】

　　昔赵文王喜剑，剑士夹门而客三千余人，日夜相击于前，死伤者岁百余人，好之不厌。如是三年，国衰。诸侯谋之。

　　太子悝患之，募左右曰："孰能说王之意止剑士者，赐之千金。"左右曰："庄子当能。"

　　太子乃使人以千金奉庄子。庄子弗受，与使者俱往见太子，曰："太子何以教周，赐周千金？"

　　太子曰："闻夫子明圣，谨奉千金以币从者。夫子弗受，悝尚何敢言！"

　　庄子曰："闻太子所欲用周者，欲绝王之喜好也。使臣上说大王而逆王意，下不当太子，则身刑而死，周尚安所事金乎？使臣上说大王，下当太子，赵国何求而不得也！"

　　太子曰："然。吾王所见，唯剑士也。"

　　庄子曰："诺。周善为剑。"

　　太子曰："然吾王所见剑士，皆蓬头突鬓垂冠，曼胡之缨，短后之衣，瞋目而语难，王乃说之。今夫子必儒服而见王，事必大逆。"

　　庄子曰："请治剑服。"治剑服三日，乃见太子。太子乃与见王。

【另类译解】

　　从前，赵惠文王喜好剑术，剑客聚集在他门下当食客的有三千多人。他们日夜不停地在文王面前比剑，每年死伤的有一百多人，但文王依然乐此不疲。像这样过了三年，因无心国政而导致国势开始衰弱，其他诸侯都蠢蠢欲动想攻打赵国。

太子悝很忧心，召集左右侍从说："谁要是能够游说国君，使他回心转意、停止再养剑客，我就奖赏他千金。"左右侍从中有人说："庄子应该可以做到。"

太子于是让人带着千金重礼来拜访庄子。庄子没有接受，而是跟使者一起来见太子。庄子说："太子有什么事情要指教我，赏赐我千金？"太子说："听说先生贤明通达，谨用千金馈赠给先生，犒赏你的随从，先生不肯接受，我又怎么敢说呢？"

庄子说："听说太子要叫我去做的，是断绝大王的喜好。假使我上去劝说大王而违反他的心意，下又不合太子的期望，那么我将受刑罚而死，我哪里还有用这千金的命呢？假使我上劝说大王成功，下又合了太子的期待，那么在赵国我还有什么得不到的呢！"

太子说："的确如此，不过我们大王眼中能看得上的，只有剑士。"庄子说："可以，我擅长剑术。"

太子说："但是我们大王以前所见的剑士，都是头发蓬乱，鬓毛饯松，帽子下垂，帽带粗糙，身着短衣，瞪着双眼，出语粗鲁一见面就责难对方的人，大王就喜欢这种样子的剑士。现在先生如果身着儒服去见大君，事情一定会大不顺。"

庄子说："请为我准备一套这种剑服。"三天后，剑服准备好了，庄子就穿上去见太子。太子就与庄子一起去拜见文王。

【30.2】

王脱白刃待之。庄子入殿门不趋，见王不拜。王曰："子欲何以教寡人，使太子先？"

曰："臣闻大王喜剑，故以剑见王。"

王曰："子之剑何能禁制？"

曰："臣之剑，十步一人，千里不留行。"王大悦之，曰："天下无敌矣！"

庄子曰："夫为剑者，示之以虚，开之以利，后之以发，先之以至。愿得试之。"

王曰："夫子休就舍，待命令设戏请夫子。"

王乃校剑士七日，死伤者六十余人。得五六人，使奉剑于殿下，乃召庄子。王曰："今日试使士敦剑。"

庄子曰："望之久矣。"

王曰：“夫子所御杖，长短何如？”

曰：“臣之所奉皆可。然臣有三剑，唯王所用。请先言而后试。”

王曰：“愿闻三剑。”

曰：“有天子剑，有诸侯剑，有庶人剑。”

【另类译解】

文王拔剑出鞘，露出白晃晃的剑刃等着庄子。庄子进了宫殿大门，并没有快步趋前，见了文王也没有下拜。

文王说：“你想用什么来指教我，还让太子先来给你游说？”

庄子说：“我听说大王喜欢剑术，所以就想来见大王谈谈剑的事。”文王说：“你的剑法有什么绝招吗？”

庄子说：“我的剑，十步之内就能击倒一人，千里之内无人能阻挡。”

文王大为高兴，说：“天下没有人是你的对手了！”

庄子说：“击剑么，先以虚招试探对方，故意露出破绽加以引诱，然后后发制人，一剑击中对方要害。我希望能试一试。”

文王说：“先生先去馆舍休息，等我安排好击剑赛事再来请先生。”

文王让门下剑客先进行淘汰赛，这样比了七天，死伤六十多人，然后挑出五六个优胜者。文王让他们捧着剑侍立在殿下，命人召庄子来。文王说：“今天请先生与剑士们对剑。”

庄子说：“盼望很久了。”

文王说：“先生所用的剑，长短是怎样的？”

庄子说：“剑士们所捧的，我都可以用。不过，我有三种剑，任凭大王选用，请让我先说明再开始比试。”

文王说：“希望听听是哪三把剑。”

庄子说：“有天子剑，有诸侯剑，有平民剑。”

【30.3】

王曰：“天子之剑何如？”

曰：“天子之剑，以燕谿、石城为锋，齐、岱为锷，晋卫为脊，周、宋为镡，韩、魏为铗；包以四夷，裹以四时；绕以渤海，带以常山；制以五行，论以刑德；开以阴阳，持以春夏，行以秋冬。此剑，直之无前，举之无上，案之无下，运之无旁，上决浮云，下绝地纪。此剑一用，匡诸侯，天下服矣。此天子之剑也。”

文王芒然自失，曰："诸侯之剑何如？"

曰："诸侯之剑，以知勇士为锋，以清廉士为锷，以贤良士为脊，以忠圣士为镡，以豪桀士为铗。此剑，直之亦无前，举之亦无上，案之亦无下，运之亦无旁；上法圆天以顺三光，下法方地以顺四时，中和民意以安四乡。此剑一用，如雷霆之震也，四封之内，无不宾服而听从君命者矣。此诸侯之剑也。"

王曰："庶人之剑何如？"

曰："庶人之剑，蓬头突鬓垂冠，曼胡之缨，短后之衣，瞋目而语难。相击于前，上斩颈领，下决肝肺。此庶人之剑，无异于斗鸡，一旦命已绝矣，无所用于国事。今大王有天子之位而好庶人之剑，臣窃为大王薄之。"

王乃牵而上殿。宰人上食，王三环之。庄子曰："大王安坐定气，剑事已毕奏矣。"

于是文王不出宫三月，剑士皆服毙其处也。

【另类译解】

文王说："天子之剑是怎样的？"

庄子说："天子之剑，以燕谿石城为剑锋，以齐国泰山为剑刃，以晋国卫国为剑背，以周朝宋国为剑环，以韩国魏国为剑柄；用边境来作包扎，用一年四季来围裹，用渤海作环绕，用恒山作系带；用五行来统御，用刑德来规范；用阴阳来开合，用春夏来养育，用秋冬作收藏。这柄剑，向前不可阻挡，上举高不可攀，下按深不可测，挥动起来无物可比，向上可以斩断浮云，向下可以切断地脉。这柄剑一经使用，可以匡正诸侯，让天下顺服。这就是天子之剑。"

文王听完，眼神迷离，茫然若失，挤出一句："诸侯之剑怎样呢？"

庄子说："诸侯之剑，用智勇之士作剑锋，用清廉之士作剑刃，用贤良之士为剑背，用忠诚之士作剑环，用豪杰之士为剑柄。这种剑向前也无所阻挡，上举也高不可攀，按下也深不可测，挥动起来也无可比拟。向上效法圆天以顺从日月星之光，向下效法方形大地以顺从春夏秋冬四季，中间合乎民意以安抚四方。这种剑一经使用，有如雷霆的震荡，四境之内，没有不归服而听从君王之命的了。这就是诸侯之剑。"

文王说："平民之剑又是怎样的呢？"

庄子说："平民之剑，都是头发蓬乱，鬓毛饯松，帽子下垂，帽带粗糙，身着短衣，瞪着双眼，出语粗鲁一见面就责难对方的人。他们在君王面前击斗，上砍脑袋，下刺肝肺。这就是平民之剑。它与斗鸡没有什么差别，一旦丧命，对于国家也毫无用处。现在大王拥有天子的地位，却喜好平民之剑，我私下为大王感到太不值得。"

文王于是拉着庄子走到殿上。厨师摆上菜，文王绕着席桌走了三圈。庄子说："大王请安静地坐下，平定气息，关于剑的事我已经启奏完毕了。"

自此以后，文王三个月没出宫门来对剑场所，他门下的剑客都在自己的住所自杀而死。

渔　父

【31.1】

孔子游乎缁帷之林，休坐乎杏坛之上。弟子读书，孔子弦歌鼓琴，奏曲未半。

有渔父者，下船而来，须眉交白，被发揄袂，行原以上，距陆而止，左手据膝，右手持颐以听。曲终而招子贡、子路，二人俱对。

客指孔子曰："彼何为者也？"

子路对曰："鲁之君子也。"

客问其族。子路对曰："族孔氏。"

客曰："孔氏者何治也？"子路未应，子贡对曰："孔氏者，性服忠信，身行仁义，饰礼乐，选人伦，上以忠于世主，下以化于齐民，将以利天下。此孔氏之所治也。"

又问曰："有土之君与？"

子贡曰："非也。""侯王之佐与？"

子贡曰："非也。"客乃笑而还行，言曰："仁则仁矣，恐不免其身；苦心劳形以危其真。呜呼，远哉其分于道也！"

【另类译解】

孔子到缁帷的森林中游玩，坐在杏坛上休息。弟子们在读书，孔子在旁边弹琴唱歌。

曲子弹到一小半，只见一位老渔夫下船过来。他须眉全白，披着头发卷着衣袖，沿河岸走上来，到了大路上就停了下来，左手抵着膝盖，右手托着下巴静静听起来。曲子终了，他就招呼子贡、子路，两人就一起过去。

渔夫指着孔子说："他是做什么的？"子路答道："鲁国的君子。"渔夫问孔子的姓氏。子路回答说："孔氏。"

渔夫说："孔氏是从事什么的?"子路没回答。子贡答道："孔氏,性守忠信,践行仁义,修订礼乐制度,制定人伦规范,对上忠于君主,对下教化平民,想以此造福于天下。这就是孔氏所从事的事业。"

　　渔夫又问:"他是拥有国土的君主吗?"子贡道:"不是的。""他是侯王的卿相吗?"子贡道:"不是的。"渔夫就笑着往回走了,边走边说:"仁是仁了,恐怕不能免于自身的灾祸;费尽心思,累坏身体,而又危害了自己的本尊。唉!这离道是太远了啊!"

【31.2】

　　子贡还,报孔子。孔子推琴而起曰:"其圣人与!"乃下求之,至于泽畔,方将杖拏而引其船,顾见孔子,还乡而立。孔子反走,再拜而进。客曰:"子将何求?"孔子曰:"曩者先生有绪言而去,丘不肖,未知所谓,窃待于下风,幸闻咳唾之音,以卒相丘也。"客曰:"嘻!甚矣子之好学也!"孔子再拜而起,曰:"丘少而修学,以至于今,六十九岁矣,无所得闻至教,敢不虚心!"

【另类译解】

　　子贡回去,报告了孔子。孔子推琴起身说:"这是圣人啊!"于是走下杏坛去找他,到了水岸,那渔夫正在撑桨开船,回头看见了孔子,就转回身面对孔子站着。孔子向后退了退,然后拜了两拜行了个尊敬的大礼,走上前去。

　　渔夫问道:"你有什么事吗?"孔子说:"刚才先生没说完就离开了。我孔丘不贤,不懂您所说的话,特地在这里求教,希望你随便说几句教导一下,我想一定对我有很大帮助。"渔夫说:"嘻!你真是太好学了!"孔子又拜了两拜,然后起身,说:"我从小就开始学习,到今天已经六十九年了,没有地方去听那高深的教诲,哪敢不虚心啊!"

【31.3】

　　客曰:"同类相从,同声相应,固天之理也。吾请释吾之所有而经子之所以。子之所以者,人事也。天子诸侯大夫庶人,此四者自正,治之美也;四者离位而乱莫大焉。官治其职,人忧其事,乃无所陵。故田荒室露,衣食不足,征赋不属,妻妾不和,长少无序,庶人之忧也;能不胜任，官事不治，行不清白，群下荒怠，功美不有，爵禄不持，大夫之忧也；廷无忠臣，国家昏乱，工技不巧，贡职不美，春秋后伦，不顺天子，诸侯之忧也；阴阳不和，寒暑不时，以伤庶物，诸侯暴乱，擅相攘伐，以残民人，礼乐不节，财用穷匮，人伦不饬，百姓淫乱，天子有司之忧也。今子既上无君侯有司之势，而下无大臣职事之官，而擅饰礼乐，选人伦，以化齐民，不泰多事乎！

"且人有八疵，事有四患，不可不察也。非其事而事之，谓之摠；莫之顾而进之，谓之佞；希意道言，谓之谄；不择是非而言，谓之谀；好言人之恶，谓之谗；析交离亲，谓之贼；称誉诈伪以败恶人，谓之慝；不择善否，两容颊适，偷拔其所欲，谓之险。此八疵者，外以乱人，内以伤身，君子不友，明君不臣。所谓四患者：好经大事，变更易常，以挂功名，谓之叨；专知擅事，侵人自用，谓之贪；见过不更，闻谏愈甚，谓之很；人同于己则可，不同于己，虽善不善，谓之矜。此四患也。能去八疵，无行四患，而始可教已。"

【另类译解】

渔夫说："同类会互相聚集，同声会互相应和，这本是自然的道理。我愿意就我的所知来剖析你所做的事。你所从事的，都是人事。天子、诸侯、大夫、平民，这四种人各守其职，天下就没事了；这四种人都不安其位，天下就会发生混乱。官吏只履行自己的职责，平民只操心自己的事情，就没有什么乱子。所以，田地荒芜，住房破败，衣食缺乏，赋税缴不上，妻妾不和睦，长幼没次序，这是平民所操心的事情；能力不能胜任，公事不能搞好，行为不够清廉，属下怠惰失职，没有政绩，名声不佳，官爵俸禄无法保持，这是做大夫的人忧心的事情；朝廷没有忠臣，国家陷于混乱，百工技艺不精，贡品不够完美，朝觐落在人后，不博天子欢心，这是做诸侯的考虑的事情；阴阳不调和，寒暑不按时，万物受损害；诸侯暴乱，擅自攻伐，百姓遭到残害，礼乐没有节制，财用穷困匮乏，人伦得不到整饬，百姓陷于淫乱，这是天子执政官们所忧虑的事。现在你上没有天子执政官吏的权势，下没有大臣主事的官位，却擅自修订礼乐制度，制定人伦规范，想以此教化平民，不也是太多事了吗？

"而且人有八种弊病，事有四种祸患，不可以不加以明察。不是自己的事而去做，这叫作包揽；没人理会却还要去建议，这叫作多嘴；揣摩人家的心意去说话，这叫作谄媚；不分是非地说话，这叫作阿谀；喜欢说人家的坏话，这叫作进谗；挑拨朋友离间亲人，这叫作贼害；称赞奸伪的人而败坏好人，这叫作奸邪；不分好坏，两面三刀、左右讨好，为自己图利，这叫作险恶。这八种毛病，对外会扰乱别人，对内则伤害自身，得了这些毛病，君子不跟你交朋友，贤明的君主不要你做大臣。所谓的四种祸患是：喜欢经理国家大事，改变常理常情，以图谋功名，这叫作贪心；垄断知识，擅权事务，侵害他人利益，师心自用，这叫作乖戾；有了过错却不肯改正，听人劝谏反变本加厉，叫作恶戾；别人的观点与自己相同就可以，不同于自己的，尽管好也认为不好，叫作傲慢。这是四种人生的大祸患。能够去掉八种毛病，不去招致四种祸患的，然后才谈得上可以教诲啊。"

【31.4】

孔子愀然而叹，再拜而起曰："丘再逐于鲁，削迹于卫，伐树于宋，围于陈蔡。丘不知所失，而离此四谤者何也？"

客凄然变容曰："甚矣子之难悟也！人有畏影恶迹而去之走者，举足愈数而迹愈多，走愈疾而影不离身，自以为尚迟，疾走不休，绝力而死。不知处阴以休影，处静以息迹，愚亦甚矣！子审仁义之间，察同异之际，观动静之变，适受与之度，理好恶之情，和喜怒之节，而几于不免矣。谨修而身，慎守其真，还以物与人，则无所累矣。今不修之身而求之人，不亦外乎！"

【另类译解】

孔子面有愧色地叹了一声，再度起身拜了两拜行了礼，说："我两次被鲁国驱逐，被卫国禁止居留，在宋国受到砍树的威吓，在陈、蔡之间被围困。我不知道自己错在哪里，却遭受这数次祸患，这又是为什么呢？"

渔夫脸色变得悲哀，说："你怎么如此难开窍啊！有一个人，他害怕自己的影子，讨厌自己的足迹，就跑着想躲开，可跑得越多足迹就越多，跑得越快影子就跟得越紧，他以为自己还跑得太慢，飞快地奔跑不休，最后力竭而死。他不懂站在阴暗的地方就可以去除影子，不懂得静止不动就可以使足迹不现，他实在太愚笨了！你探讨仁与义，辨别同与异，观察动与静，想掌握取舍，疏理出好恶，调和喜与怒，结果仍然不能免于灾祸。你要严格修身，保守本真，使物与人都回到原始状态，那么就没什么拖累了。现在你不修养本性，却去要求别人，不是搞反了吗？"

【31.5】

孔子愀然曰:"请问何谓真?"

客曰:"真者,精诚之至也。不精不诚,不能动人。故强哭者虽悲不哀,强怒者虽严不威,强亲者虽笑不和。真悲无声而哀,真怒未发而威,真亲未笑而和。真在内者,神动于外,是所以贵真也。其用于人理也,事亲则慈孝,事君则忠贞,饮酒则欢乐,处丧则悲哀。忠贞以功为主,饮酒以乐为主,处丧以哀为主,事亲以适为主,功成之美,无一其迹矣。事亲以适,不论所以矣;饮酒以乐,不选其具矣;处丧以哀,无问其礼矣。礼者,世俗之所为也;真者,所以受于天也,自然不可易也。故圣人法天贵真,不拘于俗。愚者反此。不能法天而恤于人,不知贵真,禄禄而受变于俗,故不足。惜哉,子之蚤湛于人伪而晚闻大道也!"

【另类译解】

孔子惭愧地说:"请问什么叫本真?"

渔夫说:"本真么,就是最高的精诚。不精不诚,就不能感动人。所以,勉强哭的人,尽管看起来悲痛,实际并不悲伤;强作愤怒的人,尽管严厉但并不威严;强作亲切的人,虽然在笑但并不和蔼。真正的悲痛,没有声音却哀伤;真正的愤怒,没有发作却能让人感到威严;真正的亲切,不带笑容也会使人感到和蔼。真性存在于内心,神情表现在外面,这就是崇尚本真的缘由。将它用在人伦上,侍奉双亲就会孝顺,侍奉君主就会忠贞,饮酒则欢乐,服丧则悲哀。忠贞用功名表现,饮酒用欢乐表现,服丧以悲哀为主,事亲以安适为主。功业的完成,没有一定的模式。侍奉父母以安适为主,不问什么方式;饮酒以快乐为原则,不需挑剔酒具;服丧要悲哀,不拘泥于礼金。礼金,是世俗的做法;真性,却是来自天的,自然的东西不可以改变。所以,圣人效法自然重视真性,不拘泥于世俗。愚人与此相反。他们不能效法自然,而去忧心人事;不懂得珍视本真,庸庸碌碌随世俗而变迁,所以差得太远了啊。可惜呵,你太早地沉溺于世俗的虚伪之中,而太晚听闻大道了!"

【31.6】

孔子再拜而起曰:"今者丘得遇也,若天幸然。先生不羞而比之服役，而身教之。敢问舍所在，请因受业而卒学大道。"

客曰："吾闻之，可与往者与之，至于妙道；不可与往者，不知其道，慎勿与之。身乃无咎。子勉之！吾去子矣，吾去子矣！"乃刺船而去，延缘苇间。

【另类译解】

孔子又一次拜了两拜，起身说："今天我有幸遇到先生，真是上天给我的幸运！先生不认为我可耻，像对待自己的学生一样，亲自教诲我。我大胆问一下先生住在哪里，我请求在先生门下受教而最终学到大道。"

渔夫说："我听说，可以一起同行的，就一起前去体会玄妙的大道；不可以一起同行的，他连自己的人生之路都搞不明白，千万不要与他搞在一起，才不会给自己带来灾祸。你好好努力吧！我要离开你走了！我要离开你走了！"于是撑船而出，划进芦苇丛中远去了。

【31.7】

颜渊还车，子路授绥，孔子不顾，待水波定，不闻拏音而后敢乘。

子路旁车而问曰："由得为役久矣，未尝见夫子遇人如此其威也。万乘之主，千乘之君，见夫子未尝不分庭伉礼，夫子犹有倨傲之容。今渔父杖拏逆立，而夫子曲要磬折，言拜而应，得无太甚乎？门人皆怪夫子矣，渔父何以得此乎？"

孔子伏轼而叹曰："甚矣由之难化也！湛于礼义有间矣，而朴鄙之心至今未去。进，吾语汝！夫遇长不敬，失礼也；见贤不尊，不仁也。彼非至人，不能下人。下人不精，不得其真，故长伤身。惜哉！不仁之于人也，祸莫大焉，而由独擅之。且道者，万物之所由也。庶物失之者死，得之者生；为事逆之则败，顺之则成。故道之所在，圣人尊之。今之渔父之于道，可谓有矣，吾敢不敬乎！"

【另类译解】【虞人评读】

颜渊把马车掉过头来，子路递上缰绳，孔子却头也没回。等水波平息，划水的声音消失，才敢上车。

子路在旁问："我做先生的门徒已经很长时间了，从未见过老师遇到人如此毕恭毕敬。万乘的天子、千乘的诸侯，见到老师从来都是平等相待，老师还常常带着高傲的神色。今天渔夫拿着渔篙桨站着，可先生却弯腰鞠躬，一再施礼才答话，这不是太过分了吗？弟子们都觉得老师奇怪，一个渔夫凭什么值得这样对待呢？"

孔子靠在车前扶木上，叹了一口气说："子路啊，你真是难以教化啊！你学习礼义也有一段时间了，但粗陋的心态到现在还没有消除。过来，我告诉你。遇到长者不恭敬，这是失礼；见到贤者不尊重，这是不仁。如果不是道德高尚的人，就不能谦下待人。谦下待人不精诚，就不能得到对方的真情，因而常常伤及自己。可惜啊！对于人来说，没有比不仁更大的祸害了，可子路偏偏就是这样。而且，道是万物生长的根由，万物失去它就死亡，得到它就生长。做事时违背它就失败，顺应它就成功。所以，道所在的地方，圣人就尊重它。现在渔夫对于道，可以说是体悟了，我敢不尊敬得道的人吗！"

列御寇

【32. 1】

列御寇之齐，中道而反，遇伯昏瞀人。伯昏瞀人曰："奚方而反？"

曰："吾惊焉。"

曰："恶乎惊？"

曰："吾尝食于十浆，而五浆先馈。"

伯昏瞀人曰："若是，则汝何为惊已？"

曰："夫内诚不解，形谍成光，以外镇人心，使人轻乎贵老，而齑其所患。夫浆人特为食羹之货，无多余之赢，其为利也薄，其为权也轻，而犹若是，而况于万乘之主乎！身劳于国而知尽于事，彼将任我以事而效我以功，吾是以惊。"

伯昏瞀人曰："善哉观乎！女处已，人将保汝矣！"

无几何而往，则户外之屦满矣。伯昏瞀人北面而立，敦杖蹙之乎颐。立有间，不言而出。

宾者以告列子，列子提屦，跣而走，暨于门，曰："先生既来，曾不发药乎？"

曰："已矣，吾固告汝曰人将保汝，果保汝矣。非汝能使人保汝，而汝不能使人无保汝也，而焉用之感豫出异也！必且有感，摇而本性，又无谓也。与汝游者又莫汝告也，彼所小言，尽人毒也。莫觉莫悟，何相孰也！巧者劳而知者忧，无能者无所求，饱食而敖游，汎若不系之舟，虚而敖游者也①。"

【另类译解】

列御寇前去齐国，半路却折返回来，正好遇到伯昏瞀人。伯昏瞀人就问列子："什么事又要往回赶了？"列子说："我受到惊吓了。"伯昏瞀人诧异："被什么东西吓到了？"列子道："我曾因口渴去过十户卖浆水的人家买水喝，可有五户要免收我的钱。"伯昏瞀人说："原来如此，这又有什么值得你惊吓的呢？"列子说："我听说人内在的情欲炽盛，外貌举止就会显得神采奕奕，从外表上就能镇住别人，使人对你比长老还要尊敬，这会招来祸患。卖浆水的只不过做点糊口的小买卖，没有多少盈利，所得利润微薄，所有的财势极小，他们都尚且如此，何况是万乘的君主呢！国君为国家大事操劳，为政务已耗智神疲，若思贤若渴的他们见到了我，必将任命我担当重要事务，期望我取得政绩。我因此后怕就跑回来了。"伯昏瞀人说："你观察得真细！你等着吧，人们将要归附你了！"

没过多久，伯昏瞀人到列子那儿去，发现门外摆满了鞋子。他面向北方站着，挂着拐杖抵着下巴顶，站了一会儿，一言不发就走了。接待的人将此事告诉了列子，列子拎着鞋子，光着脚就跑到门口，喊道："先生已经来了，难道一句话都没有吗？"

伯昏瞀人说："算了！我本来就告诉过你人们将归附你，果然归附你了。现在不是你能让人归附你，而是你不能让人不归附你的问题。你为什么要用你的快乐来使自己显得与众不同呢？必定是你内心先有所动了，才动摇到你的本性，这就是我还没对你说的话。跟你在一起的人又不会告诉你这些，他们所说的那些吹捧恭维的话，统统是毒害人的啊。你们既不觉醒又不觉悟，怎么能够互相帮助呢？灵巧的人劳累，聪明的人忧郁，只有不求功名的人才能无所追求，饱食终日无所事事，飘飘然就像一只自由的小舟，空荡荡地到处飘泊。"

【解读依据】

① 成玄英疏："夫物未尝为，无用忧劳，而必以智巧困弊。唯圣人汎然无系，泊尔忘心，譬彼虚舟，任运逍遥。"

【32.2】

郑人缓也，呻吟裘氏之地。祗三年而缓为儒，河润九里，泽及三族，使其弟墨。儒墨相与辩，其父助翟。十年而缓自杀。其父梦之曰："使而子为墨者予也。阖胡尝视其良？既为秋柏之实矣？"

夫造物者之报人也，不报其人而报其人之天。彼故使彼。夫人以己为有以异于人以贱其亲，齐人之井饮者相捽也。故曰今之世皆缓也。自是有德者以不知也，而况有道者乎！古者谓之遁天之刑。

圣人安其所安，不安其所不安；众人安其所不安，不安其所安。

【另类译解】

有个郑国人，名叫缓，在裘氏的地方读书，三年以后，缓成了一名儒士。他像河水一样，滋润着方圆九里之内的人，恩泽推及父族、母族、妻族，他让他的弟弟去学习墨学。可儒墨两派经常会发生辩论，他的父亲总是站在墨学一边。十年后，缓愤而自杀。他的父亲梦见他说："使你的小儿子成为墨家的，是我。你为什么不曾看到我的好处呢？结弟弟果实的秋柏是我种下的啊！"造物者造人时，不是在乎人的成就而是在乎人的自然本性。天性，决定了人性。有的人以为自己超众不群，因而鄙视他的父母，齐国有人挖了一口井就推打来汲水的人。所以说，现在的世人都像缓一样自以为是，有德的人认为这是不明智的，何况是有道的人呢！古人认为，人类自以为是而造下的种种恶果，都是违背天性而带来的惩罚。圣人顺从天性，天性安定的就让它安定，遇到不安时，也不强求去安之。普通人则遇到不安定时想方设法要使它安定，而遇到安定时又偏偏要把它弄到不安定为止。

【32.3】

庄子曰："知道易，勿言难。知而不言，所以之天也；知而言之，所以之人也；古之人，天而不人。"

朱泙漫学屠龙于支离益，单千金之家，三年技成而无所用其巧。

圣人以必不必，故无兵；众人以不必必之，故多兵。顺于兵，故行有求。兵，恃之则亡。

小夫之知，不离苞苴竿牍，敝精神乎蹇浅，而欲兼济道物，太一形虚。若是者，迷惑于宇宙，形累不知太初。彼至人者，归精神乎无始，而甘冥乎无何有之乡。水流乎无形，发泄乎太清。悲哉乎！汝为知在毫毛，而不知大宁！

【另类译解】

庄子说："了解'道'是很容易的事，能做到得'道'忘言就很难了。了解了'道'并且感到无法用语言表达，是达到了自然的境界。了解了'道'并且还在用语言表达，仍还是世俗之人。古代的真人，崇尚自然，不选择人为。"

朱泙漫向支离益学习屠龙术，耗尽了价值千两的家产，三年学成，可没有地方使用他的技术。

圣人对于必然的事出了意外也坦然，所以没有纷争；众人把可能的事当成必然，所以经常发生纷争。顺着纷争往下走，一言一行都会起争议。纷争，你卷进去就丧失了宁静。

俗人的聪明，离不开交际应酬之类，在浅陋之事上将精神消耗得疲惫不堪，这样还怎么领悟与兼济万物，达到与宇宙万物虚空合一的境界？像这样的人，已经被宇宙的外物所迷惑，身被形体所拖累而不知有太初虚寂的妙境。而那至人，就会将精神回归到无始之初，而沉酣于一无所有的空虚之乡。流水没有固定的形状，随时适变，它虽然没有守着形迹，却反而永远没有离开太清的本源。可悲啊！你把心智放在无谓的琐事上执守，就不知道那太初清静的本源了。

【32.4】

宋人有曹商者，为宋王使秦。其往也，得车数乘；王说之，益车百乘。反于宋，见庄子曰："夫处穷闾厄巷，困窘织屦，槁项黄馘者，商之所短也；一悟万乘之主而从车百乘者，商之所长也。"庄子曰："秦王有病召医。破痈溃痤者得车一乘，舐痔者得车五乘，所治愈下，得车愈多。子岂治其痔邪，何得车之多也？子行矣！"

【另类译解】

宋国有个叫曹商的人，为宋王出使秦国。他去秦国前，获赠几辆马车；到秦国后，秦王也很欣赏他，又赐给他一百辆马车。他回到宋国，见到庄子，说："你住在穷乡僻壤，困窘得自己动手编草鞋，饿得面黄肌瘦还坚守你的人生，这是我曹商不及你的地方；见一回大国君主，就获得百辆马车作随从，这是我远远超过你的地方。"庄子说："我听说秦王生病了，想请人给他看病，为他开刀引脓的，可获赐一辆马车，为他舐好痔疮的，可以得到五辆车。所治疗的地方越卑下，获赐的马车数就越多。你难道是为他舐痔疮回来了？不然怎么得到这么多的马车啊？你给我滚远点，别让身上的臭气熏到我！"

【32.5】

鲁哀公问乎颜阖曰："吾以仲尼为贞幹，国其有瘳乎？"

曰："殆哉圾乎仲尼！方且饰羽而画，从事华辞，以支为旨，忍性以视民而不知不信，受乎心，宰乎神，夫何足以上民！彼宜女与？予颐与？误而可矣。今使民离实学伪，非所以视民也。为后世虑，不若休之。难治也。"

施于人而不忘，非天布也，商贾不齿，虽以事齿之，神者弗齿。

为外刑者，金与木也；为内刑者，动与过也。宵人之离外刑者，金木讯之；离内刑者，阴阳食之。夫免乎外内之刑者，唯真人能之。

【另类译解】

鲁哀公问颜阖说："我如果把孔子作为国家的顶梁柱来任用，国家的问题就能解决吗？"

颜阖说："非常危险的啊，如果你任用孔子掌朝政。那孔子喜欢雕琢文饰，追求华丽词藻，常把枝节作为主旨。那些依样画葫芦的人，就会违逆本性以虚伪来教化人民，可他们因为觉悟有限，自己还不知道（孔子之学说，不足以拿来治世。庄子在此，已指出其弊，不想后世董仲汉武，竟定为一尊用以治世两千余年，于是虚伪盛行，本性全失），被这样的心态所制约，被这样的思想主宰的人，怎么能够培育出优秀的人民！你觉得孔子合你意吗？你要让他培育人民吗？只怕是一大错误！现在让人民背离朴实而学习虚伪，这不是正确的教化方式。如果为后世打算的话，不如放弃他吧，很难用他来治理好国家的。"

施恩给别人而又念念不忘，这不是出自天性的布施。连商人都看不起这种行为，尽管出于需要表面上别人会称赞称赞他，但在神那里也是瞧不起这种人的。

作惩罚身体的刑罚的，有金属和木质的刑具；作惩罚心灵的刑罚的，有骚动与不安。人遭受外在刑罚时，就会被金属和木质的刑具拷住；人遭受内在刑罚时，就会被阴阳失调侵蚀。能够避免内外刑罚的，只有真人做得到。

【解读依据】

① 郭象注："后世人君，将慕仲尼之遗轨，而遂忍性自矫伪以临民，上

下相习，遂不自知也。"

【32.6】

孔子曰："凡人心险于山川，难于知天；天犹有春秋冬夏旦暮之期，人者厚貌深情。故有貌愿而益，有长若不肖，有顺懁怀而达，有坚而缦，有缓而钎。故其就义若渴者，其去义若热。故君子远使之而观其忠，近使之而观其敬，烦使之而观其能，卒然问焉而观其知，急与之期而观其信，委之以财而观其仁，告之以危而观其节，醉之以酒而观其侧，杂之以处而观其色。九征至，不肖人得矣。"

正考父一命而伛，再命而偻，三命而俯，循墙而走，孰敢不轨！如而夫者，一命而吕钜，再命而于车上舞，三命而名诸父。孰协唐许①！

【另类译解】

孔子说："人心比山川更险恶，比了解自然还难。自然还有春秋冬夏日夜的规律可寻。人呢，却是外表敦厚而情感深藏。所以，有外表恭谨而内在虚浮的，有心底厚道而看似不善的，有形顺躁急而内心通达的，有表面坚强而内心软弱的，有外形宽缓而内心躁急的。所以，既有追求仁义如饥似渴的人，也有抛弃仁义像避火逃热的人。所以，君子派他出使远离朝堂以看出他是否忠贞，安排他就近工作以看出他是否恭敬，经常给他麻烦事处理以看他是否能干，突然提问以看他是否机智，与他约定急迫的期限以看他是否守信用，托付财产给他以看他是否贪财，告诉他身处危境以观察他的操守，让他喝醉酒以便了解他的底线，让他和女人杂住在一起以便观看他是否乱性。经过这九种考验，不肖的人就肯定被检测出来了。"

正考父第一次受到士的任命，逢人就曲着背行礼；第二次受到大夫的任命，逢人就弯下腰行礼；第三次受到卿相的任命，逢人就俯下身，并且贴着墙根让路。谦卑如此，谁还会不遵规矩而对待他呢！如果是凡夫俗人，第一次任命时会显出骄纵之态，第二次任命时就会在车上手舞足蹈起来，等到第三次任命时就会直呼长辈的名字了。考父与凡夫，谁更能体现唐尧许由之风呢？

【解读依据】

① 成玄英疏："而夫，鄙夫也，诸父，伯叔也。凡夫笃竞轩冕，一命则

吕钜夸华，再命则援绥作舞，三命善识自高，下呼伯叔之名，然考父谦夸各异，格量胜劣，谁同唐、尧、许由无为禅让之风哉！"

【32.7】

贼莫大乎德有心而心有睫，及其有睫也而内视，内视而败矣。凶德有五，中德为首。何谓中德？中德也者，有以自好也而吡其所不为者也。

穷有八极，达有三必，形有六府。美髯长大壮丽勇敢，八者俱过人也，因以是穷。缘循，偃佒，困畏不若人，三者俱通达。知慧外通，勇动多怨，仁义多责。达生之情者傀，达于知者肖；达大命者随，达小命者遭。

【另类译解】

人最大的害处莫过于有心从事善事，而心中藏着玄机。等到心中藏着玄机，就思虑重重。思虑重重，事情就坏了。凶德有五种，其中以中德为最凶。什么是中德？中德，便是心以为是而诋毁心中认为不对的。

穷困有八种极端，而通达有三个必然，形体有六个脏腑。美貌、长髯、高大、魁梧、强壮、华丽、勇敢、果断，这八项都超过别人，容易醉心外物而导致心灵的疲困。随顺外物、俯仰由人、困苦怯惧不与别人一样，这三者都导致通达。外面的知识学得多则聪明外露，勇敢与行动过多招来不满，行仁与尚义常受责备。通达生命实情的人就心胸广大，精通智巧之变的人就心境狭小；通晓大命的人随顺自然，精通小命的人随遇而安。

【32.8】

人有见宋王者，锡车十乘。以其十乘骄稚庄子。

庄子曰："河上有家贫恃纬萧而食者，其子没于渊，得千金之珠。其父谓其子曰：'取石来锻之！夫千金之珠，必在九重之渊而骊龙颔下。子能得珠者，必遭其睡也。使骊龙而寤，子尚奚微之有哉！'今宋国之深，非直九重之渊也；宋王之猛，非直骊龙也；子能得车者，必遭其睡也。使宋王而寤，子为齑粉夫！"

【另类译解】

有个见过宋王的人，被赏了十辆车，他用这十辆车向庄子炫耀。

庄子说："河边有一户穷人，靠织苇席为生的，这家的儿子潜到水中，得到一颗价值千金的宝珠。父亲对儿子说：'找块石头来敲碎它！千金宝珠，一定藏在很深很深的深渊黑龙的颌下，你能取到它，肯定遇上黑龙正在睡觉。假使黑龙是醒的，你哪里还有活路！'现在宋国的复杂危险，更胜过那万丈深渊；宋王的凶猛，也更胜过黑龙。你能得到车子，肯定是正碰上宋王在睡觉。假使宋王是醒着的，你恐怕早就粉身碎骨了！"

【32.9】

或聘于庄子。庄子应其使曰："子见夫牺牛乎？衣以文绣，食以刍叔，及其牵而入于大庙，虽欲为孤犊，其可得乎！"

【另类译解】

有人想请庄子到朝廷去做官。庄子答复使者说："你见过用来作祭祀的牛吗？给它披上纹彩锦绣，喂它草料和大豆，等到它被牵到太庙待宰的时候，即使想做一头孤独无依的野牛，办得到吗？"

【32.10】

庄子将死，弟子欲厚葬之。庄子曰："吾以天地为棺椁，以日月为连璧，星辰为珠玑，万物为赍送。吾葬具岂不备邪？何以加此！"弟子曰："吾恐乌鸢之食夫子也。"庄子曰："在上为乌鸢食，在下为蝼蚁食，夺彼与此，何其偏也！"

以不平平，其平也不平；以不征征，其征也不征。明者唯为之使，神者征之。夫明之不胜神也久矣，而愚者恃其所见入于人，其功外也，不亦悲乎！

【另类译解】

庄子临终，弟子们想隆重地安葬他。庄子说："我以天地作棺椁，以日月作双璧，以星辰作珠玑，以万物当作殉葬品。我的陪葬物品难道还不齐备吗？还有什么比这更好的吗？"弟子说："我们怕乌鸦与老鹰啄食先生。"庄子说："在地上被乌鸦与老鹰吃掉，在地下被蚂蚁与虫子吃掉，从那边抢过来，送给这边吃，你们为什么要这样偏心呢？"

以不公平的私见来追求公平，这种公平不是真公平；以不能顺应的心来顺应天下，看起来是顺应了其实并不曾顺应。自以为聪明的人，总是为外物所役使，只有神全者可以顺应天下。聪明比不上神全，已经很久了。而愚昧者却还以自己的偏见沉溺于人间，试图在不可干预的外物之上建立功业，不是太可悲了吗？

天　下

【33.1】

　　天下之治方术者多矣。皆以其有为不可加矣。古之所谓道术者，果恶乎在？曰："无乎不在。"曰："神何由降？明何由出？""圣有所生，王有所成，皆原于一。"

　　不离于宗，谓之天人。不离于精，谓之神人。不离于真，谓之至人。以天为宗，以德为本，以道为门，兆于变化，谓之圣人。以仁为恩，以义为理，以礼为行，以乐为和，熏然慈仁，谓之君子。以法为分，以名为表，以参为验，以稽为决，其数一二三四是也，百官以此相齿。以事为常，以衣食为主，蕃息畜藏，老弱孤寡为意，皆有以养，民之理也。

【另类译解】

　　天下研究各类学术的人很多，都认为自己的学问已掌握精髓，高妙到无以复加了。那个古人所说的关于"道"的学术，到底是不是真的有呢？如果有，又存在于哪里呢？答案是："'道'无处不在。"如果有人再要问："人的精神是从哪里降临的？人的聪慧又是从哪里冒出来的？"那答案是："圣人之所以成为圣人，王者之所以成就王业，都是因为他们理解了'道'。"

　　不离开"道"的根本的人，叫作天人。不离开精纯的人，叫作神人。不脱离本真的人，叫作至人。以自然为主宰，以道德为根本，以大道为途径，能顺于事物的变迁的人，叫作圣人。以仁来施行恩惠，以义来处理是非，以礼来约束行动，以音乐来陶冶性情，温和仁爱，这种人叫作君子。以法律为职守，以名来表实，以操行作检验，以考核做决断，一切都一二三四列得分明，这是百官们处理事务的方式。以自己的本职工作为日常活动，把穿衣吃饭作为中心内容，繁衍生息，积蓄贮藏，抚养老弱孤寡，这是老百姓的生存方式。

【33.2】

古之人其备乎！配神明，醇天地，育万物，和天下，泽及百姓，明于本数，系于末度，六通四辟，小大精粗，其运无乎不在。其明而在数度者，旧法世传之史尚多有之。其在于《诗》、《书》、《礼》、《乐》者，邹、鲁之士缙绅先生多能明之。《诗》以道志，《书》以道事，《礼》以道行，《乐》以道和，《易》以道阴阳，《春秋》以道名分。其数散于天下而设于中国者，百家之学时或称而道之。

天下大乱，贤圣不明，道德不一，天下多得一察焉以自好。譬如耳目鼻口，皆有所明，不能相通。犹百家众技也，皆有所长，时有所用。虽然，不该不遍，一曲之士也。判天地之美，析万物之理，察古人之全，寡能备于天地之美，称神明之容。是故内圣外王之道，暗而不明，郁而不发，天下之人各为其所欲焉以自为方。悲夫，百家往而不反，必不合矣！后世之学者，不幸不见天地之纯，古人之大体，道术将为天下裂。

【另类译解】

古代的人已经相当完美了！他们配合自然的灵妙，以天地为准则，培育万物，协和天下，泽及百姓，明了"道"的根本，通晓大经大法，六合通达，四季顺畅，无论小的、大的、粗的，"道"的运作无所不在。"道"在各类制度中得到显明，在旧有的法度和世代流传的史书中也有很多表现。譬如在《诗经》《尚书》《礼记》《乐记》中，儒家学者官吏士绅多半能够说个大概。《诗经》用来表达人的情感，《尚书》记述上古政事，《礼记》规范行动，《乐记》表现"道"的和谐，《周易》说明阴阳，《春秋》界定名分。这些典章散布于天下，施行于各国，百家的学者都常加以称颂与讲述。

后来天下大乱，圣贤隐而不显，道德不再统一，才有天下偏执于一孔之见而自鸣得意的现象出现。比如耳、眼、鼻、嘴，都有自己各自的作用，但是不能互相取代。就像诸子百家的技巧各有所长，都有它们的优点，在时间地点适合时也确有用处，但他们都不能兼备众理，不能涵盖一切事物，不过都是些偏于一隅的学者罢了。他们区别天地的大美，离析万物的道理，解散古人的全德，很少有能整合天地的大美，获得神明的精妙的。因此，内以修身养性、外以成就帝王的这种说法，昏暗不明，阻塞不通，天下的人都认为自己喜好的才是真学术。可悲呵，诸子百家都只管向前寻找而不肯回头，它们肯定不会再统一成一个整体了！后世的学者将是非常的不幸，他们无法看到天地的纯朴浑一、古人的广大境界，道术就要这样被天下人分裂了。

【33.3】

　　不侈于后世，不靡于万物，不晖于数度，以绳墨自矫，而备世之急，古之道术有在于是者。墨翟、禽滑釐闻其风而说之，为之太过，已之太循。作为《非乐》，命之曰《节用》；生不歌，死无服。墨子泛爱兼利而非斗，其道不怒；又好学而博，不异，不与先王同，毁古之礼乐。

　　黄帝有《咸池》，尧有《大章》，舜有《大韶》，禹有《大夏》，汤有《大濩》，文王有《辟雍》之乐，武王、周公作《武》。古之丧礼，贵贱有仪，上下有等，天子棺椁七重，诸侯五重，大夫三重，士再重。今墨子独生不歌，死不服，桐棺三寸而无椁，以为法式。以此教人，恐不爱人；以此自行，固不爱己。未败墨子道，虽然，歌而非歌，哭而非哭，乐而非乐；是果类乎？其生也勤，其死也薄，其道大觳；使人忧，使人悲，其行难为也，恐其不可以为圣人之道，反天下之心。天下不堪。墨子虽独能任，奈天下何！离于天下，其去王也远矣。

【另类译解】

　　要求后世不奢侈，不浪费物产，不受礼法眩惑，用严苛机械的标准约束自己，随时为社会作出牺牲。古来的道术有侧重于这方面内容的，墨翟、禽滑釐听说有这种学说就非常喜爱，但他们的行为仿效得太过头，对这种学说遵循得太机械。他们提倡《非乐》、讲求《节用》；他们不让活人唱歌，死了又不让人穿好的衣服下葬。墨子主张要泛爱众人，要求做事兼利天下而反对任何战争，不主张暴力解决问题；他们好学而渊博，主张人与人之间应该平等，不认同先王的等级制度，他们主张毁弃古代的礼乐。

　　黄帝有《咸池》，尧有《大章》，舜有《大韶》，禹有《大夏》，汤有《大濩》，文王有《辟雍》，武王、周公有《武》。古代的丧葬礼仪贵贱有别，上下不同。天子的棺椁共有七层，诸侯五层，大夫三层，士两层。这些音乐与葬法已经深入人心，人们习惯很久了，现在墨子独独主张活着时不唱歌，死了不厚葬服，只要用三寸厚的桐木棺材，而不用外椁，并将这作为标准。用这个来要求世人，恐怕不是仁爱别人的做法；用这个来对待自己，实在也不是爱自己的表现。我这样说并不是要败坏墨子的学说，但是该唱歌时不让唱歌，该哭泣时不让哭泣，该奏乐时不许奏乐，这果真合乎人的自然之情吗？人活着时勤苦，死后待遇又菲薄，他的学说太苛刻了；让人忧愁，令人悲哀，他的标准太难做到了，恐怕这不合于圣人之道吧？它逆天下人的心愿，天下人是无法忍受的。尽管墨子自己能做到，可是他能把天下人怎么办呢？与天下人之间有脱节，距离真正的至正之道就有一大段距离啊。

【33.4】

墨子称道曰："昔禹之湮洪水，决江河而通四夷九州也，名山三百，支川三千，小者无数。禹亲自操橐耜而九杂天下之川；腓无胈，胫无毛，沐甚雨，栉疾风，置万国。禹大圣也而形劳天下也如此。"使后世之墨者，多以裘褐为衣，以跂蹻为服，日夜不休，以自苦为极，曰："不能如此，非禹之道也，不足谓墨。"

相里勤之弟子，五侯之徒，南方之墨者若获、已齿、邓陵子之属，俱诵《墨经》，而倍谲不同，相谓别墨；以坚白同异之辩相訾，以奇偶不仵之辞相应；以巨子为圣人，皆愿为之尸，冀得为其后世，至今不决。墨翟、禽滑釐之意则是，其行则非也。将使后世之墨者，必以自苦腓无胈、胫无毛相进而已矣。乱之上也，治之下也。虽然，墨子真天下之好也，将求之不得也，虽枯槁不舍也。才士也夫！

【另类译解】

墨子谈到他的学说时，说："从前禹为了堵塞洪水，就疏导长江黄河，使其通达四夷九川，开出大河三百，支河三千，小沟小渠多到难以计数。禹亲自拿着锄头、铁锹和土筐，汇聚天下的河流；他累得小腿枯瘦如柴，脚胫上汗毛磨掉，淋着大雨，顶着狂风，才安定了天下。禹已是大圣人了，他的人生还得为天下劳苦成这样。"因此，墨子要求后世的墨家信徒，都穿粗布衣服，着木屐麻鞋，夜以继日地不停劳作，以劳苦自己作为最高成就，并说："做不到这些，就是没有领悟禹的大道，就不值得叫作墨家。"

相里勤的弟子五侯等人，南方的墨者苦获、已齿、邓陵子这些人，都诵读《墨经》，但他们的思想与立场却并不相同，因而互相指责对方为墨家的变种。他们用"坚白""同异"的辩论互相诋毁，用奇数偶数不合的言辞互相对立；他们都把墨子奉为圣人，都愿意奉他为宗主，都希冀能成为墨子的正宗继承人，到现在还在争论，至今没有个结果。

墨子与禽滑釐的用心值得肯定，但他们的做法却是成问题的。他们只会让后世的墨学门徒自我辛苦，以小腿枯瘦如柴、脚胫磨掉汗毛为目标竞相比赛罢了。这样招来的混乱是主要的，而治理天下方面的功效却是微小的。尽管如此，墨子是真心为天下好，只是这样做是实现不了目标的，即使累得形容枯槁仍不放弃自己的理想。他可以说是个有才能的士人啊！

【33.5】

不累于俗，不饰于物，不苟于人，不忮于众，愿天下之安宁以活民命，人我之养毕足而止。以此白心。古之道术有在于是者。宋钘、尹文闻其风而悦之，作为华山之冠以自表，接万物以别宥为始；语心之容，命之曰心之行。以聏合驩，以调海内。请欲置之以为主。见侮不辱，救民之斗；禁攻寝兵，救世之战。以此周行天下，上说下教，虽天下不取，强聒而不舍者也，故曰上下见厌而强见也。

虽然，其为人太多，其自为太少，曰："请欲固置五升之饭足矣。"先生恐不得饱，弟子虽饥，不忘天下，日夜不休，曰："我必得活哉！"图傲乎救世之士哉！曰："君子不为苛察，不以身假物。"以为无益于天下者，明之不如已也①。以禁攻寝兵为外，以情欲寡浅为内。其小大精粗，其行适至是而止②。

【另类译解】

不被世俗所牵累，不借外物来修饰，不对他人苛求，不违逆众意，希望天下安宁以让人民安身立命，不指望除了生活必需之外有任何剩余，以此表白自己心迹，古代的道术也有偏重于这方面内容的。宋钘、尹文听说有这种学说就非常喜爱，他们制作上下均齐的华山帽子，戴在头上作标志，把抛弃狭隘成见作为应接万物的开始；谈论心灵问题，把心灵的容纳作为心灵的生活，用柔和的态度谋求与人和洽，调和周围的人，请求大家以此作为行为准则。被侮辱了不以为辱，将人民从竞争中解救出来，禁止武力，平息冲突，拯救世间免于战祸。用这种学说周游天下，上上下下地游说劝导，尽管有的人不想听他们这一套，仍然喋喋不休。有一句话说的就是这种情形：弄得上上下下的人都已厌烦了，他们还是坚持宣传着。

尽管有这些缺点，他们还是为别人做了很多，为自己打算太少，他们说："请为我们准备一天五升米的饭就够了。"他们的先生恐怕都没能吃饱，弟子们虽然饿着，却仍不忘天下，日夜不停地工作。他们说："我们一定会感动人民，也一定会让我们活下去的啊！"这些人真是意图高尚的救世之士呵！他们说："君子对人不要苛刻，不要让自身受制于外物。"他们认为，那些对天下没有益处的事，与其去研究它不如停息它。他们把平息战争作为外部行动，把减少情欲作为内在行为。对内对外，不过是强调自利利他，虽然有大小精粗的区别，总的所作所为基本上就是围绕这点转来转去，不过是说法上有各种巧妙罢了。

【解读依据】

① 成玄英疏："已，止也，苦心劳形，乖道逆物，既无益于宇内，明不知止而勿行。"

② 成玄英疏："自利利他，内外两行，虽复大小有异，精粗稍殊，而立趋维纲，不过适是而已矣。"

【33.6】

公而不党，易而无私，决然无主，趣物而不两，不顾于虑，不谋于知，于物无择，与之俱往，古之道术有在于是者。彭蒙、田骈、慎到闻其风而悦之，齐万物以为首，曰："天能覆之而不能载之，地能载之而不能覆之，大道能包之而不能辩之。"知万物皆有所可，有所不可，故曰选则不遍，教则不至，道则无遗者矣①。"

是故慎到弃知去己而缘不得已，泠汰于物以为道理。曰知不知，将薄知而后邻伤之者也，謑髁无任，而笑天下之尚贤也，纵脱无行，而非天下之大圣，椎拍辁断，与物宛转，舍是与非，苟可以免，不师知虑，不知前后，魏然而已矣。推而后行，曳而后往，若飘风之还，若羽之旋，若磨石之隧，全而无非，动静无过，未尝有罪②。是何故？夫无知之物，无建己之患，无用知之累，动静不离于理，是以终身无誉。故曰，至于若无知之物而已，无用贤圣。夫块不失道。豪桀相与笑之曰："慎到之道，非生人之行，而至死人之理。适得怪焉。"

田骈亦然，学于彭蒙，得不教焉。彭蒙之师曰："古之道人，至于莫之是莫之非而已矣。其风窢然，恶可而言？"常反人，不见观，而不免于魭断。其所谓道非道，而所言之韪不免于非。彭蒙、田骈、慎到不知道。虽然，概乎皆尝有闻者也。

【另类译解】

公正不阿，平正无私，断决事物不存在先入之见，对待事物一视同仁，没有思虑，不用智谋，对于万物不加取舍，与它们一同发展变化，古来的道术有偏重于这方面内容的。彭蒙、田骈、慎到听说有这种学说就非常喜爱，他们把齐同万物作为首要之点，说："天空能覆盖万物，但不能负载万物；大地能负载万物，但不能覆盖它们；大道能包容万物，但不能分辨它们。由此可见，万物都有所能，也有所不能，随性而为反而可得全貌，如果说你有所挑选必不周遍；万物也各个不同，如果硬要教化，就一定达不到最好的效果；只有遵循宇宙本身的玄道，则物皆自得而没有什么遗漏了。

因此，慎到抛弃智慧而忘掉自我，只是缘于生命的不得已。他把听任于物作为自己的理论核心，他认为人的知力肤浅不如任其自然，如果硬要去搞明白，只能因为一知半解而损伤事物；他随物任情无所用心，讥笑天下推崇贤才的做法；他放纵不羁不为仁义，批判天下的圣人；他的生活中没有撞击与断裂，随顺事物婉转求生；他不计是非，只求苟免；他不提倡智谋与思虑，不管前后的区别，与物同尘，唯独立于世存在而已。慎到认为：一个人只有被推了才往前进，被拽了才后退，像飘风回施，像羽毛飞舞，像磨石在人推动下的转动，完全没有自己，这样完全没有是非，也没有动静之分，那怎么么会有过错责罚呢？为什么这么说呢？那些无知觉的东西，就没有执着于自我的忧虑，没有使用心智的牵累，动静就都不会脱离自然，所以终身不会沾上毁誉。所以慎到说，做到像无知觉的东西就可以了，不需要贤人圣人，这样做就是土块都不会失去大道。豪杰们相互取笑他说："慎到的学问，讲的不是活人的行为，而是死人的道理，真是让人觉得怪异的学问。"

田骈也是一样。他师从彭蒙，学到了不言之教。彭蒙的老师说："古代有道的人，只是得道没有去分辨事物的是非的，得道的过程就像风吹过一样迅疾而无形，这怎么可以用语言表达呢？"他们的做法与人们的常识相背，得不到人们的重视，不免受到冲撞而谈不下去。他们说的"道"不是真正的道，所说的是也不是真正的是。彭蒙、田骈、慎到都不懂真正的大"道"。尽管如此，他们学说的梗概表明他们还是听说过"道"的。

【解读依据】

① 成玄英疏："万物不同，禀性各异，以此教彼，良非至极，若率至玄道，则物皆自得而无遗失矣。"

② 成玄英疏："磨，硙也。隧，转也。如飘风之回，如落羽之旋，若硙石之转。三者无心，故能全得，是以无是无非，无罪无过，无情任物，故致然也。"

【33.7】

以本为精，以物为粗，以有积为不足，淡然独与神明居，古之道术有在于是者。关尹、老聃闻其风而悦之。建之以常无有，主之以太一，以濡弱谦下为表，以空虚不毁万物为实。

关尹曰："在己无居，形物自著。其动若水，其静若镜，其应若响。芴乎若亡，寂乎若清。同焉者和，得焉者失。未尝先人，而常随人。"

老聃曰："知其雄，守其雌，为天下谿；知其白，守其辱，为天下谷。"人皆取先，己独取后，曰受天下之垢；人皆取实，己独取虚，无藏也故有余，岿然而有余。其行身也，徐而不费，无为也而笑巧；人皆求福，己独曲全，曰苟免于咎。以深为根，以约为纪。曰，坚则毁矣，锐则挫矣。常宽容于物，不削于人，可谓至极。

关尹、老聃乎！古之博大真人哉！

【另类译解】

把本源看成精妙之物，把万物看作粗俗的东西，认为有所积存是不足，安然独自与神明在一起，古来的道术有偏重于这方面内容的。关尹、老聃听说有这种学说就非常喜爱，建立了常无和常有的学说，把太一作为万物的根本，表面看来是主张人要柔弱谦下，实质是要求人保持空虚状态。

关尹说："只要自身不先存偏见，万物的本质自会显露。人动起来要像水那样谦下柔和，人静止时要像明镜那样明亮虚空，人对万物的反应要像回声那样自然。人的精神要恍惚得好似一无所有，人的心头要寂寥得如同清虚空谷。与万物都能混同和谐，将得到视为失去。从不曾与人争先，而总是跟随人后。"

老聃说："知道如何争强，却持守着柔弱，宁愿成为天下最低的溪涧；知道如何显得高洁，却持守着污浊，宁愿成为天下最低的山谷。"别人都在争先，他却独居，这叫作宁愿忍受天下的诟辱；人们都讲求实际，自己唯独选择虚无；没有敛积，就是心里富裕，独立无求的人总会显得富余。他的立身行事，徐缓而不损耗身体，不装模作样作伪而嘲笑俗人的做作巧诈；人们都求福祉，自己因为随顺至理而早已福德全足，只求免于祸害。以深藏为根本，以俭约为纲纪，认为坚强的易被摧毁、锐利的易受挫折。总是宽容外物，不责损他人，这可以说达到最高境界了。

关尹、老聃啊！是自古以来渊博伟大的真人了！

【33.8】

芴漠无形，变化无常，死与生与，天地并与，神明往与！芒乎何之，忽乎何适，万物毕罗，莫足以归，古之道术有在于是者。庄周闻其风而悦之，以谬悠之说，荒唐之言，无端崖之辞，时恣纵而不傥，不以觭见之也。以天下为沉浊，不可与庄语，以卮言为曼衍，以重言为真，以寓言为广。独与天地精神往来而不敖倪于万物，不谴是非，以与世俗处。其书虽瑰玮而连犿无伤也。其辞虽参差而諔诡可观。彼其充实不可以已。上与造物者游，而下与外死生无终始者为友。其于本也，弘大而辟，深闳而肆；其于宗也，可谓稠适而上遂矣。虽然，其应于化而解于物也，其理不竭，其来不蜕，芒乎昧乎，未之尽者。

【另类译解】

恍惚混沌而没有形迹，随物变化而没有常态。是死呢还是生呢？与天地在一起吗？神明与我们同在吗？渺渺茫茫不知要去哪里，恍恍惚惚不知落脚何处，万物都包罗在内却是个没有归宿的存在。古来的道术有偏重于这方面内容的。庄周听说有这种学说就非常喜爱。他用悠远无稽的说法，虚幻洪荒的言语，漫无边际的词语，经常放纵不羁地演绎而不用世间语言直说，并不执着于任何一端之见。庄周认为天下的人们沉迷混沌日深，已没办法与他们认真探讨宇宙真相。所以他通过随机应变信手拈来的事例来铺陈，借重别人的真实言语来体现现实感，以寓言的方式来推广思想。庄子只跟天地精神相往来，但又不傲视万物。不质问世间的任何是非，而与世俗和谐相处。他的著作尽管宏伟奇特，却也随和婉转而不伤情害理。他的言辞虽然变幻多端，但是幻怪玄妙而颇为可观。他的思想充实而难以穷究，向上与造物者一同遨游，向下与将生死置之度外、忘怀始终的人为友。庄子对于本源的阐述，弘广而开阔，深宏而博大；他阐述天下之宗，可以说是和谐恰当上达到人类的最高境界了。尽管如此，在顺应变化而解脱外物束缚方面，他的道理实际上是无法穷尽的。道理的由头来自道源，渺茫幽昧，真是深不可测。

【33.9】

惠施多方，其书五车，其道舛驳，其言也不中。历物之意，曰："至大无外，谓之大一；至小无内，谓之小一。无厚，不可积也，其大千里。

天与地卑，山与泽平。日方中方睨，物方生方死。大同而与小同异，此之谓小同异；万物毕同毕异，此之谓大同异。南方无穷而有穷。今日适越而昔来，连环可解也。我知天下之中央，燕之北越之南是也。泛爱万物，天地一体也。"

惠施以此为大，观于天下而晓辩者，天下之辩者相与乐之。卵有毛，鸡有三足，郢有天下，犬可以为羊，马有卵，丁子有尾，火不热，山出口，轮不蹍地，目不见，指不至，至不绝，龟长于蛇，矩不方，规不可以为圆，凿不围枘，飞鸟之景未尝动也，镞矢之疾而有不行不止之时，狗非犬，黄马骊牛三，白狗黑，孤驹未尝有母，一尺之棰，日取其半，万世不竭。辩者以此与惠施相应，终身无穷。

【另类译解】

惠施研究多种学问，他的著述能装满五车。他的学说驳杂，言论偏颇不当。他遍述事物的意义，说："大到没有边缘的最大，叫作'大一'；小到没有内核的最小，叫作'小一'。没有厚度的东西，不能积累，但能扩展到千里之广。如果从道的角度看，天与地一样低，山与泽一样平。太阳从来没有正中，事物从来没有死生。（成玄英疏：'睨，侧视也。居西者呼为中，处东者呼为侧，则无中侧也。犹生死也，生者以死为死，而死者以生为死。日既中侧不殊，物亦死生无异也。'）大的相同而小的方面不同的，人们只识这些不同，所以是'小同异'，却不知道完全相同或完全不同的万物是一个整体，这就是人们不了解的'大异同'。四方无穷尽，同时有穷尽。今天去越国，而心昨天已经到达。连环由于是贯于空处，所以实际上是解开着的。燕国在北方而越国在南方，但差距是有限的，而对于无限的天地来说，这些距离是可以忽略不计的。所以，我们可以说天下的中央，它在燕国的北面、越国的南面也是没有错的。万物与我为一，所以我喜爱万物；天地与我并存，所以我与天地浑然一体。"

惠施以为这些是高明的道理，就到处讲述，告诉善辩的人。天下好辩的人也都喜欢这些学说。他们讨论的内容有：蛋里有毛；鸡有三只脚；郢地包含天下；犬可以是羊；马会生蛋；蛤蟆有尾巴；火不热；山有嘴巴；飞驰的车轮其实没碾着地面；眼睛看不见东西；手指指物，指物的不是手指；手指不动，是事物在不停地动；乌龟比蛇长；矩形不是方的；圆规画不出圆；榫穴与榫头做不到相合；飞鸟的身影不曾运动；箭头飞驰时存在不动也不停止的一刻；狗不是犬；黄马黑牛是三头；白狗是黑的；孤驹不曾有过母马；一尺长的木棒，每天取走一半，永远也取不完。好辩者以这些话题与惠施相对答，终身也辩不清。

【33.10】

桓团公孙龙辩者之徒，饰人之心，易人之意，能胜人之口，不能服人之心，辩者之囿也。惠施日以其知与人之辩，特与天下之辩者为怪，此其柢也。

然惠施之口谈，自以为最贤，曰："天地其壮乎！施存雄而无术。"南方有倚人焉，曰黄缭，问天地所以不坠不陷，风雨雷霆之故。惠施不辞而应，不虑而对，遍为万物说，说而不休，多而无已，犹以为寡，益之以怪。以反人为实而欲以胜人为名，是以与众不适也。弱于德，强于物，其涂隩矣。由天地之道观惠施之能，其犹一蚊一虻之劳者也。其于物也何庸！夫充一尚可，曰愈贵道，几矣！惠施不能以此自宁，散于万物而不厌，卒以善辩为名。惜乎！惠施之才，骀荡而不得，逐万物而不反，是穷响以声，形与影竞走也。悲夫[①]！

【另类译解】

桓团、公孙龙这些善辩的人，困惑别人的心思，改变别人的看法，他们能够胜过别人的口，却不能折服别人的心，这是辩者的局限。惠施每天用他的智巧与人辩论，专门与天下的辩者制造一些怪论，以上就是大致的例子。

然而惠施还是以为自己的口才最好，说普天之下没有及得上他的。惠施是只有辩术而不懂道术。南方有个奇人，叫黄缭。他问天何以不坠地何以不陷及风雨雷霆产生的原因。惠施毫不推辞，不假思索地做了回答，广泛解释自然万物，滔滔不绝，话多得说个不停，还觉得不够，又增加一些天方夜谭。他把违反人情的事说得像真的，想以胜过别人来获得名声，因此与大家都难以相处。他在德行修养方面很弱，物质欲望方面太强，他却认为自己的道理异常深奥。从天地之道来观察惠施的才能，惠施就好像一只蚊子一只牛虻那样在劳碌，但对于天地万物有什么用呢！权充一家之言听听还可以，他的学说对于高贵的道，那是一点用都没有的！惠施不能使自己心灵得到安宁，反而散乱精神拉杂万物没有休止，最终只为赢得一个能言善辩的名声。可惜呀！惠施的才能，放荡散乱而无所得，追逐万物而不回头，这就像用声音去止住回声，又像用身形去与影子赛跑，可悲啊！

【解读依据】

① 成玄英疏："骀，放也，痛惜惠施有才无道，放荡辞辩，不得真原，驰逐万物之末，不能反归于妙本。夫得理莫若忘知，反本无过息辩。今惠子役心术以求道，纵河泻以索真，亦何异乎欲逃响以振声，将避影而疾走者也！洪才若此，深可悲伤也。"

后　记

　　写好本书初稿，虞人去书店逛了逛，发现近年来书店里有不少关于庄子的新书新著，其中有些还非常精彩，说明我国人才辈出，可喜可敬。庄子之学再度昌盛，中国软实力扬威世界指日可待！

　　"眼前有景道不得，崔颢题诗在上头。"虞人见贤思齐，不免有相形见绌，将书藏于书阁之想。可转念一想：智者千虑，必有一失；愚者千虑，必有一得。虞人，已表明了自己是愚人愚见了，想必读者会见谅的吧！

　　虞人写作，实在是自娱自乐，既不为名，也不求利，也不需要评职称评博导，无非希望将我祖宗文化中自由逍遥的精神传播给大家，将虞人感悟的快乐兴奋随喜给有缘人。所以，评读之时的手之舞之足之蹈之，实乃情之所系性之所至，当不得真。

　　虞人翻翻时人先贤之书，虽然字有珠玑、句有警言，但总揽全局的理解，总有这样或那样的不足，究其原因，无非书读得太多、学识过于渊博之故；不似虞人，不学无术，浸润不深，书根不够，复有随性余裕，于参透原著反少了负担。因为我们读一本书，往往先入为主。不是将庄子之书视作古代经典，就是视作哲学书（虞人也偏爱用哲学书的观点来看庄子，受众贤影响，也先有偏颇在心了），或者视作道教书。其实，我们读一本书之前，最好不要带上科学观、文学观、哲学观、人生观等，就带上一颗客观的心、一张白纸（尽量、尽量、尽量，重要事情说三遍），才能最大限度地理解一本新书，也才有最大可能读懂作者，获得新知识、新视野、新感悟。于古代经典的解读上，也庶几可不落入拾人牙慧、人云亦云之境。

　　虞人译注此书，不过是在参考、汲取、撷撷郭象注和成玄英疏等前辈论著的基础上，尽了一个真诚的读者的本分。尽量以客观之心、真诚之心、理性之心开展了超时空、杂中西文化的直率对话。

　　当然，囿于虞人学力、学术研究能力的欠缺，写作又是在工作之余匆匆而就，在许多译注上，本可作更细致、更深刻的研究，可仅是票友，只能草草。这是必须向花时间读完本书的人深深致歉的。由于上述原因，本书在语言表述上、内容上、概念的正确译解上，一定存在可商榷或不当的地方。不过，好在虞人的本意就是抛砖引玉、启迪时贤，这又是稍可让虞人释怀的。

本书源于王振纲老师长期的关心、关怀，起自东北大学出版社刘继才老师的启发；上海中国中学的王蕴华老师对本书的初稿作了详细的校阅并作序；席园春女士在读了虞人的初稿后，也写下了很有意境的感言。在此，谨向他们诸位以及支持、帮助虞人的各位朋友、专家深表谢忱！

最后，在本书写作过程中，妻子於嘉红女士在文字录入方面做了很多工作，在此一并致意！

赵卫国

2016 年 3 月 27 日